성경, 통通으로 숲이야기

통숲

저자 조병호 박사

지난 38년간 한국 교회에 성경통독을 퍼뜨리고, 학문화한 성경통독 전문가이다.
이제 통通성경의 세계화를 위해 열정을 쏟고 있다.

2004년 독일 신학사전 RGG[4]에 아티클 '세계기독학생선교운동 (Studentische Missionsbewegung)'을 기고했다.
2006년 영국 왕립역사학회(Royal Historical Society)에 스피커로 초청되어 발제했다.
2006년 삶의 방법론이자 새로운 성경 읽기의 방식으로서 '통(通)'을 최초로 말했다.
2008년 한국 신학자 140인 서울선언 '성경을 통通한 재정향'의 공동대표로 책임을 감당했다.
2014년 '통通성경 포뮬라(Formula for TongBible)'를 발표했다.
2016년 통바이블칼리지 통通성경학교 인터넷 120강의 강사
2017년 종교개혁 500주년기념 독일 비텐베르크 2017 CONGRESS 스피커
2021년 글로벌처치디비니티스쿨 Board of Governors
2022년 통독바이블 앱 미국 론칭
2022년 미주 통독바이블 네트워크 설립

성경통독원 원장, 통독교회 담임목사
미국 드루대학교 객원교수, 글로벌처치디비니티스쿨 Board of Governors

장로회신학대학교 신학과 (Th.B. 신학사)
장로회신학대학교 신학대학원 (M.Div. 교역학석사)
연세대학교 연합신학대학원 (Th.M. 조직신학, 신학석사)
영국 에딘버러대학교 대학원 (Th.M. 선교신학, 신학석사)
영국 버밍엄대학교 대학원 (Ph.D. 역사신학, 철학박사)

베스트셀러
《성경과 5대제국》 – 2011 한국기독교출판문화상 대상 수상
《성경통독》 – 2005 한국기독교출판문화상 최우수상 수상
《통通하는 사도행전 30년》 – 2020 한국기독교출판문화상 신학부문 우수상 수상
《통通성경 길라잡이 지도자 지침서》 – 2022 한국기독교출판문화상 목회자료부문 우수상 수상

주요저서
《와우! 예레미야 70년》, 《제사장 나라 하나님 나라》, 《통通하는 마지막 유월절, 첫번째 성찬식》, 《통通성경 길라잡이(개정증보판)》, 《통通성경학교》, 《통通성경학교 워크북》 《消失的帝國》(中國 團結出版社/성경과 5대제국 중국판), 《성경과 고대전쟁》, 《성경과 고대정치》, 《신구약 중간사》, 《성경통독과 통通신학》 등 100여 종

편찬
《일년일독 통通독성경》, 《역사순 통通성경》

성경, 통通으로 숲이야기

통숲

조병호 지음

통독원

들어가면서

예수님께서 지혜로운 사람은 반석 위에 집을 짓는다고 말씀하십니다.

"그러므로 누구든지 나의 이 말을 듣고 행하는 자는 그 집을 반석 위에 지은 지혜로운 사람 같으리니"(마 7:24)

"또 내가 네게 이르노니 너는 베드로라 내가 이 반석 위에 내 교회를 세우리니 음부의 권세가 이기지 못하리라"(마 16:18)

지혜롭게 성경의 집을 짓는 다섯 가지 방법입니다.

첫째, 기초를 놓습니다.

성경 66권 전체는 예수 십자가 '원 스토리(One Story)'입니다. 즉 구약 39권은 모두 예수 이야기로 향하고 있으며 신약 27권은 예수 이야기와 예수를 증거하는 이야기입니다.

그러므로 성경 66권 전체의 반석은 예수 그리스도입니다.

둘째, 기둥을 세웁니다.

성경은 개인, 가정, 나라 이야기를 담고 있습니다. 그리고 제사장 나라(율법), 5대 제국(선지자), 하나님 나라(복음)가 들어 있습니다. 하나님께서는 세계 경영의 도구로 '제국'을 사용하시며 '제사장 나라'와 '하나님 나라'로 우리를 이끄십니다. 그러므로 율법(제사장 나라), 선지자(5대 제국), 복음(하나님 나라)으로 기둥을 세웁니다.

셋째, 지붕을 덮습니다.

창세기에서 요한계시록까지 성경 66권 각 권의 숲을 정리하며 지붕을 덮습니다. 그래야 '권별주의'와 '요절주의'를 극복할 수 있습니다. 하나님께서는 우리에게 성경 66권 전체를 선물로 주셨는데 어느 한 권만 집중해서 몇 년씩 공부하거나 몇 구절의 요절로 만족한다면 그것은 너무 부족하고 아쉬운 성경공부가 될 것입니다.

넷째, 벽을 붙입니다.

성경의 대략 2,000여 년의 시간, 1,500여 곳의 공간, 그리고

5,000여 명의 인간을 통通으로 공부하여 벽을 붙입니다. 그러면 결국 시간, 공간, 인간 모두 하나님의 소유라는 사실을 깨닫게 됩니다. 그러므로 정말 세상 예화 없이도 '성경 이야기', 충분히 재밌게 할 수 있습니다.

다섯째, 창문을 냅니다.

이렇게 성경의 기초를 반석 위에 세우고, 기둥을 세우고, 지붕을 덮고, 벽을 붙이면 그 때에 비로소 그리스도인의 삶의 주제들인 예배, 선교, 교육, 봉사, 섬김, 교제 등의 다양한 주제들에 대한 창문을 열 수 있습니다. 성경 속 하나님의 사람들처럼 오직 하나님의 말씀으로 승리하는 삶을 넉넉히 살 수 있습니다.

〈통숲〉은 모든 그리스도인들이 '성경의 반석' 위에 튼튼한 집을 짓는 데 도움이 되기를 꿈꾸며 지난 35년간 매일매일 성경을 읽으며 연구한 열매 중 하나입니다. 저에게는 하나님께서 주신 큰 은혜의 산물입니다.

이 땅의 모든 사람들이 하루도 빠짐없이 매일의 일용할 양식이 필요하듯이 하나님의 말씀도 1년 365일 매일 하루도 빠짐없이

필요합니다.

본서 〈통숲〉으로 1년 365일, 성경 66권 전체를 역사 순서에 따라 나누어 매일 다섯 가지 포인트로 누구나 쉽게 통通으로 읽고 공부할 수 있게 될 것입니다. 그래서 그리스도인 누구나 "성경 한 권이면 충분합니다."라고 고백할 수 있기를 꿈꿉니다.

하나님께서 은혜와 평강의 복으로 함께하시길 기도합니다.
God bless you~

통독원에서

CONTENTS

• 들어가면서 _ 4

159일 200년의 남북 분단 (왕상 12~14장) _ 10
160일 여로보암의 길 (왕상 15장~16:20) _ 24
161일 갈멜산 대결 (왕상 16:21~17장) _ 37
162일 갈멜산 대결의 결말 (왕상 18~19장) _ 50
163일 이세벨, 율법 악용으로 나봇 살해 (왕상 20~22장) _ 65
164일 엘리야에서 엘리사로 (왕하 1~2장) _ 83
165일 엘리사의 기적들의 의미 (왕하 3~5장) _ 94
166일 하나님의 기적 (왕하 6~8장) _ 110
167일 예후의 1, 2차 종교개혁 (왕하 9~10장) _ 123
168일 아모스, 호세아, 요나의 역사적 배경 (왕하 11~14장) _ 137
169일 아모스 선지자의 공의 (암 1~5장) _ 156
170일 아모스의 환상 (암 6~9장) _ 175
171일 호세아 선지자의 타는 마음 (호 1~4장) _ 187
172일 호세아의 선언 (호 5~9장) _ 202
173일 불붙는 긍휼, 십자가 예고 (호 10~14장) _ 218
174일 불순종한 요나?-열방을 향한 사랑 (욘 1~4장) _ 231
175일 앗수르 제국 등장 (왕하 15~16장) _ 247
176일 800년 사마리아인 시작 (왕하 17장~18:12) _ 262
177일 이사야, 국제 관계를 다루다 (사 1~3장) _ 275

178일 이사야의 충고, 동맹하지 말라 (사 4~7장) _ 291
179일 가까운 미래와 먼 미래 (사 8~12장) _ 307
180일 '모든 민족'을 향한 하나님의 경고 (사 13~17장) _ 324
181일 이사야 선지자의 3년 퍼포먼스 (사 18~20장) _ 337
182일 환상의 골짜기에 관한 경고 (사 21~24장) _ 349
183일 이사야의 찬양 (사 25~29장) _ 366
184일 메시아의 나라 예언 (사 30~35장) _380
185일 히스기야의 선택 (왕하 18:13~37, 사 36장) _ 398
186일 히스기야, 성전에서 승리하다! (왕하 19장, 사 37장) _ 415
187일 히스기야, 통곡 기도로 병이 낫다 (왕하 20장, 사 38~39장) _ 426
188일 나의 벗 아브라함 (사 40~42장) _ 440
189일 하나님의 증인 (사 43~45장) _ 454
190일 메시아의 오심과 구원 (사 46~50장) _ 467
191일 고난받는 메시아의 청사진 (사 51~55장) _ 481
192일 하나님의 성전 (사 56~59장) _ 496
193일 하나님의 열심 (사 60~63장) _ 511
194일 영광과 평화의 청사진 (사 64~66장) _ 525
195일 영광이 빠져버린 두 도시 (미 1~3장) _ 537
196일 영광이 회복될 시온 산성 (미 4~7장) _ 550

159일

200년의 남북 분단 (왕상 12~14장)

애피타이저 APPETIZER

이스라엘은 왕정이 시작된 이래로 사울, 다윗, 솔로몬 때까지는 통일왕국 시대였지만 솔로몬의 아들 르호보암 때 나라가 둘로 나뉘어 '한 민족 두 국가'가 되면서 분열왕국 시대가 시작됩니다.

〈열왕기상·하〉는 북이스라엘과 남유다의 이야기를 함께 다루고 있고 〈역대상·하〉는 남유다만의 역사를 다루고 있음을 기억해두면 쉬울 것입니다. 앞으로 열왕기상 12장에서 22장, 그리고 열왕기하 1장에서 14장까지를 이어서 공부할 것입니다.

여기에는 B.C.931년, 이스라엘의 남북 분열 이후부터 B.C.8

세기 중엽 북이스라엘의 여로보암 2세 시대까지의 이야기가 담겨 있습니다. 이 시기에 북이스라엘에서는 선지자 엘리야와 엘리사가 사역합니다. 그리고 북이스라엘의 여로보암 2세 때 선지자 아모스와 호세아가 활동하고 동시대에 요나 선지자가 앗수르의 수도 니느웨에서 사역합니다. 이들의 사역을 끝으로 북이스라엘은 퇴락해갑니다.

성경통독 BIBLETONGDOK

《일년일독 통독성경》 열왕기상 12~14장

통通으로 숲이야기 ; 통숲 TONG OBSERVATION

● 첫 번째 포인트

이스라엘은 솔로몬 사후(死後) 2차 남북분단이 200년 동안 지속됩니다.

약속의 땅 가나안에 들어간 이스라엘은 초기에는 350여 년간의 사사 시대를 보냈고 그 후 본격적인 왕정이 시작된 이래로 사울, 다윗, 솔로몬 때까지는 통일왕국 시대를 이어갔습니다. 그런데 솔로몬 사후(死後) 이스라엘은 한 민족 두 국가, 즉 북이스라엘과 남유다로 나뉘어 약 200년간 분열왕국 시대를 보냅니다. 그래서 이제부터는 이야기가 조금 복잡해집니다. 그러나 복잡한 것은 그만큼 풍성하다는 이야기도 됩니다.

이스라엘이 약 200년 동안 한 민족 두 국가 분단 체제를 유지하면서 남유다는 '다윗의 길'과 '여로보암의 길'을 지그재그로 오갔습니다. 반면 북이스라엘은 200년 동안 국가 전체가 제사장 나라 사명과는 동떨어진 시대를 보냈습니다. 북이스라엘 200년의 역사를 다음 네 가지로 설명할 수 있습니다.

첫째, 북이스라엘은 200여 년 동안 열아홉 명의 왕이 모두 '여로보암의 길'로만 직진했습니다.

둘째, 북이스라엘은 여로보암 왕으로 시작해 호세아 왕으로 끝났고 중간에 오므리 왕조와 예후 왕조가 있었습니다.

셋째, 북이스라엘은 오므리 왕조 때에 엘리야와 엘리사 선지자가, 그리고 예후 왕조 때에 아모스와 호세아 선지자가 '다윗의 길'로 유턴을 시도했습니다.

넷째, 200여 년 동안 '여로보암의 길'로만 직진한 북이스라엘은 결국 주전 8세기 앗수르 제국이 등장해서 북이스라엘 백성들을 모두 혼혈족 '사마리아인'으로 만들었습니다.

● 두 번째 포인트

이스라엘 남북 분단의 간접 원인은 솔로몬의 후반 통치 방식의 문제였고, 직접 원인은 솔로몬의 아들 르호보암의 어리석은 선택 때문이었습니다.

솔로몬이 죽자 그의 아들 르호보암이 세겜에서 이스라엘 백성들과 대화를 시도합니다.

"르호보암이 세겜으로 갔으니 이는 온 이스라엘이 그를 왕으로 삼고자 하여 세겜에 이르렀음이더라 느밧의 아들 여로보암이 전에 솔로몬 왕의 얼굴을 피하여 애굽으로 도망하여 있었더니 이제 그 소문을 듣고 여전히 애굽에 있는 중에"(왕상 12:1~2)

이스라엘 백성들이 르호보암 왕에게 나아가지 않고 오히려 르호보암 왕이 에브라임 성읍인 세겜으로 간 이유는 이스라엘 북쪽 지파들의 지지를 얻기 위함이었습니다. 보다 더 중요한 이유는 이스라엘 북쪽 지역의 지파들이 여로보암을 중심으로 이미 반역의 기미를 보였기 때문일 것입니다.

당시 이스라엘 백성들이 솔로몬의 후반 통치 방식 때문에 피로감이 극에 달하자, 북쪽 지역 열 지파가 이미 마음에 여로보암을 왕으로 두고 있었던 것입니다. 여로보암은 솔로몬이 살아 있을 때에는 솔로몬을 피해 애굽으로 정치적 망명을 떠났습니다. 그런데 솔로몬이 죽자 귀국해 백성들의 대표가 되어 르호보암에게 백성들의 요구를 전달했습니다.

"여로보암과 이스라엘의 온 회중이 와서 르호보암에게 말하여 이르되 왕의 아버지가 우리의 멍에를 무겁게 하였으나 왕은 이제 왕의 아버지가 우리에게 시킨 고역과 메운 무거운 멍에를 가볍게 하소서 그리하시면 우리가 왕을 섬기겠나이다 르호보암이 대답하되 갔다가 삼 일 후에 다시 내게로 오라 하매 백성이 가니라"(왕상 12:3~5)

여로보암이 백성들의 대표가 되기까지의 과정은 다음과 같습니다.

첫째, 여로보암은 과부의 아들로 솔로몬 당시 건축으로 두각을 나타낸 엘리트였으며 솔로몬에게 발탁된 인재였습니다.

둘째, 그런데 여로보암이 솔로몬 후반기에 솔로몬의 정치 라이벌이 되면서 이스라엘 백성들 사이에 '여로보암 돌풍'이 일어났습니다.

셋째, 여로보암은 아히야 선지자를 통해 이스라엘 열 지파의 왕이 될 것이라는 하나님의 뜻을 듣습니다. 단, 조건은 '다윗의 제사장 나라 길'로 행하며 제사장 나라 충성도를 지키는 것이었습니다. 즉, 나라는 한 민족 두 국가의 형태를 가지되 열 지파 모두 제사장 나라 법대로 1년에 세 차례 명절(유월절, 칠칠절, 초막절)은 예루살렘 성전에 가서 지키라는 것입니다.

넷째, 여로보암은 백성들 사이에서 일어난 '여로보암 돌풍'으로 인해 솔로몬으로부터 살해의 위협을 받게 되자 애굽으로 정치적 망명을 떠납니다. 그때 애굽 왕 시삭에게 큰 도움을 받습니다.

다섯째, 여로보암은 솔로몬이 죽은 후 이스라엘로 다시 귀국해 백성들의 대표가 됩니다.

이렇게 이스라엘 백성들의 마음이 솔로몬의 정치적 라이벌인 여로보암에게로 쏠리고 있는데도 당시 41세였던 르호보암은 백성들이나 원로들의 의견보다는 자기 또래 친구들의 조언을 선택하는 어리석음을 범합니다.

> "르호보암 왕이 그의 아버지 솔로몬의 생전에 그 앞에 모셨던 노인들과 의논하여 이르되 너희는 어떻게 충고하여 이 백성에게 대답하게 하겠느냐 대답하여 이르되 왕이 만일 오늘 이 백성을 섬기는 자가 되어 그들을 섬기고 좋은 말로 대답하여 이르시면 그들이 영원히 왕의 종이 되리이다 하나"(왕상 12:6~7)

> "함께 자라난 소년들이 왕께 아뢰어 이르되 이 백성들이 왕께 아뢰기를 왕의 부친이 우리의 멍에를 무겁게 하였으나 왕은 우리를 위하여 가

벼게 하라 하였은즉 왕은 대답하기를 내 새끼 손가락이 내 아버지의 허리보다 굵으니 내 아버지께서 너희에게 무거운 멍에를 메게 하였으나 이제 나는 너희의 멍에를 더욱 무겁게 할지라 내 아버지는 채찍으로 너희를 징계하였으나 나는 전갈 채찍으로 너희를 징계하리라 하소서"(왕상 12:10~11)

결국 르호보암의 잘못된 선택으로 3일 만에 이스라엘 백성들의 마음이 르호보암에게서 떠나고 맙니다.

"삼 일 만에 여로보암과 모든 백성이 르호보암에게 나아왔으니 이는 왕이 명령하여 이르기를 삼 일 만에 내게로 다시 오라 하였음이라 왕이 포학한 말로 백성에게 대답할새 노인의 자문을 버리고 어린 사람들의 자문을 따라 그들에게 말하여 이르되 내 아버지는 너희의 멍에를 무겁게 하였으나 나는 너희의 멍에를 더욱 무겁게 할지라 내 아버지는 채찍으로 너희를 징계하였으나 나는 전갈 채찍으로 너희를 징치하리라 하니라 왕이 이같이 백성의 말을 듣지 아니하였으니 이 일은 여호와께로 말미암아 난 것이라 여호와께서 전에 실로 사람 아히야로 느밧의 아들 여로보암에게 하신 말씀을 이루게 하심이더라"(왕상 12:12~15)

● **세 번째 포인트**

여로보암은 이스라엘 백성들의 요구로 열 지파의 왕이 됩니다.

일찍이 아히야 선지자가 길에서 여로보암을 만나 하나님의 뜻을 전한 적이 있습니다.

"그 즈음에 여로보암이 예루살렘에서 나갈 때에 실로 사람 선지자 아히야가 길에서 그를 만나니 아히야가 새 의복을 입었고 그 두 사람만 들에 있었더라 아히야가 자기가 입은 새 옷을 잡아 열두 조각으로 찢고 여로보암에게 이르되 너는 열 조각을 가지라 이스라엘의 하나님 여호와의 말씀이 내가 이 나라를 솔로몬의 손에서 찢어 빼앗아 열 지파를 네게 주고"(왕상 11:29~31)

하나님의 말씀대로 마침내 여로보암이 북이스라엘 열 지파의 왕이 됩니다.

"온 이스라엘이 여로보암이 돌아왔다 함을 듣고 사람을 보내 그를 공회로 청하여 온 이스라엘의 왕으로 삼았으니 유다 지파 외에는 다윗의 집을 따르는 자가 없으니라"(왕상 12:20)

● **네 번째 포인트**

하나님께서는 선지자 스마야를 통해 남북 왕조 간에 전쟁을 막으십니다.

이스라엘 열 지파가 여로보암을 왕으로 세우자 세겜에서 예루살렘으로 급하게 돌아온 르호보암은 북쪽 열 지파가 조직을 갖추기 전에 서둘러 전쟁을 준비합니다.

"르호보암이 예루살렘에 이르러 유다 온 족속과 베냐민 지파를 모으니 택한 용사가 십팔만 명이라 이스라엘 족속과 싸워 나라를 회복하여 솔로몬의 아들 르호보암에게 돌리려 하더니"(왕상 12:21)

그러자 하나님의 선지자 스마야가 나서서 이 전쟁을 막습니다. 다행히 르호보암이 하나님의 말씀에 순종합니다.

"하나님의 말씀이 하나님의 사람 스마야에게 임하여 이르시되 솔로몬의 아들 유다 왕 르호보암과 유다와 베냐민 온 족속과 또 그 남은 백성에게 말하여 이르기를 여호와의 말씀이 너희는 올라가지 말라 너희 형제 이스라엘 자손과 싸우지 말고 각기 집으로 돌아가라 이 일이 나로 말미암아 난 것이라 하셨다 하라 하신지라 그들이 여호와의 말씀을 듣고 그 말씀을 따라 돌아갔더라"(왕상 12:22~24)

하나님께서 바라시는 것은 형제 나라 간에 싸우지 말라는 것입니다. 비록 이스라엘이 한 민족 두 국가로 나뉘기는 하지만 이는 솔로몬 후반 통치의 폐단을 막고 제사장 나라를 이루기 위한 하나님의 뜻이기 때문입니다.

하나님께서는 북이스라엘 열 지파를 맡은 여로보암에게 열 지파의 힘, 즉 남유다에 비해 다섯 배나 강한 경제력과 국방력을 주시며 대신 남유다를 인정하고 예루살렘 성전의 기능을 약화하지 말라고 말씀하셨습니다. 그리고 남유다에게는 국제 정치를 위한 정략결혼으로 이방 나라 공주들을 아내로 받아들이는 일을 그만두고 북이스라엘과 형제처럼 지내라고 말씀하셨습니다.

● **다섯 번째 포인트**

여로보암은 '제사장 나라'를 정치 도구화함으로 '여로보암의 길'을 만듭니다.

하나님께서는 여로보암에게 열 지파를 주시며 그 조건으로 '다윗의 길'로 국정을 운영하여 제사장 나라의 충성도를 지킬 것을 요구하셨습니다.

"그의 아들에게는 내가 한 지파를 주어서 내가 거기에 내 이름을 두고자 하여 택한 성읍 예루살렘에서 내 종 다윗이 항상 내 앞에 등불을 가지고 있게 하리라 내가 너를 취하리니 너는 네 마음에 원하는 대로 다스려 이스라엘 위에 왕이 되되 네가 만일 내가 명령한 모든 일에 순종하고 내 길로 행하며 내 눈에 합당한 일을 하며 내 종 다윗이 행함 같이 내 율례와 명령을 지키면 내가 너와 함께 있어 내가 다윗을 위하여 세운 것 같이 너를 위하여 견고한 집을 세우고 이스라엘을 네게 주리라 내가 이로 말미암아 다윗의 자손을 괴롭게 할 것이나 영원히 하지는 아니하리라 하셨느니라 한지라"(왕상 11:36~39)

그런데 여로보암은 북이스라엘 백성들을 절기 때 예루살렘으로 가게 하면 그들이 다시 르호보암의 백성이 될 것을 두려워하며 결국 다른 길, 엉뚱한 '여로보암의 길'을 내고 맙니다. 여로보암이 자신의 권력과 정치 기반의 안정을 꾀하기 위해 신앙을 정치적으로 이용하고 만 것입니다.

"만일 이 백성이 예루살렘에 있는 여호와의 성전에 제사를 드리고자 하여 올라가면 이 백성의 마음이 유다 왕 된 그들의 주 르호보암에게로 돌아가서 나를 죽이고 유다의 왕 르호보암에게로 돌아가리로다 하고"(왕상 12:27)

여기에서 '다윗의 길'과 '여로보암의 길'을 비교해보겠습니다. 먼저 제사장 나라의 충성도를 높인 '다윗의 길'은 다음과 같습니다.

첫째, 다윗의 제사장 나라 길에는 하나님의 용서가 있습니다.

둘째, 다윗의 제사장 나라 길에는 이웃 사이에 나눔이 있습니다.

셋째, 다윗의 제사장 나라 길에는 민족 사이에 평화가 있습니다.

반면 제사장 나라를 정치적으로 도구화한 '여로보암의 길'은 다음과 같습니다.

첫째, 레위 자손이 아닌 다른 사람으로 제사장을 삼습니다.

"그가 또 산당들을 짓고 레위 자손 아닌 보통 백성으로 제사장을 삼고" (왕상 12:31)

둘째, 예배 장소를 변경하고 우상을 숭배합니다. 여로보암은 단과 벧엘에 금송아지 우상을 세웠습니다.

"이에 계획하고 두 금송아지를 만들고 무리에게 말하기를 너희가 다시는 예루살렘에 올라갈 것이 없도다 이스라엘아 이는 너희를 애굽 땅에서 인도하여 올린 너희의 신들이라 하고 하나는 벧엘에 두고 하나는 단에 둔지라 이 일이 죄가 되었으니 이는 백성들이 단까지 가서 그 하나에게 경배함이더라"(왕상 12:28~30)

여로보암이 단과 벧엘에 세운 금송아지 우상은 여로보암이 애굽으로 망명했을 때 애굽에서 본 아피스 우상이었을 것입니다. 그리고 이는 과거 출애굽 때에 아론의 것을 본뜬 것으로 추측됩니다.

"아론이 그들의 손에서 금 고리를 받아 부어서 조각칼로 새겨 송아지 형상을 만드니 그들이 말하되 이스라엘아 이는 너희를 애굽 땅에서 인도하여 낸 너희의 신이로다 하는지라"(출 32:4)

셋째, 절기의 변경입니다. 원래 제사장 나라 명절은 법으로 정해져 있습니다.

"아빕월을 지켜 네 하나님 여호와께 유월절을 행하라 이는 아빕월에 네 하나님 여호와께서 밤에 너를 애굽에서 인도하여 내셨음이라 여호와께서 자기의 이름을 두시려고 택하신 곳에서 소와 양으로 네 하나님 여호와께 유월절 제사를 드리되 유교병을 그것과 함께 먹지 말고 이레 동안은 무교병 곧 고난의 떡을 그것과 함께 먹으라 이는 네가 애굽 땅에서 급히 나왔음이니 이같이 행하여 네 평생에 항상 네가 애굽 땅에서 나온 날을 기억할 것이니라"(신 16:1~3)

이렇게 제사장 나라 첫 명절인 유월절은 애굽에서 나온 날을 기억하는 것입니다. 그런데 여로보암이 감히 그 날짜를 변경한 것입니다.

"여덟째 달 곧 그 달 열다섯째 날로 절기를 정하여 유다의 절기와 비슷하게 하고"(왕상 12:32)

한편 이후 여로보암의 큰 잘못은 르호보암 5년에 애굽 왕 시삭이 예루살렘 성전을 약탈할 때 이를 모른 척한 것입니다. 형제 나라인 남유다를 도와야 하는 책임을 다하지 않은 것입니다. 그것은 여로보암이 애굽으로 망명했을 때 애굽 왕 시삭에게 받은 혜택의 대가 때문이었을 것입니다.

"르호보암 왕 제오년에 애굽의 왕 시삭이 올라와서 예루살렘을 치고 여호와의 성전의 보물과 왕궁의 보물을 모두 빼앗고 또 솔로몬이 만든 금 방패를 다 빼앗은지라"(왕상 14:25~26)

또한 남유다의 르호보암 왕이 산당과 우상과 아세라 목상을 세우는 등 우상숭배로 하나님의 명령을 따르지 않자, 하나님께서 애굽 왕 시삭을 보내 남유다를 치셨던 것입니다. 즉, 남유다를 깨우쳐 다시 돌아오게 하려고 하나님께서 애굽을 통해 징계하셨던 것입니다.

디저트 DESSERT

21세기 현재, 세계에서 유일한 분단국가인 우리나라는 이스라엘의 당시 분단 상황, 즉 한 민족 두 국가 상황을 통해 민족 문제와 통일에 대한 해답을 배울 수 있습니다.

우리는 일찍이 다윗이 그 어려운 민족 화합과 통일 문제를 7년 6개월 만에 이루었음을 성경을 통해 보았습니다. 하나님께서는 정치, 경제, 사회, 문화, 예술을 넘어 민족 문제와 통일 문제까지도 성경을 통해 우리에게 정답을 알려주십니다. 어제나 오늘이나 오직 역사를 주관하시는 분은 하나님입니다.

160일

여로보암의 길 (왕상 15장~16:20)

애피타이저 APPETIZER

한 민족 두 국가로 나뉜 북이스라엘과 남유다의 왕들은 하나님께서 기대하신 '다윗의 길'이 아닌 악행으로 점철된 정치를 펼칩니다. 특히 북이스라엘의 초대 왕 여로보암은 하나님의 간절한 당부에도 불구하고 '다윗의 길'로 가지 않고 오히려 '여로보암의 길'을 만들어 북이스라엘의 모든 왕을 그 길로 이끕니다.

그럼에도 불구하고 하나님께서는 모든 민족을 위한 한 민족으로 택하셔서 하나님과 제사장 나라 언약을 맺은 이스라엘을 쉽게 포기하지 않으십니다.

《일년일독 통독성경》 열왕기상 15장~16:20

통通으로 숲이야기 ; 통숲 TONG OBSERVATION

● 첫 번째 포인트

북이스라엘의 초대 왕 여로보암은 재임 22년 동안 다섯 가지 잘못으로 '여로보암의 길'을 만듭니다.

하나님께로부터 이스라엘 열 지파를 통치할 수 있는 권한을 위임받은 여로보암은 안타깝게도 이스라엘의 초대 왕 사울처럼 얼마 가지 못해 그 마음이 하나님에게서 떠났습니다. 여로보암은 22년 동안 북이스라엘을 통치하면서 '다윗의 길'이 아닌 엉뚱한 '여로보암의 길'을 만들며 다음과 같은 다섯 가지 잘못을 저지릅니다.

첫째, 여로보암은 형제 나라끼리 서로 싸우지 말라는 하나님의 말씀을 어기고 재임 22년 동안 남유다와의 전쟁을 그치지 않았습니다.

"르호보암과 여로보암 사이에 항상 전쟁이 있으니라"(왕상 14:30)

둘째, 여로보암은 하나님께서 명령하신 제사장 나라의 '3대 명절'(유월절, 칠칠절, 초막절)에 북이스라엘 백성들을 하나님의 이름을 두려고 택하신 곳인 예루살렘 성전에 가지 못하게 했습니다.

"그가 자기 마음대로 정한 달 곧 여덟째 달 열다섯째 날로 이스라엘 자손을 위하여 절기로 정하고 벧엘에 쌓은 제단에 올라가서 분향하였더라"(왕상 12:33)

셋째, 여로보암은 제사장 나라 법에 명시된 '제사장의 임명' 조건인 레위 지파 사람이 아닌 일반 백성으로 제사장을 삼았습니다.

"여로보암이 이 일 후에도 그의 악한 길에서 떠나 돌이키지 아니하고 다시 일반 백성을 산당의 제사장으로 삼되 누구든지 자원하면 그 사람을 산당의 제사장으로 삼았으므로"(왕상 13:33)

넷째, 여로보암은 '하나님의 이름을 두려고 택하신 곳인 예루살렘'을 이방 민족으로부터 지켜야 할 책무를 외면했습니다.

"르호보암 왕 제오년에 애굽의 왕 시삭이 올라와서 예루살렘을 치고"(왕상 14:25)

다섯째, 여로보암은 예루살렘 성전 대신 단과 벧엘로 '제사 장소'를 바꾸었습니다.

"만일 이 백성이 예루살렘에 있는 여호와의 성전에 제사를 드리고자 하여 올라가면 이 백성의 마음이 유다 왕 된 그들의 주 르호보암에게로 돌아가서 나를 죽이고 유다의 왕 르호보암에게로 돌아가리로다 하고 이에 계획하고 두 금송아지를 만들고 무리에게 말하기를 너희가 다시는 예루살렘에 올라갈 것이 없도다 이스라엘아 이는 너희를 애굽 땅에서 인도하여 올린 너희의 신들이라 하고"(왕상 12:27~28)

이렇게 북이스라엘의 초대 왕 여로보암은 '여로보암의 길'을 만들어 제사장 나라를 자신의 권력 통치 수단으로 악용했습니다. 그 후 200여 년 동안 북이스라엘의 모든 왕이 바로 이 여로보암의 죄악 된 길을 따랐습니다.

● 두 번째 포인트

남유다는 솔로몬의 손자 아비얌의 통치 기간 3년 동안 북이스라엘과 계속해서 전쟁을 치렀습니다.

남유다는 르호보암의 뒤를 이은 2대 왕 아비얌(아비야)이 3년 동안 통치하게 되는데 그는 안타깝게도 하나님 앞에 온전하지 못했다는 평가를 받았습니다.

"아비얌이 그의 아버지가 이미 행한 모든 죄를 행하고 그의 마음이 그의 조상 다윗의 마음과 같지 아니하여 그의 하나님 여호와 앞에 온전하

지 못하였으나"(왕상 15:3)

다윗의 손자인 르호보암과 다윗의 증손자인 아비얌으로 이어지는 시기에 남유다는 하나님을 떠나 우상을 섬기고 있었습니다.

〈열왕기상〉은 아비얌의 통치 기간을 서술하며 다윗의 시대를 회고합니다. 르호보암과 아비얌의 통치가 다윗과 같지 않았다는 것입니다. 성경은 이에 대해 아비얌이 다윗의 마음을 본받지 않고 아버지 르호보암의 모든 악한 행위를 좇았다고 기록하고 있습니다. 아비얌이 겨우 3년 동안 남유다를 통치했음에도 그 기간 계속해서 북이스라엘의 여로보암과 전쟁을 그치지 않았습니다.

"아비얌과 여로보암 사이에도 전쟁이 있으니라"(왕상 15:7)

아비얌은 40만 명의 군인들을 이끌고 여로보암의 80만 명의 군인들과 싸워 여로보암의 군인 50만 명을 죽이고 벧엘을 비롯한 북이스라엘의 성을 빼앗기도 했습니다.

"아비야는 싸움에 용감한 군사 사십만 명을 택하여 싸움을 준비하였고 여로보암은 큰 용사 팔십만 명을 택하여 그와 대진한지라"(대하 13:3)

"유다 사람이 소리 지르매 유다 사람이 소리 지를 때에 하나님이 여로보암과 온 이스라엘을 아비야와 유다 앞에서 치시니 이스라엘 자손이 유다 앞에서 도망하는지라 하나님이 그들의 손에 넘기셨으므로 아비야와 그의 백성이 크게 무찌르니 이스라엘이 택한 병사들이 죽임을 당하고 엎드러진 자들이 오십만 명이었더라"(대하 13:15~17)

아비얌은 통치 기간 3년 동안 '다윗의 길'로 나아가지 않았습니다. 그럼에도 불구하고 하나님께서는 다윗과 맺으신 언약 때문에 다윗의 후손들로 하여금 계속해서 남유다를 통치하게 하셨습니다.

"그의 하나님 여호와께서 다윗을 위하여 예루살렘에서 그에게 등불을 주시되 그의 아들을 세워 뒤를 잇게 하사 예루살렘을 견고하게 하셨으니"(왕상 15:4)

● **세 번째 포인트**

남유다의 3대 왕 아사는 '신앙 갱신운동'을 펼칩니다.

르호보암과 아비얌의 뒤를 이어 아사가 남유다의 3대 왕이 됩니다. 아사 왕은 남유다 20명의 왕들 가운데 '신앙 갱신운동'을 행했던 네 명의 왕 중 한 명입니다. 그 외 다른 세 명의 왕은 여호사밧, 히스기야, 요시야입니다.

"아사가 그의 조상 다윗 같이 여호와 보시기에 정직하게 행하여 남색하는 자를 그 땅에서 쫓아내고 그의 조상들이 지은 모든 우상을 없애

고"(왕상 15:11~12)

"아사가 이 말 곧 선지자 오뎃의 예언을 듣고 마음을 강하게 하여 가증한 물건들을 유다와 베냐민 온 땅에서 없애고 또 에브라임 산지에서 빼앗은 성읍들에서도 없애고 또 여호와의 낭실 앞에 있는 여호와의 제단을 재건하고 또 유다와 베냐민의 무리를 모으고 에브라임과 므낫세와 시므온 가운데에서 나와서 저희 중에 머물러 사는 자들을 모았으니 이는 이스라엘 사람들이 아사의 하나님 여호와께서 그와 함께 하심을 보고 아사에게로 돌아오는 자가 많았음이더라"(대하 15:8~9)

그래서 남유다의 3대 왕 아사는 하나님 앞에서 온전히 행했다는 평가를 받았습니다.

"아사의 마음이 일평생 여호와 앞에 온전하였으며 그가 그의 아버지가 성별한 것과 자기가 성별한 것을 여호와의 성전에 받들어 드렸으니 곧 은과 금과 그릇들이더라"(왕상 15:14~15)

그러나 안타깝게도 아사 왕이 우상숭배의 근원지라 할 수 있는 산당을 남겨두었습니다.

"다만 산당은 없애지 아니하니라"(왕상 15:14)

한편 북이스라엘은 여로보암의 아들 나답이 바아사에 의해 죽고 여로보암 왕조는 막을 내리게 됩니다. 바아사는 남유다를 공격하기 위해 아람과 손을 잡고 남유다 고립 정책을 펴며 북이스라엘과 남유다 백성들의 왕래를 막기 위해 라마를 건축합니다.

"이스라엘의 왕 바아사가 유다를 치러 올라와서 라마를 건축하여 사람을 유다 왕 아사와 왕래하지 못하게 하려 한지라"(왕상 15:17)

그러자 남유다 왕 아사는 성전과 왕궁의 보물을 꺼내어 아람 왕에게 바친 뒤 협공하여 라마를 빼앗습니다.

"아사가 여호와의 성전 곳간과 왕궁 곳간에 남은 은금을 모두 가져다가 그 신하의 손에 넘겨 다메섹에 거주하고 있는 아람의 왕 헤시온의 손자 다브림몬의 아들 벤하닷에게 보내며 이르되 나와 당신 사이에 약조가 있고 내 아버지와 당신의 아버지 사이에도 있었느니라 내가 당신에게 은금 예물을 보냈으니 와서 이스라엘의 왕 바아사와 세운 약조를 깨뜨려서 그가 나를 떠나게 하라 하매"(왕상 15:18~19)

여기에서 '라마'는 베냐민 지파의 성읍으로 북이스라엘과 남유다가 국경을 놓고 전쟁을 벌인 곳입니다. 북이스라엘의 바아사는 라마를 요새화하려고 했고 이를 남유다의 아사가 아람의 도움을 받아 저지했습니다.

"바아사가 듣고 라마를 건축하는 일을 중단하고 디르사에 거주하니라 이에 아사 왕이 온 유다에 명령을 내려 한 사람도 모면하지 못하게 하여 바아사가 라마를 건축하던 돌과 재목을 가져오게 하고 그것으로 베냐민의 게바와 미스바를 건축하였더라"(왕상 15:21~22)

이처럼 이스라엘 정치 지도자들은 하나님께서 주신 제사장 나라의 완벽한 청사진을 뒤로하고 자신들의 방법으로 권력 사유화를 이루어보려고 발버둥을 쳤고 오히려 이로 인해 백성들에게는 더 큰 고통을 안겨주기만 했습니다.

하나님의 마음과는 상관없이 국가의 세력 경쟁 때문에 이스라엘 민족 간에 서로 칼끝을 겨누게 된 이 모습을 보시고 하나님께서 얼마나 가슴 아프셨을지 안타깝기 그지없습니다.

● **네 번째 포인트**

북이스라엘의 2대 왕 나답, 3대 왕 바아사, 그리고 4대 왕 엘라 모두 '여로보암의 길'로 달려갑니다.

여로보암의 뒤를 이은 북이스라엘의 2대 왕 나답의 행적은 한마디로 아버지의 길, '여로보암의 길'로 나아갔다는 말 외에는 없습니다.

"그가 여호와 보시기에 악을 행하되 그의 아버지의 길로 행하며 그가 이스라엘에게 범하게 한 그 죄 중에 행한지라"(왕상 15:26)

그 후 나답은 바아사의 반란으로 죽임을 당합니다. 이로 인해 북이스라엘의 여로보암 왕조가 끝이 나고 새로운 왕조가 들어서게 됩니다.

"유다의 아사 왕 셋째 해에 바아사가 나답을 죽이고 대신하여 왕이 되고 왕이 될 때에 여로보암의 온 집을 쳐서 생명 있는 자를 한 사람도 남기지 아니하고 다 멸하였는데 여호와께서 그의 종 실로 사람 아히야를 통하여 하신 말씀과 같이 되었으니"(왕상 15:28~29)

여로보암 왕조가 이렇게 끝이 난 것은 아히야 선지자의 예언이 이루어진 것입니다.

"그러므로 내가 여로보암의 집에 재앙을 내려 여로보암에게 속한 사내는 이스라엘 가운데 매인 자나 놓인 자나 다 끊어 버리되 거름 더미를 쓸어 버림 같이 여로보암의 집을 말갛게 쓸어 버릴지라"(왕상 14:10)

이렇게 여로보암 왕조가 2대 만에 끝이 나고 3대 왕 바아사와 그의 아들 엘라가 북이스라엘을 다스리게 됩니다(왕상 16:8). 그러나 북이스라엘은 3대 왕 바아사와 4대 왕 엘라 때에도 '여로보암의 길'로 치닫습니다. 그러자 남유다의 선지자 하나니의 아들 예후를 통해 북이스라엘에 심판이 예언됩니다.

"여호와의 말씀이 하나니의 아들 예후에게 임하여 바아사를 꾸짖어 이르시되 내가 너를 티끌에서 들어 내 백성 이스라엘 위에 주권자가 되게 하였거늘 네가 여로보암의 길로 행하며 내 백성 이스라엘에게 범죄하게 하여 그들의 죄로 나를 노엽게 하였은즉 내가 너 바아사와 네 집을 쓸어버려 네 집이 느밧의 아들 여로보암의 집 같이 되게 하리니 바아사에게 속한 자가 성읍에서 죽은즉 개가 먹고 그에게 속한 자가 들에서 죽은즉 공중의 새가 먹으리라 하셨더라"(왕상16:1~4)

예후 선지자의 예언대로 북이스라엘은 시므리의 반란으로 또다시 왕조가 바뀝니다.

"엘라가 디르사에 있어 왕궁 맡은 자 아르사의 집에서 마시고 취할 때에 그 신하 곧 병거 절반을 통솔한 지휘관 시므리가 왕을 모반하여 시므리가 들어가서 그를 쳐죽이고 그를 대신하여 왕이 되니 곧 유다의 아사 왕 제이십칠년이라"(왕상 16:9~10)

바아사와 엘라의 멸망은 그들의 죄악 때문이었습니다.

"바아사의 온 집을 멸하였는데 선지자 예후를 통하여 바아사를 꾸짖어 하신 여호와의 말씀 같이 되었으니 이는 바아사의 모든 죄와 그의 아들 엘라의 죄 때문이라 그들이 범죄하고 또 이스라엘에게 범죄하게 하여 그들의 헛된 것들로 이스라엘의 하나님 여호와를 노하시게 하였더라" (왕상 16:12~13)

● **다섯 번째 포인트**

북이스라엘의 5대 왕 시므리는 겨우 7일간의 왕이었습니다.

시므리가 엘라를 죽이고 북이스라엘의 5대 왕으로 등극합니다. 그런데 시므리는 겨우 7일 동안 왕의 자리에 있었습니다(왕상 16:15). 그 이유는 북이스라엘 백성들이 시므리의 모반을 인정하지 않고 오히려 지휘관 오므리를 왕으로 삼았기 때문입니다.

> "진중 백성들이 시므리가 모반하여 왕을 죽였다는 말을 들은지라 그 날에 이스라엘의 무리가 진에서 군대 지휘관 오므리를 이스라엘의 왕으로 삼으매"(왕상 16:16)

시므리는 북이스라엘 백성들이 자기 대신 오므리를 왕으로 추대했다는 소식을 듣고 자살로 생을 마감합니다.

> "시므리가 성읍이 함락됨을 보고 왕궁 요새에 들어가서 왕궁에 불을 지르고 그 가운데에서 죽었으니 이는 그가 여호와 보시기에 악을 행하여 범죄하였기 때문이니라 그가 여로보암의 길로 행하며 그가 이스라엘에게 죄를 범하게 한 그 죄 중에 행하였더라"(왕상 16:18~19)

디저트 DESSERT

〈열왕기상·하〉의 말씀은 '한 민족 두 국가' 이야기인 북이스라엘과 남유다의 200년의 역사가 동시에 기록되어 있어 주의 깊게 보지 않으면 조금 어려울 수도 있습니다. 그러나 현재 세계에서 유일한 분단국가인 우리 민족에게는 사실 그렇게 어렵지 않을 수 있습니다. 오히려 우리 민족은 〈열왕기상·하〉를 쉽게 이해할 수 있습니다.

통(通)성경을 통해 우리는 역사순으로 북이스라엘과 남유다의 역사를 함께 다루면서 그 시기마다 활동했던 선지자들의 사역 또한 함께 살펴볼 것입니다. 복잡한 것은 어려운 것이 아니라 풍요로운 것임을 다시 상기하며 하나님의 세계 경영과 하나님의 마음을 살피는 기쁨을 누려봅시다.

161일

갈멜산 대결 (왕상 16:21~17장)

애피타이저 APPETIZER

하나님께로부터 이스라엘 열 지파의 통치를 위임받은 여로보암이 안타깝게도 '여로보암의 길'을 만들며 하나님에게서 멀어지면서 북이스라엘은 계속해서 전쟁과 쿠데타가 끊이지 않는 나라가 됩니다.

북이스라엘은 여로보암 왕조의 여로보암 1세와 그의 아들 나답에 이어 나답을 살해하고 왕이 된 바아사와 그의 아들 엘라, 그리고 쿠데타를 통해 엘라를 죽이고 왕이 된 시므리에 이어 또다시 쿠데타로 오므리가 북이스라엘의 6대 왕이 됩니다.

북이스라엘은 오므리 왕조를 발판으로 나라의 외형적 기틀을 세우기는 하지만 오므리와 그의 아들 아합 때에 우상숭배의 죄악이 극에 달하며 북이스라엘 전역이 바알과 아세라 우상으로 가득하게 됩니다.

그러자 하나님께서는 북이스라엘에 선지자 엘리야를 보낼 준비를 하십니다. 이제부터 북이스라엘과 남유다에 계속해서 선지자들이 등장해 하나님의 말씀을 전하게 됩니다. 우리는 하나님께서 왜 그렇게 '다윗의 길'을 원하셨는지 확인하게 될 것입니다.

《일년일독 통독성경》 열왕기상 16:21~17장

통通으로 숲이야기 ; 통숲 TONG OBSERVATION

● 첫 번째 포인트

북이스라엘에서는 계속해서 쿠데타가 발생합니다.

앞서 살펴보았듯이 북이스라엘의 여로보암 왕조는 바아사가 일으킨 쿠데타로 2대 만에 막을 내립니다. 그 후 바아사와 그의 아들 엘라가 통치하게 되는데 엘라도 군대 지휘관 시므리가 일으킨 쿠데타로 왕의 자리에서 물러나게 됩니다. 그러나 시므리 또한 군대 지휘관 오므리가 쿠데타를 일으켰다는 소식을 전해 듣고 왕궁에 불을 지르고 자살함으로 7일 천하로 권력에서 퇴출 당합니다.

이렇게 오므리 왕조가 시작되면서 오므리는 사마리아를 수도로 정하고 그의 아들 아합 때에 국력을 매우 튼튼하게 이끕니다. 그리고 오므리는 아들 아합을 위해 페니키아의 한 도시국가인 시돈 왕의 딸 이세벨을 며느리로 데려옵니다. 이 일은 결국 북이스라엘 전체를 바알과 아세라 우상으로 가득 채우는 결과로 이어집니다.

성경은 오므리와 아합의 우상숭배에 대해 "또 아세라 상을 만들었으니 그는 그 이전의 이스라엘의 모든 왕보다 심히 이스라엘 하나님 여호와를 노하시게 하였더라"(왕상 16:33)라고 기록하고 있습니다. 우상숭배의 악이 가장 극심했던 시기, 그때가 바로 북이스라엘 오므리 왕조의 아합 왕 시대였습니다.

그러자 하나님께서는 안타까운 마음으로 북이스라엘에 엘리야 선지자를 보내십니다. 하나님께서 선지자를 보내셨다는 것은 그 시대가 그만큼 참담했다는 것을 반증합니다. 엘리야의 사역은 '이스라엘 백성들이 하나님의 백성으로서 어떻게 살 것인가'를 가르치는 차원이 아니라 바알과 하나님 중에서 '누가 참 신이냐?'는 문제를 놓고 싸우는 참담한 차원이었습니다. 이때 하나님께서는 수년 동안 북이스라엘 땅에 비를 내리지 않으심으로 북이스라엘 백성들을 징계하십니다.

● **두 번째 포인트**
북이스라엘 오므리 왕의 권력 사유화는 여로보암 왕을 넘어섭니다.

군 지휘관이었던 시므리가 쿠데타를 일으켰다는 소문이 나자, 오히려 백성들은 시므리를 인정하는 대신 오므리 지지파와 디브니 지지파로 나뉩니다. 결국 오므리는 디브니를 추종하는 사람들과 내전을 치른 후 쿠데타를 통해 북이스라엘의 6대 왕으로 등극합니다.

"그 때에 이스라엘 백성이 둘로 나뉘어 그 절반은 기낫의 아들 디브니를 따라 그를 왕으로 삼으려 하고 그 절반은 오므리를 따랐더니 오므리를 따른 백성이 기낫의 아들 디브니를 따른 백성을 이긴지라 디브니가 죽으매 오므리가 왕이 되니라 유다의 아사 왕 제삼십일년에 오므리가 이스라엘의 왕이 되어 십이 년 동안 왕위에 있으며 디르사에서 육 년

동안 다스리니라"(왕상 16:21~23)

오므리는 그 이전의 왕들처럼 6년 동안 디르사에서 북이스라엘을 통치하다가 사마리아 땅을 사서 그곳에 왕궁을 건축하고 사마리아를 북이스라엘의 수도로 삼습니다.

"그가 은 두 달란트로 세멜에게서 사마리아 산을 사고 그 산 위에 성읍을 건축하고 그 건축한 성읍 이름을 그 산 주인이었던 세멜의 이름을 따라 사마리아라 일컬었더라"(왕상 16:24)

그런데 사마리아 땅을 산 일은 토지의 매매를 금지하는 제사장 나라의 토지법을 어긴 것입니다. 사마리아는 해발 430m의 천연 요새였습니다. 북이스라엘은 오므리 왕 때에 이렇게 수도를 디르사에서 사마리아로 옮긴 이후 경제적 번영을 누립니다.

그리고 오므리는 그 이전 북이스라엘의 왕들보다 힘써(?) 악을 행하며 '여로보암의 길'로 나갔습니다(왕상 16:25). 오므리의 최고의 악행은 하나님의 제사장 나라 법을 변경하여 '오므리의 율례'까지 만들었다는 것입니다.

"너희가 오므리의 율례와 아합 집의 모든 예법을 지키고 그들의 전통을 따르니 내가 너희를 황폐하게 하며 그의 주민을 사람의 조소거리로 만들리라 너희가 내 백성의 수욕을 담당하리라"(미 6:16)

● 세 번째 포인트

오므리의 뒤를 이은 북이스라엘의 7대 왕 아합은 최악의 역대급 '우상숭배 시대'를 만듭니다.

오므리 왕조의 두 번째 왕이자 북이스라엘의 7대 왕인 아합은 사마리아에서 22년 동안 북이스라엘을 통치하며 아버지 오므리의 뒤를 이어 악을 행합니다. 그의 악행이 얼마나 극심했는지, 그는 북이스라엘의 19명의 왕 가운데 가장 악한 왕으로 역사에 남습니다.

아합이 이렇게 북이스라엘의 왕들 가운데 '최고의 악행자'로 역사에 남게 된 데는 그의 아내 이세벨의 영향이 매우 컸다고 할 수 있습니다.

> "오므리의 아들 아합이 그의 이전의 모든 사람보다 여호와 보시기에 악을 더욱 행하여 느밧의 아들 여로보암의 죄를 따라 행하는 것을 오히려 가볍게 여기며 시돈 사람의 왕 엣바알의 딸 이세벨을 아내로 삼고 가서 바알을 섬겨 예배하고"(왕상 16:30~31)

아합을 이렇게까지 악명 높은 유명 인사(?)로 만든 이세벨은 페니키아의 한 도시국가인 시돈 왕의 딸이자 지독한 바알의 숭배자였습니다. 이세벨은 음행과 술수가 많은 악인의 대명사이자 우상숭배의 대명사로 역사에 기록되고 있습니다.

"요람이 예후를 보고 이르되 예후야 평안하냐 하니 대답하되 네 어머니 이세벨의 음행과 술수가 이렇게 많으니 어찌 평안이 있으랴 하더라"(왕하 9:22)

"그러나 네게 책망할 일이 있노라 자칭 선지자라 하는 여자 이세벨을 네가 용납함이니 그가 내 종들을 가르쳐 꾀어 행음하게 하고 우상의 제물을 먹게 하는도다"(계 2:20)

아합은 이세벨과 함께 북이스라엘의 수도 사마리아에 바알과 아세라의 신전을 만들었고, '여로보암의 길'에 이를 더해 북이스라엘을 '최악의 우상숭배 나라'로 만들었습니다.

"사마리아에 건축한 바알의 신전 안에 바알을 위하여 제단을 쌓으며 또 아세라 상을 만들었으니 그는 그 이전의 이스라엘의 모든 왕보다 심히 이스라엘 하나님 여호와를 노하시게 하였더라"(왕상 16:32~33)

이때 북이스라엘은 하나님의 엄한 경고의 말씀까지도 어기고 여호수아 때에 무너뜨렸던 여리고성을 재건하기까지 했습니다.

"그 시대에 벧엘 사람 히엘이 여리고를 건축하였는데 그가 그 터를 쌓을 때에 맏아들 아비람을 잃었고 그 성문을 세울 때에 막내 아들 스굽을 잃었으니 여호와께서 눈의 아들 여호수아를 통하여 하신 말씀과 같

이 되었더라"(왕상 16:34)

"여호수아가 그 때에 맹세하게 하여 이르되 누구든지 일어나서 이 여리고 성을 건축하는 자는 여호와 앞에서 저주를 받을 것이라 그 기초를 쌓을 때에 그의 맏아들을 잃을 것이요 그 문을 세울 때에 그의 막내아들을 잃으리라 하였더라"(수 6:26)

그 시대에 평범한 한 사람 곧 벧엘 사람 히엘에 관한 이야기가 〈열왕기상〉에 기록되어 있습니다. 히엘은 북이스라엘에서 하층민은 아니었던 것 같습니다. 그는 여리고성을 건축할 정도의 능력이 있는 사람이었습니다. 히엘은 최고 지도부를 이루고 있는 사람은 아니지만 일반 백성들에게 적지 않은 영향력을 끼쳤을 만한 사람이었습니다.

히엘의 삶의 모습을 한마디로 표현한다면 '하나님의 말씀과 상관없는 삶'이라고 할 수 있습니다. 그리고 그의 삶은 대부분 북이스라엘 백성들이 살아가는 삶의 스타일이었을 것입니다. 하나님의 말씀을 제대로 알지 못하고 하나님을 두려워하지 않았던 히엘은 여리고성을 건축하면서 맏아들과 막내아들을 잃었습니다. 이 사건은 호세아 선지자의 말대로 하나님과 하나님의 말씀을 아는 지식이 없으면 가정이 망할 수도 있다는 한 예였습니다.

● **네 번째 포인트**

엘리야 선지자는 까마귀를 벗 삼아 갈멜산 대결을 3년 동안 준비합니다.

이세벨이 북이스라엘에 선교(?)한 바알과 아세라 우상은 농사의 신이자 비를 내려주는 풍요의 신이었습니다. 그래서 북이스라엘 백성들은 넉넉한 비를 통한 풍성한 소출을 위해 바알과 아세라 우상에 절하며 하나님을 멀리했습니다. 그러자 하나님께서 엘리야 선지자를 통해 가뭄의 징계를 예언하게 하셨습니다.

"길르앗에 우거하는 자 중에 디셉 사람 엘리야가 아합에게 말하되 내가 섬기는 이스라엘의 하나님 여호와께서 살아 계심을 두고 맹세하노니 내 말이 없으면 수 년 동안 비도 이슬도 있지 아니하리라 하니라"(왕상 17:1)

엘리야 선지자는 레위기 26장을 통해 제사장 나라 경영과 관련하여 하나님께서 이미 경고하신 징계의 말씀을 선포했습니다.

"너희는 내 안식일을 지키며 내 성소를 경외하라 나는 여호와이니라 너희가 내 규례와 계명을 준행하면 내가 너희에게 철따라 비를 주리니 땅은 그 산물을 내고 밭의 나무는 열매를 맺으리라"(레 26:2~4)

"내가 너희의 세력으로 말미암은 교만을 꺾고 너희의 하늘을 철과 같

게 하며 너희 땅을 놋과 같게 하리니"(레 26:19)

"너희는 스스로 삼가라 두렵건대 마음에 미혹하여 돌이켜 다른 신들을 섬기며 그것에게 절하므로 여호와께서 너희에게 진노하사 하늘을 닫아 비를 내리지 아니하여 땅이 소산을 내지 않게 하시므로 너희가 여호와께서 주신 아름다운 땅에서 속히 멸망할까 하노라"(신 11:16~17)

하나님께서는 북이스라엘에 3년 이상 비를 내려주지 않으셨습니다. 그렇게 북이스라엘에서 엘리야는 까마귀가 가져다주는 음식을 먹으며 갈멜산 대결을 준비하고 있었습니다.

"까마귀들이 아침에도 떡과 고기를, 저녁에도 떡과 고기를 가져왔고 그가 시냇물을 마셨으나 땅에 비가 내리지 아니하므로 얼마 후에 그 시내가 마르니라"(왕상 17:6~7)

● **다섯 번째 포인트**

엘리야 선지자와 사르밧 과부는 순종으로 하나님의 기적을 체험합니다.

엘리야가 숨어 지내는 3년 동안 하나님께서는 까마귀에 이어 이방 여인을 통해 엘리야 선지자가 공궤를 받게 하셨습니다.

"너는 일어나 시돈에 속한 사르밧으로 가서 거기 머물라 내가 그 곳 과

부에게 명령하여 네게 음식을 주게 하였느니라"(왕상 17:9)

시돈 땅은 바알 숭배의 본거지이자 이세벨의 고향이었고, 그 가운데 사르밧은 두로와 시돈 사이의 마을이었습니다. 그런데 하나님께서는 아합과 이세벨을 피해 오히려 엘리야를 시돈에 숨기셨습니다. 하나님께서는 바알과 아세라의 본거지인 시돈에도 하나님의 기근 심판을 내리셨습니다. 그러나 그 심판 속에서도 이방을 향한 하나님의 구원 계획이 있었습니다.

하나님의 말씀대로 엘리야 선지자가 사르밧 과부에게 음식을 요구하자 사르밧 과부는 다음과 같은 답을 합니다.

"그가 이르되 당신의 하나님 여호와께서 살아 계심을 두고 맹세하노니 나는 떡이 없고 다만 통에 가루 한 움큼과 병에 기름 조금 뿐이라 내가 나뭇가지 둘을 주워다가 나와 내 아들을 위하여 음식을 만들어 먹고 그 후에는 죽으리라"(왕상 17:12)

그런데 사르밧 과부는 엘리야를 통한 하나님의 말씀을 듣고 그 말씀에 순종하므로 놀라운 하나님의 기적을 체험하게 됩니다.

"이스라엘의 하나님 여호와의 말씀이 나 여호와가 비를 지면에 내리는 날까지 그 통의 가루가 떨어지지 아니하고 그 병의 기름이 없어지지 아니하리라 하셨느니라 그가 가서 엘리야의 말대로 하였더니 그와 엘리야와 그의 식구가 여러 날 먹었으나 여호와께서 엘리야를 통하여 하신

말씀 같이 통의 가루가 떨어지지 아니하고 병의 기름이 없어지지 아니하니라"(왕상 17:14~16)

사르밧 과부는 이세벨의 고향인 페니키아의 시돈에 사는 이방 여인이었지만 하나님께 순종했을 때 하나님의 기적을 체험하고 그 가정까지도 구원에 이르게 하는, 마치 여리고성의 라합과 같은 멋있는 하나님의 사람으로 성경에 기록됩니다.

"선지자의 이름으로 선지자를 영접하는 자는 선지자의 상을 받을 것이요 의인의 이름으로 의인을 영접하는 자는 의인의 상을 받을 것이요"(마 10:41)

사르밧 과부에게는 그 이후 한 차례 더 기적을 체험하는 일이 발생합니다. 하나님께서 사르밧 과부의 아들을 살려주신 것입니다.

"그 아이 위에 몸을 세 번 펴서 엎드리고 여호와께 부르짖어 이르되 내 하나님 여호와여 원하건대 이 아이의 혼으로 그의 몸에 돌아오게 하옵소서 하니 여호와께서 엘리야의 소리를 들으시므로 그 아이의 혼이 몸으로 돌아오고 살아난지라"(왕상 17:21~22)

죽은 아들이 살아나자 이방 여인인 사르밧 과부는 다음과 같이 하나님을 찬양합니다.

"여인이 엘리야에게 이르되 내가 이제야 당신은 하나님의 사람이시

요 당신의 입에 있는 여호와의 말씀이 진실한 줄 아노라 하니라"(왕상 17:24)

엘리야와 사르밧 과부는 하나님께 순종함으로 하나님의 기적을 체험합니다.

남유다보다는 주로 북이스라엘의 이야기를 살펴보았습니다. 하나님께서는 이스라엘 열두 지파 가운데 열 지파를 여로보암에게 맡겨주셨습니다. 그리고 '다윗의 길'로 나아가라고 당부하셨습니다. 그런데 여로보암은 '다윗의 길'이 아닌 '여로보암의 길'을 만들어 북이스라엘의 19명의 왕을 모두 '여로보암의 길'로 이끌었습니다. 참으로 안타깝습니다.

하나님께서는 그때나 지금이나 동일하게 하나님의 사람들이 좁은 길, 생명의 길을 따르며 살아가기를 원하십니다.

"좁은 문으로 들어가라 멸망으로 인도하는 문은 크고 그 길이 넓어 그리로 들어가는 자가 많고 생명으로 인도하는 문은 좁고 길이 협착하여 찾는 자가 적음이라"(마 7:13~14)

162일

갈멜산 대결의 결말 (왕상 18~19장)

애피타이저 APPETIZER

아합이 북이스라엘을 통치하던 때에 엘리야 선지자가 목숨을 걸고 갈멜산에서의 '대결'을 신청합니다. 바알과 아세라 선지자 총 850명과 엘리야 한 사람의 대결이었습니다. 그때 바알과 아세라 선지자들의 제단에는 불이 내려오지 않았지만, 엘리야의 제단과 제물을 태운 일은 북이스라엘 백성들로 하여금 여호와는 실로 하나님이심을 고백하는 놀라운 사건이 됩니다.

그런데 갈멜산의 기적을 통해서도 꿈적하지 않는 이세벨은 도리어 엘리야를 죽이겠다고 위협하며 자객을 보냅니다. 목숨이 위태로워진 엘리야는 로뎀 나무로, 그리고 호렙산으로 도망쳐야 했습니다. 죽고 싶은 급박한 상황에서도 하나님께서는 엘리야와 계속해서 함께하셨습니다. 그리고 다시 사명을 말씀하시며 하사엘, 예후, 엘리사를 통해 새로운 시대를 열겠다고 하십니다. 하나님의 이 계획은 엘리야의 뒤를 이은 엘리사를 통해 그 서막이 열립니다.

성경통독 BIBLETONGDOK

《일년일독 통독성경》 열왕기상 18~19장

통通으로 숲이야기 ; 통숲 TONG OBSERVATION

● 첫 번째 포인트

북이스라엘에 3년 동안 가뭄이 계속되자 엘리야와 아합이 논쟁을 벌입니다.

북이스라엘에 3년째 가뭄이 계속되자 아합이 그의 신하 오바댜와 함께 물의 근원지를 찾아 나섭니다.

"아합이 오바댜에게 이르되 이 땅의 모든 물 근원과 모든 내로 가자 혹시 꼴을 얻으리라 그리하면 말과 노새를 살리리니 짐승을 다 잃지 않게 되리라 하고 두 사람이 두루 다닐 땅을 나누어 아합은 홀로 이 길로 가고 오바댜는 홀로 저 길로 가니라"(왕상 18:5~6)

왕궁의 책임을 맡은 아합의 신하 오바댜는 사실 어려서부터 하나님을 경외하는 자(왕상 18:12)로서 이세벨 몰래 선지자들 100명을 공궤하고 있었습니다.

"아합이 왕궁 맡은 자 오바댜를 불렀으니 이 오바댜는 여호와를 지극히 경외하는 자라 이세벨이 여호와의 선지자들을 멸할 때에 오바댜가 선지자 백 명을 가지고 오십 명씩 굴에 숨기고 떡과 물을 먹였더라"(왕상 18:3~4)

아합이 오바댜와 함께 물의 근원지를 찾아다니고 있을 때 엘리야가 오바댜를 통해 아합과 만나기를 원한다는 소식을 전합니다.

"엘리야가 이르되 내가 섬기는 만군의 여호와께서 살아 계심을 두고 맹세하노니 내가 오늘 아합에게 보이리라"(왕상 18:15)

오바댜의 도움으로 엘리야는 아합을 만나게 되고 엘리야와 아합은 만나자마자 논쟁을 벌입니다.

"엘리야를 볼 때에 아합이 그에게 이르되 이스라엘을 괴롭게 하는 자여 너냐 그가 대답하되 내가 이스라엘을 괴롭게 한 것이 아니라 당신과 당신의 아버지의 집이 괴롭게 하였으니 이는 여호와의 명령을 버렸고 당신이 바알들을 따랐음이라"(왕상 18:17~18)

엘리야와 아합의 논쟁 주제는 3년째 계속되는 가뭄의 원인이 서로에게 있다는 것입니다. 아합의 주장은 가뭄의 원인이 엘리야 때문이라는 것이고, 엘리야의 주장은 가뭄의 원인이 아합과 아합의 아버지 오므리의 죄 때문이라는 것입니다. 엘리야와 아합의 논쟁은 엘리야의 계획대로 갈멜산 대결로 이어지게 됩니다.

"그런즉 사람을 보내 온 이스라엘과 이세벨의 상에서 먹는 바알의 선지자 사백오십 명과 아세라의 선지자 사백 명을 갈멜 산으로 모아 내게로 나아오게 하소서"(왕상 18:19)

엘리야의 제안은 아합이 주선하고 백성들을 증인으로 내세워 갈멜산에서 비가 아닌 불이 내려오게 하는 것으로 참 신을 가려내자는 것입니다.

엘리야가 바알 선지자 450명과 아세라 선지자 400명을 언급한 것은 당시 북이스라엘이 얼마나 우상숭배로 가득했는지를 보여주는 것입니다. 당시 북이스라엘은 이세벨의 열정적인 선교(?)로 인해 바알과 아세라 우상이 전국에 퍼지게 되었고, 이러한 우상숭배가 북이스라엘 정권의 기반이 되었습니다. 이는 여로보암의 '유사 제사장 나라'보다 더 악한 상황이었습니다.

● 두 번째 포인트

엘리야는 아론의 첫 제사 방식으로 갈멜산 대결을 제안합니다.

갈멜산 대결은 엘리야가 제안하는 대결 방식으로 진행됩니다. 엘리야가 제안한 대결 방식은 양측이 각각 송아지 한 마리를 잡아 나무 위에 놓고 불이 붙기를 기다리는 것입니다. 이때 제단에 불로 응답한 신이 참 신이라는 것입니다.

"엘리야가 백성에게 이르되 여호와의 선지자는 나만 홀로 남았으나 바알의 선지자는 사백오십 명이로다 그런즉 송아지 둘을 우리에게 가져오게 하고 그들은 송아지 한 마리를 택하여 각을 떠서 나무 위에 놓고 불은 붙이지 말며 나도 송아지 한 마리를 잡아 나무 위에 놓고 불은 붙이지 않고 너희는 너희 신의 이름을 부르라 나는 여호와의 이름을 부르리니 이에 불로 응답하는 신 그가 하나님이니라 백성이 다 대답하되 그 말이 옳도다 하니라"(왕상 18:22~24)

갈멜산 사건은 죄악의 길에서 조금도 벗어나지 못하는 이스라엘을 위해 하나님께서 직접 보여주신 '눈높이 기적'이었습니다. 하나님께서 기적을 베푸시는 대부분의 이유는 백성들에게 하나님께로 가까이 오라고 설득하기 위해서입니다. 또한 기적은 하나님의 선지자들을 통해 아무리 말해도 듣지 않는 완악한 백성들에게 그들의 눈높이를 맞추면서까지 하나님의 사랑을 표현하시는 방법입니다. 갈멜산 대결의 '전반전'은 바알 선지자들의 실패로 끝이 납니다.

"이에 그들이 큰 소리로 부르고 그들의 규례를 따라 피가 흐르기까지 칼과 창으로 그들의 몸을 상하게 하더라 이같이 하여 정오가 지났고 그들이 미친 듯이 떠들어 저녁 소제 드릴 때까지 이르렀으나 아무 소리도 없고 응답하는 자나 돌아보는 자가 아무도 없더라"(왕상 18:28~29)

드디어 갈멜산 대결의 후반전으로 엘리야의 기도가 시작됩니다.

"저녁 소제 드릴 때에 이르러 선지자 엘리야가 나아가서 말하되 아브라함과 이삭과 이스라엘의 하나님 여호와여 주께서 이스라엘 중에서 하나님이신 것과 내가 주의 종인 것과 내가 주의 말씀대로 이 모든 일을 행하는 것을 오늘 알게 하옵소서 여호와여 내게 응답하옵소서 내게 응답하옵소서 이 백성에게 주 여호와는 하나님이신 것과 주는 그들의 마음을 되돌이키심을 알게 하옵소서"(왕상 18:36~37)

'불로 응답하신 하나님'에 대한 성경의 기록을 잠시 살펴보면 다음과 같습니다.

첫 번째는 '아론의 첫 제사' 때입니다.

"모세와 아론이 회막에 들어갔다가 나와서 백성에게 축복하매 여호와의 영광이 온 백성에게 나타나며 불이 여호와 앞에서 나와 제단 위의 번제물과 기름을 사른지라 온 백성이 이를 보고 소리 지르며 엎드렸더라"(레 9:23~24)

두 번째는 '인구조사 후 다윗의 제사' 때입니다.

"다윗이 거기서 여호와를 위하여 제단을 쌓고 번제와 화목제를 드려 여호와께 아뢰었더니 여호와께서 하늘에서부터 번제단 위에 불을 내려 응답하시고"(대상 21:26)

세 번째는 '솔로몬의 성전 낙성식' 때입니다.

"솔로몬이 기도를 마치매 불이 하늘에서부터 내려와서 그 번제물과 제물들을 사르고 여호와의 영광이 그 성전에 가득하니"(대하 7:1)

엘리야가 제안한 갈멜산 대결은 바로 아론의 첫 제사 때에 하나님께서 역사하셨던 대로 하늘에서 불이 내려와 제단 위의 제물을 사르는 것이었습니다. 이 대결에서 바알과 아세라의 제단에는 당연히 불이 내려오지 않았고 엘리야의 제단에는 하나님께서 내리신 불로 인해 제단의 제물뿐 아니라 그 주변의 물까지 다 타버리는 놀라운 기적이 일어납니다. 그 순간 갈멜산 대결의 구경꾼이었던 백성들이 모두 하나같이 땅에 엎드립니다.

"모든 백성이 보고 엎드려 말하되 여호와 그는 하나님이시로다 여호와 그는 하나님이시로다 하니"(왕상 18:39)

백성들이 엎드리면서 조용히 외치기 시작합니다. "엘리야(그는 하나님이시다)", "엘리야" 점점 외치는 목소리가 커져가자 그 순간을 놓치지 않고 엘리야는 백성들에게 행동을 촉구합니다. 모든 구경꾼 백성을 자기편으로 만든 엘리야는 서둘러 바알 선지자들이 도망가지 못하게 하고 그들 450명을 잡아 죽입니다.

"엘리야가 그들에게 이르되 바알의 선지자를 잡되 그들 중 하나도 도망하지 못하게 하라 하매 곧 잡은지라 엘리야가 그들을 기손 시내로 내려다가 거기서 죽이니라"(왕상 18:40)

그리고 엘리야는 하나님께 가뭄이 끝날 수 있도록 비를 내려주시기를 간구합니다.

"엘리야가 갈멜 산 꼭대기로 올라가서 땅에 꿇어 엎드려 그의 얼굴을 무릎 사이에 넣고 그의 사환에게 이르되 올라가 바다쪽을 바라보라 그가 올라가 바라보고 말하되 아무것도 없나이다 이르되 일곱 번까지 다시 가라 일곱 번째 이르러서는 그가 말하되 바다에서 사람의 손 만한 작은 구름이 일어나나이다 이르되 올라가 아합에게 말하기를 비에 막히지 아니하도록 마차를 갖추고 내려가소서 하라 하니라"(왕상 18:42~44)

이때 엘리야의 기도 응답에 대한 〈야고보서〉의 기록은 다음과 같습니다.

"엘리야는 우리와 성정이 같은 사람이로되 그가 비가 오지 않기를 간절히 기도한즉 삼 년 육 개월 동안 땅에 비가 오지 아니하고 다시 기도하니 하늘이 비를 주고 땅이 열매를 맺었느니라"(약 5:17~18)

● **세 번째 포인트**

이세벨은 공개적으로 엘리야에게 자객을 보냅니다.

갈멜산 대결의 결말을 알게 된 이세벨은 자신이 세운 바알 선지자들 450명이 죽은 것에 대해 복수하기 위해 하루 안에 엘리야를 죽이겠다고 공개적으로 선포한 후 자객을 보냅니다.

"이세벨이 사신을 엘리야에게 보내어 이르되 내가 내일 이맘때에는 반드시 네 생명을 저 사람들 중 한 사람의 생명과 같게 하리라 그렇게 하지 아니하면 신들이 내게 벌 위에 벌을 내림이 마땅하니라 한지라"(왕상 19:2)

전혀 뜻밖의 소식을 들은 엘리야는 사마리아로 향하던 그의 발걸음을 급하게 돌려 자객을 피해 광야로 도망합니다. 엘리야는 살기 위해 사력을 다해 도망하다가, 자기의 사환은 브엘세바에 피신시키고 자신은 광야의 한 로뎀 나무 아래에서 하나님 앞에 죽기를 간청합니다.

"자기 자신은 광야로 들어가 하룻길쯤 가서 한 로뎀 나무 아래에 앉아서 자기가 죽기를 원하여 이르되 여호와여 넉넉하오니 지금 내 생명을 거두시옵소서 나는 내 조상들보다 낫지 못하니이다 하고"(왕상 19:4)

엘리야가 이렇게까지 힘들어하는 이유는 갈멜산에서의 기적을 보고도 이세벨이 눈 하나 꿈적하지 않았기 때문입니다. 그래서 엘리야가 로뎀 나무 아래에서 지쳐 쓰러져 버린 것입니다. 하나님께서는 엘리야에게 천사를 보내 엘리야가 다시 힘을 낼 수 있도록 하십니다.

"로뎀 나무 아래에 누워 자더니 천사가 그를 어루만지며 그에게 이르되 일어나서 먹으라 하는지라 본즉 머리맡에 숯불에 구운 떡과 한 병 물이 있더라 이에 먹고 마시고 다시 누웠더니 여호와의 천사가 또 다시 와서 어루만지며 이르되 일어나 먹으라 네가 갈 길을 다 가지 못할까 하노라 하는지라"(왕상 19:5~7)

● **네 번째 포인트**

모세는 애굽 왕 바로를 피해, 엘리야는 이세벨의 자객을 피해 광야로 도망했습니다.

하나님께서는 엘리야가 쓰러져 누워버린 로뎀 나무에서 다시 호렙산까지 광야 40일을 도망하게 하셔서 이세벨의 자객으로부터 엘리야의 생명을 건져주십니다(왕상 19:8). 그리고 하나님께서는 호렙산에서 친히 엘리야를 만나주십니다.

"여호와께서 이르시되 너는 나가서 여호와 앞에서 산에 서라 하시더니 여호와께서 지나가시는데 여호와 앞에 크고 강한 바람이 산을 가르고 바위를 부수나 바람 가운데에 여호와께서 계시지 아니하며 바람 후에 지진이 있으나 지진 가운데에도 여호와께서 계시지 아니하며 또 지진 후에 불이 있으나 불 가운데에도 여호와께서 계시지 아니하더니 불 후에 세미한 소리가 있는지라 엘리야가 듣고 겉옷으로 얼굴을 가리고 나가 굴 어귀에 서매 소리가 그에게 임하여 이르시되 엘리야야 네가 어찌하여 여기 있느냐"(왕상 19:11~13)

하나님께서 이렇게 엘리야를 만나주신 것처럼 하나님의 사람들을 만나주셨던 성경의 기록을 살펴보면 다음과 같습니다.

첫째, 하나님께서는 떨기나무에서 모세를 만나주셨습니다.

"여호와의 사자가 떨기나무 가운데로부터 나오는 불꽃 안에서 그에게 나타나시니라"(출 3:2)

둘째, 하나님께서는 시내산에서 이스라엘 백성들을 만나주셨습니다.

"시내 산에 연기가 자욱하니 여호와께서 불 가운데서 거기 강림하심이라 그 연기가 옹기 가마 연기 같이 떠오르고 온 산이 크게 진동하며 나팔 소리가 점점 커질 때에 모세가 말한즉 하나님이 음성으로 대답하시더라"(출 19:18~19)

셋째, 하나님께서는 시내산에서 모세를 만나주셨습니다.

"여호와께서 또 이르시기를 보라 내 곁에 한 장소가 있으니 너는 그 반석 위에 서라 내 영광이 지나갈 때에 내가 너를 반석 틈에 두고 내가 지나도록 내 손으로 너를 덮었다가 손을 거두리니 네가 내 등을 볼 것이요 얼굴은 보지 못하리라"(출 33:21~23)

넷째, 하나님께서는 예수님이 세례 받으실 때 하늘로부터 음성을 들려주셨습니다.

"예수께서 세례를 받으시고 곧 물에서 올라오실새 하늘이 열리고 하나님의 성령이 비둘기 같이 내려 자기 위에 임하심을 보시더니 하늘로부터 소리가 있어 말씀하시되 이는 내 사랑하는 아들이요 내 기뻐하는 자라 하시니라"(마 3:16~17)

다섯째, 하나님께서는 변화산에서 하늘로부터 음성을 들려주셨습니다.

"말할 때에 홀연히 빛난 구름이 그들을 덮으며 구름 속에서 소리가 나서 이르시되 이는 내 사랑하는 아들이요 내 기뻐하는 자니 너희는 그의 말을 들으라 하시는지라 제자들이 듣고 엎드려 심히 두려워하니"

(마 17:5~6)

여섯째, 하나님께서는 밧모섬에서 사도 요한을 만나주셨습니다.

"내가 볼 때에 그의 발 앞에 엎드러져 죽은 자 같이 되매 그가 오른손을 내게 얹고 이르시되 두려워하지 말라 나는 처음이요 마지막이니"(계 1:17)

● 다섯 번째 포인트

엘리야는 호렙산에서 엘리사와 7,000명에게 전달할 제사장 나라 사명을 부여받습니다.

엘리야는 로뎀 나무 아래에서처럼 호렙산에서도 애타는 심정으로 하나님께 자기 혼자 남았다고 외칩니다.

"그가 대답하되 내가 만군의 하나님 여호와께 열심이 유별하오니 이는 이스라엘 자손이 주의 언약을 버리고 주의 제단을 헐며 칼로 주의 선지자들을 죽였음이오며 오직 나만 남았거늘 그들이 내 생명을 찾아 빼앗으려 하나이다"(왕상 19:14)

그때 하나님께서는 하나님의 사람들 7,000명이 남아 있으며 엘리야의 뒤를 이어 더 열심히 사역할 엘리사가 있음도 말씀해주십니다.

"그러나 내가 이스라엘 가운데에 칠천 명을 남기리니 다 바알에게 무릎을 꿇지 아니하고 다 바알에게 입맞추지 아니한 자니라"(왕상 19:18)

하나님께서는 이스라엘을 제사장 나라로 이끌어가시겠다는 계획에서 조금도 물러섬이 없으십니다. 하나님께서는 하사엘, 예후, 그리고 엘리사를 통한 새로운 시대를 계획하십니다.

하나님의 계획은 엘리사가 엘리야를 따르는 장면으로 그 서막이 열립니다. 열왕기상 19장 19절에 "겉옷을 그의 위에 던졌더니"라는 말씀이 나옵니다. 이는 선지자의 겉옷을 던지는 것으로 후계자 지명을 알리는 것입니다.

이렇게 엘리야의 사명은 하나님의 뜻에 따라 엘리사에게로 이어집니다.

"엘리사가 그를 떠나 돌아가서 한 겨릿소를 가져다가 잡고 소의 기구를 불살라 그 고기를 삶아 백성에게 주어 먹게 하고 일어나 엘리야를 따르며 수종 들었더라"(왕상 19:21)

하나님께서는 엘리야에게 바알에게 입 맞추지 않은 7,000명

을 남겨두었음을 말씀하시면서 든든한 동역자 엘리사를 붙여주십니다.

혼자서 어떤 일을 해낼 수 있습니다. 그러나 혼자가 아닌 둘 혹은 여럿이라면 더 많은 일을 할 수 있습니다. 혼자라고 힘들어할 필요가 없습니다. 잠시 주변을 둘러봅시다. 하나님께서 분명 누군가를 우리에게 보내셨을 것입니다. 모세에게 여호수아가 함께하고 엘리야에게 엘리사가 함께했듯 말입니다.

이세벨, 율법 악용으로 나봇 살해(왕상 20~22장)

애피타이저 APPETIZER

이스라엘의 모든 토지의 소유권은 근본적으로 하나님께만 있으며, 백성들은 토지의 경작권만 거래할 수 있습니다(레 25:23). 그런데 아합 왕은 나봇의 포도원을 탐내어 값을 주고 사기를 원했습니다. 그러나 나봇은 왕이라 할지라도 율법을 어길 수는 없다며 아합의 제안을 거절합니다. 그러자 이세벨은 나봇에게 하나님과 왕을 저주하였다는 거짓 혐의를 뒤집어씌우고 결국 나봇을 죽이고 포도원을 빼앗았습니다.

그러는 동안 남유다의 왕위는 아사에서 그의 아들 여호사밧으로 이어집니다. 여호사밧 왕은 남유다 백성들을 하나님께로 돌아오게 하고 백성들을 공정히 판결하기 위해 재판관도 세웁니다.

이렇게 하나님 앞에서 정직히 행한 여호사밧이 다스리는 남유다의 역사와 계속해서 죄악으로 깊어져 가는 북이스라엘의 역사가 서로 대비되면서 〈열왕기상〉이 마무리됩니다.

성경통독 BIBLETONGDOK

《일년일독 통독성경》 열왕기상 20~22장

통通으로 숲이야기 ; 통숲 TONG OBSERVATION

● 첫 번째 포인트

아합은 아람과의 전쟁에서 승리하게 하신 하나님을 깨닫지 못합니다.

북이스라엘은 아합 왕 때에 아람과 전쟁을 치릅니다.

"아람의 벤하닷 왕이 그의 군대를 다 모으니 왕 삼십이 명이 그와 함께 있고 또 말과 병거들이 있더라 이에 올라가서 사마리아를 에워싸고 그 곳을 치며"(왕상 20:1)

당시 이 전쟁은 아람의 왕 벤하닷이 아람 인근의 도시국가들의 왕 32명을 선동해 북이스라엘로 원정을 떠난 것이었습니다. 벤하닷은 아합이 시돈과 남유다와 동맹을 맺고 세력을 확장하려 하자 이를 막고 자신이 주도권을 잡으려고 전쟁을 시작합니다.

벤하닷의 아버지인 벤하닷 1세 때에는 아람과 북이스라엘이 동맹관계였습니다. 그런데 남유다 왕 아사의 요청으로 아람은 북이스라엘과의 동맹을 깨고 북이스라엘을 침략했습니다(왕상 15:18).

한편 벤하닷이라는 인물과 관련해서는 학자들에 따라 벤하닷 1세와 벤하닷 2세, 두 사람이 동일인이라고 주장하는 견해도 있습니다. 어쨌든 아람 왕 벤하닷은 다음과 같이 전쟁 이유를 말합니다.

"네 은금은 내 것이요 네 아내들과 네 자녀들의 아름다운 자도 내 것이니라"(왕상 20:3)

이는 북이스라엘의 경제력과 왕권을 빼앗아 굴복시키겠다는 것입니다. 이렇게 아람과 30여 개 도시국가의 연합군이 사마리아성을 포위하자 북이스라엘은 수성전을, 그리고 아람과 30여 개 도시국가 연합군은 공성전을 시작합니다.

이때 사마리아 성안에서는 여러 대응책이 나옵니다. 먼저 북이스라엘의 장로들과 백성들은 벤하닷이 원하는 '항복 요구'에 대해 듣지도 말고 공식적으로 대응도 하지 말자고 주장합니다. 다시 말해 안전한 성안에서 수성전으로 버티기만 하자는 것입니다.

벤하닷이 다시 이스라엘에 사람을 보내어 말합니다.

"그 때에 벤하닷이 다시 그에게 사람을 보내어 이르되 사마리아의 부스러진 것이 나를 따르는 백성의 무리의 손에 채우기에 족할 것 같으면 신들이 내게 벌 위에 벌을 내림이 마땅하니라 하매"(왕상 20:10)

아람의 벤하닷은 사마리아성을 포위하고 성 밖에서 큰 소리로 사마리아를 무너뜨려 티끌로 만들 것이라고 말하며 아람의 대표를 보내 '사마리아의 부스러진 것'이라며 사마리아 성안의 사람들을 두렵게 만들었습니다. 이는 고대의 전쟁에서 공성전을 시작한 쪽이 성안의 사람들에게 먼저 항복을 요구하는 '공식 멘트(?)'였습니다. 이때 아합은 항복 대신 적극적으로 대응하기로 결심합니다.

"이스라엘 왕이 대답하여 이르되 갑옷 입는 자가 갑옷 벗는 자 같이 자랑하지 못할 것이라 하라 하니라"(왕상 20:11)

결국 아람의 왕 벤하닷이 사마리아 성 밖에서 아합의 뜻을 확인하자 공격 명령을 내립니다.

"그 때에 벤하닷이 왕들과 장막에서 마시다가 이 말을 듣고 그의 신하들에게 이르되 너희는 진영을 치라 하매 곧 성읍을 향하여 진영을 치니라"(왕상 20:12)

이렇게 전쟁이 시작되었는데 하나님께서 한 선지자를 아합 왕에게 보내셔서 이 전쟁에서 북이스라엘이 승리할 것이라고 알려주십니다.

"한 선지자가 이스라엘의 아합 왕에게 나아가서 이르되 여호와의 말씀이 네가 이 큰 무리를 보느냐 내가 오늘 그들을 네 손에 넘기리니 너는 내가 여호와인 줄을 알리라 하셨나이다"(왕상 20:13)

결국 하나님의 도우심으로 북이스라엘은 7천 명의 미약한 병력을 가지고 10만 명은 족히 되었을 아람과의 전쟁에서 승리합니다(왕상 20:21). 그런데 이 전쟁은 여기서 끝나지 않았습니다. 북이스라엘은 아람과 연합군이 다시 침공해올 것을 짐작하고 전쟁을 준비합니다(왕상 20:22).

그다음 해 아람과 연합군이 또다시 북이스라엘을 공격합니다. 아람의 2차 전쟁입니다. 그런데 아람의 2차 전쟁 또한 하나님의 도우심으로 북이스라엘은 큰 승리를 거두게 됩니다.

"진영이 서로 대치한 지 칠 일이라 일곱째 날에 접전하여 이스라엘 자손이 하루에 아람 보병 십만 명을 죽이매 그 남은 자는 아벡으로 도망하여 성읍으로 들어갔더니 그 성벽이 그 남은 자 이만 칠천 명 위에 무너지고 벤하닷은 도망하여 성읍에 이르러 골방으로 들어가니라"(왕상 20:29~30)

하루 동안에 아람과 연합군의 군대는 10만 대군이 다 죽고 특히 남은 자 27,000명은 여리고성처럼 성벽이 무너져 죽습니다. 하나님의 도우심이 아니면 이는 결코 있을 수 없는 일입니다. 그런데 이렇게 전쟁이 끝나갈 즈음 아합은 아람 왕 벤하닷을 만나 그와 이 전쟁에 대한 강화 조약을 맺고 벤하닷을 살려 줍니다.

"아합이 이르되 그가 아직도 살아 있느냐 그는 내 형제이니라 그 사람들이 좋은 징조로 여기고 그 말을 얼른 받아 대답하여 이르되 벤하닷은 왕의 형제니이다 왕이 이르되 너희는 가서 그를 인도하여 오라 벤하닷이 이에 왕에게 나아오니 왕이 그를 병거에 올린지라"(왕상 20:32~33)

아람의 벤하닷은 자기 목숨을 건지는 조건과 패전에 대한 책임으로 북이스라엘로부터 빼앗았던 성읍들을 돌려주고 북이스라엘과의 무역에서 특혜를 약속하는 등 굴욕적인 조약을 맺습니다.

그러나 하나님의 뜻은 아람의 벤하닷과 강화 조약을 맺는 것이 아니라 벤하닷을 죽이는 것입니다. 그런데 아합은 하나님의 말씀 듣기를 싫어하고 제멋대로 벤하닷과 강화 조약을 맺습니다.

"선지자의 무리 중 한 사람이 여호와의 말씀을 그의 친구에게 이르되 너는 나를 치라 하였더니 그 사람이 치기를 싫어하는지라"(왕상 20:35)

● 두 번째 포인트

이세벨은 제사장 나라의 토지법을 지킨 나봇을 제사장 나라 법을 악용해 누명을 씌워 죽입니다.

하나님의 도우심으로 아람과의 전쟁에서 승리하고 돌아온 아합 왕이 하나님의 제사장 나라 법을 지키려고 노력하는 나봇을 죽이는 사건을 일으킵니다.

페니키아의 시돈 출신 이세벨은 바알 숭배자입니다. 그러한 이세벨이 제사장 나라 법을 악용하고 술수를 써서 '제사장 나라의 재판법'으로 나봇을 죽입니다. 바로 나봇의 포도원 사건입니다. 한마디로 나봇의 포도원 사건은 북이스라엘의 아합, 이세벨 정권이 얼마나 사악한 권력인가를 보여주는 대표적인 사건 중 하나입니다.

'나봇의 포도원 사건'의 법정 일지를 정리하면 다음과 같습니다.

첫째, 아합 왕이 나봇의 포도원을 탐냅니다.

"아합이 나봇에게 말하여 이르되 네 포도원이 내 왕궁 곁에 가까이 있으니 내게 주어 채소 밭을 삼게 하라 내가 그 대신에 그보다 더 아름다운 포도원을 네게 줄 것이요 만일 네가 좋게 여기면 그 값을 돈으로 네게 주리라"(왕상 21:2)

이는 토지 매매를 금한 제사장 나라 법을 어기는 것입니다.

"토지를 영구히 팔지 말 것은 토지는 다 내 것임이니라"(레 25:23)

둘째, 나봇은 제사장 나라 법을 지키는 '거룩한 시민'으로서 아합 왕의 제의를 거절합니다.

"나봇이 아합에게 말하되 내 조상의 유산을 왕에게 주기를 여호와께서 금하실지로다 하니"(왕상 21:3)

셋째, 그러자 이세벨 왕후가 나봇의 포도원을 빼기 위해 계략을 꾸밉니다. 나봇에게 반역의 누명을 씌우기로 한 것입니다.

"그의 아내 이세벨이 그에게 이르되 왕이 지금 이스라엘 나라를 다스리시나이까 일어나 식사를 하시고 마음을 즐겁게 하소서 내가 이스르엘 사람 나봇의 포도원을 왕께 드리리이다 하고"(왕상 21:7)

넷째, 이세벨의 1단계 전략은 '성읍 장로와 귀족들을 매수'하는 것입니다.

"그의 성읍 사람 곧 그의 성읍에 사는 장로와 귀족들이 이세벨의 지시 곧 그가 자기들에게 보낸 편지에 쓴 대로 하여 금식을 선포하고 나봇을 백성 가운데 높이 앉히매"(왕상 21:11~12)

다섯째, 이세벨의 2단계 계략은 '불량자 두 명을 매수하여 거짓 증언을 하게' 하는 것입니다.

"때에 불량자 두 사람이 들어와 그의 앞에 앉고 백성 앞에서 나봇에게 대하여 증언을 하여 이르기를 나봇이 하나님과 왕을 저주하였다 하매"(왕상 21:13)

이는 나봇에게 누명을 씌우고 율법을 이용하여 죽일 명분을 만든 것입니다. 일찍이 〈레위기〉에 기록된 내용입니다.

"여호와의 이름을 모독하면 그를 반드시 죽일지니 온 회중이 돌로 그를 칠 것이니라 거류민이든지 본토인이든지 여호와의 이름을 모독하면 그를 죽일지니라"(레 24:16)

여섯째, 재판의 판결은 결국 '나봇은 돌로 쳐 죽이고 포도원은 왕의 소유'가 되게 합니다.

"이세벨이 아합에게 이르되 일어나 그 이스르엘 사람 나봇이 돈으로 바꾸어 주기를 싫어하던 나봇의 포도원을 차지하소서 나봇이 살아 있지 아니하고 죽었나이다"(왕상 21:15)

더 나아가 이세벨은 상속자까지 없애기 위해 나봇의 아들들까지 죽입니다(왕하 9:26).

성경에는 이렇게 나봇의 재판을 비롯한 재판 이야기가 상당히 중요하게 기록되어 있습니다. 예를 들어보겠습니다.

모세의 재판(이드로의 재판 조언), 여호수아의 아간 재판, 보아스의 베들레헴 성문 민사 법정, 나단의 양 재판, 압살롬의 재판, 솔로몬의 두 여인 재판, 나봇의 포도원 재판, 여호사밧의 재판 개혁, 미가의 재판 비판, 에스라의 재판정 구성, 즉 산헤드린 공회의 시작, 느헤미야의 가난한 백성을 위한 재판, 느헤미야의 개혁 법정, 대제사장 재판정 앞에 서신 예수님, 빌라도 재판 앞에 서신 예수님, 산헤드린 공회 앞에 선 제자들, 산헤드린 공회 앞에 선 스데반, 산헤드린 공회 앞에 선 사도 바울, 로마 총독 앞에 선 사도 바울, 〈요한계시록〉의 두루마리 재판 등입니다.

이렇게 성경은 재판 이야기를 아주 중요하게 다루고 있습니다.

● 세 번째 포인트

하나님께서는 우리아 사건 이후 나단을 다윗에게 보내셨던 것처럼 나봇 사건 이후 엘리야를 아합에게 보내십니다.

일찍이 하나님께서는 우리아를 차도살인으로 죽인 다윗 왕에게 나단 선지자를 보내 다윗의 죄를 밝히셨습니다.

"여호와께서 나단을 다윗에게 보내시니 그가 다윗에게 가서 그에게 이르되 한 성읍에 두 사람이 있는데 한 사람은 부하고 한 사람은 가난하니 그 부한 사람은 양과 소가 심히 많으나 … 나단이 다윗에게 이르되 당신이 그 사람이라"(삼하 12:1~2,7)

그런데 이번에는 거짓 재판으로 나봇을 죽인 아합 왕에게 하나님께서 엘리야 선지자를 보내셔서 다음과 같이 아합에 대한 심판을 선언하십니다.

첫째, 하나님께서는 엘리야를 통해 아합의 죄를 지적하시고 하나님의 심판을 선언하십니다.

"여호와의 말씀이 디셉 사람 엘리야에게 임하여 이르시되 너는 일어나 내려가서 사마리아에 있는 이스라엘의 아합 왕을 만나라 그가 나봇의 포도원을 차지하러 그리로 내려갔나니 너는 그에게 말하여 이르기를 여호와의 말씀이 네가 죽이고 또 빼앗았느냐고 하셨다 하고 또 그에게 이르기를 여호와의 말씀이 개들이 나봇의 피를 핥은 곳에서 개들이 네 피 곧 네 몸의 피도 핥으리라 하였다 하라"(왕상 21:17~19)

결국 이후에 보면 하나님께서 하신 말씀과 같이 됩니다.

"그 병거를 사마리아 못에서 씻으매 개들이 그의 피를 핥았으니 여호와께서 하신 말씀과 같이 되었더라 거기는 창기들이 목욕하는 곳이었더라"(왕상 22:38)

둘째, 하나님께서는 엘리야를 통해 이세벨에 대해서도 하나님의 심판을 선언하십니다.

"이세벨에게 대하여도 여호와께서 말씀하여 이르시되 개들이 이스르엘 성읍 곁에서 이세벨을 먹을지라"(왕상 21:23)

엘리야를 통해 하나님의 심판 메시지를 들은 후 아합이 죽기 전에 잠시라도 하나님 앞에 회개하는 모습을 보입니다(왕상 21:27). 그러자 하나님께서 아합의 그 모습을 보고 기뻐하십니다.

"아합이 내 앞에서 겸비함을 네가 보느냐 그가 내 앞에서 겸비하므로 내가 재앙을 저의 시대에는 내리지 아니하고 그 아들의 시대에야 그의 집에 재앙을 내리리라 하셨더라"(왕상 21:29)

아합은 북이스라엘을 통틀어 가장 악한 왕이었습니다. 그런데 그런 아합이라도 하나님 앞에 회개하자 하나님께서는 재앙을 유보해주기까지 하셨습니다. 이것이 하나님의 자비와 긍휼입니다. 하나님께서 인생들을 용서하기 위하여 이렇게까지 애를 쓰십니다.

● **네 번째 포인트**

아합은 아람과의 전쟁에서 잘못 쏜 화살에 맞아 죽습니다.

북이스라엘과 아람과의 전쟁이 재개됩니다. 이번 전쟁은 북이스라엘이 먼저 공격을 감행합니다. 북이스라엘이 아람을 공격한 이유는 아람의 벤하닷이 아합과 맺었던 '강화 조약'(왕상 20:34)을 지키지 않고 북이스라엘 점령지들을 돌려놓지 않자 이를 탈환하기 위해서였습니다. 북이스라엘은 먼저 남유다와 동맹을 맺은 후 아람과의 전쟁을 시작합니다.

"여호사밧에게 이르되 당신은 나와 함께 길르앗 라못으로 가서 싸우시겠느냐 여호사밧이 이스라엘 왕에게 이르되 나는 당신과 같고 내 백성은 당신의 백성과 같고 내 말들도 당신의 말들과 같으니이다"(왕상 22:4)

전쟁을 앞두고 남유다의 여호사밧 왕이 북이스라엘의 아합 왕에게 먼저 하나님의 뜻을 묻자고 제의합니다.

"여호사밧이 또 이스라엘의 왕에게 이르되 청하건대 먼저 여호와의 말씀이 어떠하신지 물어 보소서"(왕상 22:5)

그러자 아합이 선지자들 400명에게 이 전쟁에 관하여 하나님의 뜻을 묻습니다. 그런데 이때 시드기야 선지자를 비롯한 대부분의 선지자가 거짓 예언을 합니다. 그들이 하나님의 뜻과 상관없이 아합이 이 전쟁에서 이길 것이라고 예언한 것입니다.

"그들이 이르되 올라가소서 주께서 그 성읍을 왕의 손에 넘기시리이

다"(왕상 22:6)

"그나아나의 아들 시드기야는 자기를 위하여 철로 뿔들을 만들어 가지고 말하되 여호와의 말씀이 왕이 이것들로 아람 사람을 찔러 진멸하리라 하셨다 하고 모든 선지자도 그와 같이 예언하여 이르기를 길르앗 라못으로 올라가 승리를 얻으소서 여호와께서 그 성읍을 왕의 손에 넘기시리이다 하더라"(왕상 22:11~12)

그러자 아합 왕이 남유다 여호사밧 왕과의 동맹 약속과 선지자 400명의 긍정적 예언에 힘입어 아람과의 전쟁을 진행합니다. 그러나 미가야 선지자는 아합 왕의 전사를 거듭 예언하며 이 전쟁은 하지 말아야 할 전쟁이라고 조언합니다. 하지만 진실을 예언한 미가야 선지자는 예레미야 선지자처럼 오히려 핍박만 받습니다.

"이스라엘의 왕이 이르되 미가야를 잡아 성주 아몬과 왕자 요아스에게로 끌고 돌아가서 말하기를 왕의 말씀이 이 놈을 옥에 가두고 내가 평안히 돌아올 때까지 고생의 떡과 고생의 물을 먹이라 하였다 하라"(왕상 22:26~27)

그러나 미가야 선지자는 끝까지 아합 왕의 선택이 잘못되었음을 경고합니다. 이처럼 아합 시대에도 선지자가 없었던 것은 아닙니다. 그러나 당시의 선지자 대부분이 정권과 야합하여 그들에게 유리한 정치적 발언만 하고 있었던 것입니다. 하지만 이러한 시대 속에서도 미가야 선지자와 같이 양심적이고 올바른 선지자가 있었습니다. 그는 고난과 핍박을 무릅쓰고 하나님의 말씀을 선포한 예언자였습니다.

한편, 아합은 아람과의 전쟁을 강행하면서도 미가야 선지자의 예언이 불안했는지 군대의 통수권을 남유다의 여호사밧 왕에게 넘기고 자신은 병사로 변장하고 전쟁에 나아갑니다(왕상 22:30).

그러나 아람의 병사가 쏜 화살이 우연히도 아합의 갑옷 솔기의 틈 사이를 뚫고 들어가 아합은 죽게 됩니다. 이 전쟁에서 남유다 여호사밧 왕은 하나님의 도우심으로 생명을 구합니다. 그러나 아합 왕은 미가야 선지자와 엘리야 선지자의 예언대로 길르앗 라못에서 전사합니다(왕상 22:37~38).

● **다섯 번째 포인트**

남유다 네 번째 왕 여호사밧은 '다윗의 길'로 나아가며 신앙 갱신 운동을 펼칩니다.

성경은 남유다의 여호사밧 왕에 대해 두 가지 평가를 동시에 하고 있는데 먼저 긍정적인 평가는 다음과 같습니다.

"여호와께서 여호사밧과 함께 하셨으니 이는 그가 그의 조상 다윗의 처음 길로 행하여 바알들에게 구하지 아니하고 오직 그의 아버지의 하나님께 구하며 그의 계명을 행하고 이스라엘의 행위를 따르지 아니하였음이라"(대하 17:3~4)

"여호사밧이 예루살렘에 살더니 다시 나가서 브엘세바에서부터 에브라임 산지까지 민간에 두루 다니며 그들을 그들의 조상들의 하나님 여호와께로 돌아오게 하고 또 유다 온 나라의 견고한 성읍에 재판관을 세우되 성읍마다 있게 하고"(대하 19:4~5)

반면 여호사밧에 대한 부정적인 평가는 다음과 같습니다.

첫째, 여호사밧은 그의 아버지 아사처럼 산당을 폐하지 않아 우상숭배의 여지를 남겼습니다.

"산당은 폐하지 아니하였으므로 백성이 아직도 산당에서 제사를 드리며 분향하였더라"(왕상 22:43)

둘째, 여호사밧은 하나님의 뜻을 묻지 않고 북이스라엘의 아합과 동맹했습니다.

"여호사밧이 이스라엘 왕에게 이르되 나는 당신과 같고 내 백성은 당신의 백성과 같고 내 말들도 당신의 말들과 같으니이다"(왕상 22:4)

셋째, 여호사밧은 아합과 아합의 아들 아하시야 왕과 동맹을 맺었으며 또한 아합의 딸을 며느리로 맞아 남유다에 우상숭배의 원인을 제공했습니다.

"그(여호람)가 이스라엘 왕들의 길을 가서 아합의 집과 같이 하였으니 이는 아합의 딸이 그의 아내가 되었음이라 그가 여호와 보시기에 악을 행하였으나"(왕하 8:18)

이렇게 몇 가지 잘못이 있었음에도 불구하고 여호사밧은 '왕정 500년'을 통틀어 북이스라엘의 모든 왕이나 남유다의 일부 왕들까지도 '여로보암의 길'로 나아간 것에 비해 '다윗의 길'로 행했던 왕으로 평가됩니다.

디저트 DESSERT

동시대를 살았던 여호사밧과 아합은 율법을 전혀 다르게 대했습니다.

"내가 오늘 네게 명령한 이 명령은 네게 어려운 것도 아니요 먼 것도 아니라 하늘에 있는 것이 아니니 네가 이르기를 누가 우리를 위하여 하늘에 올라가 그의 명령을 우리에게로 가지고 와서 우리에게 들려 행하게 하랴 할 것이 아니요 이것이 바다 밖에 있는 것이 아니니 네가 이르기를 누가 우리를 위하여 바다를 건너가서 그의 명령을 우리에게로 가지고 와서 우리에게 들려 행하게 하라 할 것도 아니라 오직 그 말씀이 네게 매우 가까워서 네 입에 있으며 네 마음에 있은즉 네가 이를 행할 수 있느니라"(신 30:11~14)

여호와의 말씀이 우리 마음에 묵상이 되기를 소망합니다.

164일

엘리야에서 엘리사로 (왕하 1~2장)

애피타이저 APPETIZER

엘리야 선지자의 시대적 사명은 북이스라엘 오므리 왕조의 잘못을 깨닫게 하고 북이스라엘을 다시 하나님께로 돌아오게 하는 일이었습니다. 그런데 그 일은 절대 쉽지 않았습니다. 북이스라엘은 오므리 왕의 아들 아합 왕이 죽고 난 후에도 여전히 죄의 길에서 돌아서지 않았습니다.

엘리야는 때로 사역이 너무 힘들고 이세벨의 자객을 피해 다니는 자신이 무력하기도 했습니다(왕상 19:10). 엘리야는 아합 왕에 이어 그의 아들 아하시야 왕에게까지 죽을 위협에 처하지만,

또다시 용기 내어 끝까지 하나님께서 주신 사명을 감당했습니다. 이제 엘리야의 사명을 엘리사가 이어받게 됩니다.

성경통독 BIBLETONGDOK

《일년일독 통독성경》 열왕기하 1~2장

통通으로 숲이야기 ; 통숲 TONG OBSERVATION

● **첫 번째 포인트**

북이스라엘의 왕위는 아합에게서 아하시야에게로, 북이스라엘의 선지자는 엘리야에게서 엘리사에게로 이어집니다.

북이스라엘 아합 왕의 뒤를 이어 아합의 아들 아하시야가 왕이 됩니다. 그런데 성경이 기록하고 있는 아하시야의 행적은 그가 자신의 병을 에그론의 신 바알세붑에게 물었다는 것뿐입니다. 이렇게 오므리 왕조의 죄악이 온 이스라엘을 뒤덮고 있는 동안 하나님께서는 엘리야의 뒤를 이은 엘리사와 선지자의 제자들을 통해 새로운 역사를 준비하고 계셨습니다.

패역하고 어두운 시대를 밝히기 위해 혼신의 힘을 다했던 엘리야가 불수레를 타고 승천함으로써 이 땅에서의 삶을 마감합니다. 엘리야는 당시 북이스라엘 백성들이 바알을 섬기고 하나님의 선지자들을 죽였던 시대에 하나님에 대한 신앙을 변함없이 지켰던 용감한 하나님의 사람이었습니다.

엘리야의 사역은 하나님께서 인정하실 만큼 훌륭한 것이었지만 그의 평생의 수고로 맺은 열매는 아직 눈에 보이지 않았습니다. 변할 줄 모르는 시대의 죄악 속에서 하나님께서는 엘리야에게 주셨던 '성령의 역사'를 엘리사에게 갑절로 주심으로 엘리사와 선지자의 제자들을 통해 새 역사를 시작하겠다는 소망을 보여주십니다.

● **두 번째 포인트**

엘리야는 아하시야의 죽음을 예언함으로 오므리 왕조의 종말을 다시 한번 선언합니다.

아합과 이세벨의 아들인 북이스라엘의 8대 왕 아하시야 또한 그 이전 북이스라엘의 왕들처럼 '여로보암의 길'로 달려갑니다.

"그가 여호와 앞에서 악을 행하여 그의 아버지의 길과 그의 어머니의 길과 이스라엘에게 범죄하게 한 느밧의 아들 여로보암의 길로 행하며 바알을 섬겨 그에게 예배하여 이스라엘의 하나님 여호와를 노하시게 하기를 그의 아버지의 온갖 행위 같이 하였더라"(왕상 22:52~53)

엘리야 선지자는 아합의 뒤를 이어 왕이 된 아하시야가 다락 난간에서 떨어진 일로 자신이 살 수 있을지를 바알세붑에게 물었다는 말을 듣고 아하시야의 죽음을 예언합니다.

"그들이 말하되 한 사람이 올라와서 우리를 만나 이르되 너희는 너희를 보낸 왕에게로 돌아가서 그에게 고하기를 여호와의 말씀이 이스라엘에 하나님이 없어서 네가 에그론의 신 바알세붑에게 물으려고 보내느냐 그러므로 네가 올라간 침상에서 내려오지 못할지라 네가 반드시 죽으리라 하셨다 하라 하더이다"(왕하 1:6)

아하시야가 자신의 생사를 물었던 '바알세붑(Baal-Zebub)'은 블레셋의 한 도시국가인 에그론의 백성들이 섬기던 우상으로 '파리들의 주'라는 뜻의 바알 신이었습니다. 다시 말해 블레셋의 바알세붑은 '똥파리의 신'이었던 것입니다.

아합과 이세벨, 그리고 아하시야의 죽음까지 예언하며 시대의 아픔을 온몸으로 감당했던 북이스라엘의 선지자 엘리야의 모습을 성경은 다음과 같이 묘사하고 있습니다.

"그들이 그에게 대답하되 그는 털이 많은 사람인데 허리에 가죽 띠를 띠었더이다 하니 왕이 이르되 그는 디셉 사람 엘리야로다"(왕하 1:8)

당시 선지자들의 주된 모습은 엘리야처럼 가죽 털로 된 겉옷에 가죽 띠를 한 모습이었습니다.

"그 날에 선지자들이 예언할 때에 그 환상을 각기 부끄러워할 것이며 사람을 속이려고 털옷도 입지 아니할 것이며"(슥 13:4)

"이 요한은 낙타털 옷을 입고 허리에 가죽 띠를 띠고 음식은 메뚜기와 석청이었더라"(마 3:4)

● **세 번째 포인트**

아하시야 왕은 엘리야를 체포하기 위해 세 차례나 군대를 보냅니다.

아합의 아들 아하시야 왕은 자신의 죽음을 예언한 엘리야를 체포하기 위해 오십부장과 군사 50명을 세 차례나 보내지만 불이 하늘에서 내려와 그들 모두를 살라 죽여 두 번 실패하게 됩니다.

"엘리야가 오십부장에게 대답하여 이르되 내가 만일 하나님의 사람이면 불이 하늘에서 내려와 너와 너의 오십 명을 사를지로다 하매 불이 곧 하늘에서 내려와 그와 그의 군사 오십 명을 살랐더라"(왕하 1:10)

두 명의 오십부장과 100명의 군인이 죽자 세 번째 오십부장은 겸손히 생명을 구하며 왕의 명령을 전합니다.

"왕이 세 번째 오십부장과 그의 군사 오십 명을 보낸지라 셋째 오십부장이 올라가서 엘리야 앞에 이르러 그의 무릎을 꿇어 엎드려 간구하여 이르되 하나님의 사람이여 원하건대 나의 생명과 당신의 종인 이 오십 명의 생명을 당신은 귀히 보소서"(왕하 1:13)

엘리야는 세 번째 오십부장과 함께 아하시야 왕에게 나아가 다시 한번 아하시야의 죽음을 예언합니다.

"여호와의 사자가 엘리야에게 이르되 너는 그를 두려워하지 말고 함께 내려가라 하신지라 엘리야가 곧 일어나 그와 함께 내려와 왕에게 이르러 말하되 여호와의 말씀이 네가 사자를 보내 에그론의 신 바알세붑에게 물으려 하니 이스라엘에 그의 말을 물을 만한 하나님이 안 계심이냐 그러므로 네가 그 올라간 침상에서 내려오지 못할지라 네가 반드시 죽으리라 하셨다 하니라"(왕하 1:15~16)

아하시야 왕은 엘리야의 예언대로 결국 죽습니다. 그리고 여호람이 뒤를 이어 왕이 됩니다(왕하 1:17).

● **네 번째 포인트**

불같은 인생을 산 엘리야는 불수레를 타고 승천합니다.

엘리야 선지자는 유독 '불'과 깊은 관련이 있습니다. 갈멜산 대결을 할 때 그는 하나님께 불을 내려달라고 기도했습니다.

"너희는 너희 신의 이름을 부르라 나는 여호와의 이름을 부르리니 이에 불로 응답하는 신 그가 하나님이니라"(왕상 18:24)

그리고 앞서 살펴보았듯이 엘리야를 체포하려고 왔던 아하시야 왕의 두 명의 오십부장과 100명의 군사들도 엘리야의 기도대로 하늘에서 불이 내려와 그들을 살랐습니다. 또한 엘리야는 승천할 때도 '불수레'를 타고 하나님께 올라갑니다.

엘리야가 승천할 때 이야기는 다음과 같습니다.

첫째, 하나님께서 엘리야의 승천을 결정하십니다.

"여호와께서 회오리 바람으로 엘리야를 하늘로 올리고자 하실 때에 엘리야가 엘리사와 더불어 길갈에서 나가더니"(왕하 2:1)

둘째, 엘리야는 떨어지지 않으려는 엘리사를 세 번에 걸쳐 떼어놓으려 합니다. 결국 엘리야는 엘리사로 인해 길갈에서 벧엘로, 그리고 여리고로, 결국 요단까지 동행합니다.

"엘리야가 또 엘리사에게 이르되 청하건대 너는 여기 머물라 여호와께서 나를 요단으로 보내시느니라 하니 그가 이르되 여호와께서 살아 계심과 당신의 영혼이 살아 있음을 두고 맹세하노니 내가 당신을 떠나지 아니하겠나이다 하는지라 이에 두 사람이 가니라"(왕하 2:6)

셋째, 엘리야가 요단강에서 물을 가르는 기적을 일으킵니다.

"엘리야가 겉옷을 가지고 말아 물을 치매 물이 이리 저리 갈라지고 두 사람이 마른 땅 위로 건너더라"(왕하 2:8)

엘리야로 인해 물이 갈라지는 기적이 다시 재현된 것입니다. 모세의 지팡이, 언약궤, 엘리야의 겉옷은 하나님의 기적을 수행하는 도구였습니다.

넷째, 엘리사가 엘리야에게 갑절의 능력을 요구합니다.

"엘리야가 엘리사에게 이르되 나를 네게서 데려감을 당하기 전에 내가 네게 어떻게 할지를 구하라 엘리사가 이르되 당신의 성령이 하시는 역사가 갑절이나 내게 있게 하소서 하는지라"(왕하 2:9)

여기에서 엘리사가 말한 '성령이 하시는 역사'는 히브리어로 '루아흐(רוּחַ)'입니다. 이는 바람, 영, 호흡을 말하는데, 즉, 하나님의 능력을 의미합니다. 그리고 엘리사가 언급한 '갑절'은 히브리어로 '세나임(שְׁנַיִם)'입니다. '갑절'은 장자가 다른 형제들보다 갑절로 받는 몫을 뜻합니다. 이는 엘리사가 엘리야의 후계자로 엘리야의 사역을 이을 능력을 요구한 것이었습니다.

다섯째, 마침내 엘리야가 불수레를 타고 승천합니다.

"두 사람이 길을 가며 말하더니 불수레와 불말들이 두 사람을 갈라놓고 엘리야가 회오리 바람으로 하늘로 올라가더라"(왕하 2:11)

이렇게 엘리야는 에녹과 같이 이 땅에서 죽음을 보지 않고 직접 하늘로 승천했습니다.

"에녹이 하나님과 동행하더니 하나님이 그를 데려가시므로 세상에 있지 아니하였더라"(창 5:24)

엘리야 선지자가 회오리바람으로 하늘로 올라간 승천의 모습은 이후에 나타날 성도들의 부활 예표입니다.

"주께서 호령과 천사장의 소리와 하나님의 나팔 소리로 친히 하늘로부터 강림하시리니 그리스도 안에서 죽은 자들이 먼저 일어나고 그 후에 우리 살아 남은 자들도 그들과 함께 구름 속으로 끌어 올려 공중에서 주를 영접하게 하시리니 그리하여 우리가 항상 주와 함께 있으리라"(살전 4:16~17)

● **다섯 번째 포인트**

엘리야가 전반전 선수였다면 엘리사는 후반전 선수로 바통을 이어받습니다.

엘리야 선지자가 불수레를 타고 하늘로 승천하자 이제 엘리사 선지자가 뒤를 잇습니다.

"엘리야의 몸에서 떨어진 그의 겉옷을 가지고 물을 치며 이르되 엘리야의 하나님 여호와는 어디 계시니이까 하고 그도 물을 치매 물이 이리

저리 갈라지고 엘리사가 건너니라"(왕하 2:14)

엘리사 선지자의 사역은 쓴물을 단물로 만드는 기적으로부터 시작됩니다.

"엘리사가 물 근원으로 나아가서 소금을 그 가운데에 던지며 이르되 여호와의 말씀이 내가 이 물을 고쳤으니 이로부터 다시는 죽음이나 열매 맺지 못함이 없을지니라 하셨느니라"(왕하 2:21)

이어지는 엘리사 선지자의 기적은 엘리사를 조롱하는 아이들 가운데 42명을 죽게 한 것입니다.

"엘리사가 거기서 벧엘로 올라가더니 그가 길에서 올라갈 때에 작은 아이들이 성읍에서 나와 그를 조롱하여 이르되 대머리여 올라가라 대머리여 올라가라 하는지라 엘리사가 뒤로 돌이켜 그들을 보고 여호와의 이름으로 저주하매 곧 수풀에서 암곰 둘이 나와서 아이들 중의 사십이 명을 찢었더라"(왕하 2:23~24)

여기에서 엘리사 선지자를 조롱했던 '아이들'은 히브리어로 '나아르(נַעַר)'입니다. 이는 어린아이부터 청년을 이르는 말입니다. 아이들이 엘리사를 향해 "대머리여 올라가라"라고 한 것은 엘리야의 승천을 조롱하며 엘리사의 계승 또한 조롱한 것입니다. 그 때문에 그들은 하나님의 심판을 받아 죽임을 당했습니다.

북이스라엘에 엘리야에 이어 엘리사 선지자가 등장해 하나님의 말씀을 전합니다. 성경에 이렇게 선지자들이 등장했다는 것은 시대가 그만큼 악했다는 반증입니다.

이스라엘이 하나님과 맺은 언약인 제사장 나라 거룩한 시민의 사명을 잘 감당했더라면 하나님께서 굳이 선지자들을 보내 회개를 촉구하며 경고의 메시지를 전하시지 않아도 되었을 것입니다. 그런데 이스라엘이 하나님과 맺은 언약을 저버리고 우상을 섬기며 하나님께로부터 멀어지자, 하나님께서 선지자들을 통해 하나님의 뜻을 전하셨던 것입니다.

이렇게 구약은 모세를 통한 '율법'과 '선지자'들을 통한 하나님의 말씀으로 이루어져 있습니다. 그리고 이후 예수님께서는 이 율법과 선지자를 완전하게 하십니다. 이 모든 것이 우리를 향한 하나님의 사랑이고 우리를 향한 하나님의 구원 계획이었습니다.

165일

엘리사의 기적들의 의미 (왕하 3~5장)

애피타이저 APPETIZER

우리는 엘리사 시대의 기적 자체만을 보고 놀라워하며 관심을 가지지만 기적이 일어난 배경을 살펴보면 하나님의 답답하신 마음을 느낄 수 있습니다.

당시 선지자들과 제자들은 들에서 나는 풀을 따다가 국으로 끓여 끼니를 때워야 할 정도로 가난했습니다. 이는 하나님의 선지자로 헌신한다는 것이 얼마나 힘든 가난과 고생 그리고 고난의 길이었는지 보여줍니다. 이런 시대 배경에 대한 이해 없이 엘리야, 엘리사와 같은 기적의 능력만을 구한다면 그것은 성경의 숲도, 하나님의 마음도 헤아리지 못하는 것입니다.

성경통독 BIBLETONGDOK

《일년일독 통독성경》 열왕기하 3~5장

통通으로 숲이야기 ; 통숲 TONG OBSERVATION

- 첫 번째 포인트

엘리야의 뒤를 이은 엘리사는 제자 양성으로 다가올 사역을 준비합니다.

아합의 아들 아하시야가 죽고 아합의 또 다른 아들 여호람이 북이스라엘의 왕이 됩니다.

여호람은 북이스라엘의 왕들 가운데 가장 악명 높았던 아버지 아합이나 몸이 아플 때 하나님을 찾지 않고 바알세붑을 찾았던 형 아하시야와는 달랐습니다. 여호람은 아버지 아합이 22년간 왕으로 있으면서 셀 수 없을 만큼 많이 만들어놓은 바알의 제단과 아세라 목상들을 없앴습니다.

그러나 안타깝게도 여호람은 '여로보암의 길'에서는 벗어나지 못했습니다. 즉, 단과 벧엘에 세운 금송아지 우상을 없애지 않았던 것입니다. 그리고 여전히 레위 지파가 아닌 일반 백성들로 제사장을 삼았고 1년에 세 차례 백성들을 하나님의 이름을 두려고 택하신 곳인 예루살렘 성전으로 보내는 일도 하지 못하게 했던 것입니다.

여기서 우리는 북이스라엘이 얼마나 많이 하나님께로부터 떠나 있었는지를 알 수 있습니다. 바로 이러한 역사 상황 속에서 엘리사는 갈멜산에서 사환 게하시와 함께 말씀을 묵상하다가 산에서 내려와 선지자의 제자들을 양성하는 일에 힘씁니다.

엘리사는 일정한 거주지도 없고 정해진 끼니도 없이 살았습니다. 먹을 양식이 없어 앞뜰의 텃밭보다는 산에서 야생 식물을 캐서 먹어야 하는 경우가 더 많았을 것입니다. 엘리사는 이러한 힘든 조건 속에서도 하나님의 말씀으로 그 시대를 바로 세우고자 선지자의 제자들을 양육하는 일을 멈추지 않았습니다.

북이스라엘에서 엘리야의 뒤를 이은 엘리사의 사역이 본격적으로 수면 위로 드러나게 된 것은 북이스라엘과 모압의 전쟁 때문이었습니다.

● 두 번째 포인트

남유다의 여호사밧 왕은 북이스라엘의 선지자 엘리사를 찾아가 도움을 구합니다.

아하시야가 아들 없이 죽자 아합의 또 다른 아들 여호람이 북이스라엘의 9대 왕이 됩니다. 여호람은 최소한 아버지와 형과는 다른 길을 가려고 애를 썼지만 결국 그도 악한 '여로보암의 길'에서 떠나지 않습니다.

"그가 여호와 보시기에 악을 행하였으나 그의 부모와 같이 하지는 아니하였으니 이는 그가 그의 아버지가 만든 바알의 주상을 없이하였음이라 그러나 그가 느밧의 아들 여로보암이 이스라엘에게 범하게 한 그 죄를 따라 행하고 떠나지 아니하였더라"(왕하 3:2~3)

여호람이 북이스라엘의 왕이 되자 모압이 이스라엘을 배반합니다. 그동안 모압은 다윗 시대 이래로 이스라엘의 속국이었습니다.

"다윗이 또 모압을 쳐서 그들로 땅에 엎드리게 하고 줄로 재어 그 두 줄 길이의 사람은 죽이고 한 줄 길이의 사람은 살리니 모압 사람들이 다윗의 종들이 되어 조공을 드리니라"(삼하 8:2)

그런데 아람과의 전쟁에서 아합이 죽자 모압이 이를 기회로 삼아 이스라엘의 속국에서 벗어나고자 독립을 시도한 것입니다.

"모압 왕 메사는 양을 치는 자라 새끼 양 십만 마리의 털과 숫양 십만 마리의 털을 이스라엘 왕에게 바치더니 아합이 죽은 후에 모압 왕이 이스라엘 왕을 배반한지라"(왕하 3:4~5)

모압이 이스라엘에 반기를 들고 조공을 중단하자 북이스라엘과 남유다와 에돔이 모압을 치기 위한 연합군을 구성합니다.

"또 가서 유다의 왕 여호사밧에게 사신을 보내 이르되 모압 왕이 나를 배반하였으니 당신은 나와 함께 가서 모압을 치시겠느냐 하니 그가 이르되 내가 올라가리이다 나는 당신과 같고 내 백성은 당신의 백성과 같고 내 말들도 당신의 말들과 같으니이다 하는지라 여호람이 이르되 우리가 어느 길로 올라가리이까 하니 그가 대답하되 에돔 광야 길로니이다 하니라"(왕하 3:7~8)

남유다의 왕 여호사밧은 아합 왕이 북이스라엘을 다스렸을 때도 함께 힘을 합쳐 아람과 전쟁을 벌인 적이 있었습니다. 그때 아합의 딸을 자기 며느리로 삼기까지 했었습니다. 이번에는 아합의 아들 여호람이 함께 모압을 치자고 하자 그 전쟁을 치르기로 합니다. 이를 통해 남유다의 여호사밧 왕 때 북이스라엘과의 관계가 상당히 좋았다는 것을 알 수 있습니다.

그런데 남유다의 여호사밧 왕이 북이스라엘과 에돔까지 합세시켜 연합군을 만들어 모압을 치려 하자 남유다의 예후 선지자가 이를 책망하고 나옵니다.

예후 선지자는 과거 여호사밧 왕이 북이스라엘 아합 왕과 동맹을 맺고 아람과 전쟁을 할 때 여호사밧에게 경고의 메시지를 한 적이 있었습니다.

"하나니의 아들 선견자 예후가 나가서 여호사밧 왕을 맞아 이르되 왕이 악한 자를 돕고 여호와를 미워하는 자들을 사랑하는 것이 옳으니이까 그러므로 여호와께로부터 진노하심이 왕에게 임하리이다"(대하 19:2)

북이스라엘과 남유다, 그리고 에돔 연합군은 모압을 치러 가는 원정길에서 물을 구하지 못해 큰 어려움을 겪게 됩니다.

"이스라엘 왕과 유다 왕과 에돔 왕이 가더니 길을 둘러 간 지 칠 일에 군사와 따라가는 가축을 먹일 물이 없는지라"(왕하 3:9)

이들은 하나님의 뜻을 묻지도 의지하지도 않았습니다. 바로 이에 대한 징계로 어려움을 겪게 된 것입니다. 그러자 남유다의 왕 여호사밧이 북이스라엘 왕 여호람과 에돔 왕에게 엘리사를 통해 도움을 구하자고 제안합니다. 이에 세 명의 왕이 엘리사를 찾아갑니다(왕하 3:12).

엘리사가 이 세 명의 왕과의 만남을 수락한 것은 남유다의 왕 여호사밧 때문이었습니다.

"엘리사가 이르되 내가 섬기는 만군의 여호와께서 살아 계심을 두고 맹세하노니 내가 만일 유다의 왕 여호사밧의 얼굴을 봄이 아니면 그 앞에서 당신을 향하지도 아니하고 보지도 아니하였으리이다"(왕하 3:14)

엘리사가 바알 신앙으로 물든 북이스라엘 왕 여호람을 환대할 리가 없습니다. 다만 남유다 왕 여호사밧의 낯을 생각해서 그들의 문제를 가지고 하나님께 여쭌 것입니다. 엘리사는 세 명의 왕에게 물을 얻을 수 있는 비결을 알려주고, 모압과의 전쟁에서 승리하게 될 것을 예언합니다.

"그가 이르되 여호와의 말씀이 이 골짜기에 개천을 많이 파라 하셨나이다 여호와께서 이르시기를 너희가 바람도 보지 못하고 비도 보지 못하되 이 골짜기에 물이 가득하여 너희와 너희 가축과 짐승이 마시리라 하셨나이다"(왕하 3:16~17)

"이것은 여호와께서 보시기에 작은 일이라 여호와께서 모압 사람도 당신의 손에 넘기시리니 당신들이 모든 견고한 성읍과 모든 아름다운 성읍을 치고 모든 좋은 나무를 베고 모든 샘을 메우고 돌로 모든 좋은 밭을 헐리이다"(왕하 3:18~19)

물도 찾고 모압과의 전쟁에서 승리할 것이라는 하나님의 말씀까지 들은 북이스라엘과 남유다와 에돔 연합군은 용기백배하여 전쟁에 임했고, 그들은 마침내 큰 승리를 거두게 됩니다(왕하 3:24).

사실 모압은 골짜기 물을 핏빛으로 착각해 연합군 내에 내분이 일어난 것으로 확신하며 성급하게 전쟁을 시작했습니다. 그래서 그들이 이 전쟁에서 패배하게 된 것입니다.

모압 왕은 전쟁의 패색이 짙어지자 연합군의 군대가 보고 있는 그들 성 위에서 자신의 왕위를 이어받을 맏아들을 불로 태워 죽입니다. 그러자 연합군은 그 끔찍한 모습을 보고 전쟁을 중단하고 자국으로 귀국합니다.

> "이에 자기 왕위를 이어 왕이 될 맏아들을 데려와 성 위에서 번제를 드린지라 이스라엘에게 크게 격노함이 임하매 그들이 떠나 각기 고국으로 돌아갔더라"(왕하 3:27)

모압 왕이 자기 아들을 인신제사로 드렸던 것은 모압의 신인 '그모스' 신에게 제사를 드린 것입니다. 모압은 어린아이를 희생제물로 삼아 그렇게 인신제사를 드리는 풍습이 있었습니다.

● **세 번째 포인트**

엘리사의 기적은 당시 하나님의 선지자로 헌신한다는 것이 얼마나 힘든 역경의 길인지 보여줍니다.

〈열왕기하〉에는 엘리사 선지자가 기적을 일으킨 기록이 상당히 많이 기록되어 있습니다.

첫째, 엘리사가 빈 그릇에 기름을 채운 기적입니다.

"너는 네 두 아들과 함께 들어가서 문을 닫고 그 모든 그릇에 기름을 부어서 차는 대로 옮겨 놓으라 하니라"(왕하 4:4)

이는 과부가 된 선지자 제자의 아내가 아들들이 종으로 팔릴 위기에 처하자 엘리사에게 도움을 청했고, 엘리사가 이를 해결해준 기적이었습니다.

"선지자의 제자들의 아내 중의 한 여인이 엘리사에게 부르짖어 이르되 당신의 종 나의 남편이 이미 죽었는데 당신의 종이 여호와를 경외한 줄은 당신이 아시는 바니이다 이제 빚 준 사람이 와서 나의 두 아이를 데려가 그의 종을 삼고자 하나이다"(왕하 4:1)

기름 그릇 하나를 채울 수 없을 정도로 빈곤하게 살아가던 선지자 제자의 미망인과 두 아들, 그리고 빚 때문에 그 두 아들을 데려가 종을 삼겠다는 사람이 극단적으로 대비되고 있습니다.

어떻게든 하나님 앞에서 시대의 아픔을 짊어지겠다고 나섰던 선지자 제자의 유족들이 살아가는 모습은 이렇게까지 구차한 것이었습니다. 이 모습을 보는 엘리사의 마음이 어떻겠습니까. 그릇을 빌려오라고 말하는 엘리사의 모습에서 그 시대를 향한 하나님의 마음이 느껴집니다. 하나님께서는 엘리사를 통해서 빈 그릇에 기름을 가득 채워주셨습니다.

둘째, 엘리사를 공궤한 수넴 여인이 아들을 얻은 기적입니다.

"엘리사가 이르되 한 해가 지나 이 때쯤에 네가 아들을 안으리라 하니 여인이 이르되 아니로소이다 내 주 하나님의 사람이여 당신의 계집종을 속이지 마옵소서 하니라 여인이 과연 잉태하여 한 해가 지나 이 때쯤에 엘리사가 여인에게 말한 대로 아들을 낳았더라"(왕하 4:16~17)

아브라함은 하나님이 보내신 천사를 잘 대접했습니다. 그리고 사르밧 과부는 엘리야에게 자신의 전부를 공궤했습니다. 수넴 여인 역시 엘리사를 간권하여 엘리사가 그곳에 올 때마다 음식으로 대접했습니다. 시대는 다르지만 이들의 공통점은 나그네를 잘 대접했다는 것입니다.

하나님께서는 끊임없이 이스라엘 공동체를 향하여 "나그네를 홀대하지 말며 과부나 고아를 함부로 대하지 말라."라고 말씀하셨습니다. 그것이 제사장 나라 거룩한 시민의 자세이기 때문입니다.

셋째, 수넴 여인의 아들이 살아난 기적입니다.

"엘리사가 내려서 집 안에서 한 번 이리 저리 다니고 다시 아이 위에 올라 엎드리니 아이가 일곱 번 재채기 하고 눈을 뜨는지라"(왕하 4:35)

넷째, 독이 든 국이 해독된 기적입니다.

"엘리사가 이르되 그러면 가루를 가져오라 하여 솥에 던지고 이르되 퍼다가 무리에게 주어 먹게 하라 하매 이에 솥 가운데 독이 없어지니라"(왕하 4:41)

다섯째, 보리떡 20개와 채소 조금으로 100명이 먹은 기적입니다.

"그 사환이 이르되 내가 어찌 이것을 백 명에게 주겠나이까 하나 엘리사는 또 이르되 무리에게 주어 먹게 하라 여호와의 말씀이 그들이 먹고 남으리라 하셨느니라 그가 그들 앞에 주었더니 여호와께서 말씀하신 대로 먹고 남았더라"(왕하 4:43~44)

● **네 번째 포인트**

아람의 나아만 장군은 엘리사와 종들의 도움으로 하나님의 기적을 체험하게 됩니다.

아람의 군대 장관이자 큰 용사였던 나아만은 북이스라엘에서 전쟁 포로로 잡혀온 어린 소녀를 통해 그의 나병을 고칠 수 있는 길을 찾게 됩니다.

"그의 여주인에게 이르되 우리 주인이 사마리아에 계신 선지자 앞에

계셨으면 좋겠나이다 그가 그 나병을 고치리이다 하는지라"(왕하 5:3)

그러자 나아만은 아람 왕의 도움을 받아 북이스라엘로 가고자 합니다. 이에 아람 왕은 북이스라엘 왕에게 나아만의 병을 고쳐달라는 친서를 보냅니다.

"이스라엘 왕에게 그 글을 전하니 일렀으되 내가 내 신하 나아만을 당신에게 보내오니 이 글이 당신에게 이르거든 당신은 그의 나병을 고쳐 주소서 하였더라"(왕하 5:6)

북이스라엘의 왕은 이 일을 아람의 트집으로 오해해 자기 옷을 찢으며 괴로워합니다. 그러자 이 소식을 듣고 엘리사가 나아만을 자신에게 보내라고 말합니다(왕하 5:8). 그런데 엘리사는 자신을 찾아온 아람의 군대 장관 나아만을 직접 만나지 않습니다. 신하를 통해 나아만이 병을 고칠 수 있는 특별한 처방만을 알려줍니다.

"엘리사가 사자를 그에게 보내 이르되 너는 가서 요단 강에 몸을 일곱 번 씻으라 네 살이 회복되어 깨끗하리라 하는지라"(왕하 5:10)

엘리사의 이러한 태도에 나아만은 몹시 불쾌해하며 아람으로 되돌아가겠다고 화를 냅니다. 나아만은 병을 치료하기 위해 엘리사가 상처 난 부위에 손을 대고 어떤 주술적 행위를 해줄 것이라고 기대했던 것입니다. 그 때문에 나아만은 엘리사의 처방을 성의 없는 것으로 여겨 분노하고 돌아가려 했습니다.

"나아만이 노하여 물러가며 이르되 내 생각에는 그가 내게로 나와 서서 그의 하나님 여호와의 이름을 부르고 그의 손을 그 부위 위에 흔들어 나병을 고칠까 하였도다"(왕하 5:11)

이때 종들의 지혜로운 조언 덕분에 나아만은 엘리사의 처방을 따르기로 합니다(왕하 5:13). 만약 나아만이 종들의 말을 듣지 않고 끝까지 자기 고집대로 했다면 그는 병에서 낫지도 못하고 하나님의 은혜를 체험하지도 못했을 것입니다.

"나아만이 이에 내려가서 하나님의 사람의 말대로 요단 강에 일곱 번 몸을 잠그니 그의 살이 어린 아이의 살 같이 회복되어 깨끗하게 되었더라"(왕하 5:14)

나아만은 병이 낫자 하나님을 찬양하며 자신이 림몬을 숭배한 것까지 용서를 구합니다.

"나아만이 모든 군대와 함께 하나님의 사람에게로 도로 와서 그의 앞에 서서 이르되 내가 이제 이스라엘 외에는 온 천하에 신이 없는 줄을 아나이다 청하건대 당신의 종에게서 예물을 받으소서"(왕하 5:15)

"오직 한 가지 일이 있사오니 여호와께서 당신의 종을 용서하시기를 원하나이다 곧 내 주인께서 림몬의 신당에 들어가 거기서 경배하며 그가 내 손을 의지하시매 내가 림몬의 신당에서 몸을 굽히오니 내가 림몬의 신당에서 몸을 굽힐 때에 여호와께서 이 일에 대하여 당신의 종을 용서하시기를 원하나이다"(왕하 5:18)

● **다섯 번째 포인트**
롯의 아내, 아간, 게하시는 시대의 숲을 보지 못했습니다.

병 고침을 받고 돌아가는 나아만을 뒤따라가 거짓말을 하며 대가를 요구했던 게하시에게 엘리사가 탄식합니다.

"엘리사가 이르되 한 사람이 수레에서 내려 너를 맞이할 때에 내 마음이 함께 가지 아니하였느냐 지금이 어찌 은을 받으며 옷을 받으며 감람원이나 포도원이나 양이나 소나 남종이나 여종을 받을 때이냐 그러므로 나아만의 나병이 네게 들어 네 자손에게 미쳐 영원토록 이르리라 하니 게하시가 그 앞에서 물러나오매 나병이 발하여 눈같이 되었더라"(왕하 5:26~27)

엘리사는 게하시에게 "지금이 어찌 은을 받으며, 옷을 받으며 … 남종이나 여종을 받을 때냐?"라고 책망합니다. 그렇다면 엘리사가 말하는 '지금'은 무엇을 해야 하는 때입니까? 한마디로 돈과 옷이 아니라 하나님께 집중할 때라는 것입니다.

성경에는 게하시를 비롯해 탐욕으로 망한 사람들의 사례가 기록되어 있습니다.

첫째는, 소금 기둥이 된 롯의 아내입니다.

"롯의 아내는 뒤를 돌아보았으므로 소금 기둥이 되었더라"(창 19:26)

둘째는, 아이성 전투의 실패를 제공한 아간입니다.

"여호수아가 이르되 네가 어찌하여 우리를 괴롭게 하였느냐 여호와께서 오늘 너를 괴롭게 하시리라 하니 온 이스라엘이 그를 돌로 치고 물건들도 돌로 치고 불사르고 그 위에 돌 무더기를 크게 쌓았더니 오늘까지 있더라"(수 7:25~26)

셋째는, 아말렉을 진멸할 때 전리품과 아말렉 왕 아각을 살려준 사울 왕입니다.

"사울이 사무엘에게 이르되 나는 실로 여호와의 목소리를 청종하여 여호와께서 보내신 길로 가서 아말렉 왕 아각을 끌어 왔고 아말렉 사람들을 진멸하였으나 다만 백성이 그 마땅히 멸할 것 중에서 가장 좋은 것으로 길갈에서 당신의 하나님 여호와께 제사하려고 양과 소를 끌어 왔나이다 하는지라"(삼상 15:20~21)

넷째는, 탐욕으로 예수님을 팔아버린 가룟 유다입니다.

"그 때에 열둘 중의 하나인 가룟 유다라 하는 자가 대제사장들에게 가서 말하되 내가 예수를 너희에게 넘겨 주리니 얼마나 주려느냐 하니 그들이 은 삼십을 달아 주거늘 그가 그 때부터 예수를 넘겨 줄 기회를 찾

더라"(마 26:14~16)

다섯째는, 성령을 속인 아나니아와 삽비라입니다.

"베드로가 이르되 아나니아야 어찌하여 사탄이 네 마음에 가득하여 네가 성령을 속이고 땅 값 얼마를 감추었느냐"(행 5:3)

인간의 탐욕의 끝은 〈야고보서〉의 말씀대로 죄가 장성한즉 사망을 낳습니다.

"오직 각 사람이 시험을 받는 것은 자기 욕심에 끌려 미혹됨이니 욕심이 잉태한즉 죄를 낳고 죄가 장성한즉 사망을 낳느니라"(약 1:14~15)

디저트 DESSERT

하나님의 사람은 자신을 둘러싼 시대적 상황이 아무리 불리할지라도 사명의 부르심 앞에 묵묵히 나서야 합니다.

엘리사는 바로 그러한 사명자였습니다. 그래서 엘리사는 하나님의 말씀을 붙잡고 오히려 하나님의 말씀에 집중하며 하나님의 말씀만을 선포했습니다. 오직 복음만이 생명의 길입니다.

166일

하나님의 기적 (왕하 6~8장)

애피타이저 APPETIZER

하나님을 경외하는 마음이 없던 암울했던 시대에 엘리야의 뒤를 이은 엘리사는 선지자 제자들을 길러내면서 마지막 보루를 지키고 있었습니다.

엘리사가 그 시대를 책임지기 위해 최선의 노력을 다하고 있는 동안 북이스라엘은 아람의 침공으로 전쟁에 휩싸입니다. 엘리사는 하나님께로부터 받은 영감으로 북이스라엘을 구원합니다. 그러나 또다시 침공한 아람군의 포위로 인해 북이스라엘 백성들은 큰 어려움에 빠집니다.

아람 군대가 북이스라엘의 수도 사마리아성을 포위하고 있던 그 국가적 위기의 순간에 하나님께서는 엘리사 선지자를 통해 구원의 계획을 또 알려주시고 놀라운 기적을 통해 그들을 구원해주십니다. 그러나 북이스라엘은 여전히 하나님의 말씀을 받아들이지 않습니다.

그런가 하면 남유다에서는 여호사밧 왕의 아들 여호람(요람)이 왕위에 오르는데 여호람은 아버지 여호사밧의 선한 길을 따르지 않고 오히려 북이스라엘의 아합처럼 악한 길로 행합니다. 이는 그가 아합의 딸인 아달랴를 아내로 삼은 것과도 깊은 관계가 있습니다.

아달라는 남편 여호람에 이어 자기 아들 아하시야의 마음도 움직여 남유다 내에 바알 숭배를 퍼뜨림으로써 북이스라엘의 죄악을 남유다에까지 확대하는 악행을 저지릅니다.

성경통독 BIBLETONGDOK

《일년일독 통독성경》 열왕기하 6~8장

● 첫 번째 포인트

엘리사는 선지자 제자들과 함께 제사장 나라 선지 학교를 세워갑니다.

엘리야 선지자의 뒤를 이은 엘리사는 제자들을 길러내며 북이스라엘에 하나님의 말씀이 끊이지 않도록 최선을 다합니다. 그러던 중 엘리사의 제자들이 협소한 선지 학교의 숙소를 넓히기 위해 요단으로 가서 나무를 가져다가 직접 숙소를 짓고자 제안합니다. 그러자 엘리사가 이를 허락합니다(왕하 6:1~2).

그리고 제자 중 한 사람이 엘리사도 동행하기를 청하자 그 의견을 흔쾌히 받아들입니다. 그런데 그들이 숙소를 짓는 과정에서 제자들 중 한 사람이 실수로 다른 사람에게 빌려온 쇠도끼를 물에 빠뜨립니다.

> "한 사람이 나무를 벨 때에 쇠도끼가 물에 떨어진지라 이에 외쳐 이르되 아아, 내 주여 이는 빌려온 것이니이다 하니"(왕하 6:5)

그러자 엘리사가 쇠도끼를 물에서 떠오르게 하는 기적을 나타내어 해결합니다. 그런데 여기서 이 기적은 놀라고 끝낼 일이 아닙니다. 그 당시 북이스라엘에서 하나님의 사람들이 얼마나 곤궁한 삶을 살았는지를 보아야 하기 때문입니다.

당시 바알과 아세라 우상의 편에 섰던 거짓 선지자들의 삶은 국민 세금으로 너무나 넉넉하고 평안했을 것입니다. 그런데 하나님의 사람들은 그 시대의 아픔과 어려움을 온몸으로 감당하며 좁은 길을 기꺼이 가야만 했습니다.

그러던 어느 날, 선지자 제자들이 비좁은 숙소를 넓히기 위해 직접 숙소를 짓다가 이웃에게 빌려온 도끼를 물에 빠뜨려 난감해하는 상황까지 이른 것입니다. 이는 제자들의 당시 형편을 단적으로 보여주는 예였습니다. 이때 하나님께서 엘리사를 통해 기적으로 이 어려움을 해결해주신 것입니다.

"하나님의 사람이 이르되 어디 빠졌느냐 하매 그 곳을 보이는지라 엘리사가 나뭇가지를 베어 물에 던져 쇠도끼를 떠오르게 하고 이르되 너는 그것을 집으라 하니 그 사람이 손을 내밀어 그것을 집으니라"(왕하 6:6~7)

● **두 번째 포인트**

하나님께서 기적으로 북이스라엘을 아람의 침략에서 구해주십니다.

아람이 북이스라엘로 쳐들어와 두 나라 사이에 전쟁이 발발

합니다. 그런데 이 전쟁에서 아람은 엘리사로 인해 번번이 패배합니다.

"이스라엘 왕이 하나님의 사람이 자기에게 말하여 경계한 곳으로 사람을 보내 방비하기가 한두 번이 아닌지라"(왕하 6:10)

그러자 아람 왕은 북이스라엘과의 전쟁 전에 엘리사를 먼저 잡기로 하고 도단으로 군사를 보냅니다.

"왕이 이에 말과 병거와 많은 군사를 보내매 그들이 밤에 가서 그 성읍을 에워쌌더라"(왕하 6:14)

그날 밤 엘리사가 사는 도단성이 아람 군대에게 포위되자 엘리사의 사환이 이를 보고 두려워합니다. 그러자 엘리사가 사환에게 하나님의 불말과 불병거를 보여주며 안심시킵니다.

"기도하여 이르되 여호와여 원하건대 그의 눈을 열어서 보게 하옵소서 하니 여호와께서 그 청년의 눈을 여시매 그가 보니 불말과 불병거가 산에 가득하여 엘리사를 둘렀더라"(왕하 6:17)

불말과 불병거는 하나님의 군대로 하나님의 임재와 보호의 상징이었습니다. 엘리야가 하늘로 올라갈 때도 불말과 불병거가 있었습니다(왕하 2:11). 지금 엘리사를 사로잡기 위해 아람의 군대가 도단성을 에워싸고 있지만, 그 아람의 군대를 하나님의 불말과 불병거가 에워싸고 있습니다. 그런 상황 가운데 엘리사가 하나님께 아람 군대 군인들의 눈을 어둡게 해달라고 기도합니다. 그러자 하나님께서 엘리사의 기도를 들으시고 아람 군인들의 눈을 어둡게 하십니다. 그리고 엘리사가 아람 군대를 유인해 그들 모두를 사마리아 성안으로 들어오게 합니다.

"엘리사가 그들에게 이르되 이는 그 길이 아니요 이는 그 성읍도 아니니 나를 따라 오라 내가 너희를 인도하여 너희가 찾는 사람에게로 나아가리라 하고 그들을 인도하여 사마리아에 이르니라"(왕하 6:19)

아람 군인들을 사마리아 성안으로 유인한 엘리사는 아람 군인들을 죽이지 않고 오히려 그들을 대접해 돌려보내게 합니다. 이 일로 인해 아람은 하나님의 능력을 알게 되었고 한동안 북이스라엘을 침략하지 못하게 됩니다.

"왕이 위하여 음식을 많이 베풀고 그들이 먹고 마시매 놓아보내니 그들이 그들의 주인에게로 돌아가니라 이로부터 아람 군사의 부대가 다시는 이스라엘 땅에 들어오지 못하니라"(왕하 6:23)

● **세 번째 포인트**

제사장 나라 사명과 멀어진 사마리아성은 〈레위기〉의 기록대로 처벌을 받습니다.

....

....

....

....

아람은 시간이 지나면서 과거 나아만 장군의 일을 잊어버렸듯이 또다시 하나님의 능력을 잊어버리고 북이스라엘을 침략해 옵니다. 이번에도 사마리아성이 아람 군대에 포위됩니다.

"이 후에 아람 왕 벤하닷이 그의 온 군대를 모아 올라와서 사마리아를 에워싸니"(왕하 6:24)

아람의 공성전이 장기간 계속되면서 사마리아 성안에 저장된 양식이 고갈되고 백성들은 말로 다 할 수 없는 처참한 기근 상태로 자식을 삶아 먹는 지경에까지 이르게 됩니다.

"여인이 대답하되 이 여인이 내게 이르기를 네 아들을 내놓아라 우리가 오늘 먹고 내일은 내 아들을 먹자 하매 우리가 드디어 내 아들을 삶아 먹었더니 이튿날에 내가 그 여인에게 이르되 네 아들을 내놓아라 우리가 먹으리라 하나 그가 그의 아들을 숨겼나이다 하는지라"(왕하 6:28~29)

그리고 사마리아 성안의 경제적 어려움은 극심한 인플레이션(inflation)을 일으켰습니다.

"나귀 머리 하나에 은 팔십 세겔이요 비둘기 똥 사분의 일 갑에 은 다섯 세겔이라"(왕하 6:25)

이스라엘은 나귀를 부정한 짐승으로 여겨 먹지 않았으며 더욱이 머리는 먹기 힘든 부위였음에도 불구하고 너무나 먹을 것이 없자 사마리아 성안에서는 그 나귀 머리 하나 값이 은 80세겔까지 오르게 되었습니다. 이스라엘에서 은 1세겔은 노동자 4일치 급료입니다. 그러니 은 80세겔이라 함은 엄청나게 값비싼 금액이라 할 수 있습니다. 사마리아 성안에서 일어난 이 끔찍한 일은 북이스라엘 사람들의 우상숭배에 따른 하나님의 징계였습니다.

그런데 이 처참한 일은 이미 〈레위기〉에 기록되어 있었습니다. 〈레위기〉에 기록된 말씀대로 북이스라엘이 하나님과 맺은 제사장 나라의 언약을 지키지 않았기 때문에 받은 처벌이었습니다.

> "그러나 너희가 내게 청종하지 아니하여 이 모든 명령을 준행하지 아니하며 내 규례를 멸시하며 마음에 내 법도를 싫어하여 내 모든 계명을 준행하지 아니하며 내 언약을 배반할진대"(레 26:14~15)

> "내가 진노로 너희에게 대항하되 너희의 죄로 말미암아 칠 배나 더 징벌하리니 너희가 아들의 살을 먹을 것이요 딸의 살을 먹을 것이며"(레 26:28~29)

> "네가 적군에게 에워싸이고 맹렬한 공격을 받아 곤란을 당하므로 네 하나님 여호와께서 네게 주신 자녀 곧 네 몸의 소생의 살을 먹을 것이라"(신 28:53)

사마리아 성안에서 이런 끔찍한 일들이 벌어지자 북이스라엘 왕은 아주 엉뚱하게도 엘리사에게 이 일의 모든 원인을 돌리며 죽이려 합니다.

"왕이 이르되 사밧의 아들 엘리사의 머리가 오늘 그 몸에 붙어 있으면 하나님이 내게 벌 위에 벌을 내리실지로다 하니라"(왕하 6:31)

북이스라엘 왕이 엘리사를 원망하는 엉뚱한 이유는 다음과 같습니다.

첫째, 엘리사가 아람 장군 나아만을 고쳐준 것

둘째, 그동안은 아람 군대의 침략을 미리 알려주어 대비하게 했는데 이번에는 그렇게 하지 않은 것

셋째, 지난번에 사로잡았던 아람 군대를 놓아준 것 등의 이유였습니다.

● 네 번째 포인트

하나님께서는 엘리사를 통해 사마리아성에 다시 한번 기회를 주십니다.

하나님께서는 엘리사를 통해 사마리아성이 경제적으로 다시 회복될 것이라고 말씀해주십니다. 이는 아람 군대의 공성전이 끝날 것을 예언한 말씀이었습니다.

"엘리사가 이르되 여호와의 말씀을 들을지어다 여호와께서 이르시되

내일 이맘때에 사마리아 성문에서 고운 밀가루 한 스아를 한 세겔로 매매하고 보리 두 스아를 한 세겔로 매매하리라 하셨느니라"(왕하 7:1)

그런데 엘리사의 예언을 믿지 않는 북이스라엘의 한 장관이 등장합니다.

"그 때에 왕이 그의 손에 의지하는 자 곧 한 장관이 하나님의 사람에게 대답하여 이르되 여호와께서 하늘에 창을 내신들 어찌 이런 일이 있으리요 하더라 엘리사가 이르되 네가 네 눈으로 보리라 그러나 그것을 먹지는 못하리라 하니라"(왕하 7:2)

이러한 상황 중에 사마리아 성문 어귀에서 네 명의 나병 환자가 놀랍게도 가장 먼저 아람 군대의 철수를 알게 됩니다.

"이는 주께서 아람 군대로 병거 소리와 말 소리와 큰 군대의 소리를 듣게 하셨으므로 아람 사람이 서로 말하기를 이스라엘 왕이 우리를 치려하여 헷 사람의 왕들과 애굽 왕들에게 값을 주고 그들을 우리에게 오게 하였다 하고 해질 무렵에 일어나서 도망하되 그 장막과 말과 나귀를 버리고 진영을 그대로 두고 목숨을 위하여 도망하였음이라"(왕하 7:6~7)

네 명의 나병 환자가 아람 진영으로 떠난 그 시간, 하나님께서는 아람 군대에게 헷 사람의 왕들과 애굽 왕들의 연합군이 이스라엘을 도우러 오는 병거 소리와 말소리, 큰 군대의 소리를 듣게 하십니다. 그들로 하여금 두렵게 하여 공성전을 중단하고 황급히 도망하게 하셨던 것입니다. 텅 빈 아람 진영을 보고 아람 군대의 퇴각을 알게 된 네 명의 나병 환자는 그 소식을 성안 사람들에게 급히 전합니다.

"나병환자들이 그 친구에게 서로 말하되 우리가 이렇게 해서는 아니되겠도다 오늘은 아름다운 소식이 있는 날이거늘 우리가 침묵하고 있도다 만일 밝은 아침까지 기다리면 벌이 우리에게 미칠지니 이제 떠나 왕궁에 가서 알리자 하고"(왕하 7:9)

나병 환자들이 기쁜 소식을 전하자 북이스라엘 왕이 이를 확인합니다.

"그들이 병거 둘과 그 말들을 취한지라 왕이 아람 군대 뒤로 보내며 가서 정탐하라 하였더니 그들이 그들의 뒤를 따라 요단에 이른즉 아람 사람이 급히 도망하느라고 버린 의복과 병기가 길에 가득하였더라 사자가 돌아와서 왕에게 알리니"(왕하 7:14~15)

결국 엘리사 선지자의 말대로 되었습니다.

"백성들이 나가서 아람 사람의 진영을 노략한지라 이에 고운 밀가루 한 스아에 한 세겔이 되고 보리 두 스아가 한 세겔이 되니 여호와의 말씀과 같이 되었고"(왕하 7:16)

엘리사가 말한 "여호와의 말씀을 들을지어다"(왕하 7:1)가 결국 "여호와의 말씀과 같이 되었고"(왕하 7:16)가 된 것입니다.

한편, 엘리사 선지자의 말을 믿지 않았던 장관은 사마리아성 사람들이 물밀듯 성 밖에 나가 아람 군인들이 남기고 간 물건을 노략할 때에 "질서! 질서! 질서!"를 외치다가 그만 백성들에게 밟혀 죽습니다.

"그 때에 이 장관이 하나님의 사람에게 대답하여 이르되 여호와께서 하늘에 창을 내신들 어찌 이 일이 있으랴 하매 대답하기를 네가 네 눈으로 보리라 그러나 그것을 먹지는 못하리라 하였더니 그의 장관에게 그대로 이루어졌으니 곧 백성이 성문에서 그를 밟으매 죽었더라"(왕하 7:19~20)

● **다섯 번째 포인트**

엘리사는 엘리야로부터 받은 사명을 위해 아람에 갑니다.

아람과의 전쟁 후에 엘리사가 다메섹을 방문합니다. 그때 병이 든 아람 왕 벤하닷이 하사엘의 손에 예물을 들려 엘리사에게 보내 자기가 살 수 있을지를 묻습니다(왕하 8:7~8). 그렇게 하사엘을 만나게 된 엘리사는 도리어 하사엘이 아람의 왕이 될 것을 예언합니다.

"하사엘이 이르되 내 주여 어찌하여 우시나이까 하는지라 대답하되 네가 이스라엘 자손에게 행할 모든 악을 내가 앎이라 네가 그들의 성에 불을 지르며 장정을 칼로 죽이며 어린 아이를 메치며 아이 밴 부녀를 가르리라 하니 하사엘이 이르되 당신의 개 같은 종이 무엇이기에 이런 큰일을 행하오리이까 하더라 엘리사가 대답하되 여호와께서 네가 아람 왕이 될 것을 내게 알게 하셨느니라 하더라"(왕하 8:12~13)

엘리사를 통해 아람의 왕이 될 것을 알게 된 하사엘은 아람 왕 벤하닷을 죽이고 스스로 아람의 왕이 됩니다.

"그 이튿날에 하사엘이 이불을 물에 적시어 왕의 얼굴에 덮으매 왕이 죽은지라 그가 대신하여 왕이 되니라"(왕하 8:15)

이전 엘리야가 받은 사명 곧 하사엘이 아람의 왕이 될 것이라는 예언은 이렇게 엘리사 때 이루어집니다.

디저트 DESSERT

북이스라엘의 악하고 불의한 시대에도 불구하고 하나님께서는 엘리야와 엘리사 선지자를 보내셔서 하나님의 사랑을 끊임없이 전하시며 백성들을 돌보시고, 그들이 제사장 나라 사명으로 돌아서기만을 기다리십니다. 인생들을 향하신 그 하나님의 사랑은 어제나 오늘이나 변함이 없고 끊임이 없습니다.

167일

예후의 1, 2차 종교개혁 (왕하 9~10장)

애피타이저 APPETIZER

북이스라엘의 죄악이 이제 남유다까지 퍼지고 있습니다. 두 나라 모두 하나님의 기대인 제사장 나라와 너무 멀어져 있습니다. 이에 아합 가문에 대해 심판을 예정하신 하나님께서는 엘리사 선지자를 통해 선지자의 제자 중 한 사람을 길르앗 라못으로 보내셔서 예후의 머리에 기름을 붓게 하십니다.

그러자 예후는 그의 추종자들에 의해 북이스라엘의 왕으로 선포됩니다. 예후의 칼날이 하나님의 심판을 대행하면서 북이스라엘의 아합 가문은 진멸합니다. 이러한 가운데 하나님께서는 또다시 북이스라엘에 새로운 제사장 나라를 기대하십니다.

하나님의 손에 의해 새로이 세워진 예후는 북이스라엘의 바알 선지자들을 모두 처단하는 결단과 용기를 보여줍니다. 예후의 이러한 행동은 하나님의 말씀을 성취하는 도구로 하나님께서 보시기에 정직하게 행한 것입니다. 그래서 하나님께서는 예후의 자손이 4대 동안 이스라엘 왕위를 이을 것을 약속해주십니다.

하지만 예후는 북이스라엘의 많은 우상을 제거하기는 했지만 단과 벧엘에 있는 금송아지는 제거하지 않아 안타깝게도 북이스라엘 백성들은 여전히 여로보암의 죄에서 떠나지 않습니다.

성경통독 BIBLETONGDOK

《일년일독 통독성경》 열왕기하 9~10장

통通으로 숲이야기 ; 통숲 TONG OBSERVATION

● 첫 번째 포인트

엘리사 선지자의 제자에 의해 예후가 북이스라엘의 왕으로 기름부음을 받습니다.

제사장 나라 이스라엘의 '왕정 500년' 역사를 보면 하나님께서 선지자를 통해서 머리에 기름을 부음으로 이스라엘 왕을 세우셨습니다.

대표적으로 살펴보면 다음과 같습니다.

첫째, 사무엘 선지자는 사울의 머리에 기름을 부어 이스라엘의 초대 왕이 되게 했습니다.

"이에 사무엘이 기름병을 가져다가 사울의 머리에 붓고 입맞추며 이르되 여호와께서 네게 기름을 부으사 그의 기업의 지도자로 삼지 아니하셨느냐"(삼상 10:1)

둘째, 사무엘 선지자는 다윗의 머리에도 기름을 부어 이스라엘의 두 번째 왕이 되게 했습니다.

"사무엘이 기름 뿔병을 가져다가 그의 형제 중에서 그에게 부었더니 이 날 이후로 다윗이 여호와의 영에게 크게 감동되니라"(삼상 16:13)

셋째, 북이스라엘의 초대 왕 여로보암의 경우는 하나님께서 아히야 선지자를 통해 여로보암에게 옷 열 조각을 찢어주게 하심으로 여로보암을 북이스라엘의 초대 왕이 되게 하셨습니다.

"아히야가 자기가 입은 새 옷을 잡아 열두 조각으로 찢고 여로보암에게 이르되 너는 열 조각을 가지라"(왕상 11:30~31)

넷째, 엘리사 선지자의 제자는 예후의 머리에 기름을 부어 북이스라엘의 열 번째 왕이 되게 했습니다.

"선지자 엘리사가 선지자의 제자 중 하나를 불러 이르되 너는 허리를 동이고 이 기름병을 손에 가지고 길르앗 라못으로 가라 거기에 이르거든 님시의 손자 여호사밧의 아들 예후를 찾아 들어가서 그의 형제 중에서 일어나게 하고 그를 데리고 골방으로 들어가 기름병을 가지고 그의 머리에 부으며 이르기를 여호와의 말씀이 내가 네게 기름을 부어 이스라엘 왕으로 삼노라 하셨느니라 하고 곧 문을 열고 도망하되 지체하지 말지니라"(왕하9:1~3)

하나님께서 엘리사 선지자의 제자에게 예후의 머리에 기름을 붓고 그를 북이스라엘의 왕이 되게 하신 것은 엘리야 선지자를 통한 하나님의 말씀 성취였습니다.

"너는 또 님시의 아들 예후에게 기름을 부어 이스라엘의 왕이 되게 하고"(왕상 19:16)

그리고 예후를 북이스라엘의 왕으로 세우신 이유는 아합 가문이 저지른 바알과 아세라를 섬기는 우상숭배의 죄와 하나님의 선지자들을 죽인 죄에 대한 처벌이었습니다.

"이스라엘 하나님 여호와의 말씀이 내가 네게 기름을 부어 여호와의 백성 곧 이스라엘의 왕으로 삼노니 너는 네 주 아합의 집을 치라 내가 나의 종 곧 선지자들의 피와 여호와의 종들의 피를 이세벨에게 갚아 주

리라"(왕하 9:6~7)

이세벨은 국가 세금으로 바알과 아세라 선지자들을 양성하는 것에 멈추지 않고 적극적으로 여호와의 선지자들을 죽이는데 국가 공권력을 사용했습니다. 이세벨의 죄악이 얼마나 거침없었는지 이세벨이 여호와의 선지자들을 죽일 때 아합의 신하였던 오바댜가 선지자 백 명을 숨기기도 했으며(왕상 18:4), 갈멜산 대결 이후 이세벨은 엘리야를 죽이겠다고 자객을 보내기도 했습니다(왕상 19:14). 예후를 북이스라엘 왕으로 세우신 것은 이러한 아합과 이세벨의 죄악에 대한 처벌이었습니다.

● **두 번째 포인트**

예후가 북이스라엘의 10대 왕으로 등장합니다.

예후의 쿠데타로 오므리 왕조는 문을 닫습니다.

"무리가 각각 자기의 옷을 급히 가져다가 섬돌 위 곧 예후의 밑에 깔고 나팔을 불며 이르되 예후는 왕이라 하니라"(왕하 9:13)

북이스라엘의 군대 장관들이 그들의 옷을 벗어 예후의 밑에 깐 것은 예후를 왕으로 섬기고 충성을 다하겠다는 퍼포먼스였습니다. 이러한 퍼포먼스는 이후 예수님께서 예루살렘에 입성하실 때에 다시 보게 됩니다.

"무리의 대다수는 그들의 겉옷을 길에 펴고 다른 이들은 나뭇가지를 베어 길에 펴고 앞에서 가고 뒤에서 따르는 무리가 소리 높여 이르되 호산나 다윗의 자손이여 찬송하리로다 주의 이름으로 오시는 이여 가장 높은 곳에서 호산나 하더라"(마 21:8~9)

그리고 북이스라엘의 군대 장관들이 나팔을 분 것은 예후 왕의 즉위를 공식적으로 선포한 것이었습니다. 오래전, 솔로몬이 왕이 될 때도 그랬습니다.

"제사장 사독이 성막 가운데에서 기름 담은 뿔을 가져다가 솔로몬에게 기름을 부으니 이에 뿔나팔을 불고 모든 백성이 솔로몬 왕은 만세수를 하옵소서 하니라"(왕상 1:39)

북이스라엘의 열 번째 왕으로 기름 부음을 받자 예후는 지지자들과 함께 오므리 왕조를 향해 쿠데타를 일으킵니다. 아합의 아들 요람은 예후의 쿠데타를 피해 남유다의 아하시야에게로까지 도망갑니다. 그러나 예후는 요람을 쫓아가 그를 죽이고, 므깃도까지 도망간 남유다의 왕 아하시야까지 죽입니다.

"요람이 예후를 보고 이르되 예후야 평안하냐 하니 대답하되 네 어머니 이세벨의 음행과 술수가 이렇게 많으니 어찌 평안이 있으랴 하더라 요람이 곧 손을 돌이켜 도망하며 아하시야에게 이르되 아하시야여 반역이로다 하니 예후가 힘을 다하여 활을 당겨 요람의 두 팔 사이를 쏘니 화살이 그의 염통을 꿰뚫고 나오매 그가 병거 가운데에 엎드러진지라"(왕하 9:22~24)

"유다의 왕 아하시야가 이를 보고 정원의 정자 길로 도망하니 예후가 그 뒤를 쫓아가며 이르되 그도 병거 가운데서 죽이라 하매 이블르암 가까운 구르 비탈에서 치니 그가 므깃도까지 도망하여 거기서 죽은지라" (왕하 9:27)

참고로, 예후가 죽인 남유다의 왕 아하시야는 아합과 이세벨의 딸인 아달랴가 남유다의 여호람과 결혼하여 낳은 아들이었습니다. 그러므로 북이스라엘의 요람은 아하시야의 외삼촌이었습니다. 이렇게 북이스라엘의 오므리 왕조는 오므리에서 아합으로, 아합에서 아하시야로, 그리고 아하시야에서 요람(여호람)으로 이어지다가 예후의 쿠데타를 통해 끝을 맺게 됩니다.

예후에 의해 북이스라엘의 왕 요람과 남유다의 왕 아하시야가 죽고 아합의 아내 이세벨도 죽습니다.

"이르되 그를 내려던지라 하니 내려던지매 그의 피가 담과 말에게 튀더라 예후가 그의 시체를 밟으니라"(왕하 9:33)

이세벨의 죽음은 이미 엘리야 선지자를 통해 예언된 하나님의 말씀이었고 예후를 통해 성취된 것입니다.

"이세벨에게 대하여도 여호와께서 말씀하여 이르시되 개들이 이스르엘 성읍 곁에서 이세벨을 먹을지라 아합에게 속한 자로서 성읍에서 죽은 자는 개들이 먹고 들에서 죽은 자는 공중의 새가 먹으리라고 하셨느니라 하니 예로부터 아합과 같이 그 자신을 팔아 여호와 앞에서 악을 행한 자가 없음은 그를 그의 아내 이세벨이 충동하였음이라"(왕상 21:23~25)

"예후가 이르되 이는 여호와께서 그 종 디셉 사람 엘리야를 통하여 말씀하신 바라 이르시기를 이스르엘 토지에서 개들이 이세벨의 살을 먹을지라"(왕하 9:36)

● 세 번째 포인트

예후의 제1 종교개혁은 아합 왕가의 척결입니다.

예후는 제1 종교개혁으로 아합 왕가를 척결합니다. 그 과정은 다음과 같습니다.

첫째, 예후는 아합의 아들 70명을 모두 죽입니다.

"예후가 아합의 집에 속한 이스르엘에 남아 있는 자를 다 죽이고 또 그의 귀족들과 신뢰 받는 자들과 제사장들을 죽이되 그에게 속한 자를 하나도 생존자를 남기지 아니하였더라"(왕하 10:11)

예후는 사마리아 성안에서 지도자들의 항복을 먼저 받아내고 그들에게 아합의 아들들을 모두 죽이라고 명합니다. 그러자 그들은 아합의 아들 70명뿐만 아니라 아합에게 속한 모든 자와 바알과 아세라 제사장 등 아합의 모든 측근을 숙청합니다.

"예후가 다시 그들에게 편지를 부치니 일렀으되 만일 너희가 내 편이 되어 내 말을 너희가 들으려거든 너희 주의 아들된 사람들의 머리를 가지고 내일 이맘때에 이스르엘에 이르러 내게 나아오라 하였더라"(왕하 10:6)

앞서 살펴보았듯이 이 모든 것은 엘리야 선지자의 예언의 성취였습니다.

"그런즉 이제 너희는 알라 곧 여호와께서 아합의 집에 대하여 하신 말씀은 하나도 땅에 떨어지지 아니하리라 여호와께서 그의 종 엘리야를 통하여 하신 말씀을 이제 이루셨도다 하니라"(왕하 10:10)

둘째, 예후는 남유다의 왕 아하시야의 형제들 42명도 모두 죽입니다.

"이르되 사로잡으라 하매 곧 사로잡아 목자가 양털 깎는 집 웅덩이 곁에서 죽이니 사십이 명이 하나도 남지 아니하였더라"(왕하 10:14)

이 부분은 〈역대하〉에서는 아하시야의 형제들이 아라비아 사람들에게 죽임을 당한 것으로 나옵니다. 그러므로 〈역대하〉에 나온 이들은 아하시야 형제의 아들들, 즉 아하시야의 조카들이었던 것 같습니다. 어쨌든 결론적으로 아합의 자손들은 거의 다 죽음을 면치 못했습니다.

셋째, 예후는 종교적으로 존경을 받던 레갑 족속의 아들 여호나답의 지지를 받습니다.

"예후가 거기에서 떠나가다가 자기를 맞이하러 오는 레갑의 아들 여호나답을 만난지라 그의 안부를 묻고 그에게 이르되 내 마음이 네 마음을 향하여 진실함과 같이 네 마음도 진실하냐 하니 여호나답이 대답하되 그러하니이다 이르되 그러면 나와 손을 잡자 손을 잡으니 예후가 끌어 병거에 올리며 이르되 나와 함께 가서 여호와를 위한 나의 열심을 보라 하고 이에 자기 병거에 태우고"(왕하 10:15~16)

넷째, 예후는 아합의 남은 잔당들도 모두 처단합니다.

"사마리아에 이르러 거기에 남아 있는 바 아합에게 속한 자들을 죽여 진멸하였으니 여호와께서 엘리야에게 이르신 말씀과 같이 되었더라"(왕하 10:17)

● **네 번째 포인트**

예후의 제2 종교개혁은 바알 숭배자의 척결입니다.

예후는 제1 종교개혁으로 아합 왕가를 척결하고, 제2 종교개혁으로 바알 숭배자들을 모두 척결합니다. 그 과정은 다음과 같습니다.

첫째, 바알 숭배자들을 척결하기 위해 예후는 바알을 이전보다 더 열렬히 숭배한다고 소문을 냅니다.

"예후가 뭇 백성을 모으고 그들에게 이르되 아합은 바알을 조금 섬겼으나 예후는 많이 섬기리라"(왕하 10:18)

둘째, 예후는 바알을 위한 대규모 대회를 준비하고 그곳에 모인 모든 사람을 죽일 계획을 세웁니다.

"그러므로 내가 이제 큰 제사를 바알에게 드리고자 하노니 바알의 모든 선지자와 모든 섬기는 자와 모든 제사장들을 한 사람도 빠뜨리지 말고 불러 내게로 나아오게 하라 모든 오지 아니하는 자는 살려 두지 아니하리라 하니 이는 예후가 바알 섬기는 자를 멸하려 하여 계책을 씀이라 예후가 바알을 위하는 대회를 거룩히 열라 하매 드디어 공포되었더라"(왕하 10:19~20)

셋째, 예후는 마침내 북이스라엘의 모든 바알 숭배자를 처단합니다.

" 번제 드리기를 다하매 예후가 호위병과 지휘관들에게 이르되 들어가서 한 사람도 나가지 못하게 하고 죽이라 하매 호위병과 지휘관들이 칼로 그들을 죽여 밖에 던지고 바알의 신당 있는 성으로 가서 바알의 신당에서 목상들을 가져다가 불사르고 바알의 목상을 헐며 바알의 신당을 헐어서 변소를 만들었더니 오늘까지 이르니라"(왕하 10:25~27)

● **다섯 번째 포인트**

그러나 예후의 종교개혁은 안타깝게도 '여로보암의 길'에서 멈추고 맙니다.

아합 가문과 바알 숭배자들을 모두 척결한 예후가 안타깝게도 여로보암이 단과 벧엘에 세운 금송아지는 남겨두었습니다. 예후가 하나님의 율법을 온전히 지키는 결단까지는 나아가지 않은 것입니다.

" 이스라엘에게 범죄하게 한 느밧의 아들 여로보암의 죄 곧 벧엘과 단에 있는 금송아지를 섬기는 죄에서는 떠나지 아니하였더라"(왕하 10:29)

그럼에도 불구하고 예후의 이 정도의 개혁으로도 하나님께서는 예후에게 복을 주셔서 예후의 후손들이 4대에 걸쳐 북이스라엘을 통치하게 하십니다(왕하 10:30).

예후에 이어 여호아하스, 요아스, 여로보암 2세, 스가랴까지 왕위에 오릅니다. 한편 예후의 개혁이 이렇게 미완에 그치고 '여로보암의 길'에서 벗어나지 못하자 북이스라엘은 다시 여러 주변 나라로부터 침략을 받게 됩니다.

"이 때에 여호와께서 이스라엘에서 땅을 잘라 내기 시작하시매 하사엘이 이스라엘의 모든 영토에서 공격하되 요단 동쪽 길르앗 온 땅 곧 갓 사람과 르우벤 사람과 므낫세 사람의 땅 아르논 골짜기에 있는 아로엘에서부터 길르앗과 바산까지 하였더라"(왕하 10:32~33)

결국 북이스라엘은 아람 왕 하사엘의 공격을 받아 요단 동편의 땅을 모두 빼앗깁니다. 그리고 앗수르 제국의 살만에셀 3세에 의해 침략을 받습니다. 이 때문에 예후는 살만에셀 3세에게 무릎을 꿇고 절하며 조공을 바쳐야 했습니다. 예후의 이 역사적이고(?) 굴욕적인 장면은 블랙 오벨리스크에 고스란히 새겨져 지금도 영국 대영박물관에 전시되고 있습니다.

디저트 DESSERT

예후는 안타깝게도 하나님의 율법을 전심으로 지키지 않았습니다. 이는 다시 말해 예후가 하나님의 율법을 '적당히' 지켰다는 것입니다. 하나님의 명령에 따라 몇 가지는 잘했는데 여로보암의 죄, 곧 단과 벧엘에 있는 금송아지를 섬기는 것에 대해서는 슬며시 눈 감아버린 것입니다. 예후가 말한 '여호와를 위한 열심'은 안타깝게도 거기까지였습니다. 그래서 북이스라엘의 19명의 왕은 예후까지 포함해 하나같이 모두 '여로보암의 길'에서 벗어나지 못했습니다.

예후의 개혁이 '다윗의 길'로까지 나아갔다면 얼마나 좋았을까 하는 안타까움은 그 시대를 바라보시는 하나님에게서 오늘날 우리에게까지 동일합니다. 하나님께서 기대하시는 개혁은 제사장 나라의 충성도를 높인 '다윗의 길'까지 나아가는 것입니다.

168일

아모스, 호세아, 요나의 역사적 배경 (왕하 11~14장)

애피타이저 APPETIZER

남유다의 왕 아하시야가 죽자, 아하시야의 어머니이며 아합과 이세벨의 딸인 아달랴가 스스로 남유다의 왕이 되어 다윗의 후손들을 진멸하려 합니다. 그러자 아하시야의 누이이자, 제사장 여호야다의 아내였던 여호세바가 아하시야의 아들 요아스를 몰래 빼내어 6년 동안 키웁니다.

남유다에서는 아달랴의 통치 7년째 되는 해에 제사장 여호야다의 주도 아래 국가의 주도권이 요아스에게로 넘어갑니다. 제사장 여호야다로 인해 남유다는 하나님과의 언약을 새롭게 하며 퇴락한 성전도 새로 고칠 수 있었습니다. 그러나 제사장 여호야다가 죽자 남유다는 또다시 타락의 길을 걷습니다.

요아스는 여호야다의 아들 스가랴 선지자가 찾아와 하나님의 말씀을 전하자 그를 죽입니다. 그때로부터 일주일 후, 아람 군대가 남유다를 공격합니다. 이는 하나님의 징계였습니다. 이후 요아스는 신하들에 의해 죽고 그의 아들 아마샤가 남유다의 왕이 됩니다.

한편, 북이스라엘은 멸망의 길로 향하고 있었습니다. 예후 왕조의 여로보암 2세 때는 북이스라엘이 최고로 번영했던 시대였습니다. 그러나 하나님의 정의와 공의는 전혀 실현되지 못했던 시대였습니다. 이 시대에 하나님께서는 타는 마음으로 아모스, 호세아, 요나 같은 선지자들을 보내십니다.

《일년일독 통독성경》 열왕기하 11~14장

● 첫 번째 포인트

제사장 여호야다 부부는 남유다에서 '다윗의 길'의 정통성을 지켜 냅니다.

예후에 의해 북이스라엘의 왕 여호람(요람)과 남유다의 왕 아하시야까지 죽임을 당하자 남유다에서는 아하시야 왕의 어머니이자 아합과 이세벨의 딸인 아달랴가 다윗의 후손인 왕의 자손들, 즉 아하시야 왕의 아들과 손자를 비롯한 모든 왕위 계승자를 죽이고 자신이 왕의 자리에 앉습니다(왕하 11:1).

이렇게 예루살렘 성안에서 아달랴에 의해 피비린내 나는 살육이 벌이지고 있는 동안 아하시야 왕의 누이이자 제사장 여호야다의 아내였던 여호세바(여호사브앗)가 아하시야의 아들 요아스를 몰래 빼내어 6년 동안 키웁니다.

"요람 왕의 딸 아하시야의 누이 여호세바가 아하시야의 아들 요아스를 왕자들이 죽임을 당하는 중에서 빼내어 그와 그의 유모를 침실에 숨겨 아달랴를 피하여 죽임을 당하지 아니하게 한지라 요아스가 그와 함께 여호와의 성전에 육 년을 숨어 있는 동안에 아달랴가 나라를 다스렸더라"(왕하 11:2~3)

그리고 마침내 7년째 되는 해에 제사장 여호야다가 혁명을 일으킵니다. 그 과정은 다음과 같습니다.

첫째, 제사장 여호야다는 가리 사람의 백부장들과 호위병의 백부장들을 중심으로 혁명 세력을 확보합니다.

"일곱째 해에 여호야다가 사람을 보내 가리 사람의 백부장들과 호위병의 백부장들을 불러 데리고 여호와의 성전으로 들어가서 그들과 언약을 맺고 그들에게 여호와의 성전에서 맹세하게 한 후에 왕자를 그들에게 보이고"(왕하 11:4)

여기에서 '가리 사람'은 그렛 또는 블렛 사람들로, 여호야다가 이방의 용병들을 혁명 세력으로 삼은 것입니다. 그들은 다윗과 생사고락을 같이했던 사람들의 후손으로 솔로몬 즉위 때에도 충성을 다했으며 이때에도 다윗 왕가의 회복을 위해 앞장섰습니다.

"여호야다의 아들 브나야는 그렛 사람과 블렛 사람을 관할하고 다윗의 아들들은 대신들이 되니라"(삼하 8:18)

"제사장 사독과 선지자 나단과 여호야다의 아들 브나야와 그렛 사람과 블렛 사람이 내려가서 솔로몬을 다윗 왕의 노새에 태우고 인도하여 기혼으로 가서"(왕상 1:38)

둘째, 제사장 여호야다는 안식일을 혁명일로 잡습니다. 여호야다는 왕실 호위대 다섯 부대 중 세 부대는 왕궁을 장악하게 하고 두 부대는 성전을 지키게 하며 혁명을 이끌었습니다.

"명령하여 이르되 너희가 행할 것이 이러하니 안식일에 들어온 너희 중 삼분의 일은 왕궁을 주의하여 지키고 삼분의 일은 수르 문에 있고 삼분의 일은 호위대 뒤에 있는 문에 있어서 이와 같이 왕궁을 주의하여 지키고 안식일에 나가는 너희 중 두 대는 여호와의 성전을 주의하여 지켜 왕을 호위하되"(왕하 11:5~7)

셋째, 제사장 여호야다는 혁명군을 이끌고 일곱 살 된 요아스를 남유다 8대 왕으로 즉위시킵니다.

"여호야다가 왕자를 인도하여 내어 왕관을 씌우며 율법책을 주고 기름을 부어 왕으로 삼으매 무리가 박수하며 왕의 만세를 부르니라"(왕하 11:12)

넷째, 마침내 아달랴는 남유다 백성들에 의해 칼로 죽임을 당합니다.

"온 백성이 즐거워하고 온 성이 평온하더라 아달랴를 무리가 왕궁에서 칼로 죽였더라"(왕하 11:20)

● **두 번째 포인트**

제사장 여호야다가 요아스 왕을 도와 남유다에 제사장 나라 신앙 갱신운동을 일으킵니다.

아달랴를 축출한 제사장 여호야다는 어린 요아스 왕을 도와 남유다에 종교개혁을 일으킵니다. 그 종교개혁의 과정은 다음과 같습니다.

첫째, 제사장 여호야다가 남유다의 왕과 백성들에게 과거 그들의 조상들이 하나님과 맺었던 언약을 갱신하게 합니다.

"여호야다가 왕과 백성에게 여호와와 언약을 맺어 여호와의 백성이 되게 하고 왕과 백성 사이에도 언약을 세우게 하매"(왕하 11:17)

모세 때 맺은 언약입니다.

"언약서를 가져다가 백성에게 낭독하여 듣게 하니 그들이 이르되 여호와의 모든 말씀을 우리가 준행하리이다 모세가 그 피를 가지고 백성에게 뿌리며 이르되 이는 여호와께서 이 모든 말씀에 대하여 너희와 세우신 언약의 피니라"(출 24:7~8)

둘째, 아달랴로 인해 남유다 전역에 퍼진 우상을 척결합니다.

"온 백성이 바알의 신당으로 가서 그 신당을 허물고 그 제단들과 우상들을 철저히 깨뜨리고 그 제단 앞에서 바알의 제사장 맛단을 죽이니라"(왕하 11:18)

셋째, 성전을 수리하고 율법대로 다시 올바른 제사를 드릴 수 있게 합니다.

"제사장이 관리들을 세워 여호와의 성전을 수직하게 하고"(왕하 11:18)

"여호야다가 여호와의 전의 직원들을 세워 레위 제사장의 수하에 맡기니 이들은 다윗이 전에 그들의 반열을 나누어서 여호와의 전에서 모세의 율법에 기록한 대로 여호와께 번제를 드리며 다윗이 정한 규례대로 즐거이 부르고 노래하게 하였던 자들이더라 또 문지기를 여호와의 전 여러 문에 두어 무슨 일에든지 부정한 모든 자는 들어오지 못하게 하고"(대하 23:18~19)

이렇게 제사장 여호야다의 신앙 갱신운동이 성공하고, 어린 요아스 왕은 제사장 여호야다의 교훈을 받으며 통치합니다. 그래서 남유다는 제사장 여호야다가 살아 있는 동안은 제사장 나라의 사명을 잘 감당하는 나라가 됩니다.

"요아스는 제사장 여호야다가 그를 교훈하는 모든 날 동안에는 여호와 보시기에 정직히 행하였으되"(왕하 12:2)

그리고 요아스는 아달랴로 인해 부서질 대로 부서진 예루살렘 성전의 수리를 명합니다.

"요아스가 제사장들에게 이르되 여호와의 성전에 거룩하게 하여 드리는 모든 은 곧 사람이 통용하는 은이나 각 사람의 몸값으로 드리는 은이나 자원하여 여호와의 성전에 드리는 모든 은을 제사장들이 각각 아는 자에게서 받아들여 성전의 어느 곳이든지 파손된 것을 보거든 그것으로 수리하라"(왕하 12:4~5)

그런데 요아스 왕의 명령에도 불구하고 23년이 지나도록 성전 수리가 제대로 실행되지 못했습니다. 왜냐하면 성전 수리를 위한 재원이 모이지 않고 있었던 것입니다. 그래서 요아스는 성전 수리 재원 확보를 위한 방법을 변경하고 이를 추진합니다. 그동안 제사장들이 직접 재원을 걷었다면 이제부터는 백성들이 직접 수리 비용을 성전에 바치도록 변경한 것입니다. 그리고 이를 왕과 대제사장이 직접 참여하여 확인하게 했습니다.

"이에 그 궤 가운데 은이 많은 것을 보면 왕의 서기와 대제사장이 올라와서 여호와의 성전에 있는 대로 그 은을 계산하여 봉하고"(왕하 12:10)

또한 요아스는 성전 수리를 위한 책임자를 제사장에서 그 일의 전문가들로 변경했습니다.

"그 달아본 은을 일하는 자 곧 여호와의 성전을 맡은 자의 손에 넘기면 그들은 또 여호와의 성전을 수리하는 목수와 건축하는 자들에게 주고" (왕하 12:11)

요아스가 이렇게 일을 합리적으로 진척하면서 먼저 성전 수리를 시행하게 하고 다른 성전 기물들의 수리는 남은 재원으로 충당하게 했습니다.

"공사를 마친 후에 그 남은 돈을 왕과 여호야다 앞으로 가져왔으므로 그것으로 여호와의 전에 쓸 그릇을 만들었으니 곧 섬겨 제사 드리는 그

릇이며 또 숟가락과 금은 그릇들이라"(대하 24:14)

요아스는 또한 성전 수리 과정에서 재정 감사를 따로 행하지 않아도 될 정도로 담당자가 성실히 그 맡은 바 임무를 수행하도록 했습니다(왕하 12:14~15). 이런 일이 모두 가능했던 이유는 요아스가 성전 수리 재원과 별도로 제사장의 생계를 보장했기 때문입니다.

"속건제의 은과 속죄제의 은은 여호와의 성전에 드리지 아니하고 제사장에게 돌렸더라"(왕하12:16)

그런데 이렇게 하나님 앞에 성실했던 요아스의 마음이 변하기 시작합니다. 그 이유는 제사장 여호야다가 죽자 남유다의 지도자들이 충동하여 요아스의 마음을 우상에게로 돌렸기 때문입니다.

"여호야다가 죽은 후에 유다 방백들이 와서 왕에게 절하매 왕이 그들의 말을 듣고 그의 조상들의 하나님 여호와의 전을 버리고 아세라 목상과 우상을 섬겼으므로 그 죄로 말미암아 진노가 유다와 예루살렘에 임하니라"(대하 24:17~18)

결국 요아스 왕의 후반기는 전반기와 달라졌고 그 때문에 요아스는 하나님의 징계를 면치 못합니다.

하나님의 징계는 다음과 같습니다.

첫째, 아람 왕 하사엘이 남유다를 침략해옵니다(왕하 12:17). 아람의 남유다 침략은 요아스가 제사장 여호야다의 아들 스가랴를 죽인 지 일주일 후에 벌어졌습니다.

"요아스 왕이 이와 같이 스가랴의 아버지 여호야다가 베푼 은혜를 기억하지 아니하고 그의 아들을 죽이니"(대하 24:22)

"아람 군대가 적은 무리로 왔으나 여호와께서 심히 큰 군대를 그들의 손에 넘기셨으니 이는 유다 사람들이 그들의 조상들의 하나님 여호와를 버렸음이라 이와 같이 아람 사람들이 요아스를 징벌하였더라"(대하 24:24)

둘째, 요아스는 아람 왕 하사엘에게 조공을 바치게 됩니다.

"유다의 왕 요아스가 그의 조상들 유다 왕 여호사밧과 여호람과 아하시야가 구별하여 드린 모든 성물과 자기가 구별하여 드린 성물과 여호와의 성전 곳간과 왕궁에 있는 금을 다 가져다가 아람 왕 하사엘에게 보냈더니 하사엘이 예루살렘에서 떠나갔더라"(왕하 12:18)

셋째, 결국 요아스는 자기 신하들에게 죽임을 당하고 맙니다.

"요아스의 신복들이 일어나 반역하여 실라로 내려가는 길 가의 밀로 궁에서 그를 죽였고"(왕하 12:20)

● 세 번째 포인트

북이스라엘의 오므리 왕조를 끝내고 예후 왕조를 이끌었던 엘리사 선지자가 죽습니다.

하나님의 사람 엘리사 선지자가 병에 걸립니다. 이때 북이스라엘의 왕 요아스가 병문안을 갑니다.

"엘리사가 죽을 병이 들매 이스라엘의 왕 요아스가 그에게로 내려와 자기의 얼굴에 눈물을 흘리며 이르되 내 아버지여 내 아버지여 이스라엘의 병거와 마병이여 하매"(왕하 13:14)

북이스라엘의 왕 요아스가 시대의 영적 지도자인 엘리사 선지자에게 "내 아버지여"라고 부르기는 했지만, 그는 선지자의 뜻을 따르지 않는 왕이었습니다. 그리고 여기에서 요아스 왕이 엘리사에게 "이스라엘의 병거와 마병이여"라고 칭한 것은 전쟁을 두려워한 요아스 왕의 마음을 표현한 것이었습니다.

요아스는 엘리사에게 당시 아람과의 급박한 정치적 상황을 말합니다. 그러자 병중에도 엘리사는 요아스에게 상징적인 행동으로 하나님의 뜻을 전합니다.

"또 이스라엘 왕에게 이르되 왕의 손으로 활을 잡으소서 하매 그가 손으로 잡으니 엘리사가 자기 손을 왕의 손 위에 얹고 이르되 동쪽 창을 여소서 하여 곧 열매 엘리사가 이르되 쏘소서 하는지라 곧 쏘매 엘리사가 이르되 이는 여호와를 위한 구원의 화살 곧 아람에 대한 구원의 화살이니 왕이 아람 사람을 멸절하도록 아벡에서 치리이다 하니라 또 이르되 화살들을 집으소서 곧 집으매 엘리사가 또 이스라엘 왕에게 이르되 땅을 치소서 하는지라 이에 세 번 치고 그친지라"(왕하 13:16~18)

엘리사는 이렇게 죽음을 앞두고도 북이스라엘을 위해 일했습니다. 엘리사가 말한 "활을 잡으소서", "화살을 집으소서", "땅을 치소서"라는 말은 전쟁을 의미합니다. 그리고 엘리사가 자기 손을 왕의 손에 얹은 것은 하나님의 능력을 요아스에게 건넨 것입니다. 그러나 안타깝게도 요아스 왕은 하나님의 능력을 믿지 않았습니다. 그러자 엘리사가 요아스 왕에게 화를 냅니다.

"하나님의 사람이 노하여 이르되 왕이 대여섯 번을 칠 것이니이다 그리하였더면 왕이 아람을 진멸하기까지 쳤으리이다 그런즉 이제는 왕이 아람을 세 번만 치리이다 하니라"(왕하 13:19)

요아스 왕은 동쪽 창을 열고 활을 쏜 후, 아람 사람이 멸절하도록 화살을 땅에 치라는 말에 겨우 세 번만 쳤습니다. 그래서 결국 요아스 왕은 아람과의 전쟁에서 완전한 승리를 거두지 못하게 될 것이라는 예언의 말을 듣게 됩니다. 그 후 요아스 왕은 아람에게 빼앗겼던 땅 일부를 회복하기는 하나 완전한 승리를 거두지는 못합니다.

"여호아하스의 아들 요아스가 하사엘의 아들 벤하닷의 손에서 성읍을 다시 빼앗으니 이 성읍들은 자기 부친 여호아하스가 전쟁 중에 빼앗겼던 것이라 요아스가 벤하닷을 세 번 쳐서 무찌르고 이스라엘 성읍들을 회복하였더라"(왕하 13:25)

한편 엘리사는 죽고, 엘리사의 죽음 이후에도 기적이 일어납니다.

"엘리사가 죽으니 그를 장사하였고 해가 바뀌매 모압 도적 떼들이 그 땅에 온지라 마침 사람을 장사하는 자들이 그 도적 떼를 보고 그의 시체를 엘리사의 묘실에 들이던지매 시체가 엘리사의 뼈에 닿자 곧 회생하여 일어섰더라"(왕하 13:20~21)

● 네 번째 포인트

남유다 9대 왕 아마샤가 북이스라엘 12대 왕 요아스에게 포로로 잡혀갑니다.

북이스라엘에서 요아스 왕이 2년째 통치하고 있을 때 남유다에서는 요아스 왕이 그의 신하들에게 살해당하고 그의 아들 아마샤가 남유다의 9대 왕으로 등극합니다(왕하 14:1).

아버지가 신하들에게 죽는 것을 지켜보며 25세에 남유다의 왕이 된 아마샤는 그 후 29년간 통치하면서 남유다를 매우 부강한 국가로 이끕니다. 그리고 가장 강력한 권력을 가지게 되었을 때 아마샤는 아버지를 죽였던 신하들을 모두 죽입니다(왕하 14:5). 그러나 모세의 율법에 따라 그 신하들의 자식들은 살려줍니다.

"아버지는 그 자식들로 말미암아 죽임을 당하지 않을 것이요 자식들은 그 아버지로 말미암아 죽임을 당하지 않을 것이니 각 사람은 자기 죄로 말미암아 죽임을 당할 것이니라"(신 24:16)

이후 아마샤는 남유다 전역의 유다 지파와 베냐민 지파에서 20세 이상 전쟁에 나아갈 만한 남자들의 숫자를 조사해 30만 명의 군사를 모으고 천부장과 백부장을 세웁니다. 또한 아마샤는 은 200달란트로 북이스라엘의 용병 10만 명을 고용합니다(대하 25:5~6). 이는 아마샤가 에돔과의 전쟁을 계획했기 때문입니다.

그런데 이때 북이스라엘의 하나님의 사람이 아마샤의 앞길을 막습니다. 그는 아마샤가 모은 북이스라엘의 10만 명의 용병을 모두 그들의 집으로 돌려보내고 이 전쟁에 북이스라엘 사람들을 끌어들이지 말라고 말합니다. 그러자 아마샤는 자신이 용병 대금으로 이미 지불한 은 200달란트는 어떻게 하느냐고 묻습니다. 그러자 하나님의 사람이 하나님께서 에돔과의 전쟁에서 반드시 이기게 하실 것이므로 은 200달란트는 결코 손해 보지 않을 것이라고 말해줍니다.

이에 아마샤는 할 수 없이 북이스라엘의 용병들을 모두 돌려보냅니다. 아마샤는 북이스라엘의 하나님의 사람의 말대로 남유다 30만 명의 군인들만을 데리고 에돔과 싸워 놀라운 대승을 거둡니다.

> "아마샤가 소금 골짜기에서 에돔 사람 만 명을 죽이고 또 전쟁을 하여 셀라를 취하고 이름을 욕드엘이라 하였더니 오늘까지 그러하니라"(왕하 14:7)
>
> "아마샤가 담력을 내어 그의 백성을 거느리고 소금 골짜기에 이르러 세일 자손 만 명을 죽이고 유다 자손이 또 만 명을 사로잡아 가지고 바위 꼭대기에 올라가서 거기서 밀쳐 내려뜨려서 그들의 온 몸이 부서지게 하였더라"(대하 25:11~12)

그런데 이 전쟁이 이후 이상한 방향으로 흐르게 됩니다. 그 이유는 아마샤가 용병으로 구했다가 전쟁에 참여시키지 않고 돌려보낸 북이스라엘의 10만 명의 용병이 전쟁에 참여하지 못함에 대해 분노하여 사마리아에서부터 벧호른까지 유다 성읍들을 약탈하고 3,000명을 살해하고 물건들을 노략한 것입니다(대하 25:13). 이 일을 가지고 남유다의 아마샤 왕은 북이스라엘의 요아스 왕에게 "오라 우리가 서로 대면하자"(왕하 14:8)라고 선전포고를 합니다. 사실 남유다의 왕 아마샤가 이렇게 선전포고를 한 1차 원인은 남유다 성읍을 약탈한 북이스라엘의 용병 때문이기도 했지만, 2차 원인은 에돔과의 전쟁에서 승리한 교만 때문이기도 했습니다. 그러자 북이스라엘의 왕 요아스도 남유다의 왕 아마샤에게 대항하며 경고합니다.

"네가 에돔을 쳐서 파하였으므로 마음이 교만하였으니 스스로 영광을 삼아 왕궁에나 네 집으로 돌아가라 어찌하여 화를 자취하여 너와 유다가 함께 망하고자 하느냐"(왕하 14:10)

결국 남유다는 에돔과의 전쟁에 이어 북이스라엘과 동족상잔의 전쟁을 하게 됩니다. 이 전쟁에서 남유다는 북이스라엘에게 크게 패하여 예루살렘이 처참하게 약탈당하는 수모를 겪습니다.

"이스라엘 왕 요아스가 벧세메스에서 아하시야의 손자 요아스의 아들 유다 왕 아마샤를 사로잡고 예루살렘에 이르러 예루살렘 성벽을 에브라임 문에서부터 성 모퉁이 문까지 사백 규빗을 헐고 또 여호와의 성전과 왕궁 곳간에 있는 금 은과 모든 기명을 탈취하고 또 사람을 볼모로 잡고서 사마리아로 돌아갔더라"(왕하 14:13~14)

그리고 남유다의 아마샤 왕은 북이스라엘 요아스 왕이 죽을 때까지 북이스라엘에 포로로 잡혀 있다가 남유다로 돌아오게 됩니다. 남유다의 9대 왕 아마샤에 대한 평가는 다음과 같습니다.

> "아마샤가 여호와 보시기에 정직히 행하였으나 그의 조상 다윗과는 같지 아니하였으며 그의 아버지 요아스가 행한 대로 다 행하였어도 오직 산당들을 제거하지 아니하였으므로 백성이 여전히 산당에서 제사를 드리며 분향하였더라"(왕하 14:3~4)

아마샤는 '다윗의 길'에는 미치지 못했고 후반에는 우상숭배에 빠졌고 선지자들을 멸시했습니다(대하 25:16). 결국 아마샤는 북이스라엘에서 돌아온 후 그의 아버지 요아스처럼 신하들에 의해 살해당합니다. 그리고 아마샤의 아들 웃시야(아사랴)가 남유다의 10대 왕이 됩니다.

● 다섯 번째 포인트

북이스라엘 13대 왕 여로보암 2세 때의 풍요는 아모스, 호세아, 요나의 역사적 배경이 됩니다.

북이스라엘의 13대 왕인 예후 왕조의 여로보암 2세는 북이스라엘의 영토를 가장 넓게 확장했으며 경제적으로 가장 부강한 시기를 만들었습니다.

여로보암 2세가 왕이 되기 전 고대 근동의 국제 상황은 북이스라엘을 괴롭히던 아람이 북쪽 앗수르의 힘에 눌리게 되고 앗수르는 아람과의 전투로 전력이 소모된 상태였습니다. 이 기회를 여로보암 2세가 활용하여 북이스라엘 영토를 '하맛 어귀에서부터 아라바 바다까지' 회복하여 다윗과 솔로몬 때의 상태에까지 이르게 합니다.

이후 50여 년 동안 북이스라엘은 외부의 위협에서 벗어나 경제적 번영의 시기를 보냅니다. 이렇게 북이스라엘이 경제적으로 가장 번영할 때, 하나님께서 선지자 요나를 보내십니다.

"이스라엘의 하나님 여호와께서 그의 종 가드헤벨 아밋대의 아들 선지자 요나를 통하여 하신 말씀과 같이 여로보암이 이스라엘 영토를 회복하되 하맛 어귀에서부터 아라바 바다까지 하였으니"(왕하 14:25)

당시 북이스라엘의 번영은 그 백성들을 위한 하나님의 긍휼이었음을 기억해야 합니다.

"이는 여호와께서 이스라엘의 고난이 심하여 매인 자도 없고 놓인 자도 없고 이스라엘을 도울 자도 없음을 보셨고 여호와께서 또 이스라엘의 이름을 천하에서 없이 하겠다고도 아니하셨으므로 요아스의 아들 여로보암의 손으로 구원하심이었더라"(왕하 14:26~27)

여로보암 2세 시대는 앞서 살펴보았듯이 북이스라엘 역사상 가장 부강한 시기였습니다. 그러나 그것은 외형적인 모습일 뿐 그들의 영적 상태는 암울하기만 했습니다. 어느 누구도 느밧의 아들 여로보암 1세의 죄악에서 떠나지 않았기 때문입니다.

이렇게 북이스라엘은 하나님의 심판을 자처하고 있었습니다. 그래서 하나님께서는 그들에게 아모스와 호세아를 통해 최후의 경고를 하십니다.

169일

아모스 선지자의 공의 (암 1~5장)

애피타이저 APPETIZER

북이스라엘의 예후 왕조가 경제적으로 가장 번성했던 때는 여로보암 2세 시절로 B.C.8세기 무렵입니다. 그러나 화려해보이는 정치적, 경제적 성공 내부로 들어가보면 당시 부익부 빈익빈의 양극화 현상이 극에 달했고 신앙적으로도 우상숭배가 만연했습니다. 이때 하나님께서 북이스라엘에 아모스 선지자를 보내셔서 사회의 정의와 공의에 대해 말씀하십니다.

당시 국제 상황을 보면 북이스라엘 북쪽에는 아람, 북동쪽에는 앗수르, 남쪽에는 남유다와 애굽이 있었습니다. 그러나 얼마

후면 전쟁으로 인해 이 세력의 균형이 깨질 것입니다.

이때 아모스가 북이스라엘과 열방을 "서너 가지 죄로 말미암아 내가 그 벌을 돌이키지 아니하리니"(암 1:3)라는 말을 반복적으로 사용하면서 멸망을 선언합니다. 특히 아모스 2장 6절부터는 북이스라엘이 벌을 받는 이유를 열거하기 시작합니다.

은을 받고 의인을 팔며 신 한 켤레를 받고 가난한 자를 파는 그들의 모습 속에서 안타깝게도 하나님의 백성다운 모습은 조금도 찾아볼 수 없었습니다.

성경통독 BIBLETONGDOK

《일년일독 통독성경》 아모스 1~5장

통通으로 숲이야기 ; 통숲 TONG OBSERVATION

● 첫 번째 포인트

하나님께서는 북이스라엘을 제사장 나라로 고치시려고 엘리야, 엘리사에 이어 아모스 선지자를 보내십니다.

하나님께서는 북이스라엘 오므리 왕조 때 엘리야와 엘리사 선지자를 보내셔서 죄에서 돌이켜 제사장 나라의 사명을 감당하는 북이스라엘이 되기를 촉구하셨습니다. 그리고 북이스라엘이 가장 경제적으로 번성한 예후 왕조의 여로보암 2세 때에도 하나님의 선지자들을 보내심으로 북이스라엘이 다시 한번 하나님의 경고의 말씀을 듣고 죄에서 돌이킬 기회를 주십니다.

하나님께서는 먼저 아모스 선지자를 보내십니다(암 1:1). '아모스(Amos)'는 남유다 웃시야 왕이 통치하고 북이스라엘 여로보암 2세가 통치하던 시대에 베들레헴 남쪽 8㎞ 거리에 위치한 남유다의 성읍인 드고아의 목자이자 뽕나무를 재배하던 사람이었습니다. 하나님께서는 남유다 출신의 아모스를 북이스라엘까지 보내셔서 하나님의 말씀을 전하게 하셨습니다.

하나님의 강한 부르심을 받은 아모스가 북이스라엘까지 가서 많은 사람 앞에서 하나님의 말씀을 대언하기 시작합니다. 그는 비록 다른 예언자들처럼 제사장이나 왕의 혈통은 아니었지만 북이스라엘의 죄에 대해 안타까워하시는 하나님의 심장을 품고 담대히 일어났던 것입니다.

아모스는 북이스라엘로 올라가서 "여호와께서 이같이 말씀하셨느니라"라고 입을 열기 시작해 아람, 블레셋, 두로, 에돔, 암몬, 모압, 그리고 남유다와 북이스라엘의 죄를 지적하며 각 나라가 그들의 죄로 인해 하나님의 심판을 받을 것이라고 경고합니다.

아모스가 언급한 이방 나라들에 대한 심판 선언은 하나님께서 이스라엘만의 하나님이 아니라 온 세상을 주관하고 심판하시는 창조주이심을 보여준 것입니다. 그리고 더 나아가 이스라엘이 의지할 곳은 하나님께 심판받을 이방 나라들이 아니라 오직 하나님뿐임을 가르쳐준 것입니다.

● **두 번째 포인트**

하나님께서는 '모든 민족'을 다스리시며 역사를 주관하시는 살아 계신 하나님이십니다.

아모스는 이스라엘 주변의 여섯 개 나라와 남유다와 북이스라엘의 죄를 언급하며 그들이 서너 가지 죄들로 인해 하나님의 심판을 받게 될 것이라고 경고합니다.

아모스가 전한 심판의 메시지는 다음과 같습니다.

첫째, 아람에 대한 심판의 메시지입니다.

"여호와께서 이와 같이 말씀하시되 다메섹의 서너 가지 죄로 말미암아 내가 그 벌을 돌이키지 아니하리니 이는 그들이 철 타작기로 타작하듯

길르앗을 압박하였음이라"(암 1:3)

아모스가 다메섹의 서너 가지 죄라고 말한 것은 아람의 수도가 다메섹이기 때문입니다. 아람의 죄는 아람 왕 하사엘이 북이스라엘 예후 왕 때 북이스라엘을 침략했기 때문입니다.

"이 때에 여호와께서 이스라엘에서 땅을 잘라 내기 시작하시매 하사엘이 이스라엘의 모든 영토에서 공격하되 요단 동쪽 길르앗 온 땅 곧 갓 사람과 르우벤 사람과 므낫세 사람의 땅 아르논 골짜기에 있는 아로엘에서부터 길르앗과 바산까지 하였더라"(왕하 10:32~33)

아모스의 아람에 대한 예언은 다음과 같이 성취됩니다.

"앗수르 왕이 그 청을 듣고 곧 올라와서 다메섹을 쳐서 점령하여 그 백성을 사로잡아 기르로 옮기고 또 르신을 죽였더라"(왕하 16:9)

둘째, 블레셋에 대한 심판의 메시지입니다.

"여호와께서 이와 같이 말씀하시되 가사의 서너 가지 죄로 말미암아 내가 그 벌을 돌이키지 아니하리니 이는 그들이 모든 사로잡은 자를 끌어 에돔에 넘겼음이라"(암 1:6)

"블레셋의 남아 있는 자가 멸망하리라 주 여호와께서 말씀하셨느니라"(암 1:8)

아모스는 블레셋의 5대 도시국가, 즉 가사, 가드, 아스돗, 아스글론, 에그론 중에서 가사를 대표적으로 언급하며 심판의 메시지를 전합니다. 블레셋의 죄는 남유다의 여호람 왕 때 남유다를 침략한 것입니다.

"여호와께서 블레셋 사람들과 구스에서 가까운 아라비아 사람들의 마음을 격동시키사 여호람을 치게 하셨으므로 그들이 올라와서 유다를 침략하여 왕궁의 모든 재물과 그의 아들들과 아내들을 탈취하였으므로 막내 아들 여호아하스 외에는 한 아들도 남지 아니하였더라"(대하 21:16~17)

아모스의 블레셋에 대한 예언은 다음과 같이 성취됩니다.

"바로가 가사를 치기 전에 블레셋 사람에 대하여 선지자 예레미야에게 임한 여호와의 말씀이라"(렘 47:1)

그리고 블레셋은 이후 헬라 제국의 알렉산더에 의해 정복당합니다. 하나님께서 아모스를 통해 블레셋의 죄를 심판하신 또 다른 이유는 고대의 힘 있는 나라들이 그러했듯이 블레셋 사람들도 대규모 노예무역을 했기 때문입니다. 블레셋은 잔인한 방법으로 이웃 나라들을 정복하고 포로로 잡아온 사람들을 에돔에 돈을 받고 팔았던 것입니다.

셋째, 두로에 대한 심판의 메시지입니다.

"여호와께서 이와 같이 말씀하시되 두로의 서너 가지 죄로 말미암아 내가 그 벌을 돌이키지 아니하리니 이는 그들이 그 형제의 계약을 기억하지 아니하고 모든 사로잡은 자를 에돔에 넘겼음이라 내가 두로 성에 불을 보내리니 그 궁궐들을 사르리라"(암 1:9~10)

두로는 페니키아의 주요 도시국가 중 하나로 시돈과 함께 바알 숭배의 진원지였습니다. 아모스의 두로에 대한 예언의 성취는 헬라 제국의 알렉산더에 의해 이루어집니다.

넷째, 에돔에 대한 심판의 메시지입니다.

"여호와께서 이와 같이 말씀하시되 에돔의 서너 가지 죄로 말미암아 내가 그 벌을 돌이키지 아니하리니 이는 그가 칼로 그의 형제를 쫓아가며 긍휼을 버리며 항상 맹렬히 화를 내며 분을 끝없이 품었음이라 내가 데만에 불을 보내리니 보스라의 궁궐들을 사르리라"(암 1:11~12)

에서의 후예들인 에돔은 이스라엘의 형제국이었지만 출애굽 이후 이스라엘을 향해 계속 악행을 저지르고 마지막에는 바벨론 제국이 예루살렘을 공격할 때 바벨론을 도와줌으로 멸망의 큰 죄악을 저지릅니다(옵 1장).

"에돔 왕이 이같이 이스라엘이 그의 영토로 지나감을 용납하지 아니하므로 이스라엘이 그들에게서 돌이키니라"(민 20:21)

"이와 같이 에돔이 유다의 수하에서 배반하였더니 오늘까지 그러하였으며 그 때에 립나도 배반하였더라"(왕하 8:22)

아모스의 에돔에 대한 예언은 A.D.70년 로마가 예루살렘을 멸망시킬 때 에돔도 정복하면서 성취됩니다.

다섯째, 암몬에 대한 심판의 메시지입니다.

"여호와께서 이와 같이 말씀하시되 암몬 자손의 서너 가지 죄로 말미암아 내가 그 벌을 돌이키지 아니하리니 이는 그들이 자기 지경을 넓히고자 하여 길르앗의 아이 밴 여인의 배를 갈랐음이니라 내가 랍바 성에 불을 놓아 그 궁궐들을 사르되 전쟁의 날에 외침과 회오리바람의 날에 폭풍으로 할 것이며 그들의 왕은 그 지도자들과 함께 사로잡혀 가리라 여호와께서 말씀하셨느니라"(암 1:13~15)

암몬은 모압과 함께 이스라엘을 끊임없이 괴롭힌 나라였습니다.

"암몬 사람과 모압 사람은 여호와의 총회에 들어오지 못하리니 그들에게 속한 자는 십 대뿐 아니라 영원히 여호와의 총회에 들어오지 못하리라 그들은 너희가 애굽에서 나올 때에 떡과 물로 너희를 길에서 영접하지 아니하고 메소보다미아의 브돌 사람 브올의 아들 발람에게 뇌물을 주어 너희를 저주하게 하려 하였으나"(신 23:3~4)

아모스의 암몬에 대한 예언은 암몬의 수도 랍바가 바벨론 제국 느부갓네살(네부카드네자르 2세, Nebuchadnezzar II)에 의해 정복당하면서 성취됩니다.

여섯째, 모압에 대한 심판의 메시지입니다.

"여호와께서 이와 같이 말씀하시되 모압의 서너 가지 죄로 말미암아 내가 그 벌을 돌이키지 아니하리니 이는 그가 에돔 왕의 뼈를 불살라 재를 만들었음이라"(암 2:1)

아모스의 모압에 대한 예언은 모압도 암몬처럼 바벨론 제국에 의해 멸망하면서 성취됩니다.

일곱째, 남유다에 대한 심판의 메시지입니다.

"여호와께서 이와 같이 말씀하시되 유다의 서너 가지 죄로 말미암아 내가 그 벌을 돌이키지 아니하리니 이는 그들이 여호와의 율법을 멸시하며 그 율례를 지키지 아니하고 그의 조상들이 따라가던 거짓 것에 미혹되었음이라 내가 유다에 불을 보내리니 예루살렘의 궁궐들을 사르리라"(암 2:4~5)

남유다의 죄는 율법을 멸시하여 지키지 않고 거짓에 미혹당한 잘못 때문입니다. 아모스의 남유다에 대한 예언은 남유다가 B.C.586년 바벨론 제국에 의해 멸망하면서 성취됩니다.

"바벨론 왕 느부갓네살의 열아홉째 해 오월 칠일에 바벨론 왕의 신복 시위대장 느부사라단이 예루살렘에 이르러 여호와의 성전과 왕궁을 불사르고 예루살렘의 모든 집을 귀인의 집까지 불살랐으며"(왕하 25:8~9)

● 세 번째 포인트

하나님께서는 아모스를 통해 북이스라엘의 수도 사마리아의 악행들을 구체적으로 드러내십니다.

아모스 선지자에 의해 북이스라엘 주변 일곱 개 나라에 대한 심판의 메시지가 전해지고 이제 본론으로 북이스라엘의 죄와 그에 관한 심판의 메시지가 전해집니다.

"여호와께서 이와 같이 말씀하시되 이스라엘의 서너 가지 죄로 말미암아 내가 그 벌을 돌이키지 아니하리니 이는 그들이 은을 받고 의인을 팔며 신 한 켤레를 받고 가난한 자를 팔며 힘 없는 자의 머리를 티끌 먼지 속에 발로 밟고 연약한 자의 길을 굽게 하며 아버지와 아들이 한 젊은 여인에게 다녀서 내 거룩한 이름을 더럽히며 모든 제단 옆에서 전당 잡은 옷 위에 누우며 그들의 신전에서 벌금으로 얻은 포도주를 마심이니라"(암 2:6~8)

아모스 선지자에 의해 낱낱이 밝혀진 북이스라엘의 잘못은 다음과 같습니다.

첫째, 북이스라엘은 '공의가 없는 나라'였습니다. 불의한 재판을 일삼고 백성을 노예로 삼으며 부당한 세금을 걷었습니다.

"선지자의 제자들의 아내 중의 한 여인이 엘리사에게 부르짖어 이르되 당신의 종 나의 남편이 이미 죽었는데 당신의 종이 여호와를 경외한 줄은 당신이 아시는 바니이다 이제 빚 준 사람이 와서 나의 두 아이를 데려가 그의 종을 삼고자 하나이다"(왕하 4:1)

둘째, 북이스라엘은 '타락한 나라'로 하나님의 이름을 더럽혔습니다.

셋째, 북이스라엘은 '율법을 지키지 않는 나라'였습니다. 가난한 이웃에 관한 법과 나실인법 등 율법을 어겼습니다.

"네가 만일 이웃의 옷을 전당 잡거든 해가 지기 전에 그에게 돌려보내라"(출 22:26)

"포도주와 독주를 멀리하며 포도주로 된 초나 독주로 된 초를 마시지 말며"(민 6:3)

북이스라엘에 대한 아모스의 예언은 B.C.722년 북이스라엘이 앗수르 제국에 의해 멸망하면서 성취됩니다.

"호세아 제구년에 앗수르 왕이 사마리아를 점령하고 이스라엘 사람을 사로잡아 앗수르로 끌어다가 고산 강 가에 있는 할라와 하볼과 메대 사람의 여러 고을에 두었더라"(왕하 17:6)

아모스 선지자를 통한 하나님의 북이스라엘을 향한 심판 선언은 "이스라엘 자손들아 들으라"라는 메시지로 시작됩니다. 하나님께서는 북이스라엘 지도자들의 악행을 낱낱이 밝히시며 사마리아의 악행에 대해 반드시 심판하겠다고 말씀하십니다.

"너희는 사마리아 산들에 모여 그 성 중에서 얼마나 큰 요란함과 학대함이 있나 보라 하라 자기 궁궐에서 포학과 겁탈을 쌓는 자들이 바른 일 행할 줄을 모르느니라 여호와의 말씀이니라"(암 3:9~10)

"내가 이스라엘의 모든 죄를 보응하는 날에 벧엘의 제단들을 벌하여 그 제단의 뿔들을 꺾어 땅에 떨어뜨리고 겨울 궁과 여름 궁을 치리니 상아 궁들이 파괴되며 큰 궁들이 무너지리라 여호와의 말씀이니라"(암 3:14~15)

하나님께서는 아모스 선지자를 통해 북이스라엘의 악행의 시작이 '여로보암의 길'이었음을 지적하십니다.

● 네 번째 포인트

하나님께서는 사마리아성의 상류층 사람들의 죄악을 지적하십니다.

하나님께서는 아모스 선지자를 통해 북이스라엘의 죄에 대해서 하나하나 다 들춰내시며 꼼꼼하게 지적하십니다. 그리고 그들이 그들의 죄로 인해 받을 심판에 대해 말씀하십니다.

첫째, 북이스라엘 상류층 사람들을 향한 심판의 메시지입니다.

"사마리아의 산에 있는 바산의 암소들아 이 말을 들으라"(암 4:1)

여기에서 '바산의 암소들'이라 함은 북이스라엘 상류층 사람들을 지칭한 말입니다. 그들은 궁핍한 자를 압제하고 이리저리 죄를 범하면서도 겉으로 보이는 종교적인 열심은 가득하여 뜻도 의미도 없이 많은 제사를 드렸습니다. 그들과 하나님과의 관계는 이미 무너져버린 지 오래였으며 더는 그들에 의해 다스려지는 북이스라엘에 사회 정의를 기대한다는 것은 불가능했습니다.

둘째, 하나님께서 지적하신 북이스라엘 상류층 사람들의 죄는 '가난한 자를 압제'한 것입니다.

"너희는 힘 없는 자를 학대하며 가난한 자를 압제하며"(암 4:1)

또한 그들은 '뇌물을 요구'했습니다.

"가장에게 이르기를 술을 가져다가 우리로 마시게 하라 하는도다"(암 4:1)

그들은 하나님을 향한 마음 없이 종교적인 행위만을 열심히 했습니다.

"너희는 벧엘에 가서 범죄하며 길갈에 가서 죄를 더하며 아침마다 너희 희생을, 삼일마다 너희 십일조를 드리며 누룩 넣은 것을 불살라 수은제로 드리며 낙헌제를 소리내어 선포하려무나"(암 4:4~5)

셋째, 북이스라엘 상류층을 향한 하나님의 심판 선언입니다.

"주 여호와께서 자기의 거룩함을 두고 맹세하시되 때가 너희에게 이를지라 사람이 갈고리로 너희를 끌어 가며 낚시로 너희의 남은 자들도 그리하리라 너희가 성 무너진 데를 통하여 각기 앞으로 바로 나가서 하르몬에 던져지리라 여호와의 말씀이니라"(암 4:2~3)

넷째, 북이스라엘은 하나님의 수많은 경고에도 불구하고 끝내 회개하지 않습니다. 북이스라엘은 양식이 떨어져도 회개하지 않았습니다.

"또 내가 너희 모든 성읍에서 너희 이를 깨끗하게 하며 너희의 각 처소에서 양식이 떨어지게 하였으나 너희가 내게로 돌아오지 아니하였느니라 여호와의 말씀이니라"(암 4:6)

북이스라엘은 비가 내리지 않아도 회개하지 않았습니다.

"또 추수하기 석 달 전에 내가 너희에게 비를 멈추게 하여 어떤 성읍에는 내리고 어떤 성읍에는 내리지 않게 하였더니 땅 한 부분은 비를 얻고 한 부분은 비를 얻지 못하여 말랐으매 두 세 성읍 사람이 어떤 성읍으로 비틀거리며 물을 마시러 가서 만족하게 마시지 못하였으나 너희가 내게로 돌아오지 아니하였느니라 여호와의 말씀이니라"(암 4:7~8)

북이스라엘은 재앙이 닥쳐도 회개하지 않았습니다.

"내가 곡식을 마르게 하는 재앙과 깜부기 재앙으로 너희를 쳤으며 팥중이로 너희의 많은 동산과 포도원과 무화과나무와 감람나무를 다 먹

게 하였으나 너희가 내게로 돌아오지 아니하였느니라 여호와의 말씀이니라"(암 4:9)

북이스라엘은 전염병이 돌아도 회개하지 않았습니다.

"내가 너희 중에 전염병 보내기를 애굽에서 한 것처럼 하였으며 칼로 너희 청년들을 죽였으며 너희 말들을 노략하게 하며 너희 진영의 악취로 코를 찌르게 하였으나 너희가 내게로 돌아오지 아니하였느니라 여호와의 말씀이니라"(암 4:10)

북이스라엘은 소돔과 고모라와 같이 무너져도 회개하지 않았습니다.

"내가 너희 중의 성읍 무너뜨리기를 하나님인 내가 소돔과 고모라를 무너뜨림 같이 하였으므로 너희가 불붙는 가운데서 빼낸 나무 조각 같이 되었으나 너희가 내게로 돌아오지 아니하였느니라 여호와의 말씀이니라"(암 4:11)

이는 모두 하나님께서 북이스라엘 백성들이 그들의 죄에서 돌이켜 돌아오기를 바라시며 내린 징계였습니다. 그런데 북이스라엘의 백성들은 끝내 하나님의 백성 되기를 거부했습니다. 그래서 그들이 아모스 선지자를 통해 심판의 메시지를 듣고 있는 것입니다.

● 다섯 번째 포인트

아모스는 심판의 날인 '여호와의 날'을 선포하며 회개를 촉구합니다.

북이스라엘의 죄를 낱낱이 밝힌 아모스가 이제 심판의 날인 '여호와의 날'을 선포하며 하나님께로 돌아오라고 마지막 회개를 촉구합니다. 그 과정은 다음과 같습니다.

첫째, 아모스가 먼저 슬픈 노래인 '애가'를 부릅니다.

"이스라엘 족속아 내가 너희에게 대하여 애가로 지은 이 말을 들으라" (암 5:1)

아모스는 북이스라엘 사람들이 심판 선언보다 더 극적으로 느낄 수 있도록 아직 나라가 망하지 않았음에도 이미 망한 것처럼 애가를 부릅니다.

둘째, 아모스가 북이스라엘 사람들에게 하나님을 찾으라고 촉구합니다.

"여호와께서 이스라엘 족속에게 이와 같이 말씀하시기를 너희는 나를 찾으라 그리하면 살리라"(암 5:4)

"너희는 살려면 선을 구하고 악을 구하지 말지어다 만군의 하나님 여호와께서 너희의 말과 같이 너희와 함께 하시리라 너희는 악을 미워하고 선을 사랑하며 성문에서 정의를 세울지어다 만군의 하나님 여호와께서 혹시 요셉의 남은 자를 불쌍히 여기시리라"(암 5:14~15)

셋째, 아모스가 북이스라엘에 심판의 날인 '여호와의 날'을 선포합니다.

"화 있을진저 여호와의 날을 사모하는 자여 너희가 어찌하여 여호와의 날을 사모하느냐 그 날은 어둠이요 빛이 아니라"(암 5:18)

넷째, 아모스가 하나님께서 거짓으로 제사하는 자를 심판하신다고 선언합니다.

"내가 너희 절기들을 미워하여 멸시하며 너희 성회들을 기뻐하지 아니하나니 너희가 내게 번제나 소제를 드릴지라도 내가 받지 아니할 것이요 너희의 살진 희생의 화목제도 내가 돌아보지 아니하리라"(암 5:21~22)

거짓된 제사를 드리는 자들에 대해 호세아와 이사야도 지적합니다.

"나는 인애를 원하고 제사를 원하지 아니하며 번제보다 하나님을 아는 것을 원하노라"(호 6:6)

"여호와께서 말씀하시되 너희의 무수한 제물이 내게 무엇이 유익하뇨 나는 숫양의 번제와 살진 짐승의 기름에 배불렀고 나는 수송아지나 어린 양이나 숫염소의 피를 기뻐하지 아니하노라 너희가 내 앞에 보이러

오니 이것을 누가 너희에게 요구하였느냐 내 마당만 밟을 뿐이니라"(사 1:11~12)

다섯째, 아모스가 포기하지 않고 북이스라엘에 또다시 회개를 촉구합니다.

"오직 정의를 물 같이, 공의를 마르지 않는 강 같이 흐르게 할지어다"(암 5:24)

여섯째, 아모스가 이제 북이스라엘의 멸망을 예언합니다.

"내가 너희를 다메섹 밖으로 사로잡혀 가게 하리라 그의 이름이 만군의 하나님이라 불리우는 여호와께서 말씀하셨느니라"(암 5:27)

당시 북이스라엘의 여로보암 2세 때는 경제적으로 최고의 번영을 누리며 아람의 수도인 다메섹까지 정복하고 기쁨에 차 있었습니다. 하지만 하나님께서는 그들의 기쁨과 영광은 사라지게 될 것이고 백성들은 사로잡혀 가며 반드시 멸망할 것이라고 말씀하십니다.

디저트 DESSERT

아모스를 통해 하나님께서 북이스라엘에게 말씀하시는 첫 번째 요구사항은 '여호와를 찾으라'였습니다. 이것이 북이스라엘이 사는 길입니다.

"여호와를 찾으라"(암 5:6)

하나님의 이 요구는 오늘 우리에게도 동일합니다.

"하나님을 찾으라! 죄에서 떠나 하나님께 돌아오라!"

170일

아모스의 환상 (암 6~9장)

애피타이저 APPETIZER

아모스의 선포를 통해 하나님께서 북이스라엘에게 요구하시는 것은 "오직 정의를 물 같이, 공의를 마르지 않는 강 같이 흐르게"(암 5:24) 하는 것입니다. 그러나 북이스라엘은 끝내 정의와 공의를 실현하지 않았습니다. 그래서 하나님께서는 심판을 단호하게 선언하실 수밖에 없었습니다.

아모스를 통해 하나님께서는 북이스라엘 벧엘의 금송아지 제단을 허시고 또한 이방신을 섬기는 자들을 멸망시키겠다고 선언하십니다. 하나님의 말씀을 듣지 않는 그들로 인해 아모스의 슬픔은 더해만 갔고 하나님의 마음 또한 타들어갔습니다.

아모스 9장은 지금까지 아모스가 전했던 모든 예언이 하나도 흩어짐 없이 반드시 이루어질 것이라는 사실을 강조합니다.

성경통독 BIBLETONGDOK

《일년일독 통독성경》 아모스 6~9장

통通으로 숲이야기 ; 통숲 TONG OBSERVATION

● **첫 번째 포인트**

아모스는 북이스라엘의 멸망을 선포합니다.

남유다 출신으로 북이스라엘에 가서 하나님의 말씀을 선포한 아모스 선지자는 이제 북이스라엘의 멸망이 확정되었다는 것을 선포하면서 남유다와 북이스라엘의 지도자들의 악행을 다시 한번 책망합니다.

"화 있을진저 시온에서 교만한 자와 사마리아 산에서 마음이 든든한 자 곧 백성들의 머리인 지도자들이여 이스라엘 집이 그들을 따르는도다"(암 6:1)

아모스 선지자는 북이스라엘 지도층이 사치와 쾌락을 탐닉하는 부패한 모습을 구체적으로 언급합니다.

"상아 상에 누우며 침상에서 기지개 켜며 양 떼에서 어린 양과 우리에서 송아지를 잡아서 먹고 비파 소리에 맞추어 노래를 지절거리며 다윗처럼 자기를 위하여 악기를 제조하며 대접으로 포도주를 마시며 귀한 기름을 몸에 바르면서 요셉의 환난에 대하여는 근심하지 아니하는 자로다"(암 6:4~6)

북이스라엘의 지도자들은 자신들의 배부름에 만족하며 사치와 향락에 빠져 있었고 이웃의 환난과 근심에는 관심조차 없었습니다. 아니 오히려 그들은 가난한 자들을 괴롭히고 학대하며 살아가고 있었습니다. 그 때문에 하나님께서는 그들의 죄를 간과하지 않으시고 북이스라엘의 멸망을 말씀하십니다.

"만군의 하나님 여호와의 말씀이니라 주 여호와가 당신을 두고 맹세하셨노라 내가 야곱의 영광을 싫어하며 그 궁궐들을 미워하므로 이 성읍과 거기에 가득한 것을 원수에게 넘기리라 하셨느니라"(암 6:8)

북이스라엘의 지도자들은 자기가 누리는 혜택만큼 그 책임과 의무를 다해야 했습니다. 그러나 그들은 특권만 누릴 뿐, 사명이나 책임에는 관심조차 없었습니다. 그들은 오히려 가난한 백성들을 더 소외된 자리로 내몰았습니다.

"말들이 어찌 바위 위에서 달리겠으며 소가 어찌 거기서 밭 갈겠느냐 그런데 너희는 정의를 쓸개로 바꾸며 공의의 열매를 쓴 쑥으로 바꾸며"(암 6:12)

북이스라엘의 지도자들은 다윗이 궁에 평안하게 거하게 되었을 때 그 모든 것이 하나님의 은혜임을 알고 감사하며 제사장 나라 충성도를 더 높였던 것과는 너무도 큰 차이를 보입니다.

결국 북이스라엘 지도자들의 책임 회피는 하나님의 준엄한 심판을 피할 수 없습니다. 그것은 그들이 평안히 살고 있는 바로 그곳에서 학대를 당하게 될 것이라는 아모스의 경고를 경청하지 않은 결과입니다.

"만군의 하나님 여호와의 말씀이니라 이스라엘 족속아 내가 한 나라를 일으켜 너희를 치리니 그들이 하맛 어귀에서부터 아라바 시내까지 너희를 학대하리라 하셨느니라"(암 6:14)

아모스 선지자를 통한 하나님의 이 말씀은 B.C.722년에 북이스라엘이 앗수르 제국에 멸망할 것을 예언한 것입니다.

● **두 번째 포인트**

아모스는 다섯 가지 환상을 통해 북이스라엘의 멸망과 그 이후를 예언합니다.

아모스 선지자가 본 다섯 가지 환상은 메뚜기 환상, 불 환상, 다림줄 환상, 여름 과일 환상, 그리고 성전 파괴 환상이었습니다.

첫 번째, 아모스가 본 환상은 '메뚜기 환상'이었습니다.

"주 여호와께서 내게 보이신 것이 이러하니라 왕이 풀을 벤 후 풀이 다시 움돋기 시작할 때에 주께서 메뚜기를 지으시매 메뚜기가 땅의 풀을 다 먹은지라 내가 이르되 주 여호와여 청하건대 사하소서 야곱이 미약하오니 어떻게 서리이까 하매 여호와께서 이에 대하여 뜻을 돌이키셨으므로 이것이 이루어지지 아니하리라 여호와께서 말씀하셨느니라" (암 7:1~3)

메뚜기가 땅의 풀을 모두 먹음으로 북이스라엘은 망하게 될 것이었습니다. 그러나 아모스의 중보기도로 하나님께서 뜻을 돌이키셔서 북이스라엘은 살 수 있었습니다. 북이스라엘 므나헴 왕 때, 앗수르의 왕 디글랏 빌레셀(불, 티글랏 빌레셀 3세)의 침략으로 큰 위기를 맞지만 이렇게 아모스의 중보기도를 통해 앗수르가 조공만 받고 돌아갑니다.

"앗수르 왕 불이 와서 그 땅을 치려 하매 므나헴이 은 천 달란트를 불에게 주어서 그로 자기를 도와 주게 함으로 나라를 자기 손에 굳게 세우고자 하여"(왕하 15:19)

두 번째, 아모스가 본 환상은 '불 환상'이었습니다.

"주 여호와께서 또 내게 보이신 것이 이러하니라 주 여호와께서 명령하여 불로 징벌하게 하시니 불이 큰 바다를 삼키고 육지까지 먹으려 하는지라"(암 7:4)

앗수르 왕 디글랏 빌레셀이 북이스라엘을 재침략합니다. 그래서 베가 왕 때 북이스라엘 일부 지역이 점령당하고 북이스라엘 백성들이 포로로 끌려갑니다.

"이스라엘 왕 베가 때에 앗수르 왕 디글랏 빌레셀이 와서 이욘과 아벨벳 마아가와 야노아와 게데스와 하솔과 길르앗과 갈릴리와 납달리 온 땅을 점령하고 그 백성을 사로잡아 앗수르로 옮겼더라"(왕하 15:29)

세 번째, 아모스가 본 환상은 '다림줄 환상'이었습니다.

"또 내게 보이신 것이 이러하니라 다림줄을 가지고 쌓은 담 곁에 주께서 손에 다림줄을 잡고 서셨더니 여호와께서 내게 이르시되 아모스야 네가 무엇을 보느냐 내가 대답하되 다림줄이니이다 주께서 이르시되 내가 다림줄을 내 백성 이스라엘 가운데 두고 다시는 용서하지 아니하리니 이삭의 산당들이 황폐되며 이스라엘의 성소들이 파괴될 것이라 내가 일어나 칼로 여로보암의 집을 치리라 하시니라"(암 7:7~9)

다림줄은 건물을 세울 때 수직과 수평을 바로잡아주는 기준선입니다. 기준을 잡는 이유는 질서를 세우기 위함이요 흐트러졌던 것을 정돈하기 위함입니다. 영원한 멸망을 전제로 한 심판이라면 이러한 기준은 굳이 필요 없을 것입니다. 그런데 다림줄을 늘어뜨리고 다시는 용서하지 않겠다고 하시는 하나님의 선포 속에서 오히려 역설적으로 하나님의 사랑과 은혜를 느낍니다.

● **세 번째 포인트**
아모스 선지자와 벧엘의 제사장 아마샤가 대립합니다.

아모스 선지자의 환상이 계속되는 중에 아모스 선지자와 벧엘의 제사장 아마샤가 대립하게 됩니다. 아모스 선지자가 계속해서 북이스라엘의 멸망을 선포하자 벧엘의 제사장인 아마샤가 아모스 선지자를 북이스라엘의 왕 여로보암 2세에게 고발하며 남유다로 돌아가라고 위협합니다.

"때에 벧엘의 제사장 아마샤가 이스라엘의 왕 여로보암에게 보내어 이르되 이스라엘 족속 중에 아모스가 왕을 모반하나니 그 모든 말을 이 땅이 견딜 수 없나이다"(암 7:10)

"아마샤가 또 아모스에게 이르되 선견자야 너는 유다 땅으로 도망하여 가서 거기에서나 떡을 먹으며 거기에서나 예언하고"(암 7:12)

그러자 아모스 선지자는 북이스라엘의 멸망과 함께 아마샤 집안의 멸망을 예언합니다.

"아모스가 말하기를 여로보암은 칼에 죽겠고 이스라엘은 반드시 사로잡혀 그 땅에서 떠나겠다 하나이다"(암 7:11)

"여호와께서 이와 같이 말씀하시기를 네 아내는 성읍 가운데서 창녀가 될 것이요 네 자녀들은 칼에 엎드러지며 네 땅은 측량하여 나누어질 것이며 너는 더러운 땅에서 죽을 것이요 이스라엘은 반드시 사로잡혀 그의 땅에서 떠나리라 하셨느니라"(암 7:17)

● **네 번째 포인트**

아모스의 네 번째 환상은 심판의 임박이며, 다섯 번째 환상은 성전의 파괴입니다.

네 번째, 아모스가 본 환상은 '여름 과일 환상'이었습니다.

"그가 말씀하시되 아모스야 네가 무엇을 보느냐 내가 이르되 여름 과일 한 광주리니이다 하매 여호와께서 내게 이르시되 내 백성 이스라엘의 끝이 이르렀은즉 내가 다시는 그를 용서하지 아니하리니"(암 8:2)

이스라엘에서 여름 과일은 추수 마지막 때 열리는 과일로, 이는 하나님의 심판이 임박했음을 알리는 환상입니다. 이제 아모스 선지자의 마지막이자 다섯 번째 환상만이 남았습니다. 그런데 다섯 번째 환상 전에 아모스 선지자가 마지막 메시지를 전합니다.

"가난한 자를 삼키며 땅의 힘없는 자를 망하게 하려는 자들아 이 말을 들으라"(암 8:4)

"여호와께서 야곱의 영광을 두고 맹세하시되 내가 그들의 모든 행위를 절대로 잊지 아니하리라 하셨나니"(암 8:7)

하나님께서 절대로 잊지 않을 북이스라엘의 죄를 나열하십니다.

첫째, 하나님께서는 북이스라엘이 '월삭과 안식일의 본뜻을 무시한 것과 황금만능주의를 좇아 산 것'을 절대 잊지 않겠다고 말씀하십니다. 북이스라엘 사람들은 하나님께 제사를 드리는 것보다 그날 돈을 벌지 못하는 것을 더 안타까워했습니다.

"너희가 이르기를 월삭이 언제 지나서 우리가 곡식을 팔며 안식일이 언제 지나서 우리가 밀을 내게 할꼬"(암 8:5)

둘째, 하나님께서는 북이스라엘의 '부당한 폭리와 거짓 저울'을 절대로 잊지 않겠다고 말씀하십니다.

"에바를 작게 하고 세겔을 크게 하여 거짓 저울로 속이며"(암 8:5)

셋째, 하나님께서는 북이스라엘의 '인신매매'를 절대 잊지 않겠다고 말씀하십니다.

"은으로 힘없는 자를 사며 신 한 켤레로 가난한 자를 사며"(암 8:6)

넷째, 하나님께서는 북이스라엘의 '부정한 상거래'를 절대 잊지 않겠다고 말씀하십니다.

"찌꺼기 밀을 팔자 하는도다"(암 8:6)

아모스의 마지막 메시지 이후 마지막으로 본 환상은 '성전의 파괴 환상'이었습니다.

"내가 보니 주께서 제단 곁에 서서 이르시되 기둥 머리를 쳐서 문지방이 움직이게 하며 그것으로 부서져서 무리의 머리에 떨어지게 하라 내가 그 남은 자를 칼로 죽이리니 그 중에서 한 사람도 도망하지 못하며 그 중에서 한 사람도 피하지 못하리라"(암 9:1)

하나님께서 북이스라엘의 멸망을 선언하시지만 멸망 중에도 '남은 자'를 구원할 계획 또한 말씀하십니다.

"보라 주 여호와의 눈이 범죄한 나라를 주목하노니 내가 그것을 지면에서 멸하리라 그러나 야곱의 집은 온전히 멸하지는 아니하리라 여호와의 말씀이니라 보라 내가 명령하여 이스라엘 족속을 만국 중에서 체질하기를 체로 체질함 같이 하려니와 그 한 알갱이도 땅에 떨어지지 아니하리라"(암 9:8~9)

● **다섯 번째 포인트**

아모스는 영원한 하나님 나라를 다섯 가지로 약속합니다.

하나님께서는 아모스 선지자를 통해 북이스라엘의 멸망을 선언하시는 가운데 '이스라엘 회복의 다섯 가지 내용'을 약속해 주십니다. 이는 영원한 하나님 나라, 즉 메시아 왕국에 관한 예언의 말씀이었습니다.

첫째, 다윗 왕조가 회복될 것을 약속하십니다.

"그 날에 내가 다윗의 무너진 장막을 일으키고 그것들의 틈을 막으며 그 허물어진 것을 일으켜서 옛적과 같이 세우고"(암 9:11)

둘째, 만국을 기업으로 얻게 될 것을 약속하십니다.

"그들이 에돔의 남은 자와 내 이름으로 일컫는 만국을 기업으로 얻게 하리라 이 일을 행하시는 여호와의 말씀이니라"(암 9:12)

셋째, 풍성한 추수가 있을 것을 약속하십니다.

"여호와의 말씀이니라 보라 날이 이를지라 그 때에 파종하는 자가 곡식 추수하는 자의 뒤를 이으며 포도를 밟는 자가 씨 뿌리는 자의 뒤를 이으며 산들은 단 포도주를 흘리며 작은 산들은 녹으리라"(암 9:13)

넷째, 황폐했던 성읍이 재건될 것을 약속하십니다.

"내가 내 백성 이스라엘이 사로잡힌 것을 돌이키리니 그들이 황폐한 성읍을 건축하여 거주하며 포도원들을 가꾸고 그 포도주를 마시며 과원들을 만들고 그 열매를 먹으리라"(암 9:14)

다섯째, 하나님 나라의 백성으로 영원할 것을 약속하십니다.

"내가 그들을 그들의 땅에 심으리니 그들이 내가 준 땅에서 다시 뽑히지 아니하리라 네 하나님 여호와의 말씀이니라"(암 9:15)

디저트 DESSERT

북이스라엘의 죄악은 하나님께서 손을 놓으실 만큼 구제불능이었습니다. 북이스라엘 백성들은 하나님께서 품으신 제사장 나라 실행을 위한 끊임없는 소망과 기대를 매번 저버렸습니다. 그래서 하나님께서 북이스라엘에 아모스 선지자를 통해 최후통첩을 보내셨지만 결국 그것마저도 외면하고 말았습니다.

아모스는 그들을 향한 외침이 하나도 흩어짐 없이 이루어질 것이라고 강하게 말합니다. 그러면서 또 한편으로는 이스라엘의 완전한 회복을 위한 새로운 희망을 품습니다. 온 우주만물을 창조하시고 역사를 주관하시는 하나님은 공의와 정의의 하나님이시며 사랑과 긍휼의 하나님이시기 때문입니다.

171일

호세아 선지자의 타는 마음(호 1~4장)

애피타이저 APPETIZER

B.C.8세기 북이스라엘을 향해 하나님께서는 아모스 선지자를 통해서 하나님의 정의와 공의의 메시지를, 호세아 선지자를 통해서 하나님의 사랑과 긍휼의 메시지를 전하십니다.

호세아 선지자는 하나님의 명령에 순종하여 음란한 여인 고멜과 결혼을 하게 되고 그 결혼 생활을 통해 북이스라엘을 향하신 하나님의 끊을 수 없는 신실한 사랑과 긍휼을 깨닫게 됩니다.

《일년일독 통독성경》 호세아 1~4장

통通으로 숲이야기 ; 통숲 TONG OBSERVATION

● 첫 번째 포인트

호세아는 사명의 줄을 200년 동안이나 놓아버린 북이스라엘을 향해 마지막으로 호소합니다.

B.C.8세기 동시대에 북이스라엘에서 활동한 하나님의 두 선지자, 아모스와 호세아를 비교해봅니다. 먼저 남유다 출신으로 북이스라엘에 가서 하나님의 말씀을 전했던 아모스 선지자는 북이스라엘의 경제 사회적 부패를 지적하며 이웃과의 올바르지 못한 관계에 대해 경고하는 메시지를 주로 전했습니다.

한편, 북이스라엘 출신으로 북이스라엘에서 하나님의 말씀을 전했던 호세아 선지자는 북이스라엘의 신앙적 부패를 지적하고 하나님과의 올바르지 못한 관계를 경고하며 자신의 삶을 통해 하나님의 사랑과 긍휼을 알리는 메시지를 전합니다.

호세아는 자신의 삶을 던지며 북이스라엘 사람들에게 호소했습니다. '호소'는 부탁이나 설득이 아닙니다. 호소는 몸부림입니다. 그러나 아모스 선지자에 이은 호세아 선지자의 호소에도 북이스라엘은 끝내 하나님의 말씀을 듣지 않습니다.

지난 200년 동안 북이스라엘은 하나님 대신 단과 벧엘에 세운 금송아지 우상과 바알과 아스다롯 등 우상을 섬기는 일에 열중했습니다. 이제 하나님께서는 오랜 기다림과 참음 끝에 호세아 선지자를 통해 북이스라엘에 마지막 경고의 메시지를 전하십니다. 그래서 호세아의 외침은 그야말로 '마지막 호소'입니다.

하나님께서 순결한 호세아에게 주신 명령은 바알 신전을 드나드는 음란한 여인 고멜과 결혼을 하는 것입니다. 그 여인과 결혼하여 음란한 자식들을 낳으라는 것입니다. 이 사건을 시작으로 하나님께서는 지난 200년 동안 북이스라엘을 향해 마음속에 있던 이야기들을 쏟아놓으십니다.

고멜은 호세아와 결혼을 했음에도 계속해서 바알과 아세라 우상을 섬기기 위해 바알 신전을 드나들면서 음란한 생활을 중단하지 않았습니다. 그럼에도 하나님께서는 호세아에게 계속해서 순결한 사랑을 쏟아붓게 하십니다. 호세아가 고멜에게 보여준 이 행동은 북이스라엘을 향한 하나님의 끝없는 사랑과 긍휼을 말하는 것이며 이스라엘과 결혼한 하나님께서 그 관계를 결코 쉽게 끊지 않으심을 나타내는 상징이었습니다.

● **두 번째 포인트**

호세아는 음란한 여인 고멜과 결혼하라는 하나님의 말씀에 순종합니다.

호세아 선지자가 북이스라엘 사람들에게 하나님의 말씀을 주로 전한 때는 북이스라엘이 경제적으로 가장 번성했던 예후 왕조의 여로보암 2세 때였습니다.

> "웃시야와 요담과 아하스와 히스기야가 이어 유다 왕이 된 시대 곧 요아스의 아들 여로보암이 이스라엘 왕이 된 시대에 브에리의 아들 호세아에게 임한 여호와의 말씀이라"(호 1:1)

하나님께서 호세아를 통해 본격적으로 하나님의 마음을 전하십니다.

> "여호와께서 처음 호세아에게 말씀하실 때 여호와께서 호세아에게 이르시되 너는 가서 음란한 여자를 맞이하여 음란한 자식들을 낳으라 이 나라가 여호와를 떠나 크게 음란함이니라 하시니 이에 그가 가서 디블라임의 딸 고멜을 맞이하였더니 고멜이 임신하여 아들을 낳으매"(호 1:2~3)

하나님께서는 고멜이 낳은 아이들의 이름을 통해 북이스라엘에 하나님의 메시지를 전하십니다. 고멜이 낳은 세 명의 자녀들은 다음과 같습니다.

첫째는, '이스르엘'이라는 아들입니다.

"여호와께서 호세아에게 이르시되 그의 이름을 이스르엘이라 하라 조금 후에 내가 이스르엘의 피를 예후의 집에 갚으며 이스라엘 족속의 나라를 폐할 것임이니라"(호 1:4)

이는 예후에 의해 아합 가문과 바알 숭배자들을 처단할 때 흘린 피를 의미합니다.

둘째는, '로루하마'라는 딸입니다.

"고멜이 또 임신하여 딸을 낳으매 여호와께서 호세아에게 이르시되 그의 이름을 로루하마라 하라 내가 다시는 이스라엘 족속을 긍휼히 여겨서 용서하지 않을 것임이니라 그러나 내가 유다 족속을 긍휼히 여겨 그들의 하나님 여호와로 구원하겠고 활과 칼이나 전쟁이나 말과 마병으로 구원하지 아니하리라 하시니라"(호 1:6~7)

'로루하마'라는 이름의 의미는 '긍휼히 여김을 받지 못하는 자'입니다. 이는 하나님께서 북이스라엘에 더는 긍휼을 베풀지 않으시겠다는 의미입니다. 그러나 남유다에게는 긍휼을 베풀 것이라고 말씀하십니다.

셋째는, '로암미'라는 아들입니다.

"여호와께서 이르시되 그의 이름을 로암미라 하라 너희는 내 백성이 아니요 나는 너희 하나님이 되지 아니할 것임이니라"(호 1:9)

'로암미'라는 이름의 의미는 '내 백성이 아니다'입니다. 하나님께서 직접 지어주신 세 자녀의 이름에 나타난 의미, 곧 '이스르엘'은 북이스라엘을 향한 징계였고 '로루하마'는 북이스라엘을 향한 심판이었으며 '로암미'는 북이스라엘을 이방인으로 대하신다는 것입니다. 그런데 신실하신 하나님께서는 여기에서 또다시 사랑과 긍휼을 참지 못하시며 이스라엘의 회복을 말씀하십니다.

"그러나 이스라엘 자손의 수가 바닷가의 모래 같이 되어서 헤아릴 수도 없고 셀 수도 없을 것이며 전에 그들에게 이르기를 너희는 내 백성이 아니라 한 그 곳에서 그들에게 이르기를 너희는 살아 계신 하나님의 아들들이라 할 것이라 이에 유다 자손과 이스라엘 자손이 함께 모여 한 우두머리를 세우고 그 땅에서부터 올라오리니 이스르엘의 날이 클 것임이로다"(호 1:10~11)

하나님께서는 아무리 부정한 아내요 부정한 자녀들이라고 해도 어떻게 자녀들을 내 아들이 아니라고 말하며 불쌍히 여기지 않겠느냐고 말씀하십니다. 행여 입술은 그렇게 말한다 하더라도 아버지 된 마음에서는 결코 그렇게 부를 수 없다는 것입니다. 하나님께서는 이러한 마음으로 이스라엘을 끝까지 사랑하신 것입니다. 이것이 〈호세아〉의 전체 주제이자 호세아 선지자가 전 생애를 바치면서까지 전하려 했던 하나님의 말씀입니다.

● **세 번째 포인트**
하나님께서는 북이스라엘이 하나님께로 다시 돌아오기를 간절히 바라며 회개를 촉구하십니다.

호세아 2장에서 하나님께서는 이스라엘에게 회복의 메시지를 주십니다.

"너희 형제에게는 암미라 하고 너희 자매에게는 루하마라 하라"(호 2:1)

이는 하나님께서 북이스라엘에게 '회복의 날'을 위해 주시는 이름이었습니다. 형제에게 주신 이름 '암미'는 '내 백성'이라는 의미이며 자매에게 주신 이름 '루하마'는 '긍휼히 여김을 받는 자'라는 뜻입니다. 하나님께서는 이 회복의 메시지에 이어 고멜로 상징되는 북이스라엘의 죄를 밝히며 회개를 촉구하십니다.

"너희 어머니와 논쟁하고 논쟁하라 그는 내 아내가 아니요 나는 그의 남편이 아니라 그가 그의 얼굴에서 음란을 제하게 하고 그 유방 사이에서 음행을 제하게 하라"(호 2:2)

하나님께서 호세아 선지자를 통해 북이스라엘을 징계하겠다고 경고하신 이유는 다음과 같습니다.

"그가 그 사랑하는 자를 따라갈지라도 미치지 못하며 그들을 찾을지라도 만나지 못할 것이라 그제야 그가 이르기를 내가 본 남편에게로 돌아가리니 그 때의 내 형편이 지금보다 나았음이라 하리라 곡식과 새 포도주와 기름은 내가 그에게 준 것이요 그들이 바알을 위하여 쓴 은과 금도 내가 그에게 더하여 준 것이거늘 그가 알지 못하도다"(호 2:7~8)

여기에서 "내가 본 남편에게로 돌아가리니"의 의미는 북이스라엘이 다시 하나님께로 돌아오기를 바라시는 마음을 뜻합니다. 하나님의 간절한 마음은 〈에스겔〉에서도 동일하게 볼 수 있습니다.

"너는 그들에게 말하라 주 여호와의 말씀이니라 나의 삶을 두고 맹세하노니 나는 악인이 죽는 것을 기뻐하지 아니하고 악인이 그의 길에서 돌이켜 떠나 사는 것을 기뻐하노라 이스라엘 족속아 돌이키고 돌이키라 너희 악한 길에서 떠나라 어찌 죽고자 하느냐 하셨다 하라"(겔 33:11)

또한 하나님께서는 북이스라엘이 끝내 하나님께로 돌아오지 않을 때 그들에게 임할 심판을 말씀하십니다.

첫째, 북이스라엘은 추수 때 수탈을 당할 것입니다.

"그러므로 내가 내 곡식을 그것이 익을 계절에 도로 찾으며 내가 내 새 포도주를 그것이 맛 들 시기에 도로 찾으며 또 그들의 벌거벗은 몸을 가릴 내 양털과 내 삼을 빼앗으리라"(호 2:9)

둘째, 북이스라엘은 수치를 당할 것입니다.

"이제 내가 그 수치를 그 사랑하는 자의 눈 앞에 드러내리니 그를 내 손에서 건져낼 사람이 없으리라"(호 2:10)

셋째, 북이스라엘은 하나님께 제사를 드릴 수 없을 것입니다.

"내가 그의 모든 희락과 절기와 월삭과 안식일과 모든 명절을 폐하겠고"(호 2:11)

넷째, 북이스라엘은 땅이 황폐해질 것입니다.

"그가 전에 이르기를 이것은 나를 사랑하는 자들이 내게 준 값이라 하던 그 포도나무와 무화과나무를 거칠게 하여 수풀이 되게 하며 들짐승들에게 먹게 하리라"(호 2:12)

다섯째, 북이스라엘은 우상숭배를 한 날수대로 징계를 받을 것입니다.

"그가 귀고리와 패물로 장식하고 그가 사랑하는 자를 따라가서 나를 잊어버리고 향을 살라 바알들을 섬긴 시일대로 내가 그에게 벌을 주리라 여호와의 말씀이니라"(호 2:13)

하나님께서는 이렇게 징계를 말씀하시면서 그들이 하나님을 떠나 우상을 섬기며 음란하게 산 것을 회개하고 다시 하나님께로 돌아오기를 기다리십니다. 그 이유는 이스라엘을 버리지 못하시는 하나님의 끝없는 사랑과 긍휼 때문입니다.

● 네 번째 포인트

배신한 아내를 위해 값을 지불하고 다시 아내를 찾아온 호세아의 타는 가슴은 하나님의 마음 표현입니다.

하나님께서는 호세아에게 다른 남자를 따라 나가서 살고 있는 고멜을 다시 데려오라고 말씀하십니다. 그래서 호세아는 고멜과 살고 있는 사내에게 값을 지불하고 고멜을 데려옵니다. 호세아는 그러한 고멜에게 하나님의 말씀대로 다시 사랑의 약속을 합니다.

"내가 은 열다섯 개와 보리 한 호멜 반으로 나를 위하여 그를 사고 그에게 이르기를 너는 많은 날 동안 나와 함께 지내고 음행하지 말며 다른 남자를 따르지 말라 나도 네게 그리하리라 하였노라"(호 3:2~3)

호세아가 고멜을 다시 찾아오기 위해 지불해야 했던 은 열다섯 개는 15세겔이고 보리 한 호멜 반은 15에바로 15세겔입니다. 호세아가 고멜을 위해 지불한 30세겔은 종 한 사람의 몸값이었습니다.

"소가 만일 남종이나 여종을 받으면 소 임자가 은 삼십 세겔을 그의 상전에게 줄 것이요 소는 돌로 쳐서 죽일지니라"(출 21:32)

한편, 호세아가 지불한 은 30세겔은 가룟 유다가 예수님을 팔고 받은 '은 30'을 연상하게 합니다.

"내가 예수를 너희에게 넘겨 주리니 얼마나 주려느냐 하니 그들이 은 삼십을 달아 주거늘"(마 26:15)

● **다섯 번째 포인트**

북이스라엘을 향한 호세아 선지자의 아홉 편의 설교가 선포됩니다.

호세아 선지자는 값을 지불하고 고멜을 다시 찾아온 후 북이스라엘 사람들을 향해 아홉 편의 설교를 선포합니다. 호세아의 설교는 북이스라엘의 죄를 드러내며 책망하고, 회개를 촉구하며, 하나님의 심판과 회복을 예언하는 내용입니다.

호세아가 외친 아홉 편의 설교는 다음과 같습니다.

첫째, 북이스라엘의 죄를 지적하는 설교입니다.

"이스라엘 자손들아 여호와의 말씀을 들으라 여호와께서 이 땅 주민과 논쟁하시나니 이 땅에는 진실도 없고 인애도 없고 하나님을 아는 지식도 없고 오직 저주와 속임과 살인과 도둑질과 간음뿐이요 포악하여 피

가 피를 뒤이음이라"(호 4:1~2)

둘째, 북이스라엘을 향한 하나님의 심판을 알리는 설교입니다.

"그러므로 이 땅이 슬퍼하며 거기 사는 자와 들짐승과 공중에 나는 새가 다 쇠잔할 것이요 바다의 고기도 없어지리라"(호 4:3)

이는 북이스라엘이 누리는 삶의 터전이 완전히 무너짐을 예언한 것입니다.

셋째, 북이스라엘이 타락한 궁극적 원인이 제사장들의 죄에 있다는 설교입니다.

"내 백성이 지식이 없으므로 망하는도다 네가 지식을 버렸으니 나도 너를 버려 내 제사장이 되지 못하게 할 것이요 네가 네 하나님의 율법을 잊었으니 나도 네 자녀들을 잊어버리리라"(호 4:6)

선지자와 제사장들이 해야 할 일은 이스라엘 백성들에게 모세를 통해 주신 하나님의 모든 제사장 나라 규례를 가르치는 것입니다. 그런데 북이스라엘 제사장들은 직무를 유기했고, 이로 인해 백성들은 하나님을 아는 지식이 없어 결국 북이스라엘이 망하게 되는 것입니다.

넷째, 북이스라엘의 제사장을 비롯한 백성들에게 임할 하나님의 심판을 예언하는 설교입니다.

"그들이 먹어도 배부르지 아니하며 음행하여도 수효가 늘지 못하니 이는 여호와를 버리고 따르지 아니하였음이니라"(호 4:10)

하나님께서는 이 심판의 말씀을 이미 〈레위기〉에서 말씀하셨습니다.

"내가 너희가 의뢰하는 양식을 끊을 때에 열 여인이 한 화덕에서 너희 떡을 구워 저울에 달아 주리니 너희가 먹어도 배부르지 아니하리라"(레 26:26)

다섯째, 북이스라엘 백성들의 우상숭배를 책망하는 설교입니다.

"내 백성이 나무에게 묻고 그 막대기는 그들에게 고하나니 이는 그들이 음란한 마음에 미혹되어 하나님을 버리고 음행하였음이니라"(호 4:12)

여섯째, 북이스라엘처럼 남유다가 범죄하지 않기를 원한다는 설교입니다.

"이스라엘아 너는 음행하여도 유다는 죄를 범하지 못하게 할 것이라 너희는 길갈로 가지 말며 벧아웬으로 올라가지 말며 여호와의 사심을 두고 맹세하지 말지어다"(호 4:15)

'벧아웬'은 호세아 선지자가 아브라함 이후로 이스라엘 신앙의 중심지였던 '하나님의 집'인 '벧엘'을 '죄의 집'인 '벧아웬'으로

부른 것으로 '벧엘'을 멸시하는 표현의 말입니다.

벧엘은 야곱과 여로보암 때 대조적입니다. 야곱에게 벧엘은 하나님께서 만나주신 곳입니다.

"나는 벧엘의 하나님이라 네가 거기서 기둥에 기름을 붓고 거기서 내게 서원하였으니 지금 일어나 이 곳을 떠나서 네 출생지로 돌아가라 하셨느니라"(창 31:13)

그러나 여로보암 때 벧엘은 여로보암이 하나님의 명령을 어긴 상징적인 곳이 되었습니다.

"이에 계획하고 두 금송아지를 만들고 무리에게 말하기를 너희가 다시는 예루살렘에 올라갈 것이 없도다 이스라엘아 이는 너희를 애굽 땅에서 인도하여 올린 너희의 신들이라 하고 하나는 벧엘에 두고 하나는 단에 둔지라"(왕상 12:28~29)

한편, 호세아는 남유다를 향해서 북이스라엘을 본받지 말라고 호소합니다. 즉 남유다를 향해서 길갈로 가지 말라는 것입니다. '길갈'은 만나세대들이 요단강을 건넌 후 처음 진을 치고 할례를 행하고 유월절을 지킨 곳이었지만, 북이스라엘 사람들이 길갈을 극심한 우상숭배지로 만들었기 때문에 호세아는 모든 악이 길갈에 있다고 강조합니다.

"그들의 모든 악이 길갈에 있으므로 내가 거기에서 그들을 미워하였노라 그들의 행위가 악하므로 내 집에서 그들을 쫓아내고 다시는 사랑하지 아니하리라 그들의 지도자들은 다 반역한 자니라"(호 9:15)

디저트 DESSERT

하나님께서는 북이스라엘이 죄에서 돌이켜 하나님을 다시 찾고 경외하기를 바라십니다. 그러한 기대로 호세아 선지자를 보내시며 또 기다리고 계십니다.

영원한 풍요와 쾌락으로 인도해줄 것만 같은 우상은 오히려 우리의 삶을 피폐하게 만들며 우리의 영혼을 삼켜버립니다. 우리는 어떠한 우상숭배로도 참 행복을 절대 찾을 수 없습니다.

어제나 오늘이나 영원한 행복과 구원의 길은 우리를 끝까지 사랑하시며 긍휼을 베푸시는 오직 하나님께로 돌아가는 길밖에 없습니다.

172일

호세아의 선언 (호 5~9장)

애피타이저 APPETIZER

우상을 숭배하며 하나님께 형식적인 제사를 드리는 북이스라엘 백성들을 향해 하나님께서는 제사보다 인애를 더 원한다고 말씀하십니다. 하나님께서 아모스와 호세아 선지자를 통해 북이스라엘에 말씀하시는 심판 예언은 이유 없는 저주가 아니라 하나님을 아는 지식이 없음에 대한 징계였습니다.

하나님의 경고에도 불구하고 북이스라엘의 지도층들은 여전히 자신들의 기득권을 유지하는 일에만 급급합니다. 그런데 그들이 진정으로 뉘우치고 하나님의 얼굴을 구하면 하나님께서는 자비와 긍휼로 다시 용서하시고 받아주겠다고 말씀하십니다. 이것은 마치 호세아 선지자가 고멜의 음행에도 불구하고 또다시 고멜을 아내로 맞이하는 것과 같습니다.

《일년일독 통독성경》 호세아 5~9장

통通으로 숲이야기 ; 통숲 TONG OBSERVATION

● **첫 번째 포인트**

호세아는 북이스라엘의 제사장들과 왕족들, 그리고 백성들에게 하나님에 대한 지식이 없어 망하는 것이라고 외칩니다.

호세아 선지자는 계속되는 설교를 통해 북이스라엘이 멸망하게 되는 원인은 그들에게 하나님에 대한 지식이 없기 때문이라고 지적합니다(호 4:1).

"제사장들아 이를 들으라 이스라엘 족속들아 깨달으라 왕족들아 귀를 기울이라 너희에게 심판이 있나니 너희가 미스바에 대하여 올무가 되며 다볼 위에 친 그물이 됨이라"(호 5:1)

호세아 선지자는 북이스라엘의 제사장들과 왕족들에게 하나님의 말씀을 "들으라, 깨달으라, 귀를 기울이라"라고 외칩니다. 그러면서 북이스라엘의 지도자들이 하나님에 대한 지식이 없으므로 미스바의 올무와 다볼 위에 친 그물이 되어 끊임없이 죄를 지어왔다고 지적합니다.

"그들의 행위가 그들로 자기 하나님에게 돌아가지 못하게 하나니 이는 음란한 마음이 그 속에 있어 여호와를 알지 못하는 까닭이라"(호 5:4)

북이스라엘 타락의 시작은 제사장들과 왕족들 등 북이스라엘의 지도층이었습니다. 그들은 북이스라엘을 음행의 길, 더러움의 길로 인도하고 이끌었습니다. 이러한 죄악의 길은 한 세대, 두 세대가 흘러도 달라질 줄 몰랐고 여전히 음란한 마음을 버리지 못했습니다.

그래서 호세아는 말합니다. 그 음란한 마음이 하나님께로 가는 길을 막았다고 말입니다. 음행에 중독된 고멜이 호세아의 곁을 떠나 돌아오지 않듯 북이스라엘도 음행에 중독되어 하나님께로 돌아오지 않고 있는 것입니다. 이제는 우상을 섬기는 일에 가속이 붙어 그것이 죄악인지조차 분별할 수 없게 되었다는 것입니다. 이것이 북이스라엘의 현주소였습니다.

그러므로 호세아 선지자의 이어지는 설교는 북이스라엘이

그들의 교만으로 망하게 될 것이며 죄악된 북이스라엘을 따르는 남유다 또한 멸망할 것이라는 예언의 말씀입니다.

"이스라엘의 교만이 그 얼굴에 드러났나니 그 죄악으로 말미암아 이스라엘과 에브라임이 넘어지고 유다도 그들과 함께 넘어지리라 그들이 양 떼와 소 떼를 끌고 여호와를 찾으러 갈지라도 만나지 못할 것은 이미 그들에게서 떠나셨음이라"(호 5:5~6)

사실 북이스라엘이 이렇게 교만하게 된 주된 원인은 여로보암 2세 때의 막강한 부 때문이었습니다. 호세아는 북이스라엘에게 회개의 때를 놓쳐 하나님께서 그들을 떠나시면 그때는 어떤 제사도 필요 없게 된다고 경고합니다.

"여호와께서 말씀하시되 너희의 무수한 제물이 내게 무엇이 유익하뇨 나는 숫양의 번제와 살진 짐승의 기름에 배불렀고 나는 수송아지나 어린 양이나 숫염소의 피를 기뻐하지 아니하노라 너희가 내 앞에 보이러 오니 이것을 누가 너희에게 요구하였느냐 내 마당만 밟을 뿐이니라"(사 1:11~12)

한편, 호세아 선지자의 남유다를 향한 경고는 다음과 같습니다.

"너희가 기브아에서 뿔나팔을 불며 라마에서 나팔을 불며 벧아웬에서 외치기를 베냐민아 네 뒤를 쫓는다 할지어다 "(호 5:8)

호세아 선지자는 하나님의 율법을 어기며 북이스라엘의 길로 가고 있는 기브아, 라마, 벧아웬과 같은 도시 이름들을 언급합니다. 이 도시들은 모두 남유다 베냐민 지파의 성읍들로서 이는 남유다를 향한 경고의 메시지였습니다.

"유다 지도자들은 경계표를 옮기는 자 같으니 내가 나의 진노를 그들에게 물 같이 부으리라"(호 5:10)

이제 호세아 선지자는 북이스라엘과 남유다를 향한 심판이 시작될 것이라고 경고합니다.

"그러므로 내가 에브라임에게는 좀 같으며 유다 족속에게는 썩이는 것 같도다"(호 5:12)

하나님께서는 '좀'으로, '썩어지는 것'으로 북이스라엘과 남유다에게 들어가 그들의 아프고 어려운 상태를 더 악화시켜 멸망으로 이끌 것임을 선언하신 것입니다.

그동안 북이스라엘과 남유다가 어려움을 해결하기 위해 하나님을 의지하지 않고 앗수르와 애굽 등 이방 나라를 의지하지만, 결국 하나님의 심판으로 멸망할 것이며 죄를 뉘우친 후에회복될 것임을 말씀하십니다. 이는 북이스라엘의 멸망과 남유다의 멸망, 바벨론 포로 생활, 그리고 바벨론 포로 귀환까지 모두 묶어서 말씀하신 것입니다.

● 두 번째 포인트

호세아는 "우리가 여호와를 힘써 알자"라고 호소합니다.

하나님께서는 호세아 선지자를 통해 북이스라엘과 남유다가 그들의 죄로 인해 반드시 멸망할 것임을 선언하셨음에도 불구하고 또다시 사랑과 긍휼로 이스라엘이 회복될 것을 말씀하십니다.

"오라 우리가 여호와께로 돌아가자 여호와께서 우리를 찢으셨으나 도로 낫게 하실 것이요 우리를 치셨으나 싸매어 주실 것임이라"(호 6:1)

"그러므로 우리가 여호와를 알자 힘써 여호와를 알자 그의 나타나심은 새벽 빛 같이 어김없나니 비와 같이, 땅을 적시는 늦은 비와 같이 우리에게 임하시리라 하니라"(호 6:3)

아모스와 호세아를 비롯한 모든 선지서의 주제는 '우리가 여호와께로 돌아가자', '여호와를 힘써 알자'는 것입니다. 호세아 선지자도 처음부터 하나님의 깊은 마음을 다 알지는 못했을 것입니다. 그러나 하나님의 명령에 순종하여 음란한 여인 고멜과 결혼을 하고 그를 사랑하게 되면서부터 북이스라엘을 향한 하나님의 깊은 사랑을 더욱 깨닫게 된 것입니다.

하나님께로 돌아오는 것, 이것이 당시 북이스라엘을 향한 하나님의 바람이요, 또한 오늘 우리 시대를 바라보시는 하나님의 동일한 바람입니다.

호세아 선지자의 설교는 북이스라엘을 향한 하나님의 심판 메시지로 계속 이어집니다. 먼저 하나님께서는 북이스라엘과 남유다의 인애 없음을 책망하십니다.

"에브라임아 내가 네게 어떻게 하랴 유다야 내가 네게 어떻게 하랴 너희의 인애가 아침 구름이나 쉬 없어지는 이슬 같도다"(호 6:4)

제사장 나라 이스라엘에 기대하시는 하나님의 마음은 '인애'이며 '하나님을 아는 것'입니다.

"나는 인애를 원하고 제사를 원하지 아니하며 번제보다 하나님을 아는 것을 원하노라"(호 6:6)

그리고 하나님께서는 인애를 잃어버린 북이스라엘의 현장을 지적하십니다.

"길르앗은 악을 행하는 자의 고을이라 피 발자국으로 가득 찼도다 강도 떼가 사람을 기다림 같이 제사장의 무리가 세겜 길에서 살인하니 그들이 사악을 행하였느니라"(호 6:8~9)

길르앗(길르앗 라못)과 세겜은 도피성이 있는 곳인데 도리어 살인과 사악한 장소로 변했습니다. 그리고 제사장들은 인애를 베풀어야 할 하나님의 사람인데 그들이 살인자가 되어버렸다는 것입니다.

● 세 번째 포인트

호세아는 북이스라엘의 내부적 타락과 외부적 타락을 지적합니다.

호세아 선지자는 계속되는 설교를 통해 북이스라엘의 내부적 타락을 지적합니다. 먼저 북이스라엘의 '내부적 타락'은 하나님께서 북이스라엘을 치료하려 하실 때 드러났다고 말합니다.

"내가 이스라엘을 치료하려 할 때에 에브라임의 죄와 사마리아의 악이 드러나도다 그들은 거짓을 행하며 안으로 들어가 도둑질하고 밖으로 떼 지어 노략질하며"(호 7:1)

북이스라엘의 내부는 거짓을 행하고, 도둑질하고, 노략질하며, 뇌물을 주며 아첨하는 자들로 가득했습니다. 한마디로 당시 북이스라엘의 형편은 무법천지였습니다. 북이스라엘 백성들의 상태는 더러운 마음으로 달궈진 화덕이 되어 언제든 마음의 죄를 행동으로 옮길 준비가 되어 있었습니다.

"그들은 다 간음하는 자라 과자 만드는 자에 의해 달궈진 화덕과 같도다 그가 반죽을 뭉침으로 발효되기까지만 불 일으키기를 그칠 뿐이니라"(호 7:4)

"그들이 다 화덕 같이 뜨거워져서 그 재판장들을 삼키며 그들의 왕들을 다 엎드러지게 하며 그들 중에는 내게 부르짖는 자가 하나도 없도

다"(호 7:7)

"그들이 그 악으로 왕을, 그 거짓말로 지도자들을 기쁘게 하도다"(호 7:3)

북이스라엘의 내부를 깊숙하게 들여다보면 왕의 주변에 있는 자들이 자신들의 야망을 불태우기 위해 반역을 계책하는 자들로 가득 차 있습니다. 그들은 수많은 악행과 거짓말로 지도자들의 눈을 속였습니다. 결국 북이스라엘 내부는 쿠데타가 끊이지 않았습니다. 이어 하나님께서는 호세아 선지자를 통해 북이스라엘의 '외부적 타락'을 지적하십니다.

"에브라임이 여러 민족 가운데에 혼합되니 그는 곧 뒤집지 않은 전병이로다 이방인들이 그의 힘을 삼켰으나 알지 못하고 백발이 무성할지라도 알지 못하는도다"(호 7:8~9)

여기에서 "뒤집지 않은 전병"이란 한쪽이 불에 타든지 말든지 관심이 없다는 것입니다. 그리고 "백발이 무성할지라도 알지 못하는도다"라는 말은 북이스라엘의 수명이 다해가는데도 끝내 제사장 나라의 소명을 망각하고 있다는 뜻입니다. 북이스라엘의 이러한 외부적 타락은 더 큰 어려움을 당해도 하나님께 돌아가지 않음을 의미합니다.

"이스라엘의 교만은 그 얼굴에 드러났나니 그들이 이 모든 일을 당하여도 그들의 하나님 여호와께로 돌아오지 아니하며 구하지 아니하도다 에브라임은 어리석은 비둘기 같이 지혜가 없어서 애굽을 향하여 부르짖으며 앗수르로 가는도다"(호 7:10~11)

북이스라엘은 여전히 하나님을 의지하지 않고 주변 강대국들을 의지하고 있습니다. 북이스라엘은 하나님 대신 친앗수르 정책을 펼쳤습니다.

"앗수르 왕 불이 와서 그 땅을 치려 하매 므나헴이 은 천 달란트를 불에게 주어서 그로 자기를 도와 주게 함으로 나라를 자기 손에 굳게 세우고자 하여"(왕하 15:19)

그리고 북이스라엘은 친애굽 정책을 펼쳤습니다.

"그가 애굽의 왕 소에게 사자들을 보내고 해마다 하던 대로 앗수르 왕에게 조공을 드리지 아니하매"(왕하 17:4)

결국 북이스라엘은 하나님의 심판을 벗어나지 못하게 됩니다.

"화 있을진저 그들이 나를 떠나 그릇 갔음이니라 패망할진저 그들이 내게 범죄하였음이니라 내가 그들을 건져 주려 하나 그들이 나를 거슬러 거짓을 말하고 성심으로 나를 부르지 아니하였으며 오직 침상에서 슬피 부르짖으며 곡식과 새 포도주로 말미암아 모이며 나를 거역하는도다"(호 7:13~14)

"그들은 돌아오나 높으신 자에게로 돌아오지 아니하니 속이는 활과 같으며 그들의 지도자들은 그 혀의 거친 말로 말미암아 칼에 엎드러지리니 이것이 애굽 땅에서 조롱거리가 되리라"(호 7:16)

북이스라엘은 끝내 하나님께로 돌아오지 않음으로 결국 그들이 의지했던 강대국 앗수르 제국에 의해 멸망하게 됩니다.

"그가 애굽의 왕 소에게 사자들을 보내고 해마다 하던 대로 앗수르 왕에게 조공을 드리지 아니하매 앗수르 왕이 호세아가 배반함을 보고 그를 옥에 감금하여 두고 앗수르 왕이 올라와 그 온 땅에 두루다니고 사마리아로 올라와 그 곳을 삼 년간 에워쌌더라"(왕하 17:4~5)

● **네 번째 포인트**

호세아는 '여로보암의 길'로 200년을 달려온 북이스라엘에게 앞으로 강대국을 의지해도, 어떤 제사를 드려도 소용없다고 선언합니다.

마침내 북이스라엘의 멸망이 선포됩니다.

"나팔을 네 입에 댈지어다 원수가 독수리처럼 여호와의 집에 덮치리니 이는 그들이 내 언약을 어기며 내 율법을 범함이로다"(호 8:1)

이는 북이스라엘이 〈신명기〉의 말씀대로 심판된다는 것입니다.

"곧 여호와께서 멀리 땅 끝에서 한 민족을 독수리가 날아오는 것 같이

너를 치러 오게 하시리니 이는 네가 그 언어를 알지 못하는 민족이요" (신 28:49)

하나님의 심판 도구인 '독수리'는 앗수르 제국을 의미합니다. 하나님께서는 북이스라엘이 하나님의 심판을 면치 못한 것은 지난 200년 동안 금송아지 우상을 숭배한 '여로보암의 길' 때문이라고 말씀하십니다.

"그들이 왕들을 세웠으나 내게서 난 것이 아니며 그들이 지도자들을 세웠으나 내가 모르는 바이며 그들이 또 그 은, 금으로 자기를 위하여 우상을 만들었나니 결국은 파괴되고 말리라"(호 8:4)

따라서 북이스라엘에 대한 하나님의 심판이 이미 시작되었으므로 더는 강대국에 의존해도 소용없다고 말씀하십니다.

"그들이 여러 나라에게 값을 주었을지라도 이제 내가 그들을 모으리니 그들은 지도자의 임금이 지워 준 짐으로 말미암아 쇠하기 시작하리라" (호 8:10)

그리고 이제 시작된 심판으로 인해 북이스라엘은 어떤 제사를 드려도 소용없다고 말씀하십니다.

"그들이 내게 고기를 제물로 드리고 먹을지라도 여호와는 그것을 기뻐하지 아니하고 이제 그들의 죄악을 기억하여 그 죄를 벌하리니 그들은 애굽으로 다시 가리라"(호 8:13)

북이스라엘은 지금껏 하나님이 정하신 제사를 드리지 않고 헛된 제사만 드려왔습니다. 이러한 죄악을 하나님께서는 이사야 선지자를 통해 더 극렬히 지적하십니다.

"헛된 제물을 다시 가져오지 말라 분향은 내가 가증히 여기는 바요 월삭과 안식일과 대회로 모이는 것도 그러하니 성회와 아울러 악을 행하는 것을 내가 견디지 못하겠노라"(사 1:13)

그리고 하나님께서는 이미 언급하셨던 대로 북이스라엘에 이어 남유다도 멸망할 것이라고 다시 말씀하십니다.

"이스라엘은 자기를 지으신 이를 잊어버리고 왕궁들을 세웠으며 유다는 견고한 성읍을 많이 쌓았으나 내가 그 성읍들에 불을 보내어 그 성들을 삼키게 하리라"(호 8:14)

이는 과거 이스라엘이 에발산에서 하나님께 맹세한 대로 받는 처벌이었습니다.

"이 율법의 말씀을 실행하지 아니하는 자는 저주를 받을 것이라 할 것이요 모든 백성은 아멘 할지니라"(신 27:26)

● **다섯 번째 포인트**

호세아는 이제 북이스라엘이 제사장 나라 법에 따라 레위기의 3단계 처벌인 '포로 징계'를 받을 것이라고 선언합니다.

하나님께서는 호세아 선지자를 통해 하나님께서 주신 복에 대한 감사를 하나님이 아닌 우상들에게 돌린 것에 대해 책망하십니다.

"곡식과 새 포도주와 기름은 내가 그에게 준 것이요 그들이 바알을 위하여 쓴 은과 금도 내가 그에게 더하여 준 것이거늘 그가 알지 못하도다"(호 2:8)

"이스라엘아 너는 이방 사람처럼 기뻐 뛰놀지 말라 네가 음행하여 네 하나님을 떠나고 각 타작 마당에서 음행의 값을 좋아하였느니라"(호 9:1)

이제 하나님께서는 호세아 선지자를 통해 이들이 받을 '수탈과 포로'라는 징계에 대해 말씀하십니다.

"타작 마당이나 술틀이 그들을 기르지 못할 것이며 새 포도주도 떨어질 것이요 그들은 여호와의 땅에 거주하지 못하며 에브라임은 애굽으로 다시 가고 앗수르에서 더러운 것을 먹을 것이니라"(호 9:2~3)

이어서 하나님께서는 북이스라엘에 심판의 날이 다가오는데도 백성들에게 하나님의 말씀을 선포하지 않은 선지자들을 책망하십니다.

"형벌의 날이 이르렀고 보응의 날이 온 것을 이스라엘이 알지라 선지자가 어리석었고 신에 감동하는 자가 미쳤나니 이는 네 죄악이 많고 네

원한이 큼이니라"(호 9:7)

그리고 하나님께서는 이 시점에서 우상숭배의 죄를 재차 지적하십니다.

"옛적에 내가 이스라엘을 만나기를 광야에서 포도를 만남 같이 하였으며 너희 조상들을 보기를 무화과나무에서 처음 맺힌 첫 열매를 봄 같이 하였거늘 그들이 바알브올에 가서 부끄러운 우상에게 몸을 드림으로 저희가 사랑하는 우상 같이 가증하여졌도다"(호 9:10)

이는 하나님의 극진한 사랑에도 불구하고 하나님을 배반한 북이스라엘에 대한 서운한 마음일 것입니다. 결국 하나님께서는 호세아 선지자를 통해 북이스라엘이 멸망하고 포로가 될 것을 선포하십니다.

"에브라임은 매를 맞아 그 뿌리가 말라 열매를 맺지 못하나니 비록 아이를 낳을지라도 내가 그 사랑하는 태의 열매를 죽이리라 그들이 듣지 아니하므로 내 하나님이 그들을 버리시리니 그들이 여러 나라 가운데에 떠도는 자가 되리라"(호 9:16~17)

북이스라엘이 받게 되는 하나님의 처벌은 〈레위기〉에서 이미 언급된 '세 번째 단계인 포로 징계'입니다.

"내가 너희를 여러 민족 중에 흩을 것이요 내가 칼을 빼어 너희를 따르게 하리니 너희의 땅이 황무하며 너희의 성읍이 황폐하리라"(레 26:33)

“여호와께서 너를 땅 이 끝에서 저 끝까지 만민 중에 흩으시리니 네가 그 곳에서 너와 네 조상들이 알지 못하던 목석 우상을 섬길 것이라”(신 28:64)

디저트 DESSERT

하나님께서 바라시는 것은 눈에 보이는 제사나 그 무엇이 아니었습니다. 이스라엘을 애굽에서 구원해내실 때부터 하나님께서 이스라엘에게 일관되게 요구하신 것은 하나님을 신실하게 사랑하고 경외하는 것뿐이었습니다. 지금 북이스라엘의 심판은 그들이 하나님을 사랑하지 않고 하나님을 멀리 떠났기 때문입니다.

호세아의 마지막 호소가 있고 난 후 얼마 지나지 않아 북이스라엘은 철저하게 망합니다. 앗수르가 내려와서 북이스라엘의 수도 사마리아의 모든 것을 무너뜨리고 사람들을 사방으로 강제 이주시켰기 때문입니다. 호세아 선지자를 통한 하나님의 메시지는 분명했습니다

“우리가 여호와께로 돌아가자”(호 6:1)

“힘써 여호와를 알자”(호 6:3)

173일

불붙는 긍휼, 십자가 예고 (호 10~14장)

애피타이저 APPETIZER

호세아 선지자는 북이스라엘이 하나님께 처벌을 받는 이유에 대해 "그들이 두 마음을 품었으니"(호 10:2)라고 말합니다. 북이스라엘은 이제 하나님을 두려워하지도 않으며 하나님을 왕으로 인정하지도 않습니다. 이러한 북이스라엘에게 하나님께서는 "사마리아 왕은 물 위에 있는 거품 같이 멸망할 것"(호 10:7)이라고 선포하십니다. 그러나 북이스라엘의 이러한 패역함에도 불구하고 하나님께서는 북이스라엘에게 다시 꽃처럼 피게 될 것이라는 희망을 갖게 하십니다. 결국 하나님의 본심이 사랑이시고 긍휼이 끝이 없는 분이심을 〈호세아〉를 통해 알게 됩니다.

성경통독 BIBLETONGDOK

《일년일독 통독성경》 호세아 10~14장

통通으로 숲이야기 ; 통숲 TONG OBSERVATION

● 첫 번째 포인트

제사장 나라 이스라엘을 향한 하나님의 사랑은 언제나 한결같았으나, 안타깝게도 북이스라엘은 두 마음을 품었습니다.

하나님께서는 호세아 선지자를 통해 북이스라엘이 두 마음을 품었음에 대해 책망하십니다.

"그들이 두 마음을 품었으니 이제 벌을 받을 것이라 하나님이 그 제단을 쳐서 깨뜨리시며 그 주상을 허시리라"(호 10:2)

북이스라엘이 두 마음을 품기 시작한 것은 이스라엘이 한 민족 두 국가로 나뉘면서 북이스라엘의 여로보암 왕이 단과 벧엘에 금송아지 우상을 세웠을 때부터였습니다.

"사마리아 주민이 벧아웬의 송아지로 말미암아 두려워할 것이라 그 백

성이 슬퍼하며 그것을 기뻐하던 제사장들도 슬퍼하리니 이는 그의 영광이 떠나감이며"(호 10:5)

하나님께서는 호세아 선지자를 통해 당시의 상황과 기브아 시대를 비교해서 말씀하십니다.

"이스라엘아 네가 기브아 시대로부터 범죄하더니 지금까지 죄를 짓는구나 그러니 범죄한 자손들에 대한 전쟁이 어찌 기브아에서 일어나지 않겠느냐"(호 10:9)

하나님께서 말씀하신 기브아 시대는 사사 시대에 기브아에서 일어났던 사건으로 열두 지파 가운데 베냐민 지파가 사라질 뻔했던 바로 그때를 말씀하신 것입니다.

"그런즉 이제 기브아 사람들 곧 그 불량배들을 우리에게 넘겨 주어서 우리가 그들을 죽여 이스라엘 중에서 악을 제거하여 버리게 하라 하나 베냐민 자손이 그들의 형제 이스라엘 자손의 말을 듣지 아니하고 도리어 성읍들로부터 기브아에 모이고 나가서 이스라엘 자손과 싸우고자 하니라"(삿 20:13~14)

"백성이 벧엘에 이르러 거기서 저녁까지 하나님 앞에 앉아서 큰 소리로 울며 이르되 이스라엘의 하나님 여호와여 어찌하여 이스라엘에 이런 일이 생겨서 오늘 이스라엘 중에 한 지파가 없어지게 하시나이까 하더니"(삿 21:2~3)

하나님께서는 사사 시대의 기브아 사건을 언급하시며 북이스라엘이 흔적도 없이 사라지기 전에 마지막으로 다시 한번 그들에게 회개할 기회를 주십니다.

"너희가 자기를 위하여 공의를 심고 인애를 거두라 너희 묵은 땅을 기경하라 지금이 곧 여호와를 찾을 때니 마침내 여호와께서 오사 공의를 비처럼 너희에게 내리시리라"(호 10:12)

하나님께서 회개의 기회를 주실 때가 하나님께 돌아갈 수 있는 마지막 기회입니다. 그 기회까지도 놓치면 하나님의 심판은 피할 길이 없습니다.

"이르시되 내가 은혜 베풀 때에 너에게 듣고 구원의 날에 너를 도왔다 하셨으니 보라 지금은 은혜 받을 만한 때요 보라 지금은 구원의 날이로다"(고후 6:2)

하나님의 공의는 계속되는 북이스라엘의 죄악에 대한 심판으로 이어집니다. 하나님을 떠난 제단과 쾌락과 풍요로움은 이제 곧 가시와 찔레로 변할 것입니다. 하나님께서는 우상 앞에 엎드려 있는 북이스라엘을 향해 다시 하나님께 돌아오라고 말씀하십니다.

하나님께서는 호세아 선지자를 통해 지금이 여호와를 찾을 때요, 묵은 땅을 갈아엎어야 할 때라고 말씀하십니다. 출구를 찾을 수 없을 만큼 너무 깊은 어둠 속에 빠져들고 말았던 북이스라엘, 그 흉악했던 기브아 때의 일들이 지금 자연스러운 일이 되어버린 그들에게는 이제 정말 대수술이 필요하게 된 것입니다.

"너희의 큰 악으로 말미암아 벧엘이 이같이 너희에게 행하리니 이스라엘 왕이 새벽에 정녕 망하리로다"(호 10:15)

● **두 번째 포인트**

북이스라엘을 향한 하나님의 끝없는 사랑의 줄은 결국 하나님의 긍휼의 집대성인 십자가 예고로 꽃을 피웁니다.

하나님께서는 호세아 선지자를 통해 북이스라엘을 향한 하나님의 사랑이 그동안 어떠했는지 말씀하십니다.

"이스라엘이 어렸을 때에 내가 사랑하여 내 아들을 애굽에서 불러냈거늘 선지자들이 그들을 부를수록 그들은 점점 멀리하고 바알들에게 제사하며 아로새긴 우상 앞에서 분향하였느니라 그러나 내가 에브라임에게 걸음을 가르치고 내 팔로 안았음에도 내가 그들을 고치는 줄을 그들은 알지 못하였도다 내가 사람의 줄 곧 사랑의 줄로 그들을 이끌었고 그들에게 대하여 그 목에서 멍에를 벗기는 자 같이 되었으며 그들 앞에 먹을 것을 두었노라"(호 11:1~4)

하나님께서는 북이스라엘에게 과거 출애굽 때부터 그들을 어떻게 돌보고 사랑해왔는지 그 역사를 상기시키십니다.

"네 마음이 교만하여 네 하나님 여호와를 잊어버릴까 염려하노라 여호와는 너를 애굽 땅 종 되었던 집에서 이끌어 내시고"(신 8:14)

이 말씀은 이후 예수님이 탄생하시고 요셉과 마리아가 헤롯을 피해 애굽으로 갈 때 다시 인용됩니다.

"헤롯이 죽기까지 거기 있었으니 이는 주께서 선지자를 통하여 말씀하신 바 애굽으로부터 내 아들을 불렀다 함을 이루려 하심이라"(마 2:15)

걸음마를 가르쳐주시고 넘어지면 일으켜주시고 안아주셨던 하나님을 경험하고도 북이스라엘은 끝내 그 사랑을 깨닫지 못합니다. 하나님께서는 아버지의 사랑을 배반한 북이스라엘이 앗수르로 끌려가는 징계를 받을 것이라고 말씀하십니다.

"그들은 애굽 땅으로 되돌아 가지 못하겠거늘 내게 돌아 오기를 싫어하니 앗수르 사람이 그 임금이 될 것이라"(호 11:5)

하나님께서는 이렇게 북이스라엘에게 확고한 처벌을 선언하시면서도 인간의 생각으로는 도저히 가늠이 불가능한 하나님의 사랑과 긍휼을 드러내십니다.

"에브라임이여 내가 어찌 너를 놓겠느냐 이스라엘이여 내가 어찌 너를 버리겠느냐 내가 어찌 너를 아드마 같이 놓겠느냐 어찌 너를 스보임 같

이 두겠느냐 내 마음이 내 속에서 돌이키어 나의 긍휼이 온전히 불붙듯 하도다"(호 11:8)

이렇게 북이스라엘의 끝 지점에서 하나님의 사랑은 더욱 명료하게 드러납니다. 북이스라엘을 '내놓으시면서' 동시에 '놓지 못하시는' 하나님입니다. 하나님의 그 사랑은 예수 그리스도를 보내심으로, 그리고 예수 그리스도의 십자가로 나타나게 될 것입니다. "나의 긍휼이 온전히 불붙듯 하도다"는 다시 '나의 백성'으로 삼고자 하시는 하나님의 뜨거운 마음입니다.

"그들은 애굽에서부터 새 같이, 앗수르에서부터 비둘기 같이 떨며 오리니 내가 그들을 그들의 집에 머물게 하리라 나 여호와의 말이니라"(호 11:11)

북이스라엘은 그들의 죄에 대한 처벌로 앗수르의 포로가 되겠지만 하나님께서는 과거 그들의 조상들을 애굽에서 건져 올렸던 것처럼 북이스라엘도 결국 앗수르의 손에서 건져 올릴 것이라고 말씀하십니다. 이 하나님이 우리 하나님 아버지이십니다.

● 세 번째 포인트

북이스라엘은 끝내 하나님께 회개하지 않고 강대국을 의지하여 정치적 동맹과 조공으로 나라의 위기를 해결하려고 합니다.

호세아 선지자를 통한 하나님의 최후통첩에도 불구하고 북이스라엘은 하나님께 회개하지 않고, 나라의 위기를 포함한 그들의 모든 문제를 정치적, 외교적 방법으로 해결하려고 합니다.

"에브라임은 바람을 먹으며 동풍을 따라가서 종일토록 거짓과 포학을 더하여 앗수르와 계약을 맺고 기름을 애굽에 보내도다"(호 12:1)

여기에서 "동풍을 따라가서"는 북이스라엘이 강대국을 의지하여 조공을 바치고 도움을 청한 것을 말합니다. 그러자 하나님께서는 안타까운 마음으로 호세아 선지자를 통해 야곱의 얍복강 사건을 언급하시며 북이스라엘에게 또다시 회개할 기회를 주십니다.

"천사와 겨루어 이기고 울며 그에게 간구하였으며 하나님은 벧엘에서 그를 만나셨고 거기에서 우리에게 말씀하셨나니 여호와는 만군의 하나님이시라 여호와는 그를 기억하게 하는 이름이니라 그런즉 너의 하나님께로 돌아와서 인애와 정의를 지키며 항상 너의 하나님을 바랄지니라"(호 12:4~6)

하나님께서는 북이스라엘의 죄악이 죄를 짓고도 죄를 인정하지 않는 교만이라고 지적하십니다.

"그는 상인이라 손에 거짓 저울을 가지고 속이기를 좋아하는도다 에브라임이 말하기를 나는 실로 부자라 내가 재물을 얻었는데 내가 수고한

모든 것 중에서 죄라 할 만한 불의를 내게서 찾아 낼 자 없으리라 하거니와"(호 12:7~8)

그리고 북이스라엘의 죄악은 하나님께서 그들에게 선지자들을 보냈으나 그들이 하나님의 말씀을 듣지 않은 것임을 말씀하십니다.

"내가 여러 선지자에게 말하였고 이상을 많이 보였으며 선지자들을 통하여 비유를 베풀었노라"(호 12:10)

또한 북이스라엘의 죄악은 과거의 은혜를 잊은 것입니다.

"여호와께서는 한 선지자로 이스라엘을 애굽에서 인도하여 내셨고 이스라엘이 한 선지자로 보호 받았거늘"(호 12:13)

이와 같은 죄로 인해 북이스라엘은 결국 하나님의 심판을 면할 수 없게 된 것입니다.

"에브라임이 격노하게 함이 극심하였으니 그의 주께서 그의 피로 그의 위에 머물러 있게 하시며 그의 수치를 그에게 돌리시리라"(호 12:14)

● **네 번째 포인트**

호세아 선지자는 북이스라엘의 멸망의 근본 원인이 우상숭배임을 단언합니다.

북이스라엘의 많은 죄 가운데 북이스라엘이 멸망으로 이르는 근본적 원인은 바로 우상숭배 때문입니다.

"에브라임이 말을 하면 사람들이 떨었도다 그가 이스라엘 중에서 자기를 높이더니 바알로 말미암아 범죄하므로 망하였거늘"(호 13:1)

"그러나 애굽 땅에 있을 때부터 나는 네 하나님 여호와라 나 밖에 네가 다른 신을 알지 말 것이라 나 외에는 구원자가 없느니라 내가 광야 마른 땅에서 너를 알았거늘 그들이 먹여 준 대로 배가 불렀고 배가 부르니 그들의 마음이 교만하여 이로 말미암아 나를 잊었느니라"(호 13:4~6)

그러므로 하나님께서는 우상숭배로 하나님을 버린 북이스라엘이 반드시 심판을 받을 것이라고 말씀하십니다.

"내가 새끼 잃은 곰 같이 그들을 만나 그의 염통 꺼풀을 찢고 거기서 암사자 같이 그들을 삼키리라 들짐승이 그들을 찢으리라"(호 13:8)

하나님께서는 사무엘 시대에 이스라엘 백성들이 왕정을 요구했을 때와, 여로보암이 다윗 가문을 떠나 북이스라엘을 세웠을 때를 상기시키시며 하나님의 심판을 말씀하십니다.

"전에 네가 이르기를 내게 왕과 지도자들을 주소서 하였느니라 네 모든 성읍에서 너를 구원할 자 곧 네 왕이 이제 어디 있으며 네 재판장들이 어디 있느냐"(호 13:10)

"온 이스라엘이 여로보암이 돌아왔다 함을 듣고 사람을 보내 그를 공회로 청하여 온 이스라엘의 왕으로 삼았으니 유다 지파 외에는 다윗의 집을 따르는 자가 없으니라"(왕상 12:20)

북이스라엘이 하나님의 심판을 받게 되는 것은 하나님과 맺은 제사장 나라 언약을 깨뜨린 결과입니다.

"사마리아가 그들의 하나님을 배반하였으므로 형벌을 당하여 칼에 엎드러질 것이요 그 어린 아이는 부서뜨려지며 아이 밴 여인은 배가 갈라지리라"(호 13:16)

● **다섯 번째 포인트**

호세아의 마지막 외침은 "회개하는 자에게 복을 주신다"라는 것입니다.

북이스라엘을 향한 호세아 선지자의 마지막 호소입니다.

"이스라엘아 네 하나님 여호와께로 돌아오라 네가 불의함으로 말미암아 엎드러졌느니라 너는 말씀을 가지고 여호와께로 돌아와서 아뢰기를 모든 불의를 제거하시고 선한 바를 받으소서 우리가 수송아지를 대신하여 입술의 열매를 주께 드리리이다 우리가 앗수르의 구원을 의지하지 아니하며 말을 타지 아니하며 다시는 우리의 손으로 만든 것을 향하여 너희는 우리의 신이라 하지 아니하오리니 이는 고아가 주로 말미암아 긍휼을 얻음이니이다 할지니라"(호 14:1~3)

첫째, 하나님께 돌아오라는 것입니다.

둘째, 하나님께 회개의 열매를 드리라는 것입니다.

셋째, 오직 하나님만 의지하라는 것입니다.

넷째, 우상을 다시는 섬기지 말라는 것입니다.

호세아 선지자가 외친 결론은 '하나님께서는 하나님께 돌아오는 자에게 복을 주신다'는 것입니다.

"그 그늘 아래에 거주하는 자가 돌아올지라 그들은 곡식 같이 풍성할 것이며 포도나무 같이 꽃이 필 것이며 그 향기는 레바논의 포도주 같이 되리라 에브라임의 말이 내가 다시 우상과 무슨 상관이 있으리요 할지라 내가 그를 돌아보아 대답하기를 나는 푸른 잣나무 같으니 네가 나로 말미암아 열매를 얻으리라 하리라"(호 14:7~8)

다시 회복될 이스라엘의 모습은 활짝 핀 백합화, 뿌리가 튼튼한 레바논의 백향목, 아름다운 감람나무, 풍성한 곡식, 활짝 핀 포도나무 꽃, 향기로운 레바논의 포도주, 그리고 푸른 잣나무의 모습과 같을 것입니다.

북쪽의 앗수르가 점점 그 세력을 키우고 제국주의를 표방하며 남하 정책을 펴기 시작합니다. 곧 나라들 간의 세력 균형이 깨지고 이는 전쟁으로 귀결될 것이 분명했습니다. 그 틈에 끼어 있는 북이스라엘은 전쟁에 휩싸일 가능성이 농후한 지리적 조건에 놓여 있는데도 일시적인 평안 속에서 안주하고 있습니다.

이때 하나님의 선지자들이 세계의 큰 흐름을 보면서 이들의 어리석음과 죄악을 지적하고 하나님의 마음을 전하나 북이스라엘 백성은 끝내 순종하기를 거부합니다. 결국 북이스라엘은 큰 혼란 속에서 멸망을 향해 급격히 추락해갑니다.

북이스라엘이 비록 첫 단추를 잘못 끼어 지금까지 어그러진 길을 걸어왔지만 하나님께서 그들을 영원히 버리신 것은 아니었습니다. 집을 나간 방탕한 아내 고멜을 다시 데려오면서 호세아는 하나님의 깊은 사랑을 알았습니다. 그래서 호세아가 끝까지 하나님의 마음으로 북이스라엘이 하나님께 돌아오기를 그렇게 목놓아 외쳤던 것입니다.

불순종한 요나? - 열방을 향한 사랑(욘 1~4장)

애피타이저 APPETIZER

북이스라엘에서 아모스, 호세아 선지자가 하나님의 말씀을 선포하던 B.C.8세기 동시대에 가드헤벨 출신 아밋대의 아들 요나 선지자에게도 하나님의 말씀이 임합니다.

요나는 북이스라엘의 여로보암 2세가 통치하던 때에 활동한 선지자로 여로보암 2세가 북이스라엘 영토를 '하맛 어귀에서부터 아라바 바다까지' 넓힐 것이라고 예언한 선지자입니다.

"이스라엘의 하나님 여호와께서 그의 종 가드헤벨 아밋대의 아들 선지자 요나를 통하여 하신 말씀과 같이 여로보암이 이스라엘 영토를 회복

하되 하맛 어귀에서부터 아라바 바다까지 하였으니"(왕하 14:25)

무엇보다 '요나' 하면 역시 '니느웨'가 떠오릅니다. 왜냐하면 하나님께서 요나에게 당시 북이스라엘을 괴롭히던 앗수르의 큰 성읍 니느웨에 가서 하나님의 심판 메시지를 전하라고 하셨기 때문입니다. 그러나 하나님의 그 말씀에 이의(異意)가 있었던 요나는 이스라엘에서 동쪽 방향인 니느웨로 가는 대신 이스라엘에서 서쪽 방향인 다시스, 지금의 스페인으로 추정되는 다시스로 가는 배를 타고 하나님의 말씀을 따르려 하지 않았습니다.

그러나 요나가 탄 배가 큰 폭풍을 만나 위험에 휩싸이면서 그 폭풍의 원인으로 지목된 요나는 바다에 던져지게 됩니다. 요나는 하나님의 뜻 가운데 물고기 뱃속에서 3일을 보내게 되고 결국 니느웨로 가게 됩니다. 그런데 니느웨에 도착한 요나는 3일 길이나 되는 그 큰 성읍 니느웨를 겨우 하루 동안만 돌며 하나님의 심판을 말했습니다. 요나는 니느웨를 향한 하나님의 본마음이 '멸망이 아닌 구원'이라는 것을 짐작하고 하나님의 심판 메시지를 성의껏 외치고 싶지 않았던 것입니다.

'모든 민족'을 위한 하나님의 큰 뜻을 다 헤아리지 못했던 것입니다. 그런데 요나의 성의 없는 외침에도 불구하고 니느웨 사람들이 회개하기 시작했고, 하나님께서는 그들에게 심판의 뜻을 돌이켜 '긍휼'을 베푸셨습니다.

요나가 긍휼을 베푸신 하나님께 불평을 쏟아놓자, 하나님께서는 요나에게 열방을 향한 마음을 보여주십니다.

"여호와께서 이르시되 네가 수고도 아니하였고 재배도 아니하였고 하룻밤에 났다가 하룻밤에 말라 버린 이 박넝쿨을 아꼈거든 하물며 이 큰 성읍 니느웨에는 좌우를 분변하지 못하는 자가 십이만여 명이요 가축도 많이 있나니 내가 어찌 아끼지 아니하겠느냐 하시니라"(욘 4:10~11)

성경통독 BIBLETONGDOK

《일년일독 통독성경》 요나 1~4장

통通으로 숲이야기 ; 통숲 TONG OBSERVATION

● 첫 번째 포인트

〈요나〉는 열방을 향한 하나님의 마음입니다.

B.C.8세기에 하나님께서는 북이스라엘과 남유다에 많은 선지자를 보내셨습니다. 시대가 그만큼 하나님 보시기에 악했다는 것입니다. 북이스라엘에는 아모스와 호세아 선지자를, 남유다에

는 이사야와 미가 선지자를, 그리고 동시에 하나님께서는 요나 선지자를 먼 이방 나라인 앗수르의 니느웨까지 보내셔서 하나님의 사랑과 긍휼을 전하게 하셨습니다. 하나님께서 요나에게 주신 사명입니다.

> "너는 일어나 저 큰 성읍 니느웨로 가서 그것을 향하여 외치라 그 악독이 내 앞에 상달되었음이니라 하시니라"(욘 1:2)

앗수르의 니느웨(Nineveh)는 메소포타미아 지역에서 가장 오래된 도시 가운데 하나로 요나 선지자 당시 12만 명이나 되는 사람들이 살고 있던 앗수르 제국의 큰 성읍이었습니다. 이 니느웨는 요나 선지자에 의해 하나님께 구원을 받은 이후 150년 만에 그들의 죄로 인해 나훔 선지자가 멸망을 선포하게 되고(나 1:14), 결국 바벨론 제국에 의해 멸망하게 됩니다.

이후 니느웨는 나훔 선지자의 예언대로 티그리스강의 범람과 토사로 2,000여 년 이상 땅 아래에 덮여 있다가 1849년 영국의 고고학자 레이어드의 발굴로 세상에 다시 드러납니다.

현재 영국의 대영박물관에는 예후 왕의 조공 기록이 담긴 블랙 오벨리스크와 앗수르 제국의 전쟁 기록과 사자상 등 약 1,106점의 유물이 전시되고 있습니다. 앗수르 제국을 비롯한 성경 속의 5대 제국과 관련한 자세한 이야기는 《성경과 5대제국》을 참조하면 좋습니다.

하나님께서 요나 선지자에게 당시 고대 근동 전역을 무력으로 괴롭히고 있던 앗수르의 니느웨로 가서 하나님의 뜻을 전하라고 하셨습니다. 그러나 요나는 자신의 판단으로 하나님께서 주신 소명을 거부하는 큰 사고(?)를 일으킵니다.

> "요나가 여호와의 얼굴을 피하려고 일어나 다시스로 도망하려 하여 욥바로 내려갔더니 마침 다시스로 가는 배를 만난지라 여호와의 얼굴을 피하여 그들과 함께 다시스로 가려고 배삯을 주고 배에 올랐더라"(욘 1:3)

사실 요나는 "니느웨로 가라"라는 하나님의 뜻을 명확히 이해했습니다. 즉, 니느웨의 잘못을 긍휼로 끌어안으시겠다는 하나님의 계획을 파악한 것입니다. 요나는 니느웨가 하나님께 심판받기 원했습니다. 그래서 요나가 니느웨와 반대 방향인 다시스로 도망했던 것입니다. 요나가 다시스행 배에 몸을 싣자 하나님께서는 바다에 큰 폭풍을 일으키십니다.

> "여호와께서 큰 바람을 바다 위에 내리시매 바다 가운데에 큰 폭풍이 일어나 배가 거의 깨지게 된지라"(욘 1:4)

그리고 하나님께서는 폭풍의 원인 제공자로 제비뽑기를 통해 요나가 뽑히게 하십니다.

"그들이 서로 이르되, 자 우리가 제비를 뽑아 이 재앙이 누구로 말미암아 우리에게 임하였나 알아 보자 하고 곧 제비를 뽑으니 제비가 요나에게 뽑힌지라"(욘 1:7)

과거 여호수아 시대에 아이성 전투 패배의 원인을 찾을 때도 제비뽑기를 통해 해결한 적이 있습니다.

"삽디의 가족 각 남자를 가까이 나아오게 하였더니 유다 지파 세라의 증손이요 삽디의 손자요 갈미의 아들인 아간이 뽑혔더라"(수 7:18)

제비뽑기를 통해 요나가 뽑히자 요나는 자신이 하나님의 명령을 어겨 폭풍이 일어났다는 것을 밝힙니다.

"자기가 여호와의 얼굴을 피함인 줄을 그들에게 말하였으므로 무리가 알고 심히 두려워하여 이르되 네가 어찌하여 그렇게 행하였느냐 하니라"(욘 1:10)

요나는 자신을 바다에 던지라고 말하며 하나님의 징계를 받아들입니다.

"그가 대답하되 나를 들어 바다에 던지라 그리하면 바다가 너희를 위하여 잔잔하리라 너희가 이 큰 폭풍을 만난 것이 나 때문인 줄을 내가 아노라 하니라"(욘 1:12)

그때 하나님께서 큰 물고기를 준비하셔서 요나를 삼키게 하셨습니다. 요나는 그 물고기 뱃속에서 3일을 있게 됩니다.

"여호와께서 이미 큰 물고기를 예비하사 요나를 삼키게 하셨으므로 요나가 밤낮 삼 일을 물고기 뱃속에 있으니라"(욘 1:17)

● **두 번째 포인트**

요나의 물고기 뱃속 3일은 3일 만에 부활하신 예수님 이야기와 연결됩니다.

요나가 폭풍우 치는 바다에 던져졌습니다. 그러자 하나님께서 요나를 큰 물고기 뱃속에 넣으셔서 3일을 지내게 하십니다. 그때 요나는 물고기 뱃속에서 하나님께 감사 기도를 드립니다.

"요나가 물고기 뱃속에서 그의 하나님 여호와께 기도하여 이르되 내가 받는 고난으로 말미암아 여호와께 불러 아뢰었더니 주께서 내게 대답하셨고 내가 스올의 뱃속에서 부르짖었더니 주께서 내 음성을 들으셨나이다"(욘 2:1~2)

그리고 요나는 자신의 생명을 건져주신 하나님의 은혜에 감사하며 죽을 위기 가운데 하나님께 서원한 내용을 지키겠다고 약속을 드립니다. 그러자 물고기가 요나를 육지에 토해냅니다.

"나는 감사하는 목소리로 주께 제사를 드리며 나의 서원을 주께 갚겠나이다 구원은 여호와께 속하였나이다 하니라 여호와께서 그 물고기

에게 말씀하시매 요나를 육지에 토하니라"(욘 2:9~10)

요나의 이 사건은 이후 우리 예수님의 죽음과 부활의 예표가 됩니다.

"예수께서 대답하여 이르시되 악하고 음란한 세대가 표적을 구하나 선지자 요나의 표적 밖에는 보일 표적이 없느니라 요나가 밤낮 사흘 동안 큰 물고기 뱃속에 있었던 것 같이 인자도 밤낮 사흘 동안 땅 속에 있으리라"(마 12:39~40)

● **세 번째 포인트**

요나는 앗수르의 큰 성읍 니느웨에서 하나님의 긍휼을 체험합니다.

하나님께서는 물고기 뱃속에서 3일을 보내고 간신히 살아난 요나에게 다시 소명을 주십니다.

"여호와의 말씀이 두 번째로 요나에게 임하니라 이르시되 일어나 저 큰 성읍 니느웨로 가서 내가 네게 명한 바를 그들에게 선포하라 하신지라"(욘 3:1~2)

이제 요나는 더 이상 하나님의 말씀을 거역할 수가 없었습니다. 그래서 니느웨에 가서 하나님께서 전하라 하신 말씀을 선포합니다. 그런데 여기에서 요나는 또 자기가 해야 할 일의 최소한

만을 합니다. 그만큼 요나는 하나님의 마음과 달리 니느웨 사람들을 살리기 싫었던 것입니다. 이 때문에 니느웨에 대한 요나의 회개 선포 사역은 3일 길을 하룻길로, 그리고 아무 열정도 없이 하나님의 말씀을 억지로 전하고 끝을 맺게 됩니다.

"요나가 여호와의 말씀대로 일어나서 니느웨로 가니라 니느웨는 사흘 동안 걸을 만큼 하나님 앞에 큰 성읍이더라 요나가 그 성읍에 들어가서 하루 동안 다니며 외쳐 이르되 사십 일이 지나면 니느웨가 무너지리라 하였더니"(욘 3:3~4)

"40일이 지나면 니느웨가 무너진다"라는 하나님의 메시지는 사실 40일 동안 니느웨 사람들에게 회개할 기회를 주시겠다는 뜻입니다. 그런데 곧이어 놀라운 일이 벌어집니다. 니느웨 사람들이 하나님의 말씀을 듣고 회개의 대역사가 일어나게 된 것입니다. 니느웨성에서 왕이 모든 백성에게 조서를 내려 심지어 짐승들까지도 하나님 앞에 회개하게 했습니다.

"사람이든지 짐승이든지 다 굵은 베 옷을 입을 것이요 힘써 하나님께 부르짖을 것이며 각기 악한 길과 손으로 행한 강포에서 떠날 것이라 하나님이 뜻을 돌이키시고 그 진노를 그치사 우리가 멸망하지 않게 하시리라 그렇지 않을 줄을 누가 알겠느냐"(욘 3:8~9)

그러자 하나님께서는 회개하는 니느웨에 긍휼을 베푸셔서

니느웨 사람들과 짐승들까지 모두 살려주십니다.

"하나님이 그들이 행한 것 곧 그 악한 길에서 돌이켜 떠난 것을 보시고 하나님이 뜻을 돌이키사 그들에게 내리리라고 말씀하신 재앙을 내리지 아니하시니라"(욘 3:10)

이것이 바로 하나님의 마음입니다.

"내가 어느 민족이나 국가를 뽑거나 부수거나 멸하려 할 때에 만일 내가 말한 그 민족이 그의 악에서 돌이키면 내가 그에게 내리기로 생각하였던 재앙에 대하여 뜻을 돌이키겠고"(렘 18:7~8)

"내가 너희에게 이르노니 이와 같이 죄인 한 사람이 회개하면 하늘에서는 회개할 것 없는 의인 아흔아홉으로 말미암아 기뻐하는 것보다 더 하리라"(눅 15:7)

● 네 번째 포인트

요나는 모든 민족이나 열방을 향한 하나님의 마음에는 관심이 크지 않았습니다.

요나 선지자를 통해 하나님의 말씀을 듣고 니느웨 사람들이 회개하자 하나님께서는 니느웨에 대한 심판을 거두셨습니다. 그런데 하나님의 이 긍휼의 결정을 두고 요나가 매우 싫어하고 심지어 성내기까지 합니다.

"요나가 매우 싫어하고 성내며 여호와께 기도하여 이르되 여호와여 내가 고국에 있을 때에 이러하겠다고 말씀하지 아니하였나이까 그러므로 내가 빨리 다시스로 도망하였사오니 주께서는 은혜로우시며 자비로우시며 노하기를 더디하시며 인애가 크시사 뜻을 돌이켜 재앙을 내리지 아니하시는 하나님이신 줄을 내가 알았음이니이다 여호와여 원하건대 이제 내 생명을 거두어 가소서 사는 것보다 죽는 것이 내게 나음이니이다 하니"(욘 4:1~3)

요나는 니느웨 백성들이 하나님의 말씀을 듣고, 회개하고, 용서받는 것이 싫었습니다. 그래서 요나는 과거 출애굽 후 시내산에서 금송아지 사건 때 드러내셨던 하나님의 속성, 즉 "주께서는 은혜로우시며 자비로우시며 노하기를 더디 하시며 인애가 크시사"라는 기록을 오히려 비틀어 꼬인 마음으로 인용하여 기도를 드렸습니다.

과거 금송아지를 만든 사건으로 하나님께서 모든 백성의 진멸을 말씀하셨을 때 모세는 자기 목숨을 걸고 하나님께 용서를 간구했습니다. 모세의 그 기도를 들으시고 이스라엘 백성들을 용서하신 하나님께서 스스로 하나님의 마음을 다음과 같이 표현하셨습니다.

"여호와께서 그의 앞으로 지나시며 선포하시되 여호와라 여호와라 자비롭고 은혜롭고 노하기를 더디하고 인자와 진실이 많은 하나님이라" (출 34:6)

이후 가데스 바네아에서 40일 가나안 정탐 사건으로 이스라엘 백성들이 다시 애굽으로 돌아가겠다고 결정했을 때 하나님께서는 그들을 진멸하겠다고 하셨습니다. 이때 모세는 하나님의 이 속성을 인용하여 기도하며 구원의 은총을 받아냈습니다.

"여호와는 노하기를 더디하시고 인자가 많아 죄악과 허물을 사하시나 형벌 받을 자는 결단코 사하지 아니하시고 아버지의 죄악을 자식에게 갚아 삼사대까지 이르게 하리라 하셨나이다"(민 14:18)

하나님의 이 속성에 대해서는 다윗도 같은 표현을 가지고 기도했습니다.

"주여 주는 긍휼히 여기시며 은혜를 베푸시며 노하기를 더디하시며 인자와 진실이 풍성하신 하나님이시오니 내게로 돌이키사 내게 은혜를 베푸소서 주의 종에게 힘을 주시고 주의 여종의 아들을 구원하소서"(시 86:15~16)

그런데 하나님의 이 속성에 대한 표현을 요나는 이미 다 알면서 도리어 그것을 반어법으로 사용해 하나님께 자신의 불만을 드러냈습니다. 하나님께서 '모든 민족' 과 '열방을 향한 마음'

을 가지시고 1차 기적으로는 물고기 뱃속에서 요나를 살리시고, 2차 기적으로는 니느웨 백성들의 죄를 사하시고 구원하셨는데 요나는 모든 민족이나 열방을 향한 하나님의 마음에는 관심이 크지 않았습니다.

아브라함의 후손들이 제사장 나라 거룩한 시민으로 하나님과 언약을 맺은 것은 그들을 통해 '모든 민족'이 하나님께 복을 받기 위함이었습니다. 그런데 그 사명을 잊어버리면 제사장 나라가 존재할 이유 자체가 없는 것입니다.

하나님께서 B.C.8세기 북이스라엘과 남유다뿐 아니라 이방의 니느웨까지 선지자를 보내신 이유는 하나님의 관심이 언제나 '모든 민족'에게 있다는 것을 다시 한번 밝히 드러내시기 위함입니다. 그 사실을 요나가 크게 깨닫게 됩니다.

● 다섯 번째 포인트

요나의 기록은 열방을 향한 하나님의 마음에 대한 진정한 순종이었습니다.

요나는 40일 후에 정말 니느웨가 멸망할 것이라고 믿었고 사실 40일 후에 니느웨가 멸망하기를 바랐습니다.

"요나가 성읍에서 나가서 그 성읍 동쪽에 앉아 거기서 자기를 위하여 초막을 짓고 그 성읍에 무슨 일이 일어나는가를 보려고 그 그늘 아래에 앉았더라"(욘 4:5)

요나는 겨우 하루 동안 회개 메시지를 전하고, 멸망이 예언된 날을 생각하며 니느웨의 멸망을 기다렸습니다. 그런데 하나님께서 박넝쿨을 가지고 요나를 교훈하기 시작하십니다. 이는 요나에게 하나님의 마음을 알려주시기 위한 교육이었습니다.

"여호와께서 이르시되 네가 수고도 아니하였고 재배도 아니하였고 하룻밤에 났다가 하룻밤에 말라 버린 이 박넝쿨을 아꼈거든 하물며 이 큰 성읍 니느웨에는 좌우를 분변하지 못하는 자가 십이만여 명이요 가축도 많이 있나니 내가 어찌 아끼지 아니하겠느냐 하시니라"(욘 4:10~11)

"내가 어찌 아끼지 아니하겠느냐!"

열방을 향한 하나님의 이 마음은 긍휼의 마음이고 죄인이 돌아오기를 기다리시는 마음입니다.

하나님께서는 잘못된 선민의식과 민족주의를 가지고 있었던 요나에게 하나님의 이 마음을 가르치심으로 결국 요나를 열방을 향한 선지자로 삼으셨습니다. 그래서 요나는 기록(요나서)의 결론에 자신의 어떠한 변명 없이, 하나님의 말씀으로 마침표를 찍습니다. 이것이 실력 있는 '대가의 글쓰기'입니다.

그러므로 요나 선지자는 "불순종한 요나와 같이도~"라는 평가를 받을 분이 절대 아닙니다. 요나는 B.C.8세기에 이미 국제적인 미션을 감당할 수 있는 실력자이자 하나님과 밀당(?)까지도 가능했던 하나님의 멋진 파트너였기 때문입니다.

디저트 DESSERT

예수님께서는 표적을 구했던 당시 사람들에게 선지자 요나의 표적을 말씀하십니다.

"예수께서 대답하여 이르시되 악하고 음란한 세대가 표적을 구하나 선지자 요나의 표적 밖에는 보일 표적이 없느니라"(마 12:39)

이처럼 요나는 예수님께 매우 귀한 평가를 받았던 하나님의 사람이자 선지자입니다. 그리고 우리는 〈요나〉를 통해 앗수르 제국에 대한 하나님의 뜻과 하나님의 세계 경영을 보게 됩니다.

앗수르 제국과 관련한 고대의 문서는 역사의 아버지 헤로도토스의 《역사》라는 책 일부분과 성경의 〈요나〉와 〈나훔〉을 비롯한 기록들이 거의 전부입니다. 특히 성경의 〈요나〉와 〈나훔〉은 앗수르 제국의 역사와 멸망을 알 수 있는 가장 중요한 자료이기도 합니다.

〈요나〉를 통해서는 니느웨의 용서와 구원이, 그리고 150년 후 〈나훔〉을 통해서는 니느웨의 완전한 멸망이 선포되기 때문에 두 책은 마치 동전의 양면처럼 한 권의 책으로 묶어보아야 합니다. 결론적으로 요나 선지자를 통한 하나님의 말씀은 '모든 민족'과 '열방을 향한 하나님의 사랑과 긍휼'입니다.

앗수르 제국 등장 (왕하 15~16장)

애피타이저 APPETIZER

북이스라엘의 여로보암 2세 때 남유다는 아마샤의 아들 아사랴, 즉 웃시야가 왕이 됩니다. 웃시야 왕은 스가랴 선지자의 도움으로 국가 경영에 상당한 성공을 거둡니다. 그러나 웃시야는 나라가 강성해지자 마음이 교만해져서 제사장만이 할 수 있는 향단에 분향하는 일을 자신이 성전에 들어가 직접 하려고 합니다. 그 일로 나병에 걸린 웃시야는 죽을 때까지 별궁에 거하였고 왕자 요담이 왕위를 이어받습니다.

요담은 아버지 웃시야가 남겨준 강한 국가를 유지하기 위해 노력하며 하나님 앞에서 정직했으나 남유다 백성들은 여전히 산당에서 제사를 드렸습니다. 그 결과 남유다는 요담 이후 왕위를 이어받은 아하스에 의해 '아하스 시대'라는 최악의 시대를 맞게 됩니다.

그 무렵 북이스라엘에서는 여로보암 2세의 뒤를 이은 스가랴가 왕이 된 지 6개월 만에 살룸에 의해 살해됩니다. 이때부터 북이스라엘은 살룸에서 므나헴으로, 그리고 브가히야에서 베가로, 쿠데타와 배신이 계속되는 혼란의 역사 속에 빠져듭니다. 이후 엘라의 아들 호세아가 베가를 죽이고 왕이 되는데 그가 바로 북이스라엘의 마지막 왕입니다.

한편, 아람과 동맹을 맺은 북이스라엘이 남유다로 쳐들어올 태세를 취하자 남유다 왕 아하스는 이사야 선지자의 반대에도 불구하고 앗수르에게 도움을 구할 계획을 세웁니다.

성경통독 BIBLETONGDOK

《일년일독 통독성경》 열왕기하 15~16장

● 첫 번째 포인트

남유다 10대 왕 웃시야는 스가랴 선지자의 도움으로 안정적인 시기를 보냅니다.

북이스라엘은 여로보암 2세 시대가 가고 그 후 짧은 기간 동안 쿠데타로 다섯 명의 왕, 즉 스가랴, 살룸, 므나헴, 브가히야, 베가로 교체되는 혼란기를 겪게 됩니다. 이때 남유다는 아사랴, 즉 웃시야의 52년간의 안정적인 통치를 기반으로 번영을 누립니다.

북이스라엘은 예후 왕조의 여로보암 2세 때가 가장 번성한 시기였다면, 남유다는 10대 왕 웃시야(아사랴) 때가 번성한 시기였습니다. 아사랴는 웃시야라고 더 많이 불리는데 웃시야 왕은 통치 초반기에는 아버지 아마샤의 뒤를 이어 하나님 보시기에 정직히 행하였다고 평가를 받았습니다.

"아사랴가 그의 아버지 아마샤의 모든 행위대로 여호와 보시기에 정직히 행하였으나"(왕하 15:3)

이는 하나님의 사람 스가랴 선지자의 도움 때문이었습니다.

"웃시야가 그의 아버지 아마샤의 모든 행위대로 여호와 보시기에 정직하게 행하며 하나님의 묵시를 밝히 아는 스가랴가 사는 날에 하나님을 찾았고 그가 여호와를 찾을 동안에는 하나님이 형통하게 하셨더라"(대하 26:4~5)

이처럼 남유다는 안정적인 국가 경영으로 나라가 크게 번영했습니다. 이때 남유다는 블레셋을 정복하고 암몬으로부터는 조공을 받기까지 했습니다.

"암몬 사람들이 웃시야에게 조공을 바치매 웃시야가 매우 강성하여 이름이 애굽 변방까지 퍼졌더라"(대하 26:8)

그러나 웃시야 왕 후반기에 스가랴 선지자가 죽자 웃시야 왕은 스스로 교만해져 제사장만이 성전에 들어가 할 수 있는 분향을 자신이 직접 하려고 하다가 하나님께 처벌받게 됩니다. 그래서 그는 나병 환자가 되어 죽는 날까지 별궁에 거하게 되고, 그 기간 웃시야 왕의 아들 요담이 아버지를 대신해 나라를 통치했습니다(왕하 15:5).

● **두 번째 포인트**
북이스라엘은 숨 쉴 틈 없이 내부 쿠데타가 계속됩니다.

앞서 살펴보았듯이 북이스라엘은 번영의 시기였던 여로보암

2세 시대가 끝나고 그 후로 큰 혼란에 빠지게 됩니다. 스가랴는 6개월 만에 살룸에게 살해되고, 살룸 이후 므나헴 때는 앗수르의 공격을 받고 앗수르에 조공을 바치게 됩니다. 그리고 북이스라엘의 마지막 왕 호세아 때에 서서히 국운이 다해갑니다.

먼저, 북이스라엘 14대 왕 스가랴의 통치 시기를 살펴보겠습니다. 여로보암 2세의 뒤를 이은 스가랴는 겨우 6개월간 통치하다가 살룸이 일으킨 쿠데타를 통해 살해되어 그의 통치가 끝납니다. 그 짧은 6개월 동안 스가랴가 행한 것은 '여로보암의 길'뿐이었습니다.

> "야베스의 아들 살룸이 그를 반역하여 백성 앞에서 쳐죽이고 대신하여 왕이 되니라 스가랴의 남은 사적은 이스라엘 왕 역대지략에 기록되니라 여호와께서 예후에게 말씀하여 이르시기를 네 자손이 사 대 동안 이스라엘 왕위에 있으리라 하신 그 말씀대로 과연 그렇게 되니라"(왕하 15:10~12)

북이스라엘의 14대 왕 스가랴가 살룸이 일으킨 쿠데타로 죽은 것은 하나님께서 예후에게 하신 말씀의 성취였습니다.

> "여호와께서 예후에게 이르시되 네가 나보기에 정직한 일을 행하되 잘 행하여 내 마음에 있는 대로 아합 집에 다 행하였은즉 네 자손이 이스라엘 왕위를 이어 사대를 지내리라 하시니라"(왕하 10:30)

예후 왕조 자손 4대는 여호아하스, 요아스, 여로보암 2세, 스가랴입니다. 그런데 스가랴를 죽이고 쿠데타를 통해 북이스라엘의 15대 왕이 된 살룸도 겨우 1개월간 통치하고 끝이 납니다. 살룸도 므나헴이 일으킨 쿠데타를 통해 살해되었기 때문입니다. 살룸의 1개월간의 통치도 '여로보암의 길'이었습니다.

"가디의 아들 므나헴이 디르사에서부터 사마리아로 올라가서 야베스의 아들 살룸을 거기에서 쳐죽이고 대신하여 왕이 되니라 살룸의 남은 사적과 그가 반역한 일은 이스라엘 왕 역대지략에 기록되니라 그 때에 므나헴이 디르사에서 와서 딥사와 그 가운데에 있는 모든 사람과 그 사방을 쳤으니 이는 그들이 성문을 열지 아니하였음이라 그러므로 그들이 그 곳을 치고 그 가운데에 아이 밴 부녀를 갈랐더라"(왕하 15:14~16)

북이스라엘의 16대 왕이 된 므나헴은 이렇게 전쟁 때 행해지는 악한 관행을 행하며 왕이 됩니다.

"여호와께서 이와 같이 말씀하시되 암몬 자손의 서너 가지 죄로 말미암아 내가 그 벌을 돌이키지 아니하리니 이는 그들이 자기 지경을 넓히고자 하여 길르앗의 아이 밴 여인의 배를 갈랐음이니라"(암 1:13)

이처럼 북이스라엘의 지도자들은 제사장 나라 경영을 꿈꾸는 다윗 같은 왕보다는 권력 그 자체로서의 왕의 자리를 탐내고 있었습니다. 그리고 쿠데타를 통해 왕권을 빼앗은 자들은 하나

같이 '여로보암의 길'에서 조금도 떠나지 않았습니다. 므나헴은 왕위에 오르더니 딥사에서는 임신한 여자들의 배를 갈라 죽이기까지 했습니다. 그가 반역을 수행할 때 성문을 열어주지 않았다는 이유에서였습니다. 이곳은 이제 하나님의 공의와 정의로 세워진 이스라엘이 더 이상 하나님의 뜻과는 상관없이 권력욕에 미친 이들에 의해 다스려지고 있는 현장이었습니다.

단과 벧엘에 금송아지 우상을 세웠던 여로보암의 잘못된 길은 이후 그의 뒤를 잇는 모든 왕에게 강력한 족쇄가 되어 결국 국가 전체가 멸망으로 이어지는 길이 되었습니다. 므나헴도 10년간 북이스라엘을 통치하면서 '여로보암의 길'에서 한 치도 벗어나지 못합니다. 결국 북이스라엘은 이때 앗수르의 공격을 받고 조공을 바쳐야 했습니다.

> "앗수르 왕 불이 와서 그 땅을 치려 하매 므나헴이 은 천 달란트를 불에게 주어서 그로 자기를 도와 주게 함으로 나라를 자기 손에 굳게 세우고자 하여 그 은을 이스라엘 모든 큰 부자에게서 강탈하여 각 사람에게 은 오십 세겔씩 내게 하여 앗수르 왕에게 주었더니 이에 앗수르 왕이 되돌아가 그 땅에 머물지 아니하였더라"(왕하 15:19~20)

여로보암 2세 때 호세아 선지자의 경고를 듣지 않은 결과 북이스라엘은 앗수르 제국의 불, 즉 티글랏 빌레셀 3세의 침략을 받아 앗수르 제국에 조공을 바치는 속국이 되고 맙니다.

"에브라임은 어리석은 비둘기 같이 지혜가 없어서 애굽을 향하여 부르짖으며 앗수르로 가는도다"(호 7:11)

"그 송아지는 앗수르로 옮겨다가 예물로 야렙 왕에게 드리리니 에브라임은 수치를 받을 것이요 이스라엘은 자기들의 계책을 부끄러워할 것이며"(호 10:6)

이렇게 므나헴은 북이스라엘을 앗수르 제국에 조공을 바치는 나라로 만들어놓고 죽습니다. 그나마 므나헴에게 다행이었던 것은 그가 쿠데타로 죽임을 당하지 않고 자기 아들에게 왕위를 물려주었다는 것입니다. 그러나 므나헴의 아들 북이스라엘의 17대 왕 브가히야도 약속이나 한 듯 '여로보암의 길'을 가다가 통치 2년 만에 장관 베가가 일으킨 쿠데타로 죽고 맙니다.

"그 장관 르말랴의 아들 베가가 반역하여 사마리아 왕궁 호위소에서 왕과 아르곱과 아리에를 죽이되 길르앗 사람 오십 명과 더불어 죽이고 대신하여 왕이 되었더라"(왕하 15:25)

● **세 번째 포인트**

북이스라엘 베가 왕은 아람 왕 르신과 연합하여 반앗수르 동맹을 시작합니다.

북이스라엘의 18대 왕 베가는 북이스라엘을 '여로보암의 길'로 20년간 통치합니다(왕하 15:27). 이때 베가는 하나님 대신 이웃 나라 아람과의 동맹을 선택하고, 결국 '동맹'으로 나라가 망합니다. 베가 왕이 선택한 '동맹(Alliance)'이란, 둘 이상의 개인, 단체, 국가가 서로의 이익이나 목적을 위해 동일하게 행동하기로 맺은 약속입니다. 두 국가 간의 동맹은 두 나라 혹은 여러 나라들이 공동의 이해관계에 따라 조약을 맺고 행동하기로 맹세하는 국제 협정, 즉 국제 정치상 제휴 관계를 말하는 것입니다.

북이스라엘과 아람, 그리고 남유다 간의 동맹 관계를 살펴보겠습니다.

첫째, 북이스라엘과 아람이 동맹합니다. 북이스라엘의 베가 왕이 아람 왕 르신과 연합하여 '반앗수르 정책'을 펼칩니다.

둘째, 베가 왕은 남유다도 반앗수르 동맹에 가담하라고 요구합니다.

셋째, 그러나 남유다가 이 동맹을 거절합니다.

넷째, 그러자 북이스라엘과 아람 동맹군이 앗수르가 내려오기 전에 남유다를 먼저 공격하려고 합니다.

다섯째, 위급해진 남유다는 오히려 앗수르와 동맹을 맺습니다.

여섯째, 그러자 앗수르가 동맹국 남유다를 돕는다는 명분으로 북이스라엘과 아람을 침략해옵니다.

"이스라엘 왕 베가 때에 앗수르 왕 디글랏 빌레셀이 와서 이욘과 아벨벳 마아가와 야노아와 게데스와 하솔과 길르앗과 갈릴리와 납달리 온 땅을 점령하고 그 백성을 사로잡아 앗수르로 옮겼더라"(왕하 15:29)

베가 왕의 아람 동맹은 오히려 북이스라엘 백성들이 앗수르에 포로로 끌려가게 하는 결과를 초래했습니다. 이는 〈레위기〉에 이미 예고된 3단계 제사장 나라 포로 징계였습니다.

● 네 번째 포인트

남유다 12대 왕 아하스는 아람과 북이스라엘 연합군의 위협을 앗수르 동맹으로 대응합니다.

북이스라엘이 멸망해가는 시기에 남유다에서는 12대 왕인 아하스가 16년 동안 남유다를 다스리며 악정을 행했습니다.

"르말랴의 아들 베가 제십칠년에 유다의 왕 요담의 아들 아하스가 왕이 되니"(왕하 16:1)

남유다의 12대 왕 아하스는 그 이전 왕들과 비교해볼 때 '최악의 왕'으로 손색(?)이 없었습니다.

"이스라엘의 여러 왕의 길로 행하며 또 여호와께서 이스라엘 자손 앞에서 쫓아내신 이방 사람의 가증한 일을 따라 자기 아들을 불 가운데로 지나가게 하며 또 산당들과 작은 산 위와 모든 푸른 나무 아래에서 제사를 드리며 분향하였더라"(왕하 16:3~4)

이는 암몬 족속의 우상숭배를 따라한 것이었습니다. 하나님께서는 이와 같은 죄에 대해 〈레위기〉를 통해 이미 다음과 같은 징계를 선언해 놓으셨습니다.

"너는 결단코 자녀를 몰렉에게 주어 불로 통과하게 함으로 네 하나님의 이름을 욕되게 하지 말라 나는 여호와이니라"(레 18:21)

"너희도 더럽히면 그 땅이 너희가 있기 전 주민을 토함 같이 너희를 토할까 하노라 이 가증한 모든 일을 행하는 자는 그 백성 중에서 끊어지리라"(레 18:28~29)

남유다의 아하스 왕이 이렇게 암몬 족속의 우상을 숭배하고 북이스라엘과 아람이 요구하는 '반앗수르 동맹'을 거절하는 정책을 펼치자 결국 북이스라엘과 아람이 남유다를 침략합니다.

"이 때에 아람의 왕 르신과 이스라엘의 왕 르말랴의 아들 베가가 예루살렘에 올라와서 싸우려 하여 아하스를 에워쌌으나 능히 이기지 못하니라"(왕하 16:5)

이때 상황이 다급해진 남유다 아하스 왕이 친앗수르 정책을 펼치기 시작합니다.

"아하스가 앗수르 왕 디글랏 빌레셀에게 사자를 보내 이르되 나는 왕의 신복이요 왕의 아들이라 이제 아람 왕과 이스라엘 왕이 나를 치니 청하건대 올라와 그 손에서 나를 구원하소서 하고 아하스가 여호와의 성전과 왕궁 곳간에 있는 은금을 내어다가 앗수르 왕에게 예물로 보냈더니"(왕하 16:7~8)

● **다섯 번째 포인트**

이사야는 아하스 왕에게 앗수르의 등장을 하나님의 제사장 나라 경영이라고 말합니다.

북이스라엘과 아람의 공격을 받은 남유다의 아하스 왕은 앗수르의 왕에게 성전과 왕궁 곳간에 있는 은금 예물을 보내며 앗수르 군대가 예루살렘으로 와서 북이스라엘과 아람을 물리쳐달라고 부탁합니다.

안 그래도 호시탐탐 제국주의를 펼치려 기회를 엿보던 앗수르 제국이 남유다의 공식적인(?) 요구에 힘입어 북이스라엘과 아람을 치러 대군을 이끌고 진격해 내려옵니다. 바로 이때 하나님께서는 하나님의 사람 이사야 선지자를 통해 제사장 나라 이스라엘이 나아가야 할 길을 알려주십니다.

이사야 선지자는 아하스 왕에게 북이스라엘과 아람의 동맹군을 두려워하지 말 것과 남유다를 위해 일하실 하나님을 위해 징조를 구하라고 말합니다.

"그에게 이르기를 너는 삼가며 조용하라 르신과 아람과 르말리야의 아들이 심히 노할지라도 이들은 연기 나는 두 부지깽이 그루터기에 불과하니 두려워하지 말며 낙심하지 말라"(사 7:4)

"너는 네 하나님 여호와께 한 징조를 구하되 깊은 데에서든지 높은 데에서든지 구하라 하시니 아하스가 이르되 나는 구하지 아니하겠나이다 나는 여호와를 시험하지 아니하겠나이다 한지라"(사 7:11~12)

아하스는 이사야 선지자에게 마치 자신은 신실해서 하나님을 시험하지 않고 징조도 구하지 않는 것처럼 말하고는 앗수르 왕에게는 예물과 친서를 보내며 도움을 요청합니다. 그리고 아하스 왕은 타락한 제사장 우리야를 통해 예루살렘 성전에 앗수르 우상을 세워 종교혼합주의 정책을 펼칩니다.

"아하스 왕이 앗수르의 왕 디글랏 빌레셀을 만나러 다메섹에 갔다가 거기 있는 제단을 보고 아하스 왕이 그 제단의 모든 구조와 제도의 양식을 그려 제사장 우리야에게 보냈더니"(왕하 16:10)

"왕이 다메섹에서 돌아와 제단을 보고 제단 앞에 나아가 그 위에 제사를 드리되"(왕하 16:12)

아하스 왕은 앗수르를 '국빈 방문'하여 앗수르 우상의 제단을 보고 큰 감명을 받았습니다. 아하스의 눈에는 하나님의 성전보다 앗수르의 신이 더 크게 보였던 것입니다. 그래서 아하스는 예루살렘 성전의 타락한 제사장 우리야에게 자신이 예루살렘으로 귀국하기 전에 예루살렘 성전 안에 앗수르식 제단을 설치하게 하고 그 앗수르 우상에게 제사하는 죄를 범합니다. 남유다 아하스 왕은 제사장 나라의 사명을 망각한 채 하나님께로부터 이렇게 너무나도 멀리 떨어져가고 있습니다.

아하스의 불신은 역사적인 큰 실수를 낳게 됩니다. 그는 하나님을 믿지 못했습니다. 자기의 아들을 불에 태워 제물로 바치는 수준이니 앗수르에게 도움을 청하지 말고 하나님을 의지하라는 이사야의 충고를 듣지 않는 것이 오히려 당연한 일인지도 모르겠습니다.

아하스는 하나님께 달려가 "나는 하나님의 신복이요 하나님의 아들입니다"라고 말을 했어야 합니다. 그랬다면 하나님께서 하나님의 종이고 하나님의 아들인 아하스의 부르짖음을 결코 외면하지 않으셨을 것입니다. 그러나 아하스는 이 말을 앗수르의 왕에게 내뱉음으로 당장 필요한 앗수르의 도움은 이끌어냈습니다. 그러나 아하스는 이로 인한 대가를 톡톡히 치르게 됩니다.

다윗의 후손인 아하스의 악행을 바라보시는 하나님의 마음은 참으로 안타깝기 그지없으실 것입니다. 성경은 이렇게 하나님의 마음을 헤아리면서 읽고 공부해야 할 책입니다. 이것이 하나님께서 우리에게 성경을 선물로 주신 이유입니다.

176일

800년 사마리아인 시작 (왕하 17장~18:12)

애피타이저 APPETIZER

B.C.722년 호세아 왕이 북이스라엘을 다스린 지 9년째 되던 해 앗수르 왕이 사마리아로 쳐들어오면서 북이스라엘은 멸망합니다. 열왕기하 17장에는 북이스라엘의 마지막 왕 호세아의 이야기와 북이스라엘이 하나님께 심판받는 까닭이 설명되어 있습니다. 이어지는 열왕기하 18장부터 마지막 25장까지는 북이스라엘의 역사 없이 남은 남유다에 대해서만 기록되어 있습니다.

북이스라엘과 아람을 멸망시킨 앗수르는 맹렬한 기세로 남유다까지 점령하려 합니다. 이런 위급한 시국에 왕위에 오른 히스기야는 먼저 온 나라에 가득한 우상을 제거함으로써 하나님과의 관계 회복을 시도합니다.

성경통독 BIBLETONGDOK

《일년일독 통독성경》 열왕기하 17장~18:12

통通으로 숲이야기 ; 통숲 TONG OBSERVATION

● 첫 번째 포인트

200년을 달려온 북이스라엘의 '여로보암의 길'은 B.C.8세기 앗수르 제국의 등장으로 끝이 납니다.

북이스라엘의 19대 왕이자 마지막 왕인 호세아가 왕이 됩니다.

"유다의 왕 아하스 제십이년에 엘라의 아들 호세아가 사마리아에서 이스라엘 왕이 되어 구 년간 다스리며"(왕하 17:1)

호세아 왕은 베가 왕 때부터 매년 앗수르에게 바치던 조공을 중단하고 애굽과 동맹을 맺으며 반앗수르 정책을 펼칩니다.

"그가 애굽의 왕 소에게 사자들을 보내고 해마다 하던 대로 앗수르 왕

에게 조공을 드리지 아니하매 앗수르 왕이 호세아가 배반함을 보고 그를 옥에 감금하여 두고"(왕하17:4)

그런데 고대 국제 사회의 관례를 보면, 바치던 조공의 중단은 곧 전쟁이었습니다. 그러므로 북이스라엘이 앗수르에 조공을 중단했다는 것은 앗수르가 곧바로 북이스라엘을 공격할 빌미를 준 것입니다. 결국 북이스라엘은 앗수르의 공성전에 맞서 3년간 수성전을 하다가 망합니다.

"앗수르 왕이 올라와 그 온 땅에 두루다니고 사마리아로 올라와 그 곳을 삼 년간 에워쌌더라 호세아 제구년에 앗수르 왕이 사마리아를 점령하고 이스라엘 사람을 사로잡아 앗수르로 끌어다가 고산 강 가에 있는 할라와 하볼과 메대 사람의 여러 고을에 두었더라"(왕하 17:5~6)

● **두 번째 포인트**

북이스라엘이 멸망한 이유는 제사장 나라 사명을 향한 선지자들의 마지막 호소까지 외면했기 때문입니다.

북이스라엘의 멸망 원인을 살펴보면 다음과 같습니다.

첫째, 북이스라엘은 출애굽의 은혜를 잊고 이방 풍습에 물들었습니다.

"이 일은 이스라엘 자손이 자기를 애굽 땅에서 인도하여 내사 애굽의 왕 바로의 손에서 벗어나게 하신 그 하나님 여호와께 죄를 범하고 또 다른 신들을 경외하며 여호와께서 이스라엘 자손 앞에서 쫓아내신 이방 사람의 규례와 이스라엘 여러 왕이 세운 율례를 행하였음이라"(왕하 17:7~8)

둘째, 북이스라엘은 우상을 숭배했습니다.

"또 여호와께서 그들 앞에서 물리치신 이방 사람 같이 그 곳 모든 산당에서 분향하며 또 악을 행하여 여호와를 격노하게 하였으며 또 우상을 섬겼으니 이는 여호와께서 그들에게 행하지 말라고 말씀하신 일이라"(왕하 17:11~12)

셋째, 북이스라엘은 선지자들을 통한 하나님의 경고를 무시하고 끝내 하나님께로 돌아가지 않았습니다.

"여호와께서 각 선지자와 각 선견자를 통하여 이스라엘과 유다에게 지정하여 이르시기를 너희는 돌이켜 너희 악한 길에서 떠나 나의 명령과 율례를 지키되 내가 너희 조상들에게 명령하고 또 내 종 선지자들을 통하여 너희에게 전한 모든 율법대로 행하라 하셨으나"(왕하 17:13)

넷째, 북이스라엘은 하나님께서 가장 싫어하시는 악들을 서슴없이 행했습니다.

"그들의 하나님 여호와의 모든 명령을 버리고 자기들을 위하여 두 송아지 형상을 부어 만들고 또 아세라 목상을 만들고 하늘의 일월 성신을 경배하며 또 바알을 섬기고 또 자기 자녀를 불 가운데로 지나가게 하며 복술과 사술을 행하고 스스로 팔려 여호와 보시기에 악을 행하여 그를 격노하게 하였으므로 여호와께서 이스라엘에게 심히 노하사 그들을 그의 앞에서 제거하시니 오직 유다 지파 외에는 남은 자가 없으니라" (왕하 17:16~18)

● **세 번째 포인트**

북이스라엘 열 지파는 제사장 나라 법에 따라 〈레위기〉에 기록된 3단계 징계를 받아 결국 약속의 땅에서 쫓겨나 흩어지게 됩니다.

북이스라엘은 하나님의 경고의 말씀대로 결국 이스라엘 땅에서 쫓겨나게 되었습니다. 이는 이미 〈레위기〉를 통해 언급된 3단계 포로 징계의 처벌이었습니다.

"너희가 이같이 될지라도 내게 청종하지 아니하고 내게 대항할진대 내가 진노로 너희에게 대항하되 너희의 죄로 말미암아 칠 배나 더 징벌하리니 너희가 아들의 살을 먹을 것이요 딸의 살을 먹을 것이며 내가 너희의 산당들을 헐며 너희의 분향단들을 부수고 너희의 시체들을 부서진 우상들 위에 던지고 내 마음이 너희를 싫어할 것이며 내가 너희의 성읍을 황폐하게 하고 너희의 성소들을 황량하게 할 것이요 너희의 향기로운 냄새를 내가 흠향하지 아니하고 그 땅을 황무하게 하리니 거기 거주하는 너희의 원수들이 그것으로 말미암아 놀랄 것이며 내가 너희를 여러 민족 중에 흩을 것이요 내가 칼을 빼어 너희를 따르게 하리니 너희의 땅이 황무하며 너희의 성읍이 황폐하리라 너희가 원수의 땅에 살 동안에 너희의 본토가 황무할 것이므로 땅이 안식을 누릴 것이라 그 때에 땅이 안식을 누리리니"(레 26:27~34)

"여호와께서 그의 종 모든 선지자를 통하여 하신 말씀대로 드디어 이스라엘을 그 앞에서 내쫓으신지라 이스라엘이 고향에서 앗수르에 사로잡혀 가서 오늘까지 이르렀더라"(왕하 17:23)

● **네 번째 포인트**

앗수르 제국의 민족 경계 허물기로 인한 사마리아의 아픔은 800년 후 하나님 나라의 예수 십자가로 회복됩니다.

북이스라엘을 멸망시킨 앗수르 제국은 그들이 다스리는 여러 나라에서 '인구 혼합 정책'을 펼쳤습니다. 이에 따라 앗수르는 북이스라엘 사람들 일부를 다른 나라로 옮겨가서 살게 하고 다른 나라 사람들을 북이스라엘로 옮겨와 살게 했습니다. 그렇게 앗수르 제국은 식민지 백성을 모두 혼혈족이 되게 했습니다. 식민지 백성들이 민족 정신을 형성하여 반란을 도모하지 못하도록 아예 처음부터 민족 근원의 싹을 제거하는 정책을 펼친 것입니다.

결국 이 정책으로 시간이 지나면서 북이스라엘을 비롯한 앗수르의 식민지 모든 나라 사람들의 혈통이 섞이게 되었고, 북이스라엘은 혼혈족 '사마리아인'이 만들어지게 되었습니다.

"앗수르 왕이 바벨론과 구다와 아와와 하맛과 스발와임에서 사람을 옮겨다가 이스라엘 자손을 대신하여 사마리아 여러 성읍에 두매 그들이 사마리아를 차지하고 그 여러 성읍에 거주하니라"(왕하 17:24)

여기에서 집고 넘어갈 것은 앗수르 제국의 경영 키워드인 '경계'입니다. 앗수르 제국은 그들이 정복한 나라들의 민족 경계를 무너뜨려 혼혈족을 만들었습니다. 각 민족의 독특성을 소멸시킴으로 반란의 근원을 도려내 그들의 제국을 영원하게 하려고 했습니다.

하나님께서 그 앗수르를 하나님의 막대기로 들어 사용하셔서 제사장 나라 경영법에 따라 북이스라엘의 죄에 대한 심판을 하셨습니다.

"나 여호와가 이같이 말하노라 내가 너희의 어미를 내보낸 이혼 증서가 어디 있느냐 내가 어느 채주에게 너희를 팔았느냐 보라 너희는 너희

의 죄악으로 말미암아 팔렸고 너희의 어미는 너희의 배역함으로 말미암아 내보냄을 받았느니라"(사 50:1)

그러나 하나님께서 앗수르에게 나라와 민족과 거주의 경계를 재편할 권한까지 주신 것은 아니었습니다. 앗수르가 그들의 힘을 믿고 오만했던 것입니다. 거주의 경계는 이미 태초부터 하나님께서 정하셨고 고유한 각 민족들을 만드신 분도 하나님입니다.

"인류의 모든 족속을 한 혈통으로 만드사 온 땅에 살게 하시고 그들의 연대를 정하시며 거주의 경계를 한정하셨으니"(행 17:26)

이 때문에 앗수르 제국은 그들의 뜻대로 영원하지 못했고 결국 바벨론 제국에게 멸망하게 됩니다.

한편, 앗수르 제국은 북이스라엘의 종교에 대해서도 하나님을 믿으면서 동시에 이방의 우상들도 섬기게 하는 등, 혼합 종교를 만들었습니다.

"앗수르 왕이 명령하여 이르되 너희는 그 곳에서 사로잡아 온 제사장 한 사람을 그 곳으로 데려가되 그가 그 곳에 가서 거주하며 그 땅 신의 법을 무리에게 가르치게 하라 하니 이에 사마리아에서 사로잡혀 간 제사장 중 한 사람이 와서 벧엘에 살며 백성에게 어떻게 여호와 경외할지를 가르쳤더라"(왕하 17:27~28)

"이와 같이 그들이 여호와도 경외하고 또한 어디서부터 옮겨왔든지 그

민족의 풍속대로 자기의 신들도 섬겼더라"(왕하 17:33)

"이 여러 민족이 여호와를 경외하고 또 그 아로새긴 우상을 섬기니 그들의 자자 손손이 그들의 조상들이 행하던 대로 그들도 오늘까지 행하니라"(왕하 17:41)

이 혼합 종교 때문에 결국 이후에 바벨론 포로에서 귀환한 유대인들이 사마리아인들을 적대하게 됩니다.

"스룹바벨과 족장들에게 나아와 이르되 우리도 너희와 함께 건축하게 하라 우리도 너희 같이 너희 하나님을 찾노라 앗수르 왕 에살핫돈이 우리를 이리로 오게 한 날부터 우리가 하나님께 제사를 드리노라 하니 스룹바벨과 예수아와 기타 이스라엘 족장들이 이르되 우리 하나님의 성전을 건축하는 데 너희는 우리와 상관이 없느니라 바사 왕 고레스가 우리에게 명령하신 대로 우리가 이스라엘의 하나님 여호와를 위하여 홀로 건축하리라 하였더니"(스 4:2~3)

이렇게 북이스라엘이 앗수르 제국에 의해 혈통과 종교가 혼합되면서 남유다의 유대인들은 혼혈족 사마리아인들과 상종을 하지 않게 됩니다. 이러한 관계는 약 800년 동안이나 지속됩니다. 다시 정리하자면 앗수르 왕 사르곤 2세는 B.C.722년에 사마리아를 정복하고 북이스라엘 사람들을 포로로 잡아갔습니다. 그리고 바벨론, 구다, 아와, 하맛, 스발와임 사람들을 사마리아로 이주시키는 인구 혼합 정책을 펼쳤습니다. 이때 사마리아에는 여러 나라의 종교도 함께 들어옵니다.

이후 사마리아는 인종과 종교가 혼합되어 순수한 혈통과 신앙을 잃어버렸고, 이는 예수님 당시까지도 사마리아인들이 유대인들로부터 차별받는 이유가 됩니다.

"사마리아 여자가 이르되 당신은 유대인으로서 어찌하여 사마리아 여자인 나에게 물을 달라 하나이까 하니 이는 유대인이 사마리아인과 상종하지 아니함이러라"(요 4:9)

그런데 800년 만에 드디어 이 문제가 해결됩니다. 예수님께서 사마리아인들을 사랑과 긍휼로 품으셨기 때문입니다.

사마리아인과 관련된 예수님의 이야기입니다.

첫째, 예수님께서 선한 사마리아인의 비유를 가지고 유대인들의 마음을 흔드십니다.

"어떤 사마리아 사람은 여행하는 중 거기 이르러 그를 보고 불쌍히 여겨 가까이 가서 기름과 포도주를 그 상처에 붓고 싸매고 자기 짐승에 태워 주막으로 데리고 가서 돌보아 주니라"(눅 10:33~34)

둘째, 예수님께서 사마리아 나병 환자 이야기를 가지고 사마리아인을 회복시켜주십니다.

"그 중의 한 사람이 자기가 나은 것을 보고 큰 소리로 하나님께 영광을 돌리며 돌아와 예수의 발 아래에 엎드리어 감사하니 그는 사마리아 사람이라 예수께서 대답하여 이르시되 열 사람이 다 깨끗함을 받지 아니하였느냐 그 아홉은 어디 있느냐 이 이방인 외에는 하나님께 영광을 돌리러 돌아온 자가 없느냐 하시고"(눅 17:15~18)

셋째, 예수님께서 사마리아 여인과 대화하시며 참된 예배에 대해 말씀해주심으로 사마리아인을 회복시켜주십니다.

"아버지께 참되게 예배하는 자들은 영과 진리로 예배할 때가 오나니 곧 이 때라 아버지께서는 자기에게 이렇게 예배하는 자들을 찾으시느니라 하나님은 영이시니 예배하는 자가 영과 진리로 예배할지니라"(요 4:23~24)

넷째, 예수님의 지상 명령으로 사마리아는 완전하게 회복됩니다.

"오직 성령이 너희에게 임하시면 너희가 권능을 받고 예루살렘과 온 유대와 사마리아와 땅 끝까지 이르러 내 증인이 되리라 하시니라"(행 1:8)

● **다섯 번째 포인트**

남유다의 히스기야 왕은 북이스라엘의 멸망을 경험하며 제사장 나라 '다윗의 길'로 나아갑니다.

북이스라엘은 200년 만에 앗수르 제국에게 완전히 멸망하고 남유다만 남았습니다. 남유다는 이제 홀로 150년을 더 유지할 것입니다. 북이스라엘이 멸망할 때 남유다에는 13대 왕 히스기야가 등극해 29년간 통치합니다.

"이스라엘의 왕 엘라의 아들 호세아 제삼년에 유다 왕 아하스의 아들 히스기야가 왕이 되니"(왕하 18:1)

그런데 히스기야는 남유다 최악의 왕이라 할 수 있는 아하스의 아들이었습니다. 과거에 솔로몬이 그의 아버지 다윗에게 왕위를 물려받았을 때 이스라엘은 하나님과의 바른 관계를 바탕으로 강성하고 풍요로웠습니다. 그런 면에서 솔로몬은 행복한 계승자였습니다. 그러나 히스기야가 그의 아버지 아하스에게 물려받은 것은 하나님과의 관계도, 국가 내외부적인 상황도 모두가 최악의 상태인 허약한 나라였습니다. 그런데 다행인 것은 히스기야가 '다윗의 길'을 선택한 것입니다.

"히스기야가 이스라엘 하나님 여호와를 의지하였는데 그의 전후 유다 여러 왕 중에 그러한 자가 없었으니 곧 그가 여호와께 연합하여 그에게서 떠나지 아니하고 여호와께서 모세에게 명령하신 계명을 지켰더라"(왕하 18:5~6)

히스기야 왕에 대한 자세한 이야기는 〈이사야〉와 〈역대하〉를 통해 공부할 것입니다. 히스기야의 개혁은 유월절의 부활로 이어집니다. 비록 성결 예식을 치른 제사장의 숫자가 부족하고 백성들이 다 모일 수 없어서 행사 시기를 연기해야 했지만, 하나님께서 이스라엘의 하나님 되심을 재확인하는 유월절 예식을 지킬 수 있었던 것은 모든 백성에게 큰 기쁨의 사건이었습니다.

남유다 백성들은 자신의 성읍에서 온갖 주상과 아세라 목상들을 깨뜨렸고, 히스기야는 제사장과 레위인의 직책을 다시 세워 그들이 전심으로 성전 일에 전력을 다할 수 있도록 제도적 장치를 회복시켰습니다. 정말 얼마나 오랜만에 들어보는 아름다운 이야기인지 모르겠습니다.

북이스라엘은 200년 동안 19명의 왕이 약속이나 한 듯 하나같이 '여로보암의 길'로 치달았습니다. 그런데 남유다에서는 가뭄에 콩 나듯 이렇게 가끔이라도 '다윗의 길'을 가는 왕들이 등장해 숨을 쉬게 해줍니다. 히스기야 왕 때 하나님께서도 잠시나마 안도의 숨을 쉬며 기뻐하셨을 것입니다.

이사야, 국제 관계를 다루다 (사 1~3장)

애피타이저 APPETIZER

앞서 열왕기하 18장 12절까지 읽고 그다음 〈이사야〉를 읽는 이유는 역사순으로 볼 때 열왕기하 18장은 이사야 선지자가 활동한 때이고 두 권의 책에서 동시대의 역사를 기록하고 있기 때문입니다.

북이스라엘은 그들의 죄로 말미암아 앗수르 제국에게 멸망하고 혼혈 민족 '사마리아인'이 되었습니다. 이제 남유다만 남은 상황에서 이사야가 하나님의 뜻을 전하는데 혼신의 힘을 다하고 있습니다. 하나님께서는 소와 나귀도 그 주인을 알고 있건만 이스라엘 백성들은 그들을 돌보고 사랑한 하나님의 마음도 깨닫지 못하고 외면하고 있다고 한탄하십니다.

남유다에는 공의와 정의가 사라져버린 지 벌써 오래되었고 내용 없는, 공허한 의례적인 종교적 행위만 있을 뿐입니다. 그럼에도 불구하고 하나님께서는 이사야 선지자를 통해 그들이 회개하고 하나님께 돌아오면 그들의 죄악을 눈과 같이, 양털 같이 희게 씻어주겠다고 말씀하십니다.

또한 하나님의 사람 이사야 선지자는 '여호와의 날'을 노래합니다. 그날은 교만한 자들이 낮아지는 날이요, 오직 주님만이 시온에서 높임을 받으시는 날입니다.

성경통독 BIBLETONGDOK

《일년일독 통독성경》 이사야 1~3장

통通으로 숲이야기 ; 통숲 TONG OBSERVATION

● 첫 번째 포인트

하나님께서는 이스라엘의 '왕정 500년'에 대해 3단계 평가를 내리십니다.

아브라함의 후손들인 이스라엘 백성들은 출애굽한 후 제사장 나라 언약을 맺고 마침내 약속의 땅 가나안에 들어갑니다. 이스라엘은 이후 사사 시대 350년과 사무엘 시대를 거쳐 약 500년 동안 '왕정' 체제를 유지합니다. 이 500년 왕정 기간 동안 이스라엘은 사울과 다윗, 그리고 솔로몬의 통치를 거쳐 이후 200년 동안은 '한 민족 두 국가'로 나뉘어 살았습니다. 그러다가 북이스라엘이 먼저 앗수르 제국에게 멸망하고 남유다만 남아 150년을 더 유지합니다.

하나님께서는 이스라엘의 왕정 500년에 대해서 크게 세 번에 걸쳐 평가하십니다.

첫째, 왕정 500년에 대한 1단계 평가는 '사무엘에 의한 왕정 경영 평가 예고'입니다.

> "너희의 양 떼의 십분의 일을 거두어 가리니 너희가 그의 종이 될 것이라 그 날에 너희는 너희가 택한 왕으로 말미암아 부르짖되 그 날에 여호와께서 너희에게 응답하지 아니하시리라 하니"(삼상 8:17~18)

둘째, 왕정 500년에 대한 2단계 평가는 '이사야에 의한 왕정 경영 중간 평가'입니다.

> "그러므로 주 만군의 여호와께서 이르시되 시온에 거주하는 내 백성들아 앗수르가 애굽이 한 것처럼 막대기로 너를 때리며 몽둥이를 들어 너

를 칠지라도 그를 두려워하지 말라"(사 10:24)

셋째, 왕정 500년에 대한 3단계 평가는 '예레미야에 의한 왕정 경영 총평가'입니다.

"그러므로 여호와께서 그의 모든 종 선지자를 너희에게 끊임없이 보내셨으나 너희가 순종하지 아니하였으며 귀를 기울여 듣지도 아니하였도다 / 이 모든 땅이 폐허가 되어 놀랄 일이 될 것이며 이 민족들은 칠십 년 동안 바벨론의 왕을 섬기리라"(렘 25:4,11)

● 두 번째 포인트

하나님의 세계 경영은 이스라엘을 승하게도 하시고 패하게도 하십니다.

하나님께서는 제사장 나라 언약을 맺은 이스라엘에게 승리도 주시고 패배도 안겨주셨습니다. 이스라엘 역사에서 그동안 겪어온 이스라엘의 승리와 패배는 모두 하나님과 맺은 언약을 잘 지켰을 때와 지키지 않았을 때로 나뉘었음을 보게 됩니다.

먼저 이스라엘이 승리한 경우는 모세가 애굽과의 싸움에서, 여호수아가 가나안 족속들과의 싸움에서, 기드온이 미디안과의 싸움에서, 사무엘이 블레셋과의 싸움에서, 그리고 다윗과 솔로몬이 주변 민족들과의 싸움에서였습니다. 반면 이스라엘이 패배한 경우는 북이스라엘이 앗수르 제국에게, 그리고 남유다가 바벨론 제국에게 멸망한 때입니다.

이사야 선지자를 통해 하나님께서는 이스라엘뿐 아니라, 세계가 다 하나님께 속해 있고 모든 역사를 하나님께서 경영한다고 말씀하십니다. 하나님의 세계 경영의 도구들은 다음과 같습니다.

첫째, 하나님께서는 앗수르를 도구로 사용하셨습니다. 그래서 제사장 나라 언약을 지키지 않은 북이스라엘이 앗수르에 의해 멸망하고 혼혈족 '사마리아인'이 된 것입니다.

> "호세아 제구년에 앗수르 왕이 사마리아를 점령하고 이스라엘 사람을 사로잡아 앗수르로 끌어다가 고산 강 가에 있는 할라와 하볼과 메대 사람의 여러 고을에 두었더라"(왕하 17:6)

둘째, 하나님께서는 바벨론을 도구로 사용하셨습니다. 그래서 제사장 나라 언약을 지키지 않은 남유다가 바벨론에 멸망하고 '바벨론 포로'가 된 것입니다.

> "바벨론 왕이 하맛 땅 리블라에서 다 쳐죽였더라 이와 같이 유다가 사로잡혀 본토에서 떠났더라"(왕하 25:21)

셋째, 하나님께서는 페르시아를 도구로 사용하셨습니다. 그래서 페르시아가 예루살렘을 지배하게 됩니다.

"바사 왕 고레스는 말하노니 하늘의 하나님 여호와께서 세상 모든 나라를 내게 주셨고 나에게 명령하사 유다 예루살렘에 성전을 건축하라 하셨나니"(스 1:2)

하나님의 세계 경영을 보면 놀랍게도 하나님의 심판과 구원 계획은 동전의 양면과 같습니다. 그래서 하나님께서는 일찍이 아브라함을 통해 '모든 민족'과 '하나님의 세계 경영'에 대한 밑그림을 그리신 후, 모세를 통해 제사장 나라 우산을 펼치게 하셨고, 그 우산 아래에서 이스라엘과 '모든 민족'을 경영하셨습니다. 그러므로 모든 나라, 모든 민족은 하나님의 구원 계획 안에 포함되어 있습니다.

북이스라엘이 앗수르 제국에 의해 멸망한 것은 그들이 '모든 민족'을 위한 제사장 나라 사명을 감당하지 못했기 때문입니다. 그래서 이제 하나님께서는 이사야를 통해 홀로 남은 남유다에게 하나님께로 돌이킬 기회를 주고 계십니다.

● **세 번째 포인트**

북이스라엘이 멸망할 때 이사야는 남유다 선지자로 부름을 받습니다.

B.C.8세기에 북이스라엘에서는 아모스, 호세아 선지자가 활동했고, 남유다에서는 이사야, 미가 선지자가 활동했습니다. 그 시기에 앗수르는 제국주의를 시작했으며 그리스에서는 도시 국가들이 생겨나고 있었고, 로마는 로물루스, 레무스 쌍둥이가 늑대 젖을 먹으며 로마 신화를 만들고 있었습니다.

"유다 왕 웃시야와 요담과 아하스와 히스기야 시대에 아모스의 아들 이사야가 유다와 예루살렘에 관하여 본 계시라"(사 1:1)

이사야(Isaiah) 선지자는 당대 최고의 학자였습니다. 이사야는 율법에 정통하고 국제 정세를 손바닥 들여다보듯 하던 사람이었습니다. 이사야 선지자의 주된 활동 시기는 남유다의 아하스와 그의 아들 히스기야 시대입니다.

이사야는 사역 전반기에는 아하스 왕 때문에 무척 고생했고 후반기에는 히스기야 왕을 도와가며 남유다를 앗수르로부터 구했습니다. 이사야는 또한 '메시아'에 관한 예언을 포함하여 많은 나라에 대해서 예언했습니다. 때문에 그 예언의 분량이 많아 〈이사야〉는 66장이나 됩니다. 이사야가 활동을 시작할 때 남유다의 상황은 처참했습니다.

"발바닥에서 머리까지 성한 곳이 없이 상한 것과 터진 것과 새로 맞은 흔적뿐이거늘 그것을 짜며 싸매며 기름으로 부드럽게 함을 받지 못하였도다 너희의 땅은 황폐하였고 너희의 성읍들은 불에 탔고 너희의 토지는 너희 목전에서 이방인에게 삼켜졌으며 이방인에게 파괴됨 같이 황폐하였고 딸 시온은 포도원의 망대 같이, 참외밭의 원두막 같이, 에워 싸인 성읍 같이 겨우 남았도다"(사 1:6~8)

이사야는 '하나님의 긍휼'과 '남은 자(the remnant)'에 대해 강조한 선지자입니다.

"만군의 여호와께서 우리를 위하여 생존자를 조금 남겨 두지 아니하셨더면 우리가 소돔 같고 고모라 같았으리로다"(사 1:9)

"유다 족속 중에 피하여 남은 자는 다시 아래로 뿌리를 박고 위로 열매를 맺으리니 이는 남은 자가 예루살렘에서 나오며 피하는 자가 시온 산에서 나올 것임이라 만군의 여호와의 열심이 이를 이루시리이다"(사 37:31~32)

하나님께서 이사야 선지자를 통해 지적하신 남유다의 죄악은 다음과 같습니다.

"너희 소돔의 관원들아 여호와의 말씀을 들을지어다 너희 고모라의 백성아 우리 하나님의 법에 귀를 기울일지어다"(사 1:10)

첫째, 남유다는 '헛된 제사'를 드리고 있었습니다.

"헛된 제물을 다시 가져오지 말라 분향은 내가 가증히 여기는 바요 월삭과 안식일과 대회로 모이는 것도 그러하니 성회와 아울러 악을 행하

는 것을 내가 견디지 못하겠노라"(사 1:13)

하나님께서 진정으로 무엇을 원하시는지 일찍이 사무엘을 통해 알 수 있었습니다.

"사무엘이 이르되 여호와께서 번제와 다른 제사를 그의 목소리를 청종하는 것을 좋아하심 같이 좋아하시겠나이까 순종이 제사보다 낫고 듣는 것이 숫양의 기름보다 나으니"(삼상 15:22)

둘째, 남유다는 '악행이 가득'했습니다.

"너희가 손을 펼 때에 내가 내 눈을 너희에게서 가리고 너희가 많이 기도할지라도 내가 듣지 아니하리니 이는 너희의 손에 피가 가득함이라"(사 1:15)

"신실하던 성읍이 어찌하여 창기가 되었는고 정의가 거기에 충만하였고 공의가 그 가운데에 거하였더니 이제는 살인자들뿐이로다 네 은은 찌꺼기가 되었고 네 포도주에는 물이 섞였도다 네 고관들은 패역하여 도둑과 짝하며 다 뇌물을 사랑하며 예물을 구하며 고아를 위하여 신원하지 아니하며 과부의 송사를 수리하지 아니하는도다"(사 1:21~23)

이러한 상황 가운데 하나님께서 이사야 선지자를 통해 남유다에게 회개를 촉구하십니다.

"선행을 배우며 정의를 구하며 학대 받는 자를 도와 주며 고아를 위하여 신원하며 과부를 위하여 변호하라 하셨느니라 여호와께서 말씀하시되 오라 우리가 서로 변론하자 너희의 죄가 주홍 같을지라도 눈과 같이 희어질 것이요 진홍 같이 붉을지라도 양털 같이 희게 되리라"(사 1:17~18)

남유다의 죄악을 드러내며 동시에 그들의 죄악을 씻으시겠다는 하나님의 선포는 〈이사야〉 전체의 주제입니다.

하나님께서는 이사야 선지자를 통해 죄를 회개하는 자들과 회개하지 않는 자들에 대해 다음과 같이 두 갈래 길이 있음을 밝히십니다.

첫째, 하나님께 회개하고 죄에서 돌이키는 신실한 백성의 길입니다.

"내가 또 내 손을 네게 돌려 네 찌꺼기를 잿물로 씻듯이 녹여 청결하게 하며 네 혼잡물을 다 제하여 버리고 내가 네 재판관들을 처음과 같이, 네 모사들을 본래와 같이 회복할 것이라 그리한 후에야 네가 의의 성읍이라, 신실한 고을이라 불리리라 하셨나니 시온은 정의로 구속함을 받고 그 돌아온 자들은 공의로 구속함을 받으리라"(사 1:25~27)

둘째, 하나님의 말씀을 끝내 거절하는 멸망의 길입니다.

"그러나 패역한 자와 죄인은 함께 패망하고 여호와를 버린 자도 멸망할 것이라"(사 1:28)

● 네 번째 포인트

이사야 선지자는 '하나님의 나라'가 임할 것을 예언합니다.

이사야 선지자가 예언한 '하나님 나라'는 다음과 같습니다.

첫째, 하나님 나라에서는 '모든 민족'이 하나님의 전에 모입니다.

"많은 백성이 가며 이르기를 오라 우리가 여호와의 산에 오르며 야곱의 하나님의 전에 이르자 그가 그의 길을 우리에게 가르치실 것이라 우리가 그 길로 행하리라 하리니 이는 율법이 시온에서부터 나올 것이요 여호와의 말씀이 예루살렘에서부터 나올 것임이니라"(사 2:3)

"이는 만물이 주에게서 나오고 … 그에게 영광이 세세에 있을지어다 아멘"(롬 11:36)

둘째, 하나님 나라가 임하면 온 세계에 평화가 가득하게 될 것입니다.

"그가 열방 사이에 판단하시며 많은 백성을 판결하시리니 무리가 그들의 칼을 쳐서 보습을 만들고 그들의 창을 쳐서 낫을 만들 것이며 이 나라와 저 나라가 다시는 칼을 들고 서로 치지 아니하며 다시는 전쟁을 연습하지 아니하리라"(사 2:4)

하나님 나라는 전쟁 무기인 칼과 창 대신, 밭을 가는 보습과 낫을 만들게 될 것입니다. 즉, 전쟁이 끝나고 평화가 가득한 세상이 될 것입니다. 하나님 나라를 알려주시는 하나님께서는 이제 남유다에게 이사야 선지자를 통해 심판을 경고하시며 동시에 회개를 촉구하십니다.

"주께서 주의 백성 야곱 족속을 버리셨음은 그들에게 동방 풍속이 가득하며 그들이 블레셋 사람들 같이 점을 치며 이방인과 더불어 손을 잡아 언약하였음이라"(사 2:6)

그러므로 남유다가 회개하지 않으면 '여호와의 날'에 하나님의 심판을 피하지 못하게 될 것입니다.

"그 날에 눈이 높은 자가 낮아지며 교만한 자가 굴복되고 여호와께서 홀로 높임을 받으시리라 대저 만군의 여호와의 날이 모든 교만한 자와 거만한 자와 자고한 자에게 임하리니 그들이 낮아지리라"(사 2:11~12)

하나님께서 이사야 선지자를 통해 말씀하신 '여호와의 날'은 곧 심판의 날입니다.

"화 있을진저 여호와의 날을 사모하는 자여 너희가 어찌하여 여호와의 날을 사모하느냐 그 날은 어둠이요 빛이 아니라"(암 5:18)

이사야 선지자는 죄악과 우상으로 뒤범벅이 되어버린 남유다를 향해 그들이 마지막 날에 준엄한 심판을 받을 것이라고 선포합니다. 그날은 오만한 자가 추락하는 날이요, 오직 주님만이 시온에서 높임을 받는 날입니다.

그날은 교만한 자에게는 심판의 날이요, 겸손하게 여호와의 도를 행하는 자에게는 구원의 날인 것입니다. 교만하여 우상에 빠진 남유다에게 하나님께서 심판의 날을 선언하신 이유는 그들이 우상숭배에서 벗어나 구원과 평화의 길로 돌아서게 하기 위함이었습니다. 그들이 범하고 있는 우상의 죄악에서 벗어나 하나님만을 의지할 때 '여호와의 날'이 그들에게 심판의 날이 아닌 구원의 날이 되기 때문입니다.

● 다섯 번째 포인트

이사야는 남유다를 죄악으로 이끈 지도자들의 타락을 지적합니다.

하나님께서는 이사야 선지자를 통해 구체적으로 남유다 지도층의 타락으로 인한 심판을 말씀하십니다.

첫째, 남유다는 그들의 죄로 인해 사회 시스템이 붕괴될 것입니다.

"보라 주 만군의 여호와께서 예루살렘과 유다가 의뢰하며 의지하는 것을 제하여 버리시되"(사 3:1)

이제 남유다는 양식이 없어지고 사회 지도층이 붕괴되고, 미숙한 자들이 통치하게 되는 사회가 되어 극심한 혼란 상태가 될 것입니다.

둘째, 남유다는 지도층의 타락으로 인해 심판을 받을 것입니다.

> "여호와께서 자기 백성의 장로들과 고관들을 심문하러 오시리니 포도원을 삼킨 자는 너희이며 가난한 자에게서 탈취한 물건이 너희의 집에 있도다 어찌하여 너희가 내 백성을 짓밟으며 가난한 자의 얼굴에 맷돌질하느냐 주 만군의 여호와 내가 말하였느니라 하시도다"(사 3:14~15)
>
> "예루살렘이 멸망하였고 유다가 엎드러졌음은 그들의 언어와 행위가 여호와를 거역하여 그의 영광의 눈을 범하였음이라"(사 3:8)

당시 남유다는 제사장 나라 법에 따라 조상 대대로 내려오는 희년법에 따른 토지 인수가 아니라 불의한 방식으로 포도원을 취해 자신들의 배를 부르게 하였으며 부자들은 가난한 자들에게 고리대금을 취해 없는 재산마저 인수하는 식으로 재산을 축적했습니다. 또한 우상을 섬기는 행동으로, 그리고 여호와의 영광을 무시하는 말로 하나님을 진노하시게 했습니다. 그것은 큰 죄악이었습니다. 사회적으로 철저히 부패한 남유다의 모습을 보신 하나님께서 남유다의 유죄를 선언하신 것입니다.

셋째, 하나님께서 남유다 지도층의 모든 기득권과 사치와 풍요를 무너뜨리겠다고 선언하십니다.

> "그 때에 썩은 냄새가 향기를 대신하고 노끈이 띠를 대신하고 대머리가 숱한 머리털을 대신하고 굵은 베 옷이 화려한 옷을 대신하고 수치스러운 흔적이 아름다움을 대신할 것이며"(사 3:24)

하나님께서는 당시 남유다 상류층 여인들이 사용한 21개의 장식품들, 즉 발목 고리, 머리 망사, 머리 반달 장식, 귀고리, 팔목 고리, 얼굴 가리개 등을 나열하시며 인간의 사치와 탐욕을 심판하겠다고 말씀하십니다. 당시 예루살렘 상류층 여자들은 온갖 장식으로 머리부터 발끝까지 꾸미며 이것들을 자랑스럽게 여기고 교만하기까지 했습니다.

하나님께서는 장식품들 그 자체가 죄악이라고 말씀하지는 않으십니다. 그것을 하나님보다 더 좋아하기 때문에 죄악인 것입니다. 하나님께서 그들에게 구하시는 소박함과 정절과 선행은 그 어디에서도 찾아볼 수 없었습니다.

하나님의 심판이 임하는 그날, 온 땅에 혼돈이 찾아오는 그날, 그들은 아무런 유익을 주지 못할 것들을 의지하며 기뻐했습니다. 그들이 큰 수치를 당하게 되는 이유가 바로 여기에 있었습니다. 그들의 화려함은 그들의 교만으로 이어져 스스로 부끄러움을 자초하고 있었던 것입니다.

"또 이와 같이 여자들도 단정하게 옷을 입으며 소박함과 정절로써 자기를 단장하고 땋은 머리와 금이나 진주나 값진 옷으로 하지 말고 오직 선행으로 하기를 원하노라"(딤전 2:9~10)

디저트 DESSERT

"하늘이여 들으라 땅이여 귀를 기울이라 여호와께서 말씀하시기를 내가 자식을 양육하였거늘 그들이 나를 거역하였도다 소는 그 임자를 알고 나귀는 그 주인의 구유를 알건마는 이스라엘은 알지 못하고 나의 백성은 깨닫지 못하는도다 하셨도다"(사 1:2~3)

남유다를 향한 하나님의 통곡이 시작되었습니다. 하나님께서 남유다를 바라보시며 얼마나 답답하셨으면 하늘과 땅에게 들으라고, 귀를 기울이라고 외치셨겠습니까? 하나님께서 아브라함의 후손들인 이스라엘을 지금까지 기르셨고 자식이라 여기며 사랑하셨는데 그들은 도리어 외면과 배신만 할 뿐이었습니다.

하나님께서 부르신 이들, 하나님의 사랑을 받은 이들이 하나님을 거역할 때 우리 하나님의 아픔은 온 하늘과 땅을 뒤덮을 만큼 큰 아픔이 됩니다. 그러나 하나님께서는 여전히 우리를 하나님의 자녀요 하나님의 백성으로 부르시며 끝까지 기다리십니다.

178일

이사야의 충고, 동맹하지 말라 (사 4~7장)

애피타이저 APPETIZER

이사야 선지자는 공의와 정의를 행해야 할 남유다 백성들이 오히려 포학을 행하고 있음을 포도원 비유를 통해 고발합니다. 지금 하나님의 심정은 극상품 포도나무를 심고 정성껏 가꾸었는데 들포도를 얻은 농부와 같은 심정입니다.

게다가 당시 남유다 주변의 국제 정세는 한 치 앞을 내다볼 수 없을 정도로 큰 혼돈 속에 빠져 있었습니다. 이 혼돈의 가장 큰 이유는 앗수르가 드러내놓고 제국주의를 시작했기 때문입니다. 앗수르는 먼저 아람을, 그다음 북이스라엘을, 그리고 남유다를 거쳐 마침내는 애굽까지 정복하려는 계획을 가지고 있었습니다. 그러자 아람과 북이스라엘이 앗수르에 대항하는 동맹체를 결성하면서 남유다의 동참을 요청했습니다. 하지만 남유다는 그 동맹 제안을 거절했습니다. 거절의 이유는 두 가지입니다.

하나는 지난 200년 동안 남북 관계가 좋지 않았다는 것이며 또 하나는 앗수르의 남하 정책의 거리적 위기감이 아람과 북이스라엘에 비해 낮았기 때문입니다. 그러자 아람과 북이스라엘이 앗수르의 위기가 닥쳐오기 전에 먼저 남유다를 침략하겠다고 전쟁을 선포합니다.

이러한 위기 상황 가운데 남유다의 왕 아하스와 백성들의 마음은 숲이 바람에 흔들리는 것과 같이 흔들립니다. 바로 그때 이사야 선지자가 아하스 왕에게 하나님의 메시지를 전합니다. 북이스라엘과 아람은 그들의 죄로 말미암아 앗수르에 의해 곧 멸망할 것이지만, 앗수르가 남유다까지는 차지하지 못한다는 것입니다. 이것이 B.C.8세기 하나님께서 정하신 제사장 나라 세계 경영 계획이라는 것입니다.

그러나 남유다의 아하스 왕은 이사야의 충고를 듣지 않고 끝내 하나님을 의지하는 대신 친앗수르 정책이 살길이라고 착각하며 오히려 앗수르에 굴욕 편지와 조공을 보냅니다. 그럼에도 불구하고 하나님께서는 이사야 선지자를 통해 '거룩한 씨', '그루터기' 등의 비유로 남유다와 남유다의 수도인 예루살렘의 역사를 이어갈 희망의 청사진을 보여주십니다.

성경통독 BIBLETONGDOK

《일년일독 통독성경》 이사야 4~7장

통通으로 숲이야기 ; 통숲 TONG OBSERVATION

- 첫 번째 포인트

이사야 선지자는 '남은 자'들에게는 회복이 있고 그들에게 주의 영광이 머물 것이라고 예언합니다.

이사야 선지자는 남유다 백성들에게 멸망으로 인한 심판의 날에 당할 수치에 대해 다음과 같이 표현합니다.

"그 날에 일곱 여자가 한 남자를 붙잡고 말하기를 우리가 우리 떡을 먹으며 우리 옷을 입으리니 다만 당신의 이름으로 우리를 부르게 하여 우리가 수치를 면하게 하라 하리라"(사 4:1)

이는 하나님의 심판의 날에 전쟁으로 인해 남자들이 다 죽고 민족과 가문이 멸절될 위기를 나타내는 것입니다. 그러나 이사야 선지자는 하나님의 심판의 날에도 '남은 자'들에게는 회복이 있고 그들에게는 주의 영광이 머물 것이라고 위로해줍니다.

"그 날에 여호와의 싹이 아름답고 영화로울 것이요 그 땅의 소산은 이스라엘의 피난한 자를 위하여 영화롭고 아름다울 것이며 시온에 남아 있는 자, 예루살렘에 머물러 있는 자 곧 예루살렘 안에 생존한 자 중 기록된 모든 사람은 거룩하다 칭함을 얻으리니"(사 4:2~3)

여기에서 '여호와의 싹'은 가까이는 바벨론 포로 귀환으로 새 역사를 쓰는 것을 의미하며 궁극적으로 메시아를 뜻합니다.

"대제사장 여호수아야 너와 네 앞에 앉은 네 동료들은 내 말을 들을 것이니라 이들은 예표의 사람들이라 내가 내 종 싹을 나게 하리라"(슥 3:8)

"여호와의 말씀이니라 보라 때가 이르리니 내가 다윗에게 한 의로운 가지를 일으킬 것이라 그가 왕이 되어 지혜롭게 다스리며 세상에서 정의와 공의를 행할 것이며"(렘 23:5)

● 두 번째 포인트

이사야 선지자는 하나님을 '포도원의 주인'이라고 비유를 들어 말합니다.

이사야 5장을 '포도원의 노래'라고 부릅니다. 왜냐하면 '포도원의 주인 되신 하나님'을 노래하기 때문입니다.

"나는 내가 사랑하는 자를 위하여 노래하되 내가 사랑하는 자의 포도원을 노래하리라 내가 사랑하는 자에게 포도원이 있음이여 심히 기름진 산에로다"(사 5:1)

여기에서 포도원의 주인은 하나님이시고 포도나무는 남유다 백성들입니다. 포도원의 주인이신 하나님께서 좋은 열매를 기대하며 포도나무를 심으셨습니다.

성경에 포도나무 비유들이 많은데 몇 구절만 살펴보면 다음과 같습니다.

"주께서 한 포도나무를 애굽에서 가져다가 민족들을 쫓아내시고 그것을 심으셨나이다"(시 80:8)

"내가 너를 순전한 참 종자 곧 귀한 포도나무로 심었거늘 내게 대하여 이방 포도나무의 악한 가지가 됨은 어찌 됨이냐"(렘 2:21)

"이스라엘은 열매 맺는 무성한 포도나무라 그 열매가 많을수록 제단을 많게 하며 그 땅이 번영할수록 주상을 아름답게 하도다"(호 10:1)

"나는 참포도나무요 내 아버지는 농부라"(요 15:1)

〈이사야〉에는 포도원의 주인이신 하나님께서 좋은 열매를 기대하며 포도나무를 심으셨다고 기록되어 있습니다. 그런데 하나님께서 남유다가 좋은 포도 열매 대신 들포도를 맺었다고 하십니다.

"내가 내 포도원을 위하여 행한 것 외에 무엇을 더할 것이 있으랴 내가 좋은 포도 맺기를 기다렸거늘 들포도를 맺음은 어찌 됨인고"(사 5:4)

하나님께서는 들포도 열매에 대해 진노하며 심판을 말씀하십니다.

"이제 내가 내 포도원에 어떻게 행할지를 너희에게 이르리라 내가 그 울타리를 걷어 먹힘을 당하게 하며 그 담을 헐어 짓밟히게 할 것이요 내가 그것을 황폐하게 하리니 다시는 가지를 자름이나 북을 돋우지 못하여 찔레와 가시가 날 것이며 내가 또 구름에게 명하여 그 위에 비를 내리지 못하게 하리라 하셨으니"(사 5:5~6)

하나님께서 더 이상 적들로부터 남유다를 보호하지 않으시므로 남유다가 황폐하게 될 것이라고 말씀하십니다. 그러면서 이사야 선지자를 통해 구체적으로 남유다 백성들의 죄악을 지적하십니다.

첫째, 남유다 백성들은 한없는 탐욕으로 땅과 소유에 대한 제사장 나라 법을 지키지 않았습니다.

"가옥에 가옥을 이으며 전토에 전토를 더하여 빈 틈이 없도록 하고 이 땅 가운데에서 홀로 거주하려 하는 자들은 화 있을진저"(사 5:8)

다시 말해 남유다 백성들이 〈레위기〉에 기록된 '희년법'을 지키지 않은 것입니다.

"이 희년에는 너희가 각기 자기의 소유지로 돌아갈지라"(레 25:13)

둘째, 남유다 백성들은 쾌락만을 추구했습니다.

"아침에 일찍이 일어나 독주를 마시며 밤이 깊도록 포도주에 취하는 자들은 화 있을진저"(사 5:11)

셋째, 남유다 백성들은 거짓을 일삼고 죄악을 이끌었습니다.

"거짓으로 끈을 삼아 죄악을 끌며 수레 줄로 함 같이 죄악을 끄는 자는 화 있을진저"(사 5:18)

넷째, 남유다 백성들은 선과 악을 구별하지 않았습니다.

"악을 선하다 하며 선을 악하다 하며 흑암으로 광명을 삼으며 광명으로 흑암을 삼으며 쓴 것으로 단 것을 삼으며 단 것으로 쓴 것을 삼는 자들은 화 있을진저"(사 5:20)

다섯째, 남유다 백성들은 교만했습니다.

"스스로 지혜롭다 하며 스스로 명철하다 하는 자들은 화 있을진저"(사 5:21)

여섯째, 남유다 백성들은 방탕하며 뇌물을 받고 재판을 굽게 했습니다.

"포도주를 마시기에 용감하며 독주를 잘 빚는 자들은 화 있을진저 그

들은 뇌물로 말미암아 악인을 의롭다 하고 의인에게서 그 공의를 빼앗는도다"(사 5:22~23)

하나님께서는 이렇게 이사야 선지자를 통해 남유다의 죄악들을 모두 지적하시고 전쟁으로 인해 남유다가 멸망할 것이라고 말씀하십니다.

"또 그가 기치를 세우시고 먼 나라들을 불러 땅 끝에서부터 자기에게로 오게 하실 것이라 보라 그들이 빨리 달려올 것이로되"(사 5:26)

남유다는 이사야 선지자의 예언대로 계속되는 앗수르의 침략으로 패망의 길을 가다가 결국 B.C.586년 바벨론 제국에 의해 멸망합니다.

● 세 번째 포인트

이사야 선지자는 성전에서 환상을 보며 소명을 받습니다.

이사야가 하나님께 선지자로 소명을 받는 것은 성전에서 환상을 보면서 시작되었습니다.

"웃시야 왕이 죽던 해에 내가 본즉 주께서 높이 들린 보좌에 앉으셨는데 그의 옷자락은 성전에 가득하였고"(사 6:1)

그렇게 성전에서 환상을 보며 선지자로 소명을 받게 된 이사야는 제단 숯불로 정결하게 되는 체험을 합니다.

"그 때에 그 스랍 중의 하나가 부젓가락으로 제단에서 집은 바 핀 숯을 손에 가지고 내게로 날아와서 그것을 내 입술에 대며 이르되 보라 이것이 네 입에 닿았으니 네 악이 제하여졌고 네 죄가 사하여졌느니라 하더라 내가 또 주의 목소리를 들으니 주께서 이르시되 내가 누구를 보내며 누가 우리를 위하여 갈꼬 하시니 그 때에 내가 이르되 내가 여기 있나이다 나를 보내소서 하였더니"(사 6:6~8)

하나님께서는 완고한 남유다 백성들에 대한 말씀을 미리 들려주십니다.

"여호와께서 이르시되 가서 이 백성에게 이르기를 너희가 듣기는 들어도 깨닫지 못할 것이요 보기는 보아도 알지 못하리라 하여"(사 6:9)

그리고 하나님께서는 남유다 백성들이 이후에 포로로 끌려갈 것과 '남은 자'들을 통해 구원의 역사를 이어갈 것을 말씀해주십니다.

"여호와께서 사람들을 멀리 옮기셔서 이 땅 가운데에 황폐한 곳이 많을 때까지니라 그 중에 십분의 일이 아직 남아 있을지라도 이것도 황폐하게 될 것이나 밤나무와 상수리나무가 베임을 당하여도 그 그루터기는 남아 있는 것 같이 거룩한 씨가 이 땅의 그루터기니라 하시더라"(사 6:12~13)

하나님께서 이사야 선지자에게 주신 청사진은 '심판'이었으나 심판 그 자체가 전부는 아니었습니다. 하나님께서 홍수로 세상을 심판하셨으나 노아를 통해 새로운 역사를 이어가셨던 것처럼, '거룩한 씨'를 통해 남유다와 예루살렘의 역사를 이어가게 하시는 것이 하나님께서 그리신 청사진의 핵심입니다.

하나님께서 이 청사진을 가지고 하나님과 함께 일할 이사야를 부르신 것입니다. 하나님께서는 이사야를 통해 남유다를 향한 하나님의 징계와 회복의 예언을 선포하게 하셨습니다.

● 네 번째 포인트
이사야 선지자는 아하스 왕에게 "동맹하지 말라"라고 충고합니다.

이사야가 선지자로 하나님께 소명을 받을 무렵 북이스라엘과 아람 연합군이 1차로 예루살렘을 공격하지만 그들은 예루살렘을 함락시키지 못했습니다. 이 전쟁 기록은 〈이사야〉와 〈열왕기하〉에 동시에 기록되어 있습니다.

먼저 〈이사야〉의 기록입니다.

"웃시야의 손자요 요담의 아들인 유다의 아하스 왕 때에 아람의 르신 왕과 르말리야의 아들 이스라엘의 베가 왕이 올라와서 예루살렘을 쳤

으나 능히 이기지 못하니라"(사 7:1)

이어서 〈열왕기하〉의 동일한 기록입니다.

"이 때에 아람의 왕 르신과 이스라엘의 왕 르말랴의 아들 베가가 예루살렘에 올라와서 싸우려 하여 아하스를 에워쌌으나 능히 이기지 못하니라"(왕하 16:5)

이렇게 남유다가 북이스라엘과 아람 연합군의 1차 침략을 잘 막아냈습니다. 그런데 2차로 또다시 예루살렘을 침략해온다는 소식이 퍼지자 남유다는 큰 두려움에 사로잡히게 됩니다.

"어떤 사람이 다윗의 집에 알려 이르되 아람이 에브라임과 동맹하였다 하였으므로 왕의 마음과 그의 백성의 마음이 숲이 바람에 흔들림 같이 흔들렸더라"(사 7:2)

이때 이사야 선지자가 남유다 백성들과 남유다 왕 아하스에게 하나님의 메시지를 전합니다. 현실적인 국제 정세를 보아서는 북이스라엘과 아람의 동맹이 이길 것 같지만 그들은 그들의 죄로 말미암아 멸망할 것이기 때문에 두려워하지 말라는 것입니다. 북이스라엘과 아람 연합군의 공격을 피하기 위해 '친앗수르 정책'을 폈던 아하스 왕에게 이사야 선지자는 끊임없이 하나님께로 외교 노선을 바꿀 것을 요청합니다.

이사야 선지자가 아하스 왕에게 '친앗수르 정책'을 내려놓으라고 한 것은 다음의 세 가지 중요한 이유 때문이었습니다.

첫째, 형제국 북이스라엘이 멸망하는데 어떤 빌미도 제공해서는 안 된다는 것입니다.

둘째, 앗수르와 가까이하면 앗수르의 종교적 영향이 문제가 될 것이기 때문입니다.

셋째, 결국 앗수르가 제국주의의 본성을 드러내어 남유다를 침략할 것이기 때문입니다.

이사야 선지자가 아하스에게 '앗수르는 하나님께서 잠시 사용하는 막대기'에 불과하다고 아무리 알려줘도 그는 끝내 듣지 않습니다. 오히려 자신의 국제 감각과 외교 정책에 선지자가 개입하는 것에 대해 무시하는 태도로 일관합니다. 그래도 이사야는 끝까지 포기하지 않고 "동맹하지 말라"라고 아하스 왕을 설득합니다. 친앗수르도 반앗수르도, 친애굽도 반애굽도 하지 말라는 것입니다. 그 이유는 다음과 같습니다.

첫째, 북이스라엘은 앗수르에 의해 멸망할 것입니다.

둘째, 앗수르 출병 명분을 제공하지 말라는 것입니다.

셋째, 앗수르 출병은 남유다에게 막대한 경제적 손해를 입힐 것이기 때문입니다.

넷째, 형제의 멸망을 도와서는 안 된다는 것입니다.

다섯째, 이방 종교가 유입될 것이기 때문입니다. 그러나 끝내 이사야 선지자의 충고를 듣지 않고 자신의 외교 정책을 선택한 아하스 왕은 결국 앗수르를 의지했고 앗수르 왕에게 전쟁 명분을 제공합니다.

"아하스가 여호와의 전과 왕궁과 방백들의 집에서 재물을 가져다가 앗수르 왕에게 주었으나 그에게 유익이 없었더라"(대하 28:21)

● **다섯 번째 포인트**

하나님께서는 이사야에게 북이스라엘과 아람 동맹의 실패를 미리 알려주십니다.

"그 때에 여호와께서 이사야에게 이르시되 너와 네 아들 스알야숩은 윗못 수도 끝 세탁자의 밭 큰 길에 나가서 아하스를 만나 그에게 이르기를 너는 삼가며 조용하라 르신과 아람과 르말리야의 아들이 심히 노할지라도 이들은 연기 나는 두 부지깽이 그루터기에 불과하니 두려워하지 말며 낙심하지 말라"(사 7:3~4)

여기에서 이사야의 아들 스알야숩의 이름은 '남은 자가 돌아오리라'는 뜻으로 '남은 자'의 구원을 말씀하신 것입니다. 하나님께서는 이사야 선지자를 통해 북이스라엘의 완전한 멸망을 예언하게 하십니다.

"대저 아람의 머리는 다메섹이요 다메섹의 머리는 르신이며 육십오년 내에 에브라임이 패망하여 다시는 나라를 이루지 못할 것이며"(사 7:8)

이사야 선지자의 예언대로 북이스라엘은 멸망하고 앗수르의 식민지 정책에 따라 혼혈족 '사마리아인'이 되어 다시는 나라를 세우지 못하게 됩니다. 사실 하나님께서는 이사야를 통해 아하스 왕에게 하나님의 말씀을 믿을 수 있도록 징조를 구하라고 하셨지만, 아하스 왕은 끝내 이를 거부했습니다.

"너는 네 하나님 여호와께 한 징조를 구하되 깊은 데에서든지 높은 데에서든지 구하라 하시니 아하스가 이르되 나는 구하지 아니하겠나이다 나는 여호와를 시험하지 아니하겠나이다 한지라"(사 7:11~12)

그때 하나님께서는 이사야 선지자를 통해 메시아 탄생을 예언하게 하십니다.

"그러므로 주께서 친히 징조를 너희에게 주실 것이라 보라 처녀가 잉태하여 아들을 낳을 것이요 그의 이름을 임마누엘이라 하리라"(사 7:14)

"이 모든 일이 된 것은 주께서 선지자로 하신 말씀을 이루려 하심이니 이르시되 보라 처녀가 잉태하여 아들을 낳을 것이요 그의 이름은 임마누엘이라 하리라 하셨으니 이를 번역한즉 하나님이 우리와 함께 계시다 함이라"(마 1:22~23)

아하스는 이사야가 훤하게 뚫고 있는 제국주의의 본질을 알지 못했습니다. 그래서 아하스에게 하나님의 세계 경영 능력이 믿어지지 않으면 어떤 징조라도 구하라고 했으나 아하스는 놀라운(?) 믿음으로 하나님을 시험하지 않겠다며 징조조차 구하지 않았던 것입니다.

아하스는 하나님의 능력에 관심이 없고 하나님을 의지할 마음도 없었습니다. 이때 이사야를 통해 주신 예언이 바로 예수님의 탄생입니다. 이사야의 예언은 계속됩니다.

"여호와께서 에브라임이 유다를 떠날 때부터 당하여 보지 못한 날을 너와 네 백성과 네 아버지 집에 임하게 하시리니 곧 앗수르 왕이 오는 날이니라 그 날에는 여호와께서 애굽 하수에서 먼 곳의 파리와 앗수르 땅의 벌을 부르시리니 다 와서 거친 골짜기와 바위 틈과 가시나무 울타리와 모든 초장에 앉으리라"(사 7:17~19)

결국 남유다는 앗수르에 큰 피해를 입게 됩니다.

"히스기야 왕 제십사년에 앗수르의 왕 산헤립이 올라와서 유다 모든 견고한 성읍들을 쳐서 점령하매"(왕하 18:13)

남유다를 향한 하나님의 계획은 이미 확정되었고 이 청사진을 가지고 하나님과 함께 일할 사람이 필요할 때 나선 사람이 바로 이사야 선지자입니다.

죄악에 물든 남유다 백성들에게 누구를 보낼까 고민하시는 하나님 앞에서 이사야는 "내가 여기 있나이다. 나를 보내소서"라고 말합니다. 쉽지 않은 길이라는 것을 알았을 텐데도 머뭇거리지 않았습니다. 이사야가 하나님의 부르심에 응답했기에 남유다를 향한 하나님의 징계와 회복의 예언이 선포될 수 있었습니다.

179일

가까운 미래와 먼 미래(사 8~12장)

애피타이저 APPETIZER

하나님께서는 아람과 북이스라엘 연합군에 대한 두려움 때문에 앗수르를 의지하려고 하는 남유다를 향해 이들은 앗수르에 의해 곧 멸망할 것이라고 말씀하십니다. 그러나 남유다 아하스 왕은 하나님의 말씀을 믿고 의지하기보다는 눈에 보이는 큰 나라 앗수르를 의지합니다. 그러자 하나님께서는 이사야를 통해 메시아의 모습에 대한 구체적인 예언까지 알려주시며 결국 앗수르도 하나님의 심판을 받게 될 것이라고 말씀하십니다.

세계가 다 하나님께 속해 있습니다. 이는 B.C.8세기에만 그랬던 것이 아닙니다. 태초부터 종말까지 세계는 언제나 하나님께 모두 속해 있습니다. 그리고 온 우주만물을 창조하신 하나님께서 세계를 경영하십니다.

성경통독 BIBLETONGDOK

《일년일독 통독성경》 이사야 8~12장

통通으로 숲이야기 ; 통숲 TONG OBSERVATION

● **첫 번째 포인트**

하나님께서는 이사야와 하박국 선지자에게 글을 서판에 기록하게 하십니다.

하나님께서 B.C.8세기 이사야 선지자를 통해 서판에 기록하게 하신 말씀은 다음과 같습니다.

"여호와께서 내게 이르시되 너는 큰 서판을 가지고 그 위에 통용 문자로 마헬살랄하스바스라 쓰라 내가 진실한 증인 제사장 우리야와 여베레기야의 아들 스가랴를 불러 증언하게 하리라"(사 8:1~2)

이후 B.C.6세기에 하나님께서 하박국 선지자를 통해서도 서판에 기록하게 하셔서 당시 모든 남유다 백성들이 달려가면서도 읽을 수 있도록 하십니다.

"여호와께서 내게 대답하여 이르시되 너는 이 묵시를 기록하여 판에 명백히 새기되 달려가면서도 읽을 수 있게 하라 이 묵시는 정한 때가 있나니 그 종말이 속히 이르겠고 결코 거짓되지 아니하리라 비록 더딜지라도 기다리라 지체되지 않고 반드시 응하리라"(합 2:2~3)

하나님께서 이사야 선지자를 통해 서판에 기록하게 하신 '마헬살랄하스바스'는 '노략이 속히 오리라'는 뜻으로 이는 아람의 수도 다메섹과 북이스라엘의 수도 사마리아가 속히 멸망하게 될 것을 예언한 것입니다.

하나님께서는 이사야 선지자에게 '마헬살랄하스바스'를 서판에 써서 남유다의 아하스 왕에게 전하게 하셨습니다. 또한 이사야의 태어날 아들 이름을 '마헬살랄하스바스'로 하도록 하셨습니다.

"내가 내 아내를 가까이 하매 그가 임신하여 아들을 낳은지라 여호와께서 내게 이르시되 그의 이름을 마헬살랄하스바스라 하라 이는 이 아이가 내 아빠, 내 엄마라 부를 줄 알기 전에 다메섹의 재물과 사마리아의 노략물이 앗수르 왕 앞에 옮겨질 것임이라 하시니라"(사 8:3~4)

그 후 하나님의 이 말씀은 곧 현실이 됩니다.

"앗수르 왕이 그 청을 듣고 곧 올라와서 다메섹을 쳐서 점령하여 그 백성을 사로잡아 기르로 옮기고 또 르신을 죽였더라"(왕하 16:9)

"호세아 제구년에 앗수르 왕이 사마리아를 점령하고 이스라엘 사람을 사로잡아 앗수르로 끌어다가 고산 강 가에 있는 할라와 하볼과 메대 사람의 여러 고을에 두었더라"(왕하 17:6)

또한 하나님께서는 이사야 선지자에게 앗수르가 아람과 북이스라엘을 치고 이어서 남유다까지도 침략하게 될 것이라고 예언하게 하십니다.

"그러므로 주 내가 흉용하고 창일한 큰 하수 곧 앗수르 왕과 그의 모든 위력으로 그들을 뒤덮을 것이라 그 모든 골짜기에 차고 모든 언덕에 넘쳐"(사 8:7)

하나님께서는 남유다가 "천천히 흐르는 실로아 물" 같은 하나님을 저버리고, "흉용하고 창일한 큰 하수" 같은 앗수르를 의지한 것을 책망하십니다. 이어서 하나님께서는 이사야 선지자를 통해 멸망할 자와 구원받을 자를 구분해주십니다.

"너희 민족들아 함성을 질러 보아라 그러나 끝내 패망하리라 너희 먼 나라 백성들아 들을지니라 너희 허리를 동이라 그러나 끝내 패망하리라 너희 허리에 띠를 띠라 그러나 끝내 패망하리라"(사 8:9)

"만군의 여호와 그를 너희가 거룩하다 하고 그를 너희가 두려워하며 무서워할 자로 삼으라 그가 성소가 되시리라 그러나 이스라엘의 두 집에는 걸림돌과 걸려 넘어지는 반석이 되실 것이며 예루살렘 주민에게는 함정과 올무가 되시리니 많은 사람들이 그로 말미암아 걸려 넘어질 것이며 부러질 것이며 덫에 걸려 잡힐 것이니라"(사 8:13~15)

하나님 대신 끝까지 앗수르만을 의지한 아하스 왕으로 인해 하나님께서는 하나님의 예언이 성취되는 날 이를 증거로 삼기 위해 예언의 말씀을 모두 봉(封)하겠다고 하십니다.

"너는 증거의 말씀을 싸매며 율법을 내 제자들 가운데에서 봉함하라"(사 8:16)

한편, 하나님께서는 이사야의 두 아들의 이름을 통해 회복과 심판에 대해서 미리 말씀해주십니다.

"보라 나와 및 여호와께서 내게 주신 자녀들이 이스라엘 중에 징조와 예표가 되었나니 이는 시온 산에 계신 만군의 여호와께로 말미암은 것이니라"(사 8:18)

이사야의 큰아들 이름은 '스알야숩'으로 '남은 자가 돌아오리라'는 뜻입니다. 이는 하나님께서 '남은 자'를 통해 다시 '회복'시켜주실 것을 말씀하신 것입니다.

또한 하나님께서는 이사야 선지자를 통해 거짓 예언을 경계하게 하시며 거짓 예언에 대해 반드시 심판할 것을 경고하십니다.

"어떤 사람이 너희에게 말하기를 주절거리며 속살거리는 신접한 자와 마술사에게 물으라 하거든 백성이 자기 하나님께 구할 것이 아니냐 산 자를 위하여 죽은 자에게 구하겠느냐 하라"(사 8:19)

하나님께서 이 말씀을 하신 이유는 당시 남유다의 상태를 꼬집어 지적하신 것입니다.

"그들의 하나님 여호와의 모든 명령을 버리고 자기들을 위하여 두 송아지 형상을 부어 만들고 또 아세라 목상을 만들고 하늘의 일월 성신을 경배하며 또 바알을 섬기고 또 자기 자녀를 불 가운데로 지나가게 하며 복술과 사술을 행하고 스스로 팔려 여호와 보시기에 악을 행하여 그를 격노하게 하였으므로"(왕하 17:16~17)

하나님께서는 당시 남유다의 상태를 지적하시며 그들이 끝내 우상들을 섬기고 의존한다면 그들에게는 멸망만 남게 될 것이라고 경고하십니다.

"땅을 굽어보아도 환난과 흑암과 고통의 흑암뿐이리니 그들이 심한 흑암 가운데로 쫓겨 들어가리라"(사 8:22)

이사야 선지자는 "환난과 흑암과 고통의 흑암"을 반복해서 쓰고 또 쓰며 하나님의 심판을 계속해서 경고합니다.

● 두 번째 포인트

하나님께서는 선지자들을 통해 가까운 미래와 먼 미래를 묶어서 말씀하십니다.

B.C.8세기에 하나님께서는 선지자들을 통해 곧 닥쳐올 가까운 미래인 북이스라엘의 멸망과 800년 후 오실 먼 미래인 메시아 탄생 이야기를 함께 묶어서 예언하게 하십니다. 먼저 하나님께서 이사야 선지자를 통해 '먼 미래' 즉 800년 후에 오실 메시아 탄생의 예언을 말씀하십니다.

"전에 고통 받던 자들에게는 흑암이 없으리로다 옛적에는 여호와께서 스불론 땅과 납달리 땅이 멸시를 당하게 하셨더니 후에는 해변 길과 요단 저쪽 이방의 갈릴리를 영화롭게 하셨느니라 흑암에 행하던 백성이 큰 빛을 보고 사망의 그늘진 땅에 거주하던 자에게 빛이 비치도다"(사 9:1~2)

"이는 한 아기가 우리에게 났고 한 아들을 우리에게 주신 바 되었는데 그의 어깨에는 정사를 메었고 그의 이름은 기묘자라, 모사라, 전능하신 하나님이라, 영존하시는 아버지라, 평강의 왕이라 할 것임이라"(사 9:6)

이사야 선지자를 통한 이 예언은 800년 후에 성취됩니다.

"나사렛을 떠나 스불론과 납달리 지경 해변에 있는 가버나움에 가서 사시니 이는 선지자 이사야를 통하여 하신 말씀을 이루려 하심이라 일렀으되 스불론 땅과 납달리 땅과 요단 강 저편 해변 길과 이방의 갈릴리여 흑암에 앉은 백성이 큰 빛을 보았고 사망의 땅과 그늘에 앉은 자들에게 빛이 비치었도다 하였느니라"(마 4:13~16)

그리고 하나님께서는 이사야 선지자를 통해 메시아 탄생과 함께 메시아의 통치에 대해서도 예언하게 하십니다.

"그 정사와 평강의 더함이 무궁하며 또 다윗의 왕좌와 그의 나라에 군림하여 그 나라를 굳게 세우고 지금 이후로 영원히 정의와 공의로 그것을 보존하실 것이라 만군의 여호와의 열심이 이를 이루시리라"(사 9:7)

이사야 선지자의 예언은 이후 다니엘 선지자의 예언으로 이어집니다.

"나라와 권세와 온 천하 나라들의 위세가 지극히 높으신 이의 거룩한 백성에게 붙인 바 되리니 그의 나라는 영원한 나라이라 모든 권세 있는 자들이 다 그를 섬기며 복종하리라"(단 7:27)

그리고 이사야 선지자의 예언은 800년 후에 가브리엘 천사의 선포로 성취됩니다.

"그가 큰 자가 되고 지극히 높으신 이의 아들이라 일컬어질 것이요 주 하나님께서 그 조상 다윗의 왕위를 그에게 주시리니 영원히 야곱의 집을 왕으로 다스리실 것이며 그 나라가 무궁하리라"(눅 1:32~33)

이처럼 하나님께서는 이사야 선지자를 통해 먼 미래에 관한 예언을 하게 하신 후 계속해서 가까운 미래인 북이스라엘의 심판을 예언하게 하십니다.

첫째, 북이스라엘의 멸망에 관한 예언입니다.

"그러므로 여호와께서 르신의 대적들을 일으켜 그를 치게 하시며 그의 원수들을 격동시키시리니 앞에는 아람 사람이요 뒤에는 블레셋 사람이라 그들이 모두 입을 벌려 이스라엘을 삼키리라 그럴지라도 여호와의 진노가 돌아서지 아니하며 그의 손이 여전히 펴져 있으리라"(사 9:11~12)

둘째, 멸망으로 이끈 북이스라엘이 행한 죄악들입니다.

"이 백성이 모두 경건하지 아니하며 악을 행하며 모든 입으로 망령되이 말하니 그러므로 주께서 그들의 장정들을 기뻐하지 아니하시며 그들의 고아와 과부를 긍휼히 여기지 아니하시리라 그럴지라도 여호와의 진노가 돌아서지 아니하며 그의 손이 여전히 펴져 있으리라"(사 9:17)

셋째, 죄악 때문에 북이스라엘은 하나님의 진노로 반드시 멸망합니다.

"만군의 여호와의 진노로 말미암아 이 땅이 불타리니 … 므낫세는 에브라임을, 에브라임은 므낫세를 먹을 것이요 또 그들이 합하여 유다를

치리라 그럴지라도 여호와의 진노가 돌아서지 아니하며 그의 손이 여전히 펴져 있으리라"(사 9:19~21)

하나님께서는 이사야 7장을 통해 말씀하신 '임마누엘', 이사야 8장의 '마헬살랄하스바스'의 상징, 이사야 9장의 '메시아 탄생' 예언에도 불구하고 눈에 보이는 앗수르를 의지하는 남유다에게 진노하십니다. 앗수르는 하나님께서 쓰시는 심판의 도구일 뿐입니다. 모든 민족의 흥망성쇠를 결정하시는 분은 오직 살아계신 하나님뿐입니다.

● 세 번째 포인트
앗수르 제국은 하나님의 진노의 막대기입니다.

하나님께서는 계속해서 북이스라엘 지도자들의 죄악을 말씀하십니다.

"불의한 법령을 만들며 불의한 말을 기록하며 가난한 자를 불공평하게 판결하여 가난한 내 백성의 권리를 박탈하며 과부에게 토색하고 고아의 것을 약탈하는 자는 화 있을진저"(사 10:1~2)

북이스라엘의 지도자들은 오래전 모세를 통해 주신 말씀을 기억하지 않았습니다.

"너는 과부나 고아를 해롭게 하지 말라 네가 만일 그들을 해롭게 하므로 그들이 내게 부르짖으면 내가 반드시 그 부르짖음을 들으리라"(출 22:22~23)

이렇게 이사야 선지자를 통해 북이스라엘 지도자들의 죄를 지적하신 하나님께서는 이어서 앗수르에 대해서도 하나님의 뜻을 밝히십니다.

"앗수르 사람은 화 있을진저 그는 내 진노의 막대기요 그 손의 몽둥이는 내 분노라"(사 10:5)

그런데 앗수르는 세계 경영의 주인이 누구신지도 모르고 교만했습니다.

"그의 말에 나는 내 손의 힘과 내 지혜로 이 일을 행하였나니 나는 총명한 자라 열국의 경계선을 걷어치웠고 그들의 재물을 약탈하였으며 또 용감한 자처럼 위에 거주한 자들을 낮추었으며"(사 10:13)

나라의 경계는 앗수르 제국이 정하는 것이 아니라 하나님께서 정하십니다.

"한계를 정하여 문빗장을 지르고 이르기를 네가 여기까지 오고 더 넘어가지 못하리니 네 높은 파도가 여기서 그칠지니라 하였노라"(욥 38:10~11)

"인류의 모든 족속을 한 혈통으로 만드사 온 땅에 살게 하시고 그들의

연대를 정하시며 거주의 경계를 한정하셨으니"(행 17:26)

하나님께서는 앗수르를 징계할 계획을 다음과 같이 밝히십니다.

"그러므로 주께서 주의 일을 시온 산과 예루살렘에 다 행하신 후에 앗수르 왕의 완악한 마음의 열매와 높은 눈의 자랑을 벌하시리라"(사 10:12)

"그러므로 주 만군의 여호와께서 이르시되 시온에 거주하는 내 백성들아 앗수르가 애굽이 한 것처럼 막대기로 너를 때리며 몽둥이를 들어 너를 칠지라도 그를 두려워하지 말라 내가 오래지 아니하여 네게는 분을 그치고 그들은 내 진노로 멸하리라 하시도다"(사 10:24~25)

이는 하나님께서 남유다를 징계하신 후 바벨론 제국을 들어 앗수르를 징계할 것을 밝히신 말씀입니다. 그리고 앗수르에 대한 징계는 히스기야 왕 때 시작됩니다.

"이 밤에 여호와의 사자가 나와서 앗수르 진영에서 군사 십팔만 오천 명을 친지라 아침에 일찍이 일어나 보니 다 송장이 되었더라"(왕하 19:35)

하나님께서는 이렇게 이사야 선지자에게 앗수르 제국의 멸망을 예언하게 하시고 남유다가 바벨론 제국에게 망할 것과 백성들이 바벨론 포로에서 귀환하게 될 것까지 예언하게 하십니다.

"남은 자 곧 야곱의 남은 자가 능하신 하나님께로 돌아올 것이라 이스라엘이여 네 백성이 바다의 모래 같을지라도 남은 자만 돌아오리니 넘치는 공의로 파멸이 작정되었음이라"(사 10:21~22)

이사야 선지자의 예언은 남유다 백성들이 70년간 바벨론 포로로 있다가 예루살렘으로 귀환하면서 성취됩니다(스 2:1).

● **네 번째 포인트**

이사야 11장 1절과 마태복음 1장 1절은 밀접하게 연결되어 있습니다.

하나님께서는 이사야 선지자를 통해 다윗의 후손 가운데 메시아가 탄생하게 될 것을 예언하게 하십니다.

"이새의 줄기에서 한 싹이 나며 그 뿌리에서 한 가지가 나서 결실할 것이요"(사 11:1)

이 예언은 800년 후에 성취됩니다.

"아브라함과 다윗의 자손 예수 그리스도의 계보라"(마 1:1)

또한 하나님께서는 이사야 선지자를 통해 평화의 나라, 메시아 왕국을 예언하게 하십니다.

"그 때에 이리가 어린 양과 함께 살며 표범이 어린 염소와 함께 누우며 송아지와 어린 사자와 살진 짐승이 함께 있어 어린 아이에게 끌리며 암소와 곰이 함께 먹으며 그것들의 새끼가 함께 엎드리며 사자가 소처럼 풀을 먹을 것이며 젖 먹는 아이가 독사의 구멍에서 장난하며 젖 뗀 어린 아이가 독사의 굴에 손을 넣을 것이라 내 거룩한 산 모든 곳에서 해됨도 없고 상함도 없을 것이니 이는 물이 바다를 덮음 같이 여호와를 아는 지식이 세상에 충만할 것임이니라"(사 11:6~9)

"보좌에 앉으신 이가 이르시되 보라 내가 만물을 새롭게 하노라 하시고 또 이르시되 이 말은 신실하고 참되니 기록하라 하시고"(계 21:5)

이어서 하나님께서는 이사야 선지자를 통해 '남은 자'들이 돌아오게 될 것을 예언하게 하십니다.

"그 날에 이새의 뿌리에서 한 싹이 나서 만민의 기치로 설 것이요 열방이 그에게로 돌아오리니 그가 거한 곳이 영화로우리라"(사 11:10)

이는 1차적으로는 바벨론 포로 귀환을 예언한 것입니다. 그리고 2차적으로는 온 열방에 복음이 전파될 것을 예언한 것입니다.

"우리는 바대인과 메대인과 엘람인과 또 메소보다미아, 유대와 갑바도기아, 본도와 아시아, 브루기아와 밤빌리아, 애굽과 및 구레네에 가까운 리비야 여러 지방에 사는 사람들과 로마로부터 온 나그네 곧 유대인과 유대교에 들어온 사람들과 그레데인과 아라비아인들이라 우리가 다 우리의 각 언어로 하나님의 큰 일을 말함을 듣는도다 하고"(행 2:9~11)

그리고 궁극적으로는 하나님 나라의 도래를 예언한 것입니다.

"그 때에 인자의 징조가 하늘에서 보이겠고 그 때에 땅의 모든 족속들이 통곡하며 그들이 인자가 구름을 타고 능력과 큰 영광으로 오는 것을 보리라 그가 큰 나팔소리와 함께 천사들을 보내리니 그들이 그의 택하신 자들을 하늘 이 끝에서 저 끝까지 사방에서 모으리라"(마 24:30~31)

● 다섯 번째 포인트

이사야 선지자는 훗날에 하나님께 드릴 노래를 미리 불러봅니다.

하나님의 메시지를 전한 이사야 선지자가 메시아를 통해 주신 구원의 은혜에 하나님께 감사를 드립니다.

"보라 하나님은 나의 구원이시라 내가 신뢰하고 두려움이 없으리니 주 여호와는 나의 힘이시며 나의 노래시며 나의 구원이심이라 그러므로 너희가 기쁨으로 구원의 우물들에서 물을 길으리로다"(사 12:2~3)

"하늘이여 들으라, 땅이여 귀를 기울이라"라며 탄식했던 이사야가 하나님께 이 찬양을 드리기까지 하나님께서는 참으로 오래 참고 기다리셨습니다. 이사야의 찬양은 모든 고통 가운데 메시아가 임할 나라를 생각하며 구원의 하나님께 드리는 기쁨과 감사의 찬양입니다. 믿음은 우리의 눈을 현재에 고정시키지 않고 미래를 향해 활짝 열어주는 길과 같습니다.

이사야 선지자가 부르는 이 노래는 사망의 음침한 골짜기에서 부르는 소망의 찬양입니다. 현재의 삶은 고단하고 힘들지만 미래에 있을 하나님의 구원을 바라며 부르는 아름다운 송가입니다. 이제 이사야 선지자는 '함께' 찬양하자며 남유다 백성들을 독려합니다.

> "그 날에 너희가 또 말하기를 여호와께 감사하라 그의 이름을 부르며 그의 행하심을 만국 중에 선포하며 그의 이름이 높다 하라"(사 12:4)

이사야 선지자는 훗날 남유다 백성들이 하나님께 올려드리게 될 감사의 노래를 미리 불러봅니다. 징계 뒤에 위로하시는 하나님께로부터 진정한 사랑을 느꼈기에 남유다 백성들은 기쁨으로 하나님께 속하겠노라고 노래합니다.

디저트 DESSERT

하나님의 도구로 쓰임을 받는다는 것은 참으로 기대되는 일이며 자신의 가치를 인정받게 되는 감사한 일입니다. 그러나 더 중요한 것은 도구로 쓰일 때 주인의 마음을 잘 알아야 그 마음에 합하게 쓰일 수 있습니다.

그러나 앗수르는 그 마음이 하나님의 본뜻과는 달리 많은 나라를 파괴하며 멸절하기를 즐기고 자신들의 승리가, 곧 자신들이 믿는 신이 다른 나라의 신을 이기는 것이라고 착각하는 교만과 오만불손함을 보였습니다. 결국 그들은 그들의 교만과 악함으로 스스로 멸망 길을 택하고 말았습니다.

앗수르는 B.C.609년 신흥 강대국 바벨론에게 수백 년을 이어온 상(上)아시아의 주인 자리를 완전하게 내주게 됩니다. 앗수르의 수도 니느웨는 B.C.612년 이미 바벨론에 의해 함락되고 하란으로 수도를 옮긴 앗수르는 바벨론의 공격으로 인해 B.C.610년에 하란까지 내주게 됩니다. 이때 앗수르 제국을 계승할 야심을 품고 앗수르 패잔병들과 함께 바벨론을 대항하려 했던 애굽의 바로 느고가 B.C.609년 하란을 재탈환하려다 실패함으로 앗수르는 B.C.609년 제국으로서의 깃발을 완전히 내려놓게 됩니다. 이 모든 것이 하나님의 세계 경영입니다.

180일

'모든 민족'을 향한 하나님의 경고 (사 13~17장)

애피타이저 APPETIZER

이사야 13장부터 시작되는 열방을 향한 심판의 예언은 오직 하나님만이 세계를 경영하시는 주권자임을 강조합니다. 남유다가 하나님의 다스림을 거부하고 아람과 북이스라엘의 침략을 막기 위해 앗수르에게 도움을 요청한 덕분에 전쟁 명분을 얻게 된 앗수르는 마치 정의의 사자라도 된 것처럼 북이스라엘과 아람을 공격해 정복합니다. 그리고 약소국 남유다를 도와준 대가로 엄청난 조공을 요구하는 동시에 남유다를 칠 빌미를 만들어갑니다.

이런 상황 가운데 남유다 아하스 왕은 앗수르의 아람 정복 개

선식에 참여했다가 앗수르의 우상숭배 제단을 보고 와서 예루살렘에 앗수르식 우상숭배 제단 모형을 만들고 섬기기까지 합니다. 그 후 예루살렘과 하나님의 성전을 피폐하게 만든 아하스가 죽고 그 뒤를 이어 아하스의 아들 히스기야가 남유다의 왕이 됩니다.

성경통독 BIBLETONGDOK

《일년일독 통독성경》 이사야 13~17장

통通으로 숲이야기 ; 통숲 TONG OBSERVATION

● 첫 번째 포인트

'모든 민족'에 대한 하나님의 경고는 아모스와 이사야 선지자에 이어 예레미야와 에스겔 선지자를 통해서도 계속됩니다.

하나님께서는 이사야 선지자를 통해 남유다 주변 국가들에 대한 하나님의 심판 메시지를 전하십니다. 이는 이사야 13장부터 23장까지 계속됩니다. 심판의 대상은 바벨론, 앗수르, 블레셋, 모압, 아람, 애굽, 구스, 에돔, 아라비아, 두로입니다. 이러한 이방 민족들에 대한 경고는 〈아모스〉에 이어 〈이사야〉에도 나타나며 앞으로 〈예레미야〉와 〈에스겔〉을 통해서 계속될 것입니다.

첫 번째 대상은 바로 바벨론입니다.

"아모스의 아들 이사야가 바벨론에 대하여 받은 경고라"(사 13:1)

"산에서 무리의 소리가 남이여 많은 백성의 소리 같으니 곧 열국 민족이 함께 모여 떠드는 소리라 만군의 여호와께서 싸움을 위하여 군대를 검열하심이로다 무리가 먼 나라에서, 하늘 끝에서 왔음이여 곧 여호와와 그의 진노의 병기라 온 땅을 멸하려 함이로다"(사 13:4~5)

여기에서 '하나님께서 모집하신 군대'는 메대와 바사의 연합군으로 바벨론 제국을 멸망시킬 페르시아 제국의 군대를 말합니다.

"보라 은을 돌아보지 아니하며 금을 기뻐하지 아니하는 메대 사람을 내가 충동하여 그들을 치게 하리니 메대 사람이 활로 청년을 쏘아 죽이며 태의 열매를 긍휼히 여기지 아니하며 아이를 애석하게 보지 아니하리라"(사 13:17~18)

결국 바벨론이 받게 될 하나님의 심판은 다음과 같습니다.

"뭇 백성 곧 메대 사람의 왕들과 그 도백들과 그 모든 태수와 그 관할하는 모든 땅을 준비시켜 그를 치게 하라 땅이 진동하며 소용돌이치나니 이는 여호와께서 바벨론을 쳐서 그 땅으로 황폐하여 주민이 없게 할 계획이 섰음이라"(렘 51:28~29)

바벨론은 남유다를 심판하는 도구로 쓰임을 받게 됩니다. 그러나 이후에는 심판의 대상이 될 것입니다. 바벨론은 은금이 풍부했으나 그들이 자랑하는 은금도 그들을 살려주지 못할 것입니다. 교만한 자의 오만과 강포한 자의 거만은 하나님께서 내리시는 심판의 대상이 될 수밖에 없습니다.

"그러므로 나 만군의 여호와가 분하여 맹렬히 노하는 날에 하늘을 진동시키며 땅을 흔들어 그 자리에서 떠나게 하리니 그들이 쫓긴 노루나 모으는 자 없는 양 같이 각기 자기 동족에게로 돌아가며 각기 본향으로 도망할 것이나"(사 13:13~14)

"열국의 영광이요 갈대아 사람의 자랑하는 노리개가 된 바벨론이 하나님께 멸망 당한 소돔과 고모라 같이 되리니"(사 13:19)

이사야 선지자를 통한 하나님의 말씀대로 B.C.539년에 바벨론 제국은 페르시아 제국에 의해 멸망하게 됩니다.

"여호와의 말씀이니라 칠십 년이 끝나면 내가 바벨론의 왕과 그의 나라와 갈대아인의 땅을 그 죄악으로 말미암아 벌하여 영원히 폐허가 되게 하되 내가 그 땅을 향하여 선언한 바 곧 예레미야가 모든 민족을 향하여 예언하고 이 책에 기록한 나의 모든 말을 그 땅에 임하게 하리라"(렘 25:12~13)

● 두 번째 포인트

하나님께서는 바벨론과 앗수르 그리고 블레셋에 대해 심판을 선언하십니다.

하나님께서는 이사야 선지자를 통해 남유다 백성들이 장차 70년 동안 바벨론에서 포로 생활을 하고 난 후 다시 예루살렘으로 귀환하게 될 것을 예언하게 하십니다.

"여호와께서 야곱을 긍휼히 여기시며 이스라엘을 다시 택하여 그들의 땅에 두시리니 나그네 된 자가 야곱 족속과 연합하여 그들에게 예속될 것이며 민족들이 그들을 데리고 그들의 본토에 돌아오리니 이스라엘 족속이 여호와의 땅에서 그들을 얻어 노비로 삼겠고 전에 자기를 사로잡던 자들을 사로잡고 자기를 압제하던 자들을 주관하리라"(사 14:1~2)

그리고 하나님께서는 이사야 선지자를 통해 바벨론 포로에서 귀환한 남유다 백성들이 다시 부르게 될 노래에 대해 예언하게 하십니다.

"너는 바벨론 왕에 대하여 이 노래를 지어 이르기를 압제하던 자가 어찌 그리 그쳤으며 강포한 성이 어찌 그리 폐하였는고 여호와께서 악인의 몽둥이와 통치자의 규를 꺾으셨도다"(사 14:4~5)

"만군의 여호와께서 말씀하시되 내가 일어나 그들을 쳐서 이름과 남

은 자와 아들과 후손을 바벨론에서 끊으리라 나 여호와의 말이니라"(사 14:22)

이 노래는 미리 불러보는 승전가입니다. 승전가는 전쟁에서 승리하고 개선한 군대가 큰 기쁨으로 부르는 노래입니다. 그런데 하나님께서 남유다 백성들을 향해 바벨론으로부터 해방될 것과 바벨론 왕의 죄악을 고발하는 특별한 승전가를 알려주시며 미리 부르게 하신 것입니다.

남유다 백성들이 이 노래를 전해 받은 시기는 극심한 고통과 패배의 쓴맛이 백성들을 괴롭히던 시기였습니다. 그런데 승리의 노래라니, 이게 무슨 말입니까? 이것은 하나님께서 반드시 남유다를 회복시켜주시겠다는 강한 결단의 표현이었습니다. 약속의 표징이었던 것입니다. 하나님께서는 이사야 선지자에게 바벨론에 대한 심판의 메시지를 전하게 하신 후 앗수르의 멸망을 예언하게 하십니다.

"내가 앗수르를 나의 땅에서 파하며 나의 산에서 그것을 짓밟으리니 그 때에 그의 멍에가 이스라엘에게서 떠나고 그의 짐이 그들의 어깨에서 벗어질 것이라 이것이 온 세계를 향하여 정한 경영이며 이것이 열방을 향하여 편 손이라 하셨나니 만군의 여호와께서 경영하셨은즉 누가 능히 그것을 폐하며 그의 손을 펴셨은즉 누가 능히 그것을 돌이키랴"

(사 14:25~27)

이는 이미 하나님께서 밝히신 대로 앗수르가 그들의 교만과 죄악으로 멸망한다는 예언이었습니다.

"도끼가 어찌 찍는 자에게 스스로 자랑하겠으며 톱이 어찌 켜는 자에게 스스로 큰 체하겠느냐 이는 막대기가 자기를 드는 자를 움직이려 하며 몽둥이가 나무 아닌 사람을 들려 함과 같음이로다"(사 10:15)

계속해서 하나님께서는 이사야 선지자를 통해 블레셋의 멸망을 예언하게 하십니다.

"성문이여 슬피 울지어다 성읍이여 부르짖을지어다 너 블레셋이여 다 소멸되리로다 대저 연기가 북방에서 오는데 그 대열에서 벗어난 자가 없느니라"(사 14:31)

이는 남유다의 아하스 왕이 죽던 해에 하나님께서 이사야 선지자를 통해 하신 예언의 말씀이었습니다.

이때로부터 1년이 채 못되어 앗수르의 사르곤 2세가 블레셋의 가드를 점령합니다. 그리고 산헤립이 블레셋의 남은 4개 도시 국가인 아스글론, 에그론, 가사, 아스돗까지 모두 점령합니다. 이후 블레셋은 바벨론의 느부갓네살에 의해 완전히 멸망하게 됩니다.

● 세 번째 포인트

이사야 선지자는 이스라엘의 형제 나라인 모압의 멸망을 애통해합니다.

이제 하나님께서는 이사야 선지자를 통해 모압의 멸망을 예언하게 하십니다.

"모압에 관한 경고라 하룻밤에 모압 알이 망하여 황폐할 것이며 하룻밤에 모압 기르가 망하여 황폐할 것이라"(사 15:1)

이스라엘의 형제 나라인 모압이 하룻밤에 멸망할 것이라는 하나님의 말씀을 듣고 이사야는 애통해합니다.

"내 마음이 모압을 위하여 부르짖는도다 그 피난민들은 소알과 에글랏 슬리시야까지 이르고 울며 루힛 비탈길로 올라가며 호로나임 길에서 패망을 울부짖으니"(사 15:5)

과거 출애굽 때 하나님께서 이스라엘 백성들에게 모압과는 싸우지 말라고 당부하신 적이 있습니다. 왜냐하면 모압이 이스라엘과 형제 나라였기 때문입니다.

"여호와께서 내게 이르시되 모압을 괴롭히지 말라 그와 싸우지도 말라 그 땅을 내가 네게 기업으로 주지 아니하리니 이는 내가 롯 자손에게 아르를 기업으로 주었음이라"(신 2:9)

그래서 이사야 선지자는 모압의 멸망을 다른 열방들과는 다르게 '애가'로 표현합니다. 하나님께 삶의 터전을 부여받은 모압이 이스라엘의 형제 나라로서 하나님의 계획과 보호 속에서 살 수 있었을 텐데 이제 하나님의 심판 대상이 되었으니 이는 하나님의 또 다른 슬픔이었습니다. 모압은 하나님 앞에 행한 일로 인하여 자신들에게 임할 진노를 피하지 못합니다. 하나님께서는 사랑의 하나님이시지만 동시에 공의의 하나님이시기 때문입니다.

● 네 번째 포인트

아브라함의 조카 롯의 후손인 모압은 여전히 교만한 목을 치켜들고 있습니다.

하나님께서는 이사야 선지자를 통해 모압의 심판을 예언하게 하시며 동시에 모압이 하나님의 심판을 피할 수 있는 길을 말씀하십니다. 그 길은 모압이 남유다와 함께하는 것입니다.

"너희는 이 땅 통치자에게 어린 양들을 드리되 셀라에서부터 광야를 지나 딸 시온 산으로 보낼지니라"(사 16:1)

그리고 모압이 북이스라엘 멸망 후 북이스라엘 백성들을 도와주면 살길이 열린다는 것입니다.

"나의 쫓겨난 자들이 너와 함께 있게 하되 너 모압은 멸절하는 자 앞에서 그들에게 피할 곳이 되라 대저 토색하는 자가 망하였고 멸절하는 자가 그쳤고 압제하는 자가 이 땅에서 멸절하였으며"(사 16:4)

그러나 교만한 모압은 하나님의 제안을 거절합니다. 그래서 결국 하나님의 심판의 대상이 되고 맙니다.

"우리가 모압의 교만을 들었나니 심히 교만하도다 그가 거만하며 교만하며 분노함도 들었거니와 그의 자랑이 헛되도다"(사 16:6)

모압이 끝내 하나님의 말씀을 듣지 않고 멸망의 길로 나아가자 이사야 선지자가 또다시 모압을 향한 애가를 지어 부릅니다.

"그러므로 모압이 모압을 위하여 통곡하되 다 통곡하며 길하레셋 건포도 떡을 위하여 그들이 슬퍼하며 심히 근심하리니"(사 16:7)

"이러므로 내 마음이 모압을 위하여 수금 같이 소리를 발하며 내 창자가 길하레셋을 위하여 그러하도다 모압이 그 산당에서 피곤하도록 봉사하며 자기 성소에 나아가서 기도할지라도 소용없으리로다"(사 16:11~12)

모압이 온갖 방법으로 하나님 대신 우상에게 피곤할 정도로 빌어도 결국 그들은 교만으로 멸망하게 될 것이라는 말씀입니다. 마침내 모압의 멸망이 예언됩니다.

"이는 여호와께서 오래 전부터 모압을 들어 하신 말씀이거니와 이제 여호와께서 말씀하여 이르시되 품꾼의 정한 해와 같이 삼 년 내에 모압의 영화와 그 큰 무리가 능욕을 당할지라 그 남은 수가 심히 적어 보잘것없이 되리라 하시도다"(사 16:13~14)

하나님의 모압에 대한 멸망 선포는 아모스 2장에 이어 또다시 이사야를 통해 말씀하신 것입니다. 온 세상이 다 하나님께 속해 있으며 모든 역사가 하나님의 섭리 가운데 있습니다. 모압 역시 그 큰 그림 속에 놓여 있으므로 하나님께서는 모압을 심판하시기에 앞서 '경고'하십니다. 모압의 교만이 극에 달하자 하나님께서는 3년의 기한을 말씀하십니다.

하나님의 본심이 여기에 있습니다. 모압의 시작도 못마땅했고 지금의 모습도 나아질 기미가 없었지만 그들을 향한 하나님의 기대가 완전히 사라진 것이 아닙니다. 그래서 하나님께서 모압에게 '3년'을, 그리고 '남은 자'를 언급하신 이유는 하나님께서 남유다가 돌아오기를 원하시듯 모압 백성들도 하나님께로 돌아오기를 기다리며 기대하신다는 것이었습니다.

● 다섯 번째 포인트

이사야 선지자는 아람과 북이스라엘의 멸망을 다시 한번 강조합니다.

이제 하나님께서는 이사야 선지자를 통해 아람의 수도인 다메섹의 멸망을 예언하게 하십니다.

"다메섹에 관한 경고라 보라 다메섹이 장차 성읍을 이루지 못하고 무너진 무더기가 될 것이라"(사 17:1)

그리고 하나님의 말씀은 다음과 같이 성취됩니다.

"앗수르 왕이 그 청을 듣고 곧 올라와서 다메섹을 쳐서 점령하여 그 백성을 사로잡아 기르로 옮기고 또 르신을 죽였더라"(왕하 16:9)

이렇게 하나님께서는 이사야 선지자를 통해 남유다 주변 국가들인 바벨론, 앗수르, 블레셋, 모압 그리고 아람에 대한 심판의 메시지를 전하게 하신 후 북이스라엘에 대해서도 다시 말씀하십니다.

"그 날에 그 견고한 성읍들이 옛적에 이스라엘 자손 앞에서 버린 바 된 수풀 속의 처소와 작은 산 꼭대기의 처소 같아서 황폐하리니 이는 네가 네 구원의 하나님을 잊어버리며 네 능력의 반석을 마음에 두지 아니한 까닭이라"(사 17:9~10)

북이스라엘이 멸망하게 되는 이유는 그들이 하나님과 맺은 언약을 지키지 않았기 때문입니다.

"그런즉 너는 알라 오직 네 하나님 여호와는 하나님이시요 신실하신 하나님이시라 그를 사랑하고 그의 계명을 지키는 자에게는 천 대까지 그의 언약을 이행하시며 인애를 베푸시되 그를 미워하는 자에게는 당장에 보응하여 멸하시나니 여호와는 자기를 미워하는 자에게 지체하지 아니하시고 당장에 그에게 보응하시느니라"(신 7:9~10)

동서고금을 막론하고 영원한 영광을 누린 나라는 없습니다. 천년만년 지속될 것 같아 보였던 나라들도 정해진 때가 되면 영광을 뒤로하고 허무하게 역사의 뒤안길로 사라지고 맙니다.

열방의 부러움을 샀던 앗수르, 바벨론, 페르시아와 같은 나라들이 그들 자신의 죄악으로 인해 소돔과 고모라처럼 멸망할 것이라고 선포되고 있습니다. 모든 나라에는 흥망성쇠가 있습니다. 그러나 하나님 나라는 세상 나라들과 다른 영원한 나라입니다.

181일

이사야 선지자의 3년 퍼포먼스 (사 18~20장)

애피타이저 APPETIZER

B.C.8세기 남유다 형편은 주변 열강들 틈에서 바람 앞에 등불처럼 위태로웠습니다. 이러한 남유다를 깨우치기 위해 이사야는 하나님의 명령에 따라 벗은 몸과 벗은 발로 3년 동안 예루살렘 시내를 다녀야 했습니다. 이는 남유다가 하나님보다 더 의지하는 애굽과 구스의 사람들이 앗수르에 끌려가 수치를 당할 것을 이사야 선지자가 온몸으로 예언한 것입니다. 그럼에도 불구하고 남유다의 왕과 백성들은 이사야를 통한 하나님의 말씀에 귀를 기울이지 않습니다.

성경통독 BIBLETONGDOK

《일년일독 통독성경》 이사야 18~20장

통通으로 숲이야기 ; 통숲 TONG OBSERVATION

● 첫 번째 포인트

하나님께서는 남유다에게 이사야 선지자의 퍼포먼스를 통해 애굽이나 구스가 아닌 하나님을 의지하라고 말씀하십니다.

남유다는 아하스의 뒤를 이어 히스기야가 왕이 되고, 애굽을 다스리게 된 구스는 앗수르의 남하 정책에 정면으로 대응하고자 군대를 이끌고 출정하여 앗수르와 전쟁을 치릅니다. 그런데 이 전쟁에서 구스가 패배하면서 앗수르는 애굽이든 남유다든 자신들의 강력한 군사력 앞에 모두 무릎을 꿇게 될 것이라고 자부합니다. 당시 눈에 보이는 국제 정세는 한 치 앞을 내다볼 수 없는 상황이었으며 특히 앗수르는 남유다를 끊임없이 압박하고 있었습니다. 그러자 히스기야 왕은 애굽과 동맹을 맺어 앗수르를 막아보겠다는 계획을 세웁니다.

이때 하나님께서 히스기야의 친애굽 정책을 막고자 상징적으로 이사야에게 벗은 몸과 벗은 발로 3년간 예루살렘을 돌아다니라고 명하십니다. 하나님께서는 이사야의 퍼포먼스를 통해 남유다가 의지하려는 애굽과 구스가 앗수르 왕에 의해 이렇게 수치스럽게 끌려갈 것을 미리 보여주신 것입니다. 그래서 애굽이나 구스가 아닌 살아 계신 하나님을 의지하라는 것입니다.

● 두 번째 포인트

아하스는 친앗수르 정책을, 그의 아들 히스기야는 반앗수르 정책을 위해 구스와 동맹을 원합니다.

성경에서 말하는 '구스 땅'은 에티오피아를 말하기도 합니다. 구스에 대한 언급은 이사야 20장에서 다시 나오지만 하나님께서는 구스가 애굽과 함께 앗수르로 사로잡혀 가게 될 것이라고 말씀하십니다.

구스를 향한 하나님의 말씀입니다.

"갈대 배를 물에 띄우고 그 사자를 수로로 보내며 이르기를 민첩한 사절들아 너희는 강들이 흘러 나누인 나라로 가되 장대하고 준수한 백성 곧 시초부터 두려움이 되며 강성하여 대적을 밟는 백성에게로 가라 하는도다"(사 18:2)

이는 앗수르가 북이스라엘과 아람을 정복한 후 다음 차례가 될 구스가 남유다와 동맹을 하려고 왔을 때 하나님께서 구스의 멸망을 말씀하시며 본국으로 돌아가라고 말씀하십니다. 그리고 하나님께서는 이사야 선지자를 통해 결국 앗수르도 멸망하게 된다는 것을 예언하게 하십니다.

"추수하기 전에 꽃이 떨어지고 포도가 맺혀 익어갈 때에 내가 낫으로 그 연한 가지를 베며 퍼진 가지를 찍어 버려서 산의 독수리들과 땅의 들짐승들에게 던져 주리니 산의 독수리들이 그것으로 여름을 지내며 땅의 들짐승들이 다 그것으로 겨울을 지내리라 하셨음이라"(사 18:5~6)

이는 당시 앗수르의 기세를 보면 앗수르가 예루살렘을 에워싸 곧 정복할 것 같지만 앗수르는 결코 그렇게 하지 못하고 결국 비참하게 무너지게 될 것을 말씀하신 것입니다. B.C.8세기 당시 고대 근동에서 가장 거대한 나라였던 앗수르도 결국 그 영화를 오래 누리지 못하고 갈기갈기 찢어져 무너지리라는 예언이 비유적으로 그려지고 있는 것입니다.

다시 말해, 독수리와 들짐승들로 비유되는 여러 세력이 결국 그 나라 앗수르를 찢어 놓게 되리라는 것입니다. 그 위대한 나라들이 결국은 만군의 여호와 이름이 계신 시온으로 예물을 가지고 나올 것입니다.

"그 때에 강들이 흘러 나누인 나라의 장대하고 준수한 백성 곧 시초부터 두려움이 되며 강성하여 대적을 밟는 백성이 만군의 여호와께 드릴 예물을 가지고 만군의 여호와의 이름을 두신 곳 시온 산에 이르리라" (사 18:7)

● **세 번째 포인트**

애굽과 동맹을 원하는 히스기야 왕에게 하나님께서는 오히려 애굽이 망할 것이라고 말씀하십니다.

구스가 앗수르와의 전쟁에서 패배하자 이제 남유다는 애굽을 의지하려고 합니다. 그러자 하나님께서 이사야 선지자를 통해 애굽에 관한 심판의 메시지를 전하십니다.

"애굽에 관한 경고라 보라 여호와께서 빠른 구름을 타고 애굽에 임하시리니 애굽의 우상들이 그 앞에서 떨겠고 애굽인의 마음이 그 속에서 녹으리로다"(사 19:1)

애굽에 대한 하나님의 이 경고는 결국 남유다를 향한 하나님의 말씀이었습니다.

"내가 애굽인을 격동하여 애굽인을 치리니 그들이 각기 형제를 치며 각기 이웃을 칠 것이요 성읍이 성읍을 치며 나라가 나라를 칠 것이며" (사 19:2)

애굽에서 내란이 일어날 것이고 풍요가 사라질 것이라고 말씀하십니다.

"나일 가까운 곳 나일 언덕의 초장과 나일 강 가까운 곡식 밭이 다 말라서 날려가 없어질 것이며 어부들은 탄식하며 나일 강에 낚시를 던지는 자마다 슬퍼하며 물 위에 그물을 치는 자는 피곤할 것이며"(사 19:7~8)

애굽의 젖줄기라 할 수 있는 나일강에 대한 하나님의 이 말씀은 곧 애굽에 관한 경고로 직결됩니다. 나일강이 가져다주는 경제적인 풍요를 생각할 때 나일강이 마른다는 것은 엄청난 재앙이 아닐 수 없습니다. 이를 통해서 이사야는 하나님의 백성이 진정으로 의지해야 할 분이 누구신지 분명히 할 것을 촉구하고 있습니다. 눈에 보이는 군사력, 경제력보다 눈에 보이지 않는 하나님의 대한 신앙의 힘을 기억하라는 것입니다.

"여호와께서 그 가운데 어지러운 마음을 섞으셨으므로 그들이 애굽을 매사에 잘못 가게 함이 취한 자가 토하면서 비틀거림 같게 하였으니"(사 19:14)

하나님께서는 이렇게 남유다가 의지하려는 애굽에 대한 심판의 메시지를 말씀하시며 애굽이 오히려 이사야 선지자를 통해 하나님의 말씀을 듣고 남유다를 두려워할 것이라고 하십니다.

"유다의 땅은 애굽의 두려움이 되리니 이는 만군의 여호와께서 애굽에

대하여 정하신 계획으로 말미암음이라 그 소문을 듣는 자마다 떨리라"(사 19:17)

하나님께서는 하나님의 세계 경영으로 남유다를 비롯해 애굽과 앗수르까지 '모든 민족'이 평화를 찾게 될 날이 오게 될 것이라고 말씀하십니다.

"그 날에 애굽에서 앗수르로 통하는 대로가 있어 앗수르 사람은 애굽으로 가겠고 애굽 사람은 앗수르로 갈 것이며 애굽 사람이 앗수르 사람과 함께 경배하리라 그 날에 이스라엘이 애굽 및 앗수르와 더불어 셋이 세계 중에 복이 되리니 이는 만군의 여호와께서 복 주시며 이르시되 내 백성 애굽이여, 내 손으로 지은 앗수르여, 나의 기업 이스라엘이여, 복이 있을지어다 하실 것임이라"(사 19:23~25)

● **네 번째 포인트**

이사야 선지자는 남유다와 애굽의 동맹을 막기 위해 3년간 벗은 몸과 벗은 발로 다니며 스스로 증표와 예표가 됩니다.

B.C.8세기 당시 고대 근동의 상황입니다.

"앗수르의 사르곤 왕이 다르단을 아스돗으로 보내매 그가 와서 아스돗을 쳐서 취하던 해니라"(사 20:1)

앗수르의 왕 사르곤 2세는 B.C.722년에 사마리아를 완전히 정복하고 북이스라엘 사람들을 포로로 잡아갔습니다(왕하 17:6). 그리고 바벨론, 구다, 아와, 하맛, 스발와임 사람들을 북이스라엘의 수도인 사마리아로 이주시키는 '혼혈 정책'을 펼쳤습니다. 그리고 얼마 후 블레셋의 성읍 아스돗이 함락되자 남유다는 도움의 손길을 하나님이 아닌 이웃 나라 애굽과 구스에 구합니다.

하나님 편에서 볼 때 이 상황은 자못 심각했고 바로 이때 이사야 선지자가 쉽지 않은 결단으로 하나님의 뜻에 순종합니다.

"여호와께서 이르시되 나의 종 이사야가 삼 년 동안 벗은 몸과 벗은 발로 다니며 애굽과 구스에 대하여 징조와 예표가 되었느니라"(사 20:3)

당대 최고의 지성인이었던 이사야가 이렇게까지 한 것은 남유다 백성들이 하나님께로 돌아오지 않으면 그보다 더한 수치를 당하게 될 것이라는 경고였습니다.

남유다에서 하나님의 말씀을 예언한 이사야는 아하스와 히스기야 왕 시대를 살면서 그 시대를 하나님께로 돌아오게 하기 위해 그의 삶 전체를 바쳐서 말로, 몸으로, 이렇게 실천하며 살았던 선지자였습니다.

이사야 시대는 앗수르가 강대국으로 제국주의를 펼치며 고대 근동을 벌벌 떨게 했고 신흥 세력 바벨론은 점점 세력을 키우며 호시탐탐 앗수르를 넘보고 있었습니다. 그 와중에 애굽은 과거의 명성을 되찾아 자신들의 위치를 지켜내려는 막바지 노력을 다하고 있었습니다. 그러나 세계는 이러한 강대국들이 이끄는 것이 아니라 언제나 하나님께서 역사를 주관하시며 세계를 경영하십니다.

● **다섯 번째 포인트**
이사야 선지자는 히스기야 왕의 '자주국방'과 '애굽 동맹' 정치를 비판합니다.

B.C.8세기 고대의 근동이 가장 '핫(hot)'할 때 남유다의 히스기야 왕은 '자주국방'과 '반앗수르, 친애굽 외교 노선'을 국가 경영 정책으로 삼았습니다. 그러자 이사야 선지자는 이에 대해 비판하며 다음과 같이 충고합니다.

첫째, 자주국방에 대한 노력보다는 오히려 가난한 자를 위해 추수 때 밭모퉁이 일부를 남겨 놓는 배려를 하여 제사장 나라의 율법 규정 준수에 국가 행정력을 집중하라는 것입니다.

"환상의 골짜기에 주 만군의 여호와께로부터 이르는 소란과 밟힘과 혼란의 날이여 성벽의 무너뜨림과 산악에 사무쳐 부르짖는 소리로다 엘람 사람은 화살통을 메었고 병거 탄 자와 마병이 함께 하였고 기르 사람은 방패를 드러냈으니 병거는 네 아름다운 골짜기에 가득하였고 마병은 성문에 정렬되었도다 그가 유다에게 덮였던 것을 벗기매 그 날에야 네가 수풀 곳간의 병기를 바라보았고 너희가 다윗 성의 무너진 곳이 많은 것도 보며 너희가 아랫못의 물도 모으며 또 예루살렘의 가옥을 계수하며 그 가옥을 헐어 성벽을 견고하게도 하며 너희가 또 옛 못의 물을 위하여 두 성벽 사이에 저수지를 만들었느니라 그러나 너희가 이를 행하신 이를 앙망하지 아니하였고 이 일을 옛적부터 경영하신 이를 공경하지 아니하였느니라"(사 22:5~11)

히스기야가 자주국방의 의지를 불태우며 앗수르의 포위 공격을 대비하기 위해 예루살렘 성벽에 기대어 사는 가난한 사람들의 움막을 헐고 있는데 그렇게 하지 말라는 것입니다.

둘째, 친애굽 외교 노선을 철회할 것이며 오직 하나님만 의지하고 강대국 중심의 국가 경영이 아닌 하나님 중심의 세계 경영을 믿고 따르라는 것입니다.

"이와 같이 애굽의 포로와 구스의 사로잡힌 자가 앗수르 왕에게 끌려갈 때에 젊은 자나 늙은 자가 다 벗은 몸과 벗은 발로 볼기까지 드러내어 애굽의 수치를 보이리니 그들이 바라던 구스와 자랑하던 애굽으로 말미암아 그들이 놀라고 부끄러워할 것이라 그 날에 이 해변 주민이 말하기를 우리가 믿던 나라 곧 우리가 앗수르 왕에게서 벗어나기를 바라고 달려가서 도움을 구하던 나라가 이같이 되었은즉 우리가 어찌 능히 피하리요 하리라"(사 20:4~6)

사실 히스기야가 앗수르에게 바치는 조공이 힘에 부치자 애굽과 동맹을 하려고 하는데 동맹하지 말라는 것입니다. 그러나 히스기야 왕은 이사야의 이러한 간절한 충고에도 불구하고 그의 두 가지 정책, 즉 '자주국방'과 '애굽 동맹'을 쉽게 포기하지 않습니다.

디저트 DESSERT

창조주 하나님께서 베푸시는 치료의 손길이 필요 없는 피조물은 이 세상에 하나도 없습니다. 하나님께서는 모든 열방이 하나님을 알게 되기를 원하십니다. 아브라함을 통해 말씀하신 '모든 민족'을 위한 하나님의 제사장 나라 경영은 쉬지 않습니다. 일찍이 요셉을 통해 애굽에 은혜를 베푸신 하나님께서 여전히 애굽까지 살피시며 고치십니다.

"그 날에 애굽 땅 중앙에는 여호와를 위하여 제단이 있겠고 그 변경에는 여호와를 위하여 기둥이 있을 것이요 이것이 애굽 땅에서 만군의 여호와를 위하여 징조와 증거가 되리니 이는 그들이 그 압박하는 자들로 말미암아 여호와께 부르짖겠고 여호와께서는 그들에게 한 구원자이자 보호자를 보내사 그들을 건지실 것임이라 여호와께서 자기를 애굽에 알게 하시리니 그 날에 애굽이 여호와를 알고 제물과 예물을 그에게 드리고 경배할 것이요 여호와께 서원하고 그대로 행하리라 여호와께서 애굽을 치실지라도 치시고는 고치실 것이므로 그들이 여호와께로 돌아올 것이라 여호와께서 그들의 간구함을 들으시고 그들을 고쳐 주시리라"(사 19:19~22)

하나님께서 애굽을 향하여 매를 드신 이유도 단순히 그들을 치시는 데 있는 것이 아니라 그들을 고쳐주시는 데 있습니다. 이 사실을 헤아려볼 줄 알아야 합니다. 많은 사람이 하나님이 누구신지 모르기 때문에 하나님을 등지고 살아갑니다.

이사야 선지자는 애굽이 하나님께로 돌아오게 될 때 하나님께서 고쳐주신다고 확인하고 있습니다. 이렇게 애굽도 하나님께서 싸매주시고 고쳐주시는 대상이었다면 어떤 나라든 어떤 사람이든 하나님의 치료의 대상이 될 수 있습니다. 하나님의 사랑의 대상은 바로 '모든 민족'이기 때문입니다.

182일

환상의 골짜기에 관한 경고 (사 21~24장)

애피타이저 APPETIZER

이사야 21장은 바벨론에 대한 심판의 말씀입니다. 그리고 이어지는 이사야 22장은 남유다에 대한 심판의 말씀입니다. 당시 남유다는 앗수르를 막기 위해 애굽과의 동맹 정책과 함께 예루살렘을 요새화하고 있었습니다. 즉, 군사 강화 정책을 시행한 것입니다.

예루살렘성을 요새화하기 위해서는 성벽 곁에 허름한 집을 짓고 살던 가난한 사람들의 집을 다 철거해야 했습니다. 그래서 가난한 자들이 갑자기 삶의 처소를 잃고 전쟁 준비에 시달리게 된 것입니다. 그 모습을 보신 하나님께서는 히스기야의 모든 노력이 허사가 될 것이니 가난한 사람들을 괴롭히는 일을 그만두라고 말씀하십니다. 히스기야 왕이 진정으로 해야 할 일은 예루살렘성을 보수하는 것이 아니라 회개의 모범을 보이고 공동체가 하나 되게 하여 하나님을 의지하는 것입니다.

이어지는 이사야 23장은 강력한 해군력을 앞세워 지중해의 패권을 장악하고 그 힘으로 큰 경제적 풍요를 이룬 두로에 대한 심판이 선언되고 있습니다. 그리고 이사야 24장은 하나님을 떠난 자들에게는 심판이 임하고 하나님께 돌아온 자들에게는 구원의 찬미가 울려 퍼질 것이 예언되고 있습니다.

성경통독 BIBLETONGDOK

《일년일독 통독성경》 이사야 21~24장

통通으로 숲이야기 ; 통숲 TONG OBSERVATION

● 첫 번째 포인트

이사야 선지자를 통한 남유다 주변 국가들의 심판 예언이 계속 이어집니다.

바벨론 멸망의 예언이 이사야 13장에 이어서 또다시 선포됩니다. 성경에서 바벨론 제국을 지칭하는 지명들은 바벨론, 갈대아, 시날, 해변 광야 그리고 므라다임의 땅 등입니다.

"해변 광야에 관한 경고라 적병이 광야에서, 두려운 땅에서 네겝 회오리바람 같이 몰려왔도다"(사 21:1)

그 당시 바벨론에 대한 멸망 예언이 선포된 것은 상상할 수도 없는 일이었습니다. 그런데 한 번도 아니고 두 번씩이나 선포되는 바벨론의 멸망 예언은 반드시 심판이 임한다는 것을 의미합니다.

하나님께서 이사야 선지자를 통해 바벨론 제국의 멸망을 이렇게 미리 예언하게 하신 것은 아직 바벨론 제국에 의해 남유다가 망하지도 않은 상태이지만 결국 하나님의 세계 경영 계획은 바벨론 제국을 남유다를 치는 막대기로 사용하셔서 끝내 남유다를 '모든 민족'을 위한 제사장 나라로 쓰시겠다는 뜻이었습니다.

하나님께서는 바벨론의 멸망에 대해 보다 구체적인 계획을 말씀하시는데 바로 바벨론이 엘람과 메대에 의해 멸망하게 된다는 것입니다.

"혹독한 묵시가 내게 보였도다 속이는 자는 속이고 약탈하는 자는 약탈하도다 엘람이여 올라가고 메대여 에워싸라 그의 모든 탄식을 내가

그치게 하였노라 하시도다"(사 21:2)

"그들이 식탁을 베풀고 파수꾼을 세우고 먹고 마시도다 너희 고관들아 일어나 방패에 기름을 바를지어다"(사 21:5)

"보소서 마병대가 쌍쌍이 오나이다 하니 그가 대답하여 이르시되 함락되었도다 함락되었도다 바벨론이여 그들이 조각한 신상들이 다 부서져 땅에 떨어졌도다 하시도다"(사 21:9)

이후에 보면 하나님의 말씀대로 바벨론 제국은 B.C.539년 페르시아 제국의 고레스, 즉 키루스 2세에 의해 멸망합니다.

"이에 벨사살이 명하여 그들이 다니엘에게 자주색 옷을 입히게 하며 금 사슬을 그의 목에 걸어 주고 그를 위하여 조서를 내려 나라의 셋째 통치자로 삼으니라 그 날 밤에 갈대아 왕 벨사살이 죽임을 당하였고" (단 5:29~30)

바벨론 제국이 멸망하게 된 것은 고대 근동의 '캐스팅보트(Casting Vote)'를 쥐고 있던 메대가 앗수르 제국을 멸망하게 하는데 큰 힘을 보태었다가 이번에는 엘람(Elam)과 연합하여 다시 바벨론을 공격하기 때문입니다.

그 후 엘람은 도리어 페르시아의 지배를 받게 되는 곳이 되고 엘람의 수도 '수산'이 이후 페르시아의 네 개의 수도 가운데 하나인 '수산성'이 됩니다. 그리고 이 수산성은 〈에스더〉의 배경이 됩니다. 이제 하나님께서는 이사야 선지자를 통해 두마에 대한 경고를 말씀하십니다.

> "두마에 관한 경고라 사람이 세일에서 나를 부르되 파수꾼이여 밤이 어떻게 되었느냐 파수꾼이여 밤이 어떻게 되었느냐 파수꾼이 이르되 아침이 오나니 밤도 오리라 네가 물으려거든 물으라 너희는 돌아올지니라 하더라"(사 21:11~12)

여기에서 두마(Dumah)는 에서의 후손들인 에돔족을 가리킵니다. 에돔족은 세일산에 거하면서 큰 민족을 이루었습니다(창 36장). 그리고 그들은 아라비아와 애굽을 연결하는 '무역로'에 위치하고 있어서 경제적으로도 큰 번영을 누렸습니다.

이사야 선지자는 에돔에 대한 경고를 선포하면서 '아침'과 '밤'이라는 단어를 비교, 대조하여 사용하고 있습니다. 이것은 아침이 오고, 밤이 오듯 그들의 앞날이 밤처럼 어두울 것임을 예언한 것입니다. 따라서 밤이 빨리 지나 아침이 오기만을 기다리는 그들에게 다시 밤이 올 것임을 기억하라는 경고의 말입니다. 아침을 기다리는 자는 하나님을 향해 열려 있고 깨어 있습니다. 그러나 밤이 지나가기만을 기다리는 자는 깨어 있는 자 같으나 하나님을 향해 닫혀 있고 여전히 잠자고 있는 것과 같습니다.

바벨론과 두마에 이어 이제 하나님께서는 이사야 선지자를 통해 아라비아의 멸망을 예언하게 하십니다.

"주께서 이같이 내게 이르시되 품꾼의 정한 기한 같이 일 년 내에 게달의 영광이 다 쇠멸하리니 게달 자손 중 활 가진 용사의 남은 수가 적으리라 하시니라 이스라엘의 하나님 여호와의 말씀이니라"(사 21:16~17)

여기에서 아라비아는 아라비아 유목민들의 드단, 게달 자손이 거주하는 곳입니다. 이사야 선지자는 아라비아의 멸망이 속히 임할 것임을 예언합니다.

● **두 번째 포인트**

환상의 골짜기에 대한 하나님의 경고는 예루살렘이 군국주의화 되는 것에 대한 경고였습니다.

남유다 주변 국가에 대한 하나님의 심판 메시지에 이어 이제 하나님께서는 환상의 골짜기에 대한 경고의 메시지를 말씀하십니다.

"환상의 골짜기에 관한 경고라 네가 지붕에 올라감은 어찌함인고"(사 22:1)

"환상의 골짜기에 주 만군의 여호와께로부터 이르는 소란과 밟힘과 혼란의 날이여 성벽의 무너뜨림과 산악에 사무쳐 부르짖는 소리로

다"(사 22:5)

여기에서 환상의 골짜기는 남유다의 수도인 예루살렘을 의미합니다. 그러므로 '환상의 골짜기에 관한 경고'는 하나님께서 예루살렘을 책망하시는 것입니다. 예루살렘이 하나님께 책망받는 이유는 남유다가 하나님을 경외하지 않고 인간의 힘만 의지했기 때문입니다. 즉 하나님께서는 남유다의 히스기야 왕이 군국주의로 나라를 이끄는 것을 책망하십니다.

한때는 남유다와 동맹국이었던 앗수르가 이제 곧 예루살렘성을 공격해올 제국주의 본색을 드러내자, 히스기야 왕이 미리 예루살렘성 수성전을 위한 방어 태세로 자주국방 정책을 시행하고 있었던 것입니다.

"예루살렘의 가옥을 계수하며 그 가옥을 헐어 성벽을 견고하게도 하며 너희가 또 옛 못의 물을 위하여 두 성벽 사이에 저수지를 만들었느니라 그러나 너희가 이를 행하신 이를 앙망하지 아니하였고 이 일을 옛적부터 경영하신 이를 공경하지 아니하였느니라"(사 22:10~11)

환상의 골짜기 예루살렘이 하나님께 책망받는 또 다른 이유는 회개하지 않고 계속해서 방탕하게 살았기 때문입니다.

"그 날에 주 만군의 여호와께서 명령하사 통곡하며 애곡하며 머리 털을 뜯으며 굵은 베를 띠라 하셨거늘 너희가 기뻐하며 즐거워하여 소를

죽이고 양을 잡아 고기를 먹고 포도주를 마시면서 내일 죽으리니 먹고 마시자 하는도다"(사 22:12~13)

절망을 대하는 두 가지 태도가 있습니다. 하나는 어차피 망할 바에는 흥청망청 실컷 놀아보자는 것이고 또 하나는 통곡하고 애곡하며 슬퍼하는 것입니다. 후자의 태도에는 반성과 회개가 들어 있고 하나님께 대한 간구가 들어 있으나 전자의 태도에는 불신앙의 모습과 다르지 않습니다.

그런데 남유다 백성들은 자신들의 멸망을 앞두고 "내일 죽으리니 먹고 마시자" 하고 있습니다. 이들이 내일에 대한 포기뿐만 아니라 마지막까지 그들을 지켜보고 계실 하나님을 전혀 생각하지 않는다는 것을 알 수 있습니다. 하나님께서 "통곡하며 애곡하며 머리털을 뜯으며 굵은 베를 띠라"라고 명령하셨음에도 이런 행동을 했다는 것은 도무지 용서할 수 없는 일입니다.

징계받을 일을 하지 않는 것이 우선이겠으나 혹 잘못을 하여 벌을 받게 되었을 때 정말 뉘우치는 자세를 보인다면 더 큰 화를 당하지 않을 수도 있습니다. 그러나 잘못을 뉘우치기는커녕 더 큰 소리를 치며 제멋대로 사는 모습을 보인다면 용서받을 수 있는 기회마저 없어집니다. 이것이 당시 남유다의 모습이었습니다.

● 세 번째 포인트

하나님께서는 남유다 최고 권력자들의 잘못에 대해 책망하십니다.

하나님께서는 이사야 선지자를 통해 남유다 지도층의 잘못을 책망하십니다.

"주 만군의 여호와께서 이르시되 너는 가서 그 국고를 맡고 왕궁 맡은 자 셉나를 보고 이르기를"(사 22:15)

셉나는 히스기야 왕 때의 서기관으로 남유다의 국고 책임자였습니다. 그리고 셉나의 후임자 엘리아김(엘리야김)은 힐기야의 아들로 왕궁 책임자였습니다. 두 사람 모두 남유다의 최고 권력자들이었습니다. 이들은 앗수르 산헤립 왕의 군대가 예루살렘성을 포위했을 때 히스기야 왕의 말을 전하기 위해 앗수르 진영으로 파송되었습니다.

"그들이 왕을 부르매 힐기야의 아들로서 왕궁의 책임자인 엘리야김과 서기관 셉나와 아삽의 아들 사관 요아가 그에게 나가니 "(왕하 18:18)

그리고 이들은 이사야 선지자에게도 히스기야 왕의 말을 전하기 위해 파송되기도 했습니다.

"왕궁의 책임자인 엘리야김과 서기관 셉나와 제사장 중 장로들에게 굵은 베를 둘러서 아모스의 아들 선지자 이사야에게로 보내매"(왕하 19:2)

하나님께서는 이사야 선지자를 통해 셉나와 엘리아김 등 남유다 지도층의 잘못을 책망하십니다.

첫째, 하나님께서는 셉나의 호화롭고 사치스러운 생활을 책망하십니다.

"여기에 누가 있기에 여기서 너를 위하여 묘실을 팠느냐 높은 곳에 자기를 위하여 묘실을 팠고 반석에 자기를 위하여 처소를 쪼아내었도다" (사 22:16)

셉나는 국고를 맡은 자였는데 자신의 직위를 남용하여 자기 묘실을 호화롭게 꾸몄습니다. 이렇게 사리사욕을 채우려는 자는 다른 사람을 챙기고 보듬어야 할 자리에 오래 있을 수 없습니다.

둘째, 하나님께서는 셉나가 주인에게 수치를 주는 삶을 살았다고 책망하십니다.

"주인의 집에 수치를 끼치는 너여 네가 그 곳에서 죽겠고 네 영광의 수레도 거기에 있으리라"(사 22:18)

셋째, 하나님께서는 셉나 후임으로 엘리아김이 등용될 것이라고 말씀하십니다.

"그 날에 내가 힐기야의 아들 내 종 엘리아김을 불러 네 옷을 그에게 입히며 네 띠를 그에게 띠워 힘 있게 하고 네 정권을 그의 손에 맡기리니 그가 예루살렘 주민과 유다의 집의 아버지가 될 것이며"(사 22:20~21)

넷째, 그러나 엘리아김도 책임을 다하지 못해 몰락할 것이라고 말씀하십니다.

> "만군의 여호와께서 이르시되 그 날에는 단단한 곳에 박혔던 못이 삭으리니 그 못이 부러져 떨어지므로 그 위에 걸린 물건이 부서지리라 하셨다 하라 나 여호와의 말이니라"(사 22:25)

한편 이사야는 이 모든 일이 '그날'에 있게 될 것이라고 말합니다. 지금 당장은 아니라는 것입니다. 그때까지 셉나가 자기애와 욕심으로부터 자신을 돌이킨다면 하나님께서는 이사야를 '나의 종'이라고 불러주셨던 것처럼 그에게도 역시 '내 종'이라고 불러주실 것입니다.

그러나 안타깝게도 남유다의 최고 권력자들은 셉나뿐 아니라 그 후 하나님의 기대를 한 몸에 받았던 엘리아김마저도 셉나의 길을 따릅니다. 그래서 하나님께서 엘리아김도 그의 책임을 감당하지 못해 결국 몰락할 것이라고 말씀하신 것입니다.

● **네 번째 포인트**

하나님께서는 두로가 멸망할 것이라고 말씀하십니다.

이제 하나님께서는 이사야 선지자를 통해 당시 세계 최고의 해상권을 가지고 있었던 페니키아의 도시국가인 두로의 멸망을 말씀하십니다.

"두로에 관한 경고라 다시스의 배들아 너희는 슬피 부르짖을지어다 두로가 황무하여 집이 없고 들어갈 곳도 없음이요 이 소식이 깃딤 땅에서부터 그들에게 전파되었음이라"(사 23:1)

두로는 바다 가운데 위치한 천혜의 요새와 같은 섬으로 자신들은 외세의 침입으로부터 언제나 안전하다고 생각했습니다. 두로는 그 안정을 기반으로 해상무역의 중심에 있었고 많은 부를 축적할 수 있었습니다. 그들은 자신들이 바다의 중심에 있다고 믿으며 빛나는 왕관을 쓰고 바다의 귀족으로 행세했습니다. 그러나 그들의 교만은 역시 하나님께서 결정하신 심판의 대상일 뿐입니다.

두로 심판에 대한 하나님의 말씀은 이후 앗수르의 왕 아슈르바니팔에 의해 여러 성읍이 먼저 공격을 받게 되고 그 후 바벨론의 느부갓네살 왕에게 정복당하면서 성취됩니다. 그렇게 두로는 남유다처럼 70년 동안 바벨론 제국에게 많은 어려움을 겪다가 헬라 제국의 알렉산더에게 완전히 멸망하기 전 잠시 회복되어 국제무역의 한 축을 담당하기도 합니다.

"칠십 년이 찬 후에 여호와께서 두로를 돌보시리니 그가 다시 값을 받고 지면에 있는 열방과 음란을 행할 것이며 그 무역한 것과 이익을 거룩히 여호와께 돌리고 간직하거나 쌓아 두지 아니하리니 그 무역한 것이 여호와 앞에 사는 자가 배불리 먹을 양식, 잘 입을 옷감이 되리라"(사 23:17~18)

페르시아 제국으로 인해 잠시 회복된 두로는 바벨론 포로 귀환 후 예루살렘을 재건한 유대인들에게 도움을 줍니다. 그러나 두로는 안식일까지도 예루살렘에서 장사하다가 느헤미야에게 큰 책망을 듣습니다.

"또 두로 사람이 예루살렘에 살며 물고기와 각양 물건을 가져다가 안식일에 예루살렘에서도 유다 자손에게 팔기로"(느 13:16)

이후 두로가 헬라 제국에게 완전하게 멸망하게 된 이유는 그들의 교만 때문이었습니다.

"만군의 여호와께서 그것을 정하신 것이라 모든 누리던 영화를 욕되게 하시며 세상의 모든 교만하던 자가 멸시를 받게 하려 하심이라"(사 23:9)

두로는 그들이 모든 바다의 해상권을 다 잡고 있다고 생각했습니다. 바다의 제왕으로서 모든 것을 좌지우지할 수 있다고 믿었습니다. 실제로 그들은 해양권을 이용하여 거대한 부를 축적했습니다.

그러나 그들이 모르고 있는 것이 한 가지 있었습니다. 그것은 그들이 바다를 다스리는 것이 아니라 바다가 그들의 삶을 유지시켜주고 있다는 것입니다. 그들이 아무리 배를 만들고 항해를 하고 바다에서 전투하는 능력이 탁월하다고 하지만 바다가 그들을 떠받치지 않는다면 그 모든 것이 헛된 것이요, 그들이 누리는 모든 풍요도 하루아침에 사라진다는 사실을 몰랐던 것입니다. 그들은 온 우주만물을 다스리시는 하나님을 아는 지식이 없었습니다.

● **다섯 번째 포인트**

남유다를 포함해 세상의 어느 나라도 하나님의 심판에서는 예외가 없습니다.

지금까지 남유다를 비롯한 고대 근동의 많은 나라를 향한 심판을 말씀하셨던 하나님께서 결론을 말씀하십니다. 세상의 어느 나라도 온 세상을 경영하시는 하나님의 심판 앞에서는 예외가 없다는 것입니다.

"보라 여호와께서 땅을 공허하게 하시며 황폐하게 하시며 지면을 뒤집어엎으시고 그 주민을 흩으시리니 백성과 제사장이 같을 것이며 종과 상전이 같을 것이며 여종과 여주인이 같을 것이며 사는 자와 파는 자가 같을 것이며 빌려 주는 자와 빌리는 자가 같을 것이며 이자를 받는 자와 이자를 내는 자가 같을 것이라 땅이 온전히 공허하게 되고 온전히 황무하게 되리라 여호와께서 이 말씀을 하셨느니라"(사 24:1~3)

이는 세상 어느 누구나 어느 민족이나 예외 없이 하나님의 심판 앞에 선다는 것입니다. 하나님의 심판이 임하는 것은 하나님과의 언약을 파기했기 때문입니다.

"땅이 또한 그 주민 아래서 더럽게 되었으니 이는 그들이 율법을 범하며 율례를 어기며 영원한 언약을 깨뜨렸음이라"(사 24:5)

그러나 하나님의 심판 후에도 '남은 자'들이 있을 것입니다.

"세계 민족 중에 이러한 일이 있으리니 곧 감람나무를 흔듦 같고 포도를 거둔 후에 그 남은 것을 주움 같을 것이니라"(사 24:13)

그리고 하나님께 구원받은 '남은 자'들이 땅끝에서 하나님을 찬양할 것입니다.

"땅 끝에서부터 노래하는 소리가 우리에게 들리기를 의로우신 이에게 영광을 돌리세 하도다 그러나 나는 이르기를 나는 쇠잔하였고 나는 쇠잔하였으니 내게 화가 있도다 배신자들은 배신하고 배신자들이 크게 배신하였도다"(사 24:16)

하나님의 최후 심판 때 악인들은 모두 멸망하게 될 것입니다.

"땅이 취한 자 같이 비틀비틀하며 원두막 같이 흔들리며 그 위의 죄악이 중하므로 떨어져서 다시는 일어나지 못하리라"(사 24:20)

사람들은 땅을 터전으로 문명을 발전시켜 왔습니다. 사람이 하나님의 말씀에 불순종하고 죄악에 빠져들 때 땅 역시 그로 인해 악으로 물들어버릴 수밖에 없습니다. 사람들이 다른 사람을 치기 위해 함정을 파고 올무를 놓지만 그것이 오히려 함정과 올무가 되어 그들에게 다시 돌아옵니다. 땅이 고스란히 그것을 품고 있기 때문입니다.

다시 말해 땅은 사람들의 행위를 고스란히 증명합니다. 그곳에는 거짓 위세와 거짓 안전이 존재할 뿐입니다. 그래서 하나님의 심판이 사람에게 임할 때 땅 또한 온전할 수 없듯이 땅이 황폐하게 될 때 사람 또한 안전할 수 없는 것입니다. 이 최후의 심판 후 만왕의 왕이 되신 하나님께서는 영원히 영광을 받으실 것입니다.

"그 때에 달이 수치를 당하고 해가 부끄러워하리니 이는 만군의 여호와께서 시온 산과 예루살렘에서 왕이 되시고 그 장로들 앞에서 영광을 나타내실 것임이라"(사 24:23)

세상의 모든 권력을 손에 쥐고 있던 나라들, 즉 앗수르, 바벨론, 애굽, 두로까지도 그들의 죄로 인하여 공의의 하나님께서 행하시는 심판을 피할 수 없게 됩니다. 결국 하나님의 심판의 날에는 땅이 공허하게 되고 황무하게 될 것입니다.

그러나 하나님께 순종하는 자들은 반드시 '남은 자'가 되어 구원의 은혜를 누리게 될 것입니다. 이것이 제사장 나라로 이끄시는 살아 계신 하나님의 세계 경영입니다.

183일

이사야의 찬양 (사 25~29장)

애피타이저 APPETIZER

열방에 대한 하나님의 심판과 마지막 날에 대한 환상을 본 이사야 선지자가 하나님을 찬양합니다. B.C.8세기 당시 너무나 크게만 보였던 제국과 나라들이 하나님의 심판 아래 있기 때문입니다. 하나님께서 예비하신 새 하늘과 새 땅에서는 힘있는 자가 힘없는 자를 압제하지 않습니다. 하나님께서 빈궁하고 환난당한 자들을 보호하시고 포학을 행하는 자들을 심판하실 것이기 때문입니다.

하나님의 심판 앞에서 남유다도 예외가 아니었습니다. 그러나 하나님의 심판은 죽음을 위한 것이 아니라 새로운 생명을 소생시키기 위함입니다. 이것이 이사야 선지자를 통해 선포하시는 구원의 청사진입니다.

이사야는 하나님을 포도원지기로 비유했습니다. 하나님께서 이스라엘이라는 포도를 심으시고 모든 정성을 쏟으셨습니다. 그런데 그들이 맺은 것은 극상품 포도가 아니라 들포도였습니다. 하지만 하나님께서는 또다시 이스라엘의 포도원지기를 자청하십니다. 그리고 다시 한번 기대하시며 때를 따라 물을 주시고 밤낮으로 간수하여 아무도 그들을 해치지 못하게 하십니다. 그러므로 이사야가 계속해서 반복하는 결론은 인생들을 향한 하나님의 근본 마음이 '사랑'이라는 것입니다.

성경통독 BIBLETONGDOK

《일년일독 통독성경》 이사야 25~29장

통通으로 숲이야기 ; 통숲 TONG OBSERVATION

● 첫 번째 포인트

이사야 선지자가 하나님을 찬양합니다.

B.C.8세기 남유다 주변, 고대 근동의 힘 있는 나라들에 대한 하나님의 심판을 예언한 이사야 선지자가 하나님을 찬양합니다.

"여호와여 주는 나의 하나님이시라 내가 주를 높이고 주의 이름을 찬송하오리니 주는 기사를 옛적에 정하신 뜻대로 성실함과 진실함으로 행하셨음이라"(사 25:1)

이사야 선지자는 의로우신 심판자 하나님을 다윗처럼 찬양합니다. 하나님께서 빈궁한 자의 요새, 환난당한 자의 요새, 폭풍 중의 피난처, 그리고 폭양을 피하는 그늘이 되어주시기 때문입니다. 사막의 거센 모래 폭풍과 내리쬐는 뜨거운 태양열은 모든 것을 삼켜 죽음으로 이끌 정도입니다. 하나님의 백성들을 향한 포학한 자의 기세가 이와 같이 몰아칠 때 하나님께서는 그들을 막아주시고 하나님의 백성들이 흘린 눈물을 닦아주십니다.

이스라엘 백성들이 애굽에서 나와 광야를 걸을 때 구름 기둥과 불기둥으로 인도하셨던 것처럼 하나님께서는 남유다를 안전과 평안으로 인도해주실 것입니다. 이사야 선지자는 하나님의 이 사랑과 긍휼을 찬양하지 않고는 견딜 수가 없었습니다. 이사야 선지자가 하나님을 찬양하자 하나님께서는 구원받은 자들을 위해 베풀어주실 천국 잔치의 모습을 보여주십니다.

"만군의 여호와께서 이 산에서 만민을 위하여 기름진 것과 오래 저장하였던 포도주로 연회를 베푸시리니 곧 골수가 가득한 기름진 것과 오래 저장하였던 맑은 포도주로 하실 것이며"(사 25:6)

이 잔치는 '모든 나라 모든 민족' 백성을 구원하시는 하나님께서 친히 베풀어주시는 잔치가 될 것입니다.

"천사가 내게 말하기를 기록하라 어린 양의 혼인 잔치에 청함을 받은 자들은 복이 있도다 하고 또 내게 말하되 이것은 하나님의 참되신 말씀이라"(계 19:9)

이제 이사야 선지자는 구원과 승리의 하나님을 마음껏 소리높여 찬양합니다.

"그 날에 말하기를 이는 우리의 하나님이시라 우리가 그를 기다렸으니 그가 우리를 구원하시리로다 이는 여호와시라 우리가 그를 기다렸으니 우리는 그의 구원을 기뻐하며 즐거워하리라 할 것이며 여호와의 손이 이 산에 나타나시리니 모압이 거름물 속에서 초개가 밟힘 같이 자기 처소에서 밟힐 것인즉"(사 25:9~10)

● **두 번째 포인트**
심지가 견고한 자가 구원의 성읍에 들어갑니다.

이사야 선지자는 구원의 성읍을 주신 하나님을 다음과 같이

....

....

....

....

찬양합니다.

"그 날에 유다 땅에서 이 노래를 부르리라 우리에게 견고한 성읍이 있음이여 여호와께서 구원을 성벽과 외벽으로 삼으시리로다 너희는 문들을 열고 신의를 지키는 의로운 나라가 들어오게 할지어다"(사 26:1~2)

이사야 선지자는 '신의를 지키는 의로운 나라', '심지가 견고한 자', '여호와를 영원히 신뢰하는 자'가 구원의 성읍에 들어갈 수 있다고 노래합니다. 이 노래는 이후 바벨론 포로에서 돌아와 예루살렘 땅을 밟으며 남유다 백성들이 부를 노래이며 궁극적으로 새 하늘과 새 땅에서 주의 구원을 받은 자들이 부를 노래입니다.

"여호와여 주께서 심판하시는 길에서 우리가 주를 기다렸사오며 주의 이름을 위하여 또 주를 기억하려고 우리 영혼이 사모하나이다 밤에 내 영혼이 주를 사모하였사온즉 내 중심이 주를 간절히 구하오리니 이는 주께서 땅에서 심판하시는 때에 세계의 거민이 의를 배움이니이다"(사 26:8~9)

"주의 죽은 자들은 살아나고 그들의 시체들은 일어나리이다 티끌에 누운 자들아 너희는 깨어 노래하라 주의 이슬은 빛난 이슬이니 땅이 죽은 자들을 내놓으리로다"(사 26:19)

그러므로 이사야 선지자는 주의 백성들에게 심판이 오기까지 구원을 기다리라고 말합니다.

"내 백성아 갈지어다 네 밀실에 들어가서 네 문을 닫고 분노가 지나기까지 잠깐 숨을지어다"(사 26:20)

하나님의 심판은 최후의 때 악인의 죄를 용서하지 않고 완전히 멸하실 것입니다. 그러므로 마지막 때, 심판의 때 견디기 어려운 환난 중에 하나님의 백성들은 하나님께서 예비해두신 처소에서 잠시 머물러 기다리라고 하십니다. 마치 홍수의 때가 지나가기를 노아의 방주에서 기다렸던 것처럼, 애굽에서 1년 된 어린양의 피를 바르고 하나님의 진노를 피하였던 유월절 밤처럼 말입니다.

"이는 그 때에 큰 환난이 있겠음이라 창세로부터 지금까지 이런 환난이 없었고 후에도 없으리라 그 날들을 감하지 아니하면 모든 육체가 구원을 얻지 못할 것이나 그러나 택하신 자들을 위하여 그 날들을 감하시리라"(마 24:21~22)

● **세 번째 포인트**

하나님께서는 흩어졌던 하나님의 백성들이 돌아와 마침내 예배하게 될 것을 말씀하십니다.

이사야 선지자의 찬양이 계속됩니다. 심판의 날 하나님께서

리워야단과 바다의 용을 죽이시고, 하나님의 백성들은 아름다운 포도원에서 노래를 부를 것이라고 하나님을 찬양합니다.

"그 날에 여호와께서 그의 견고하고 크고 강한 칼로 날랜 뱀 리워야단 곧 꼬불꼬불한 뱀 리워야단을 벌하시며 바다에 있는 용을 죽이시리라 그 날에 너희는 아름다운 포도원을 두고 노래를 부를지어다"(사 27:1~2)

그리고 이사야 선지자는 포도원지기 되신 하나님을 찬양합니다.

"나 여호와는 포도원지기가 됨이여 때때로 물을 주며 밤낮으로 간수하여 아무든지 이를 해치지 못하게 하리로다"(사 27:3)

이전 이사야 5장에서는 극상품 포도나무를 기대하셨던 하나님께서 들포도를 맺은 남유다를 책망하셨습니다. 그런데 이사야 27장에서는 긍휼의 하나님께서 또다시 포도원지기로 애를 쓰시는 내용이 나오고 있습니다. 이렇게 포도원지기로 애쓰시는 하나님께서 결국 결실을 맺게 하실 것입니다.

"후일에는 야곱의 뿌리가 박히며 이스라엘의 움이 돋고 꽃이 필 것이라 그들이 그 결실로 지면을 채우리로다"(사 27:6)

이사야 선지자는 하나님께서 앗수르 제국이라는 막대기로 북이스라엘과 남유다를 치셨지만, 하나님의 사랑하는 백성이요 제사장 나라 거룩한 시민인 아브라함의 후손들은 다른 나라들과는 비교도 할 수 없을 정도로 큰 사랑을 받은 것이라고 하나님을 찬양합니다.

"주께서 그 백성을 치셨던들 그 백성을 친 자들을 치심과 같았겠으며 백성이 죽임을 당하였던들 백성을 죽인 자가 죽임을 당함과 같았겠느냐"(사 27:7)

이제 이사야는 찬양의 결론으로 흩어졌던 하나님의 모든 백성이 하나님께 돌아와 하나님을 찬양하며 예배할 것을 예언합니다.

"그 날에 큰 나팔을 불리니 앗수르 땅에서 멸망하는 자들과 애굽 땅으로 쫓겨난 자들이 돌아와서 예루살렘 성산에서 여호와께 예배하리라"(사 27:13)

이는 가깝게는 바벨론 포로에서 귀환하여 다시 세운 예루살렘 성전에서 드리는 예배를 말하며 궁극적으로는 새 예루살렘에서 드리는 예배를 말합니다.

● **네 번째 포인트**

하나님께서는 농부의 비유를 통해 택한 백성들을 구원하시려는 뜻을 드러내십니다.

농부 되신 하나님께서 택한 백성들을 기르고 구원하십니다.

"너희는 귀를 기울여 내 목소리를 들으라 자세히 내 말을 들으라"(사 28:23)

"이도 만군의 여호와께로부터 난 것이라 그의 경영은 기묘하며 지혜는 광대하니라"(사 28:29)

농부 되신 하나님께서 택한 백성들을 위해 하시는 일은 다음과 같습니다.

첫째, 하나님께서는 택한 백성들에게 땅을 개간하게 하시고 고르게 하심으로 좋은 터전을 주십니다.

"파종하려고 가는 자가 어찌 쉬지 않고 갈기만 하겠느냐 자기 땅을 개간하며 고르게만 하겠느냐"(사 28:24)

둘째, 하나님께서는 택한 백성들에게 밭에 각종 곡식을 잘 심듯이 각 사람에게 맞는 사명을 주십니다.

"지면을 이미 평평히 하였으면 소회향을 뿌리며 대회향을 뿌리며 소맥을 줄줄이 심으며 대맥을 정한 곳에 심으며 귀리를 그 가에 심지 아니하겠느냐"(사 28:25)

셋째, 하나님께서는 곡식의 종류에 따라 다른 도구로 타작하듯, 주신 사명에 따라 택한 백성들을 가르치시고 연단하십니다.

"소회향은 도리깨로 떨지 아니하며 대회향에는 수레 바퀴를 굴리지 아니하고 소회향은 작대기로 떨고 대회향은 막대기로 떨며"(사 28:27)

넷째, 하나님께서는 택한 백성들을 다양한 방법으로 타작하시는데 타작 때 곡식이 결코 부서지지 않듯 반드시 그들을 구원하십니다.

"곡식은 부수는가, 아니라 늘 떨기만 하지 아니하고 그것에 수레바퀴를 굴리고 그것을 말굽으로 밟게 할지라도 부수지는 아니하나니"(사 28:28)

● 다섯 번째 포인트

하나님께서는 남유다의 잘못된 대외 정책, 애굽 동맹을 책망하십니다.

하나님께서는 이사야 선지자를 통해 "슬프다 아리엘이여 아리엘이여 다윗이 진 친 성읍이여 해마다 절기가 돌아오려니와 내가 아리엘을 괴롭게 하리니 그가 슬퍼하고 애곡하며 내게 아리엘과 같이 되리라"(사 29:1~2)라고 예언하게 하십니다. 아리엘 곧 예루살렘이 대적들로 인해 멸망할 위기에 처함을 말씀하십니다. 그런데 하나님께서는 그 앗수르 제국의 공격에서 예루살렘

성을 건져내겠다고 말씀하십니다.

"만군의 여호와께서 우레와 지진과 큰 소리와 회오리바람과 폭풍과 맹렬한 불꽃으로 그들을 징벌하실 것인즉"(사 29:6)

하나님의 말씀대로 이후에 앗수르 군대 185,000명이 죽고 산헤립은 자국으로 퇴각합니다.

"여호와의 사자가 나가서 앗수르 진중에서 십팔만 오천인을 쳤으므로 아침에 일찍이 일어나 본즉 시체뿐이라"(사 37:36)

이렇게 하나님께서 하나님과 제사장 나라 언약을 맺은 아브라함의 후손들인 남유다를 도우셨지만, 그들은 영적인 무지와 하나님께로부터 마음이 떠난 형식적인 신앙으로 말미암아 하나님께 책망을 듣습니다.

"그러므로 모든 계시가 너희에게는 봉한 책의 말처럼 되었으니 그것을 글 아는 자에게 주며 이르기를 그대에게 청하노니 이를 읽으라 하면 그가 대답하기를 그것이 봉해졌으니 나는 못 읽겠노라 할 것이요"(사 29:11)

"주께서 이르시되 이 백성이 입으로는 나를 가까이 하며 입술로는 나를 공경하나 그들의 마음은 내게서 멀리 떠났나니 그들이 나를 경외함은 사람의 계명으로 가르침을 받았을 뿐이라"(사 29:13)

남유다는 이러한 죄와 함께 하나님을 의지하지 않고, 애굽을 의지하며 애굽과 동맹을 맺으려는 행위로 인해 하나님께 더욱 책망을 받습니다.

"자기의 계획을 여호와께 깊이 숨기려 하는 자들은 화 있을진저 그들의 일을 어두운 데에서 행하며 이르기를 누가 우리를 보랴 누가 우리를 알랴 하니 너희의 패역함이 심하도다 토기장이를 어찌 진흙 같이 여기겠느냐 지음을 받은 물건이 어찌 자기를 지은 이에게 대하여 이르기를 그가 나를 짓지 아니하였다 하겠으며 빚음을 받은 물건이 자기를 빚은 이에게 대하여 이르기를 그가 총명이 없다 하겠느냐"(사 29:15~16)

이는 남유다가 이사야 선지자의 경고에도 하나님을 의지하지 않고 강대국을 의지한 것에 대한 하나님의 엄중한 질책이었습니다. 하나님께서는 남유다가 하나님 대신 의지하려는 강대국들이 오히려 수치를 당하게 될 것을 말씀하시며 하나님의 심판 뒤에 있게 될 회복의 메시지를 전해주십니다.

"오래지 아니하여 레바논이 기름진 밭으로 변하지 아니하겠으며 기름진 밭이 숲으로 여겨지지 아니하겠느냐 그 날에 못 듣는 사람이 책의 말을 들을 것이며 어둡고 캄캄한 데에서 맹인의 눈이 볼 것이며 겸손한 자에게 여호와로 말미암아 기쁨이 더하겠고 사람 중 가난한 자가 이스라엘의 거룩하신 이로 말미암아 즐거워하리니"(사 29:17~19)

이는 메시아이신 예수님의 오심과 그 후에 임할 하나님의 나라에 관한 예언이었습니다.

"예수께서 대답하여 이르시되 너희가 가서 듣고 보는 것을 요한에게 알리되 맹인이 보며 못 걷는 사람이 걸으며 나병환자가 깨끗함을 받으며 못 듣는 자가 들으며 죽은 자가 살아나며 가난한 자에게 복음이 전파된다 하라"(마 11:4~5)

하나님께서는 이사야 선지자를 통해 회복의 날에 '남은 자'들에게 임할 복을 말씀하십니다.

"그의 자손은 내 손이 그 가운데에서 행한 것을 볼 때에 내 이름을 거룩하다 하며 야곱의 거룩한 이를 거룩하다 하며 이스라엘의 하나님을 경외할 것이며"(사 29:23)

디저트 DESSERT

하나님께서는 세계를 경영하시며 그곳에서 익은 열매들과 곡식들을 거두십니다. 하나님께서 손수 기르시고 정성을 들이셨기에 어느 것 하나 귀하지 않은 것이 없습니다. 그리고 때에 따라 하나님께서 곡식을 타작하십니다. 타작의 목적은 가려내는 것에 있지 곡식을 상하게 하는 데 있지 않습니다.

북이스라엘과 남유다가 타작의 대상이 된다 할지라도 그것은 저주가 아닌 구원을 위한 시련의 과정인 것입니다. 시련은 구원을 향한, 더 나은 성숙을 위한, 더 좋은 결과를 위한 과정 중 일부입니다.

184일

메시아의 나라 예언 (사 30~35장)

애피타이저 APPETIZER

남유다의 위정자들은 앗수르의 침공을 앞두고 이사야 선지자의 예언을 귀담아듣기보다는 끝내 눈에 보이는 애굽의 힘에 기대어 애굽과의 동맹을 선택합니다. 그러나 이사야 선지자는 "애굽의 도움은 헛되고 무익하니라"(사 30:7)라고 외치며 오직 하나님만을 믿고 의지하라고 반복적으로 선포합니다.

남유다 백성들은 자신들이 두려워해야 할 대상이 앗수르가 아니며 그들을 도울 수 있는 대상도 애굽이 아님을 알아야 했습니다. 한편 이사야는 앗수르의 위협을 받고 있는 남유다를 위해 하나님께 기도합니다. 이에 하나님께서 구원의 응답을 주십니다.

이사야 35장은 하나님께서 남유다에게 주시는 미래의 청사진입니다. 하나님께서는 열방을 심판하실 것이며 그 가운데 남유다를 회복시켜주실 것입니다. 결국 물이 바다를 덮음 같이 여호와를 아는 지식이 세상에 충만하게 될 것입니다. 이를 이루시는 분이 구속의 하나님이시기 때문에 이를 누리는 자들은 속량을 받고 구속함을 입을 것입니다.

성경통독 BIBLETONGDOK

《일년일독 통독성경》 이사야 30~35장

통通으로 숲이야기 ; 통숲 TONG OBSERVATION

● 첫 번째 포인트

남유다의 히스기야 왕은 이사야 선지자의 3년간의 퍼포먼스에도 불구하고 끝내 애굽과 동맹을 맺습니다.

남유다의 히스기야 왕과 그의 신하들은 하나님께서 이사야를 통해 3년간의 퍼포먼스 메시지를 보여주심에도 불구하고 끝내 애굽과 동맹을 강행합니다. 그러자 하나님께서는 애굽과의 동맹이 얼마나 무의미한지를 말씀하십니다.

"그들이 바로의 세력 안에서 스스로 강하려 하며 애굽의 그늘에 피하려 하여 애굽으로 내려갔으되 나의 입에 묻지 아니하였도다 그러므로 바로의 세력이 너희의 수치가 되며 애굽의 그늘에 피함이 너희의 수욕이 될 것이라"(사 30:2~3)

"애굽의 도움은 헛되고 무익하니라 그러므로 내가 애굽을 가만히 앉은 라합이라 일컬었느니라"(사 30:7)

그러나 남유다 백성들은 도리어 선지자들을 통한 하나님의 경고를 무시하고 밀쳐냅니다.

"그들이 선견자들에게 이르기를 선견하지 말라 선지자들에게 이르기를 우리에게 바른 것을 보이지 말라 우리에게 부드러운 말을 하라 거짓된 것을 보이라 너희는 바른 길을 버리며 첩경에서 돌이키라 이스라엘의 거룩하신 이를 우리 앞에서 떠나시게 하라 하는도다"(사 30:10~11)

그러자 하나님께서는 이사야 선지자를 통해 남유다 백성들에게 임할 심판을 선언하게 하십니다.

"한 사람이 꾸짖은즉 천 사람이 도망하겠고 다섯이 꾸짖은즉 너희가 다 도망하고 너희 남은 자는 겨우 산 꼭대기의 깃대 같겠고 산마루 위의 기치 같으리라 하셨느니라"(사 30:17)

이 심판의 메시지는 하나님께서 〈레위기〉에서 말씀하셨던 '복'의 내용과 반대되는 결과이자 동시에 〈레위기〉에서 이미 경고하신 말씀이었습니다. 남유다가 제사장 나라의 사명을 잘 감당했다면 〈레위기〉에 기록된 대로 다음과 같은 놀라운 복을 받았을 것입니다.

"또 너희 다섯이 백을 쫓고 너희 백이 만을 쫓으리니 너희 대적들이 너희 앞에서 칼에 엎드러질 것이며 내가 너희를 돌보아 너희를 번성하게 하고 너희를 창대하게 할 것이며 내가 너희와 함께 한 내 언약을 이행하리라"(레 26:8~9)

그러나 남유다 백성들은 하나님과의 언약, 곧 제사장 나라를 잘 지켜 행하면 국방을 책임져주실 것이라는 말씀을 믿지 않았습니다. 이러한 남유다 백성들임에도 불구하고 하나님께서는 심판의 메시지만 주신 것이 아니라 그들이 회개하고 하나님께 돌아오기를 기다리십니다. 하나님의 이 말씀을 전하면서 이사야는 하나님의 끝없는 사랑과 긍휼에 가슴이 타들어가는 것 같았습니다.

"그러나 여호와께서 기다리시나니 이는 너희에게 은혜를 베풀려 하심이요 일어나시리니 이는 너희를 긍휼히 여기려 하심이라 대저 여호와는 정의의 하나님이심이라 그를 기다리는 자마다 복이 있도다"(사 30:18)

하나님께서는 이처럼 하나님께 돌이켜 죄를 회개하는 백성들에게 사죄의 은총과 함께 구원의 은혜를 베풀어주십니다. 그리고 그들의 앞길을 인도해주십니다.

"주께서 너희에게 환난의 떡과 고생의 물을 주시나 네 스승은 다시 숨기지 아니하시리니 네 눈이 네 스승을 볼 것이며 너희가 오른쪽으로 치우치든지 왼쪽으로 치우치든지 네 뒤에서 말소리가 네 귀에 들려 이르기를 이것이 바른 길이니 너희는 이리로 가라 할 것이며"(사 30:20~21)

또한 하나님께로 돌이킨 자들에게는 회복의 은혜를 내려주십니다.

"여호와께서 자기 백성의 상처를 싸매시며 그들의 맞은 자리를 고치시는 날에는 달빛은 햇빛 같겠고 햇빛은 일곱 배가 되어 일곱 날의 빛과 같으리라"(사 30:26)

하나님께서는 이렇게 남유다 백성들에게 심판 메시지를 주심과 동시에 회개하고 하나님께 다시 돌아올 수 있는 길 또한 열어주셨습니다. 그리고 이제 하나님께서는 이사야 선지자를 통해 다시 앗수르 제국의 멸망을 예언하게 하십니다.

"여호와의 목소리에 앗수르가 낙담할 것이며 주께서는 막대기로 치실 것이라 여호와께서 예정하신 몽둥이를 앗수르 위에 더하실 때마다 소고를 치며 수금을 탈 것이며 그는 전쟁 때에 팔을 들어 그들을 치시리

라"(사 30:31~32)

앗수르 제국의 멸망은 고대 근동의 많은 나라가 박수를 칠 만큼 기쁜 소식이었습니다. 왜냐하면 앗수르 제국이 오랜 세월 제국주의를 펼치면서 매우 잔인한 방법으로 다른 민족들을 통치했기 때문입니다.

이어지는 이사야 31장은 이사야 30장의 반복입니다. 이를 정리하면 다음과 같습니다.

첫째, 하나님께서 애굽과 동맹을 체결하는 남유다를 책망하십니다.

"도움을 구하러 애굽으로 내려가는 자들은 화 있을진저 그들은 말을 의지하며 병거의 많음과 마병의 심히 강함을 의지하고 이스라엘의 거룩하신 이를 앙모하지 아니하며 여호와를 구하지 아니하나니 여호와께서도 지혜로우신즉 재앙을 내리실 것이라 그의 말씀들을 변하게 하지 아니하시고 일어나사 악행하는 자들의 집을 치시며 행악을 돕는 자들을 치시리니"(사 31:1~2)

하나님께서 남유다에게 애굽으로 내려가지 말라고 하시는 것은 애굽의 말과 병거들을 의지하지 말라는 뜻입니다.

"그는 병마를 많이 두지 말 것이요 병마를 많이 얻으려고 그 백성을 애굽으로 돌아가게 하지 말 것이니 이는 여호와께서 너희에게 이르시기

를 너희가 이 후에는 그 길로 다시 돌아가지 말 것이라 하셨음이며"(신 17:16)

그런데 솔로몬 시대에도 이와 같은 일로 하나님의 마음을 아프게 한 적이 있었습니다.

"애굽에서 들여온 병거는 한 대에 은 육백 세겔이요 말은 한 필에 백오십 세겔이라 이와 같이 헷 사람의 모든 왕과 아람 왕들에게 그것들을 되팔기도 하였더라"(왕상 10:29)

그런데 또다시 남유다가 앗수르의 침략에 대비한다는 이유로 말과 병거가 많은 애굽으로 내려가 그들에게 도움을 구하여 하나님의 마음을 아프게 했습니다. 남유다가 해야 할 일은 애굽의 군사력을 의지할 것이 아니라 오직 하나님만을 의지하는 것이었습니다.

둘째, 하나님께서는 앗수르의 침략으로부터 예루살렘을 지키고 보호해주겠다고 말씀하십니다.

"새가 날개 치며 그 새끼를 보호함 같이 나 만군의 여호와가 예루살렘을 보호할 것이라 그것을 호위하며 건지며 뛰어넘어 구원하리라 하셨느니라"(사 31:5)

셋째, 하나님께서는 남유다의 회개를 기다리십니다.

"이스라엘 자손들아 너희는 심히 거역하던 자에게로 돌아오라 너희가

자기 손으로 만들어 범죄한 은 우상, 금 우상을 그 날에는 각 사람이 던져 버릴 것이며"(사 31:6~7)

넷째, 하나님께서는 앗수르의 패망이 하나님의 결정이라고 말씀하십니다.

"앗수르는 칼에 엎드러질 것이나 사람의 칼로 말미암음이 아니겠고 칼에 삼켜질 것이나 사람의 칼로 말미암음이 아닐 것이며 그는 칼 앞에서 도망할 것이요 그의 장정들은 복역하는 자가 될 것이라"(사 31:8)

● **두 번째 포인트**

이사야 선지자는 마침내 회복될 메시아의 나라를 예언합니다.

하나님께서는 이사야 선지자를 통해 앗수르 제국의 멸망을 예언하게 하신 후 메시아의 오심과 메시아의 통치를 예언하게 하십니다.

"보라 장차 한 왕이 공의로 통치할 것이요 방백들이 정의로 다스릴 것이며"(사 32:1)

메시아의 통치를 받게 될 때 인생들에게 임할 복은 다음과 같습니다.

첫째, 메시아의 통치가 임하는 곳은 광풍을 피하는 곳이자 폭우를 가리는 곳 같을 것입니다.

둘째, 메시아의 통치가 임하는 곳은 마른 땅에 냇물이자 곤비한 땅에 큰 바위 그늘 같을 것입니다.

셋째, 메시아의 통치가 임하는 곳에서는 보는 자의 눈이 감기지 아니할 것이며 듣는 자가 귀를 기울일 것입니다.

넷째, 메시아의 통치가 임하는 곳에서는 조급한 자의 마음이 지식을 깨닫고 어눌한 자의 혀가 민첩하여 말을 분명히 하게 될 것입니다.

다섯째, 메시아의 통치가 임하는 곳에서는 어리석은 자를 다시 존귀하다 부르지 아니하고 우둔한 자를 다시 존귀한 자라 말하지 아니할 것입니다.

하나님께서 이사야 선지자를 통해 말씀하신 메시아가 통치하는 나라는 장차 한 왕이 나와서 공의로 통치하고 공평으로 다스릴 것입니다. 이사야는 공의로 통치되는 하나님의 나라를 묘사하면서 통치자의 눈이 백성들의 요구에 민감하며 백성들의 사정을 돌볼 것이라고 예언합니다. 이것이 하나님께서 원하시는 정치입니다. 아무도 귀 기울여 주지 않는 백성들의 마음을 이해하고 그들의 어려움을 해결해주는 정치 말입니다.

이제 하나님께서는 이사야 선지자를 통해 안일한 백성들이 심판을 받게 될 것이라고 말씀하십니다. 이사야 3장에서는 사치하는 남유다의 상류층 여인들을 중심으로 경고하셨다면 이사야 31장에서는 현재에 만족하는 안일하고 염려 없는 여인들을 중심으로 백성들의 무사안일한 삶의 태도를 경고하십니다.

"너희 염려 없는 여자들아 일 년 남짓 지나면 너희가 당황하리니 포도 수확이 없으며 열매 거두는 일이 이르지 않을 것임이라 너희 안일한 여자들아 떨지어다 너희 염려 없는 자들아 당황할지어다 옷을 벗어 몸을 드러내고 베로 허리를 동일지어다"(사 32:10~11)

나라가 불안하면 불안할수록 빈부의 차이는 커지고 가진 자의 부패는 더욱 심해집니다. 이는 이사야 시대에도 마찬가지였습니다. 남유다의 상류층과 지도층 사람들이 하나님께 받은 풍요로 자신들의 안위만 생각하고 앞으로 닥칠 국가의 위험에 대해서는 상관하지 않는 것이 문제였습니다. 이에 대해 하나님께서 경고하신 것입니다.

의로운 왕이 통치할 때 그들의 죄는 반드시 드러날 것이며 그들은 그에 따른 형벌을 받고 부끄러움을 당할 것입니다. 그러므로 하나님을 섬기는 백성들은 환난의 떡과 고생의 물을 마실지라도 심은 대로 거둘 것을 기대하며 의(義)를 심어야 하는 것입니다.

하나님께서는 또다시 이사야 선지자를 통해 회복될 메시아의 나라를 예언하게 하십니다.

"마침내 위에서부터 영을 우리에게 부어 주시리니 광야가 아름다운 밭이 되며 아름다운 밭을 숲으로 여기게 되리라 그 때에 정의가 광야에 거하며 공의가 아름다운 밭에 거하리니 공의의 열매는 화평이요 공의의 결과는 영원한 평안과 안전이라"(사 32:15~17)

이는 1차적으로는 바벨론 포로 귀환 후 다시 세워질 제사장 나라를 말하는 것이고, 2차적으로는 예수 그리스도의 오심, 즉 하나님께서 궁극적으로 이루실 하나님 나라를 말합니다.

"다시 밤이 없겠고 등불과 햇빛이 쓸 데 없으니 이는 주 하나님이 그들에게 비치심이라 그들이 세세토록 왕 노릇 하리로다"(계 22:5)

이사야 선지자는 장차 임할 공의와 정의의 왕에 대해 예언하고 있습니다. 그래서 남유다 백성들의 시선을 그들이 의지하려는 애굽과 두려워하는 앗수르로부터 하나님께서 세우실 공의와 정의의 왕에게로 향하도록 이끌고 있는 것입니다.

● **세 번째 포인트**

이사야 선지자는 제사장 나라 백성들을 구해달라고 하나님께 간절히 기도합니다.

이사야 선지자는 하나님께 은혜를 간구합니다.

"여호와여 우리에게 은혜를 베푸소서 우리가 주를 앙망하오니 주는 아침마다 우리의 팔이 되시며 환난 때에 우리의 구원이 되소서"(사 33:2)

이사야 선지자는 하나님의 말씀을 귀 기울여 듣지 않는 남유다 백성들로 인해 가슴이 아프지만 그럼에도 불구하고 남유다를 앗수르의 위협에서 구원해주시기를 하나님께 간구하고 있습니다. 비록 겉으로는 이사야 선지자가 자기 민족에게 심판을 외쳐대는 반(反)민족주의자처럼 보였겠지만 사실 그의 심판 선고는 자기 민족 남유다를 향한 사랑과 열정의 표현이었습니다. 오히려 이사야 선지자는 자기 민족이 바른길로 나아가기를 바라는 진정한 '제사장 나라주의자'였습니다.

우리의 하나님 사랑과 민족에 대한 사랑이 별개가 아니라 하나이어야 함을 이사야를 통해 알 수 있습니다. 계속해서 이사야 선지자는 여호와를 경외하는 것이 구원에 이르는 비결이라고 말합니다.

"여호와께서는 지극히 존귀하시니 그는 높은 곳에 거하심이요 정의와 공의를 시온에 충만하게 하심이라 네 시대에 평안함이 있으며 구원과 지혜와 지식이 풍성할 것이니 여호와를 경외함이 네 보배니라"(사 33:5~6)

이사야 선지자는 하나님께서 대적으로부터 남유다를 구원하실 것을 예언합니다.

"민족들은 불에 굽는 횟돌 같겠고 잘라서 불에 사르는 가시나무 같으리로다 너희 먼 데에 있는 자들아 내가 행한 것을 들으라 너희 가까이에 있는 자들아 나의 권능을 알라"(사 33:12~13)

그리고 이사야 선지자는 예루살렘의 회복을 노래합니다. 이는 궁극적으로 하나님 나라의 평화를 찬양한 것입니다.

"우리 절기의 시온 성을 보라 네 눈이 안정된 처소인 예루살렘을 보리니 그것은 옮겨지지 아니할 장막이라 그 말뚝이 영영히 뽑히지 아니할 것이요 그 줄이 하나도 끊어지지 아니할 것이며"(사 33:20)

● 네 번째 포인트

하나님께서는 형제 나라 에돔이 남유다를 돕지 않고 해를 입힌 것에 대해 멸망을 선포하십니다.

하나님께서는 이사야 선지자를 통해 악한 세력에게 임할 하나님의 심판을 말씀하십니다.

"열국이여 너희는 나아와 들을지어다 민족들이여 귀를 기울일지어다 땅과 땅에 충만한 것, 세계와 세계에서 나는 모든 것이여 들을지어다 대저 여호와께서 열방을 향하여 진노하시며 그들의 만군을 향하여 분내사 그들을 진멸하시며 살륙 당하게 하셨은즉"(사 34:1~2)

열국을 향한 하나님의 심판 메시지가 다시 시작되면서 특히 에돔을 악한 세력의 대표라고 말씀하시며 에돔에 대한 심판의 메시지를 말씀하십니다.

"여호와의 칼이 하늘에서 족하게 마셨은즉 보라 이것이 에돔 위에 내리며 진멸하시기로 한 백성 위에 내려 그를 심판할 것이라"(사 34:5)

"이것은 여호와께서 보복하시는 날이요 시온의 송사를 위하여 신원하시는 해라 에돔의 시내들은 변하여 역청이 되고 그 티끌은 유황이 되고 그 땅은 불 붙는 역청이 되며"(사 34:8~9)

하나님께서는 에돔이 형제 나라로서 남유다를 돕지 않고 해를 입힌 것을 절대 잊지 않겠다고 말씀하십니다. 에돔은 출애굽 때에도, 남유다의 아하스 왕 때에도 형제 나라인 이스라엘을 괴롭히고 돕지 않았습니다.

"에돔 왕이 이같이 이스라엘이 그의 영토로 지나감을 용납하지 아니하므로 이스라엘이 그들에게서 돌이키니라"(민 20:21)

"그 때에 아하스 왕이 앗수르 왕에게 사람을 보내어 도와 주기를 구하였으니 이는 에돔 사람들이 다시 와서 유다를 치고 그의 백성을 사로잡았음이며"(대하 28:16~17)

이 때문에 하나님께서는 에돔의 멸망을 선언하십니다.

"당아새와 고슴도치가 그 땅을 차지하며 부엉이와 까마귀가 거기에 살 것이라 여호와께서 그 위에 혼란의 줄과 공허의 추를 드리우실 것인즉 그들이 국가를 이으려 하여 귀인들을 부르되 아무도 없겠고 그 모든 방백도 없게 될 것이요"(사 34:11~12)

에서의 후손인 에돔 민족이 사는 '페트라'는 기괴한 절벽과 바윗덩어리로 이루어져 그곳의 지리를 훤히 꿰뚫고 있지 않으면 침략과 방어를 할 수 없는 천연의 요새였습니다. 하지만 하나님께서는 그 에돔 땅의 페트라를 파괴하고 그곳을 에돔 민족 대신 짐승들로 채우겠다고 말씀하십니다.

하나님의 심판이 임하게 될 때 그 땅의 모습이 어떠할지 이사야의 입술을 통하여 생생하게 묘사되고 있습니다. 황무함, 혼란, 공허 등의 단어가 전해주듯, 생육하고 번성하라 하셨던 에돔 땅에 황무하고 공허함만이 남게 될 것입니다. 에돔에 대한 예언에 이어 이사야 선지자는 이 모든 하나님의 말씀은 반드시 이루어질 것이라고 선포합니다.

"너희는 여호와의 책에서 찾아 읽어보라 이것들 가운데서 빠진 것이 하나도 없고 제 짝이 없는 것이 없으리니 이는 여호와의 입이 이를 명령하셨고 그의 영이 이것들을 모으셨음이라"(사 33:16)

● 다섯 번째 포인트

이사야 선지자는 영원한 평화가 있는 하나님의 나라를 찬양합니다.

이사야 1장에서 35장까지, 〈이사야〉 전반부의 내용을 정리하면 하나님께서 모든 열방을 심판하시며 그 가운데 제사장 나라인 남유다를 회복하신다는 것입니다.

이사야 선지자는 이 말씀으로 남유다 백성들을 위로하고 있습니다. 그리고 계속되는 심판의 역사 속에서 남유다 백성들에게 하나님의 구원의 날이 이르기까지 인내하기를 다시금 촉구합니다.

마치 사도 요한이 〈요한계시록〉의 말씀을 통하여 로마의 박해 속에 있는 그리스도인들을 위로하며 그들에게 마지막 날까지 인내할 것을 부탁했던 것처럼 말입니다. 이 말씀을 믿고 고난 가운데에서 승리한 자, 곧 그루터기만이 거룩한 길에 들어서게 될 것입니다.

이제 이사야 선지자는 하나님 나라의 영광을 예언합니다.

"광야와 메마른 땅이 기뻐하며 사막이 백합화 같이 피어 즐거워하며 무성하게 피어 기쁜 노래로 즐거워하며 레바논의 영광과 갈멜과 사론의 아름다움을 얻을 것이라 그것들이 여호와의 영광 곧 우리 하나님의

아름다움을 보리로다"(사 35:1~2)

그리고 이사야 선지자는 구원의 하나님을 찬양합니다.

"너희는 약한 손을 강하게 하며 떨리는 무릎을 굳게 하며 겁내는 자들에게 이르기를 굳세어라, 두려워하지 말라, 보라 너희 하나님이 오사 보복하시며 갚아 주실 것이라 하나님이 오사 너희를 구하시리라 하라" (사 35:3~4)

이어서 이사야 선지자는 영원한 평화가 있는 하나님 나라를 찬양합니다.

"여호와의 속량함을 받은 자들이 돌아오되 노래하며 시온에 이르러 그들의 머리 위에 영영한 희락을 띠고 기쁨과 즐거움을 얻으리니 슬픔과 탄식이 사라지리로다"(사 35:10)

이 같은 찬양은 다시 〈요한계시록〉에서 울려납니다.

"모든 눈물을 그 눈에서 닦아 주시니 다시는 사망이 없고 애통하는 것이나 곡하는 것이나 아픈 것이 다시 있지 아니하리니 처음 것들이 다 지나갔음이러라 보좌에 앉으신 이가 이르시되 보라 내가 만물을 새롭게 하노라 하시고 또 이르시되 이 말은 신실하고 참되니 기록하라 하시고"(계 21:4~5)

이사야 35장에서 이사야 선지자는 〈이사야〉 전반부의 내용을 결론지으면서 새롭게 회복되어 받게 될 복의 말씀들을 선포합니다.

사막에 백합화가 피고 맹인의 눈이 밝게 되고 못 듣는 사람의 귀가 열리며 저는 자가 사슴같이 뛰며 말 못하는 자의 혀가 노래하고 뜨거운 사막에서 물이 솟는 등 엄청난 복이 임하는 말씀들입니다. 이러한 복은 '원래 상태로의 회복'을 의미합니다. 전혀 새로운 것의 창조가 아니라 원래 상태로 돌아가는 것입니다. 모든 것이 제자리로 돌아가는 것, 이것이 복입니다.

하나님께서 회복하실 남유다는 바로 제사장 나라 원래의 모습으로 돌아가는 것입니다.

히스기야의 선택 (왕하 18:13~37, 사 36장)

애피타이저 APPETIZER

남유다의 히스기야 왕은 이사야 선지자를 통한 하나님의 말씀을 듣지 않고 애굽과 관계를 맺기 시작하면서 앗수르에 보냈던 조공을 중단합니다. 그렇지 않아도 남유다를 침략할 기회만 노리고 있던 앗수르 제국은 조공 중단을 빌미로 남유다를 치러 옵니다.

결국 남유다는 얼마 가지 못해 예루살렘성을 제외한 전국의 모든 성읍이 앗수르 제국의 군인들에 의해 점령당하고 맙니다. 그러자 히스기야는 앗수르 왕에게 "내가 범죄하였나이다"라고 빌며 "왕이 내게 지우는 것을 내가 당하리이다"라고 말하기에 이릅니다. 이에 앗수르 왕은 히스기야에게 은 삼백 달란트와 금 삼십 달란트를 요구합니다. 이 요구를 따를 수밖에 없었던 히스기야는 성전과 왕궁 곳간에 있던 은, 그리고 성전의 문과 기둥에 입힌 금을 벗겨내어 앗수르에게 바칩니다. 그러나 앗수르의 산헤립 왕은 은금만 받고 이번에는 예루살렘까지 정복하기 위해 다시 대군을 이끌고 남유다를 치러옵니다. 이때 앗수르 대군을 이끌고 예루살렘까지 내려온 장군이 바로 랍사게였습니다.

랍사게는 자국의 언어인 앗수르어와 당시 고대 근동의 공용어인 아람어, 그리고 심지어 남유다의 언어까지도 능통한 사람이었습니다. 랍사게는 예루살렘성이 보이는 높은 산에 올라가서 히스기야 왕에게 남유다의 언어로 빨리 항복하고 성문을 열라고 소리칩니다. 심지어 하나님을 모욕하는 말까지도 서슴지 않았습니다. 남유다에서 마지막 남은 예루살렘성마저 포위된 상황도 참담한데 앗수르의 장수 랍사게가 하나님을 모욕한다는 소리까지 들으니 히스기야 왕의 참담함은 이루 말할 수가 없었습니다.

열왕기하 18장 13절에서 37절 그리고 이사야 36장의 두 본문은 이와 같이 역사적 배경과 이야기가 동일합니다. 그래서 역사순으로 보는 통(通)성경에서는 두 본문을 묶어서 함께 읽고 공부합니다.

성경통독 BIBLETONGDOK

《일년일독 통독성경》 열왕기하 18:13~37, 이사야 36장

통通으로 숲이야기 ; 통숲 TONG OBSERVATION

● 첫 번째 포인트

선지자들은 남유다가 주변 나라들과 군사적인 동맹을 맺으면 제사장 나라를 세워갈 수 없다고 주장했습니다.

먼저 '동맹'에 관련해 역사적으로 유명한 어록이나 고사성어를 잠깐 살펴보면, 우리가 많이 들어본 고대의 격언 가운데 "적의 적은 나의 친구이다"라는 말이 있습니다. 그리고 파머스턴(Palmerston)은 "국가 간에는 영원한 친구나 동맹이나 혈맹은 없다. 오직 이해관계만 존재할 뿐이다"라는 말을 했습니다. 또한 칸트(I.Kant)는 "영구적인 평화는 무덤에서나 가능하다"라는 말을 남겼고, 윈스턴 처칠(Winston L. S. Churchill)은 "전쟁은 끝내는

것보다 시작하는 것이 더 어렵다"라는 유명한 말을 남겼습니다. 동맹에 관한 '오월동주(吳越同舟)'라는 고사성어도 있습니다. 이는 원수지간일지라도 공동의 목적을 달성하기 위해 서로 협력한다는 의미입니다.

북이스라엘과 남유다의 역사에서 두 나라가 주변국들과 맺었던 군사적 동맹들을 살펴보면 다음과 같습니다.

먼저 북이스라엘이 맺었던 군사 동맹입니다. 북이스라엘의 므나헴 왕 때에 므나헴이 자신의 왕위를 튼튼히 하기 위해 앗수르의 왕 불(티글랏 빌레셀 3세)과 군사 동맹을 맺었습니다.

> "앗수르 왕 불이 와서 그 땅을 치려 하매 므나헴이 은 천 달란트를 불에게 주어서 그로 자기를 도와 주게 함으로 나라를 자기 손에 굳게 세우고자 하여 그 은을 이스라엘 모든 큰 부자에게서 강탈하여 각 사람에게 은 오십 세겔씩 내게 하여 앗수르 왕에게 주었더니 이에 앗수르 왕이 되돌아가 그 땅에 머물지 아니하였더라"(왕하 15:19~20)

이후 북이스라엘의 베가 왕과 아람의 르신 왕이 동맹을 맺었습니다. 이 동맹은 앗수르를 겨냥한 군사 동맹으로 북이스라엘과 아람은 남유다에게도 이 동맹에 동참할 것을 요구했습니다. 그러나 남유다가 이 동맹을 거절하자 북이스라엘과 아람 동맹군이 남유다를 공격하고 앗수르는 북이스라엘과 아람 동맹군을 공격하는 큰 전쟁으로 이어졌습니다.

"웃시야의 손자요 요담의 아들인 유다의 아하스 왕 때에 아람의 르신 왕과 르말리야의 아들 이스라엘의 베가 왕이 올라와서 예루살렘을 쳤으나 능히 이기지 못하니라 어떤 사람이 다윗의 집에 알려 이르되 아람이 에브라임과 동맹하였다 하였으므로 왕의 마음과 그의 백성의 마음이 숲이 바람에 흔들림 같이 흔들렸더라"(사 7:1~2)

남유다가 맺었던 동맹의 역사를 살펴보면 다음과 같습니다.

첫째, 남유다 아하스 왕과 앗수르 디글랏 빌레셀(티글랏 빌레셀 3세)이 동맹을 맺었습니다. 이는 남유다의 북이스라엘과 아람 동맹에 대한 자구책이었습니다.

"아하스가 앗수르 왕 디글랏 빌레셀에게 사자를 보내 이르되 나는 왕의 신복이요 왕의 아들이라 이제 아람 왕과 이스라엘 왕이 나를 치니 청하건대 올라와 그 손에서 나를 구원하소서 하고 아하스가 여호와의 성전과 왕궁 곳간에 있는 은금을 내어다가 앗수르 왕에게 예물로 보냈더니 앗수르 왕이 그 청을 듣고 곧 올라와서 다메섹을 쳐서 점령하여 그 백성을 사로잡아 기르로 옮기고 또 르신을 죽였더라"(왕하 16:7~9)

둘째, 남유다의 히스기야 왕과 애굽이 동맹을 맺었습니다. 이 동맹은 앗수르에게 남유다 침략의 빌미를 제공했습니다.

"도움을 구하러 애굽으로 내려가는 자들은 화 있을진저 그들은 말을 의지하며 병거의 많음과 마병의 심히 강함을 의지하고 이스라엘의 거룩하신 이를 앙모하지 아니하며 여호와를 구하지 아니하나니"(사 31:1)

● **두 번째 포인트**

히스기야 왕은 앗수르 산헤립 왕의 1차 침입에 예루살렘 성전 기둥의 금을 벗겨 바칩니다.

아람과 북이스라엘을 정복한 앗수르 제국의 산헤립 왕이 마침내 감추었던 발톱을 드러내고 남유다까지 침공해옵니다.

"히스기야 왕 제십사년에 앗수르의 왕 산헤립이 올라와서 유다 모든 견고한 성읍들을 쳐서 점령하매"(왕하 18:13)

앗수르 제국은 히스기야가 남유다의 왕이 된 지 6년째에 되던 해에 북이스라엘을 멸망시켰습니다. 사실 그때까지만 해도 앗수르가 남유다를 침략하러 내려올 줄은 예상하지 못했습니다. 왜냐하면 히스기야 왕의 아버지인 아하스 왕 때 남유다는 앗수르 제국과 군사 동맹을 맺고 있었기 때문입니다.

그런데 앗수르는 제국주의의 본질에 충실하게 아하스 왕과 맺었던 동맹을 무시하고 히스기야 왕 14년째에 쳐들어와 남유다의 수많은 마을에서 20만 명이 넘는 사람들을 앗수르의 포로로 끌어가고 남유다의 46개 성읍을 점령했습니다. 그리고 이제 마지막 남은 예루살렘성 공성전을 시작합니다.

앗수르는 그 당시 상황에 대해 그들의 문헌 《센나케리브 *Sennacherib*》에 "히스기야를 새장에 새와 같이 가두었다"라고 기록하고 있습니다. 이는 누가 봐도 남유다가 북이스라엘처럼 앗수르에게 멸망할 것으로 보였습니다. 남유다를 침공한 앗수르 산헤립 왕의 요구는 다음과 같았습니다.

"앗수르 왕이 곧 은 삼백 달란트와 금 삼십 달란트를 정하여 유다 왕 히스기야에게 내게 한지라"(왕하 18:14)

앞서 히스기야는 앗수르의 공격에 대비해 친애굽 정책을 펼쳤습니다. 이사야 선지자의 충고에도 불구하고 계속 '반앗수르-친애굽' 노선을 붙들고 있었던 것입니다. 그러나 그것은 역부족이었습니다. 이제 남유다의 모든 강한 성읍이 점령된 상황에서 히스기야 왕은 할 수 없이 아버지 아하스에게 배운 것들을 순서대로 실천하기 시작했습니다.

첫째는 앗수르 왕에게 굴욕 편지 쓰기,

둘째는 앗수르 왕에게 성전과 왕궁 곳간에 있는 은금을 바치는 일이었습니다.

"유다의 왕 히스기야가 라기스로 사람을 보내어 앗수르 왕에게 이르되

내가 범죄하였나이다 나를 떠나 돌아가소서 왕이 내게 지우시는 것을 내가 당하리이다"(왕하 18:14)

"히스기야가 이에 여호와의 성전과 왕궁 곳간에 있는 은을 다 주었고 또 그 때에 유다 왕 히스기야가 여호와의 성전 문의 금과 자기가 모든 기둥에 입힌 금을 벗겨 모두 앗수르 왕에게 주었더라"(왕하 18:15~16)

이는 히스기야의 아버지 아하스가 이미 제대로 된 모범(?)을 보였던 일이었습니다(왕하 16:8). 그런데 앗수르가 요구한 금 30달란트를 만들지 못해 성전 문과 기둥에 입힌 금까지 벗기고 있으니 히스기야 왕 시대의 경제 형편이 참으로 안쓰럽기 그지없습니다.

다윗 시대와 비교하면 확실히 그 차이를 알 수 있습니다. 다윗은 그의 아들 솔로몬에게 성전 건축을 당부하면서 은 100만 달란트와 금 10만 달란트를 준비해주었습니다. 또 하나님의 성전을 사모하는 마음으로 금 3,000달란트를 더 헌금하고 다윗 측근들도 금 5,000달란트를 헌금했습니다. 그러니 예루살렘 성전에 사용된 '금'만 해도 어림잡아 10만 8천 달란트가 들어간 것입니다. 그리고 다윗은 솔로몬에게 더 많이 준비해서 성전 건축에 헌금할 것을 당부하기까지 했습니다.

"내가 환난 중에 여호와의 성전을 위하여 금 십만 달란트와 은 백만 달란트와 놋과 철을 그 무게를 달 수 없을 만큼 심히 많이 준비하였고 또 재목과 돌을 준비하였으나 너는 더할 것이며"(대상 22:14)

"성전을 위하여 준비한 이 모든 것 외에도 내 마음이 내 하나님의 성전을 사모하므로 내가 사유한 금, 은으로 내 하나님의 성전을 위하여 드렸노니 곧 오빌의 금 삼천 달란트와 순은 칠천 달란트라 모든 성전 벽에 입히며 금, 은 그릇을 만들며 장인의 손으로 하는 모든 일에 쓰게 하였노니 오늘 누가 즐거이 손에 채워 여호와께 드리겠느냐 하는지라 이에 모든 가문의 지도자들과 이스라엘 모든 지파의 지도자들과 천부장과 백부장과 왕의 사무관이 다 즐거이 드리되 하나님의 성전 공사를 위하여 금 오천 달란트와 금 만 다릭 은 만 달란트와 놋 만 팔천 달란트와 철 십만 달란트를 드리고"(대하 29:3~7)

솔로몬 시대에 건축한 예루살렘 성전의 모습은 다음과 같았습니다.

"솔로몬이 정금으로 외소 안에 입히고 내소 앞에 금사슬로 건너지르고 내소를 금으로 입히고 온 성전을 금으로 입히기를 마치고 내소에 속한 제단의 전부를 금으로 입혔더라"(왕상 6:21~22)

이렇게 많았던 예루살렘의 은금들을 200년 동안 주변 나라들에 다 빼앗기고 남유다는 이제 금 30달란트를 쉽게 만들 수 없는 형편에 처한 것입니다.

● 세 번째 포인트

앗수르 왕 산헤립은 성전 기둥에서 벗긴 금을 받고서도 예루살렘 성을 사마리아성처럼 포위 공격합니다.

앗수르 왕 산헤립은 히스기야가 보낸 은과 금을 기분 좋게(?) 받았음에도 불구하고 앗수르 군대의 장수들과 18만 5천 명의 군인들을 예루살렘성으로 보냅니다. 그리고 예루살렘성을 공격하기 시작했습니다.

"앗수르 왕이 다르단과 랍사리스와 랍사게로 하여금 대군을 거느리고 라기스에서부터 예루살렘으로 가서 히스기야 왕을 치게 하매 그들이 예루살렘으로 올라가니라 그들이 올라가서 윗못 수도 곁 곧 세탁자의 밭에 있는 큰 길에 이르러 서니라"(왕하 18:17)

앗수르는 공성전에서 다양한 방법으로 놀라운 승리를 거둔 대제국으로 역사에 남아 있습니다. 즉 앗수르는 공성전에서 다양한 포위 기법을 사용했는데 보루로 돌격, 성벽과 성문 부수기, 사다리 타고 오르기, 땅굴 파기, 그리고 심리전에도 매우 능했습니다.

앗수르는 3년간 공성전을 벌인 북이스라엘의 사마리아성보다 남유다 예루살렘성을 더 빨리 함락시키기 위해 그들의 특기인 '심리전'을 펼쳤습니다. 그래서 이때 심리전에 능한 언어의 천재 랍사게를 공성전에 투입시켰던 것입니다. 랍사게가 남유다의 말로 예루살렘 성안 사람들을 조롱합니다.

"랍사게가 그들에게 이르되 너희는 히스기야에게 말하라 대왕 앗수르 왕의 말씀이 네가 의뢰하는 이 의뢰가 무엇이냐"(왕하 18:19)

랍사게가 남유다의 왕은 왕의 호칭도 없이 히스기야라 부르고 앗수르의 왕은 '대왕 앗수르 왕'이라고 표현하고 있습니다. 그리고 랍사게가 남유다의 군사력을 조롱하고 비웃었습니다.

"네가 싸울 만한 계교와 용력이 있다고 한다마는 이는 입에 붙은 말 뿐이라 네가 이제 누구를 의뢰하고 나를 반역하였느냐"(왕하 18:20)

랍사게가 남유다의 약한 군사력을 비웃으며 앗수르의 군사력을 과시했습니다.

"청하건대 이제 너는 내 주 앗수르 왕과 내기하라 네가 만일 말을 탈 사람을 낼 수 있다면 나는 네게 말 이천 마리를 주리라 네가 어찌 내 주의 신하 중 지극히 작은 지휘관 한 사람인들 물리치며 애굽을 의뢰하고 그 병거와 기병을 얻을 듯하냐"(왕하 18:23~24)

그리고 남유다의 국제 관계, 즉 애굽과의 군사적 동맹을 조롱하고 비웃었습니다.

"이제 네가 너를 위하여 저 상한 갈대 지팡이 애굽을 의뢰하도다 사람이 그것을 의지하면 그의 손에 찔려 들어갈지라 애굽의 왕 바로는 그에게 의뢰하는 모든 자에게 이와 같으니라"(왕하 18:21)

● **네 번째 포인트**

앗수르의 장수 랍사게는 하나님에 대한 무지로 감히 하나님을 모욕합니다.

앗수르의 장수 랍사게는 남유다를 조롱하고 비웃는 데서 도를 넘어 이제 하나님과 히스기야의 신앙 갱신까지도 비웃습니다.

"너희가 내게 이르기를 우리는 우리 하나님 여호와를 의뢰하노라 하리라마는 히스기야가 그들의 산당들과 제단을 제거하고 유다와 예루살렘 사람에게 명령하기를 예루살렘 이 제단 앞에서만 예배하라 하지 아니하였느냐 하셨나니"(왕하 18:22)

랍사게의 이 말은 대놓고 히스기야의 신앙 갱신을 비웃고 히스기야와 남유다 백성들 사이를 이간질한 것이었습니다. 이렇게 랍사게가 남유다의 언어로 예루살렘 성안 사람들이 다 알아듣도록 말하자 남유다의 위정자들은 랍사게에게 남유다 언어가 아닌 아람어, 즉 요즘으로 치면 영어로 대화하자고 제안합니다. 그러자 랍사게가 이 말을 듣고 전보다 더 심한 말로 히스기야 왕과 하나님을 조롱하기 시작합니다.

"랍사게가 드디어 일어서서 유다 말로 크게 소리 질러 불러 이르되 너희는 대왕 앗수르 왕의 말씀을 들으라 왕의 말씀이 너희는 히스기야에게 속지 말라 그가 너희를 내 손에서 건져내지 못하리라 또한 히스기야가 너희에게 여호와를 의뢰하라 함을 듣지 말라 그가 이르기를 여호와께서 반드시 우리를 건지실지라 이 성읍이 앗수르 왕의 손에 함락되지 아니하게 하시리라 할지라도"(왕하 18:28~30)

유창하게 구사하는 랍사게의 말은 실로 무지하기 이를 데 없었습니다. 랍사게는 하나님께서 앗수르의 큰 성읍 니느웨에 요나 선지자를 보내셔서 그들을 회개하게 하시고 구원하신 역사를 몰랐던 것입니다. 자기 나라 역사도 모르고 하나님도 모르니 랍사게의 말은 그저 공중에 흩어지는 먼지와 다를 바 없었습니다. 어쨌든 랍사게는 심리전을 펼치며 예루살렘 사람들에게 앗수르에 항복하라고 협박도 하고 회유도 했습니다.

랍사게는 먼저 남유다 백성들에게 '협박'했습니다.

"랍사게가 그에게 이르되 내 주께서 네 주와 네게만 이 말을 하라고 나를 보내신 것이냐 성 위에 앉은 사람들도 너희와 함께 자기의 대변을 먹게 하고 자기의 소변을 마시게 하신 것이 아니냐 하고"(왕하 18:27)

이 말은 예루살렘 성안에 양식이 떨어져 대소변을 먹을 정도로 비참한 상태가 될 것이라는 협박이었습니다.

이어 랍사게는 '회유'의 말을 합니다.

"너희는 히스기야의 말을 듣지 말라 앗수르 왕의 말씀이 너희는 내게 항복하고 내게로 나아오라 그리하고 너희는 각각 그의 포도와 무화과를 먹고 또한 각각 자기의 우물의 물을 마시라 내가 장차 와서 너희를 한 지방으로 옮기리니 그 곳은 너희 본토와 같은 지방 곧 곡식과 포도주가 있는 지방이요 떡과 포도원이 있는 지방이요 기름 나는 감람과 꿀이 있는 지방이라 너희가 살고 죽지 아니하리라 히스기야가 너희를 설득하여 이르기를 여호와께서 우리를 건지시리라 하여도 히스기야에게 듣지 말라"(왕하 18:31~32)

랍사게의 회유는 예루살렘 사람들이 항복하면 예전에 영화를 누리던 때처럼 평안하게 살 것이라는 사탕발림이었습니다.

마지막으로 랍사게가 하나님을 조롱하기까지 합니다.

"민족의 모든 신들 중에 누가 그의 땅을 내 손에서 건졌기에 여호와가 예루살렘을 내 손에서 건지겠느냐 하셨느니라"(왕하 18:35)

"이 열방의 신들 중에 어떤 신이 자기의 나라를 내 손에서 건져냈기에 여호와가 능히 예루살렘을 내 손에서 건지겠느냐 하셨느니라 하니라"(사 36:20)

앗수르는 제국주의를 하면서 나라의 경계를 자기 나라가 정할 수 있다고 자만했습니다. 그러나 거주의 경계는 처음부터 하나님께서 결정하셨습니다. 하나님께서 북이스라엘을 처벌하시기 위해 사용한 몽둥이에 불과한 앗수르 제국은 하나님의 뜻대로 사마리아까지만 내려올 수 있었습니다. 그런데 남유다까지는 하나님께서 앗수르에게 내어주지 않으셨다는 것을 앗수르는 알지 못하고 교만했던 것입니다.

● **다섯 번째 포인트**

히스기야 왕은 앗수르 제국의 장수 랍사게의 비웃음에 침묵하라고 명령합니다.

앗수르의 장수 랍사게의 협박과 회유가 계속되자 히스기야 왕은 남유다 백성들에게 대응하지 말고 침묵하라고 명령합니다.

"그러나 백성이 잠잠하고 한 마디도 그에게 대답하지 아니하니 이는 왕이 명령하여 대답하지 말라 하였음이라 이에 힐기야의 아들로서 왕궁 내의 책임자인 엘리야김과 서기관 셉나와 아삽의 아들 사관 요아가 옷을 찢고 히스기야에게 나아가서 랍사게의 말을 전하니라"(왕하 18:36~37)

히스기야는 랍사게의 이런 모욕적인 언사에 아무런 대응도

하지 말 것을 명령합니다. 울분을 참지 못하는 신하들로부터 랍사게의 망언을 들은 히스기야 역시 터지는 울분을 참지 못하여 어디론가 향합니다. 마침내 히스기야가 찾아간 곳은 하나님의 성전이었습니다. 히스기야가 문제의 해결을 하나님께 맡기기로 결심한 것입니다.

이렇게 열왕기하 18장 13절부터 20장 19절까지와 이사야 36장에서 39장까지의 말씀은 대동소이합니다. 이사야 38장에 히스기야의 노래가 추가된 정도만 다를 뿐입니다. 또한 역대하 32장에는 위의 사건들이 짧게 요약되어 있습니다. 그러므로 역사서와 예언서를 역사순으로 묶어 통(通)으로 공부하면 성경이 훨씬 쉽게 이해됩니다.

남유다의 히스기야 왕 시대에도 각 나라마다 많은 이방 신이 있었습니다. 사람들은 각기 나름대로 자신들의 신을 믿고 따랐습니다. 강대국인 앗수르 또한 그들이 섬기는 신이 있었는데 앗수르는 그들이 섬기는 신과 여호와 하나님을 비슷하게 취급했습니다. 앗수르는 다른 이방의 신들처럼 남유다가 믿는 하나님이 예루살렘을 앗수르의 손에서 건져내지 못할 것이라고 생각했습니다. 결국 이 판단은 후에 앗수르를 멸망하게 만드는 불씨가 됩니다.

우리 하나님은 다른 무엇과도 비교할 수 없는 분이십니다. 무한한 능력과 지혜를 소유하셨으며 모든 권세와 영광이 충만하신 분입니다. 무엇과도 비교할 수 없는 창조주 하나님이 바로 우리 아버지 되시는 하나님입니다.

186일

히스기야, 성전에서 승리하다! (왕하 19장, 사 37장)

애피타이저 APPETIZER

국가 위기에 직면한 히스기야 왕이 드디어 하나님께 나아갑니다. 앗수르 제국의 침략으로 말미암아 자신과 예루살렘에 닥친 재난을 여호와 하나님께 의탁하고 하나님의 뜻을 구하기로 결단한 것입니다.

히스기야 왕은 먼저 하나님의 이름이 능욕당하는 현실에 가슴 아파합니다. 그리고 이 사태를 어떻게 처리해야 할지 이사야 선지자에게 사람을 보내어 묻게 하고 자신은 살아 계신 하나님께 남유다를 구원해달라고 기도합니다. 그 순간, 상황이 역전됩니다. 마음을 돌이켜 오직 하나님만을 의지한 히스기야의 기도를 하나님께서 들으신 것입니다.

하나님께서는 “내가 나와 나의 종 다윗을 위하여 이 성을 보호하여 구원하리라”(왕하 19:34)라는 약속을 히스기야에게 주십니다. 하나님의 그 약속대로 하나님의 사자가 예루살렘성을 둘러싼 앗수르의 주력 부대 18만 5천 명을 하루아침에 무너뜨립니다. 오만하기 이를 데 없었던 앗수르는 이사야 선지자의 예언대로 하나님의 심판을 받았고, 예루살렘은 위기에서 벗어날 수 있었습니다. 이 사건 후 앗수르 제국은 역사의 무대 뒤로 사라지게 됩니다.

성경통독 BIBLETONGDOK

《일년일독 통독성경》 열왕기하 19장, 이사야 37장

통通으로 숲이야기 ; 통숲 TONG OBSERVATION

● 첫 번째 포인트

열왕기하 19장과 이사야 37장은 ‘같은 시대’, ‘같은 기록’입니다.

성경 66권 각 권마다 '숲 정리'를 하면서 동시에 66권을 한 권으로, 그리고 예언서와 역사서를 역사순으로 통(通)으로 공부하면 권별주의를 극복할 수 있고 성경에 기록된 하나님의 뜻에 더 가까이 다가갈 수 있습니다. 열왕기하 19장과 이사야 37장의 내용은 같은 시대, 같은 내용의 기록이기 때문에 함께 묶어서 공부하면 훨씬 더 효과적입니다.

히스기야 왕이 국가 위기 상황에서 마침내 하나님의 성전에 올라간 이야기가 기록된 열왕기하 19장과 이사야 37장의 내용을 보면 다음과 같습니다.

먼저 역사서 열왕기하 19장입니다.

"히스기야 왕이 듣고 그 옷을 찢고 굵은 베를 두르고 여호와의 전에 들어가서 왕궁의 책임자인 엘리야김과 서기관 셉나와 제사장 중 장로들에게 굵은 베를 둘려서 아모스의 아들 선지자 이사야에게로 보내매 그들이 이사야에게 이르되 히스기야의 말씀이 오늘은 환난과 징벌과 모욕의 날이라 아이를 낳을 때가 되었으나 해산할 힘이 없도다"(왕하 19:1~3)

그리고 예언서 이사야 37장입니다.

"히스기야 왕이 듣고 자기의 옷을 찢고 굵은 베 옷을 입고 여호와의 전으로 갔고 왕궁 맡은 자 엘리아김과 서기관 셉나와 제사장 중 어른들도 굵은 베 옷을 입으니라 왕이 그들을 아모스의 아들 선지자 이사야에게로 보내매 그들이 이사야에게 이르되 히스기야의 말씀에 오늘은 환난과 책벌과 능욕의 날이라 아이를 낳으려 하나 해산할 힘이 없음 같도다"(사 37:1~3)

● **두 번째 포인트**
히스기야 왕은 제국주의의 본질을 뒤늦게 겨우 깨닫고 제사장 나라를 목숨 걸고 선택합니다.

이사야 선지자는 아하스 왕 때부터 히스기야 왕 시대에 이르기까지 계속해서 제국주의의 본질을 말하며 주변 국가들과 군사동맹을 맺음으로 제국에 대항하지 말고 '제사장 나라 국가 경영'을 하라고 주장했습니다. 그러나 아하스 왕은 끝내 제국주의의 본질을 깨닫지 못했고, 히스기야 왕은 죽을 위기 앞에서 겨우 깨닫습니다. 그래서 히스기야 왕은 이제 하나님 앞에 무릎을 꿇고 제사장 나라를 선택하기로 결심합니다.

"히스기야 왕이 듣고 그 옷을 찢고 굵은 베를 두르고 여호와의 전에 들어가서"(왕하 19:1)

히스기야 왕 때 남유다에 닥친 위기는 가공(可恐)할 만한 것이었습니다. 강력한 대제국은 그들의 말대로 패배를 모르는 천하 무적이었습니다. 분명히 눈에 보이는 실력으로는 앗수르를 대적할 수 없음을 히스기야 왕도 알고 있었습니다. 히스기야 왕이 할 수 있는 마지막 카드요, 최선의 선택은 바로 살아 계신 하나님께 기도하는 것이었습니다. 이제 히스기야 왕은 이사야 선지자에게 충고를 듣고자 합니다.

"그들이 이사야에게 이르되 히스기야의 말씀이 오늘은 환난과 징벌과 모욕의 날이라 아이를 낳을 때가 되었으나 해산할 힘이 없도다 랍사게가 그의 주 앗수르 왕의 보냄을 받고 와서 살아 계신 하나님을 비방하였으니 당신의 하나님 여호와께서 혹시 그의 말을 들으셨을지라 당신의 하나님 여호와께서 그 들으신 말 때문에 꾸짖으실 듯하니 당신은 이 남아 있는 자들을 위하여 기도하소서 하더이다 하니라"(왕하 19:3~4)

하나님께서 이사야 선지자를 통해 다음과 같이 말씀하십니다.

"이사야가 그들에게 이르되 너희는 너희 주에게 이렇게 말하라 여호와의 말씀이 너는 앗수르 왕의 신복에게 들은 바 나를 모욕하는 말 때문에 두려워하지 말라 내가 한 영을 그의 속에 두어 그로 소문을 듣고 그의 본국으로 돌아가게 하고 또 그의 본국에서 그에게 칼에 죽게 하리라 하셨느니라 하더라"(왕하 19:6~7)

이후에 앗수르의 왕 산헤립은 이사야 선지자의 예언대로 자신의 나라에서 일어난 내분으로 인해 죽게 됩니다.

"그가 그의 신 니스록의 신전에서 경배할 때에 아드람멜렉과 사레셀이 그를 칼로 쳐죽이고 아라랏 땅으로 그들이 도망하매 그 아들 에살핫돈이 대신하여 왕이 되니라"(왕하 19:37)

● **세 번째 포인트**

앗수르 왕 산헤립의 항복하라는 최후통첩의 글을 듣고 히스기야 왕은 성 밖으로 나가지 않고 예루살렘 성전 안으로 기도하러 들어갑니다.

앗수르의 왕 산헤립이 히스기야 왕에게 최후통첩을 합니다.

"앗수르 왕은 구스 왕 디르하가가 당신과 싸우고자 나왔다 함을 듣고 다시 히스기야에게 사자를 보내며 이르되 너희는 유다의 왕 히스기야에게 이같이 말하여 이르기를 네가 믿는 네 하나님이 예루살렘을 앗수르 왕의 손에 넘기지 아니하겠다 하는 말에 속지 말라 앗수르의 여러 왕이 여러 나라에 행한 바 진멸한 일을 네가 들었나니 네가 어찌 구원을 얻겠느냐"(왕하 19:9~11)

앗수르 왕 산헤립의 최후통첩을 듣고 히스기야 왕은 예루살렘 성 밖으로 항복하러 나가지 않습니다. 도리어 예루살렘 성전 안으로 하늘의 하나님께 기도하기 위해 들어갑니다.

"히스기야가 그 사자들의 손에서 글을 받아 보고 여호와의 전에 올라가서 그 글을 여호와 앞에 펴 놓고 여호와께 기도하여 이르되 그룹 사이에 계신 이스라엘 하나님 만군의 여호와여 주는 천하 만국에 유일하신 하나님이시라 주께서 천지를 만드셨나이다 여호와여 귀를 기울여 들으시옵소서 여호와여 눈을 뜨고 보시옵소서 산헤립이 사람을 보내어 살아 계시는 하나님을 훼방한 모든 말을 들으시옵소서 여호와여 앗수르 왕들이 과연 열국과 그들의 땅을 황폐하게 하였고 그들의 신들을 불에 던졌사오나 그들은 신이 아니라 사람의 손으로 만든 것일 뿐이요 나무와 돌이라 그러므로 멸망을 당하였나이다 우리 하나님 여호와여 이제 우리를 그의 손에서 구원하사 천하 만국이 주만이 여호와이신 줄을 알게 하옵소서 하니라"(사 37:14~20)

아하스 왕처럼 히스기야가 앗수르 왕에게 굴욕적인 편지를 썼던 내용도 성경에 기록되어 있지만, 예루살렘 성전에서 드린 히스기야 왕의 놀라운 기도문도 이렇게 〈이사야〉에 잘 기록되어 있습니다.

● 네 번째 포인트
하나님께서는 히스기야 왕의 기도를 들으시고 이사야 선지자를 통해 응답해주십니다.

히스기야 왕의 기도를 하나님께서 들으십니다.

"아모스의 아들 이사야가 히스기야에게 보내 이르되 이스라엘 하나님 여호와의 말씀이 네가 앗수르 왕 산헤립 때문에 내게 기도하는 것을 내가 들었노라 하셨나이다"(왕하 19:20)

이사야 선지자를 통해 주신 하나님의 응답은 다음과 같습니다.

첫째, 하나님께서 앗수르를 심판하실 것입니다.

"네가 내게 향한 분노와 네 교만한 말이 내 귀에 들렸도다 그러므로 내가 갈고리를 네 코에 꿰고 재갈을 네 입에 물려 너를 오던 길로 끌어 돌이키리라 하셨나이다"(왕하 19:28)

"그러므로 여호와께서 앗수르 왕을 가리켜 이르시기를 그가 이 성에 이르지 못하며 이리로 화살을 쏘지 못하며 방패를 성을 향하여 세우지 못하며 치려고 토성을 쌓지도 못하고 오던 길로 돌아가고 이 성에 이르지 못하리라 하셨으니 이는 여호와의 말씀이시라"(왕하 19:32~33)

둘째, 하나님께서는 남유다의 회복을 말씀하십니다.

"또 네게 보일 징조가 이러하니 너희가 금년에는 스스로 자라난 것을 먹고 내년에는 그것에서 난 것을 먹되 제삼년에는 심고 거두며 포도원을 심고 그 열매를 먹으리라 유다 족속 중에서 피하고 남은 자는 다시 아래로 뿌리를 내리고 위로 열매를 맺을지라 남은 자는 예루살렘에서부터 나올 것이요 피하는 자는 시온 산에서부터 나오리니 여호와의 열심이 이 일을 이루리라 하셨나이다 하니라"(왕하 19:29~31)

하나님께서 예루살렘성을 이렇게 보호하시며 구원해주시는 이유는 바로 다윗에게 주셨던 약속 때문입니다.

"네 집과 네 나라가 내 앞에서 영원히 보전되고 네 왕위가 영원히 견고하리라 하셨다 하라 나단이 이 모든 말씀들과 이 모든 계시대로 다윗에게 말하니라"(삼하 7:16~17)

"대저 내가 나를 위하며 내 종 다윗을 위하여 이 성을 보호하며 구원하리라"(사 37:35)

● **다섯 번째 포인트**

앗수르 군대 18만 5천 명의 죽음은 《성경》과 헤로도토스의 《역사》에 기록되어 있습니다.

이사야 선지자를 통한 하나님의 말씀대로 앗수르를 향한 하나님의 심판이 실행됩니다.

첫째, 앗수르 제국은 예루살렘성 공성전에서 실패합니다.

"이 밤에 여호와의 사자가 나와서 앗수르 진영에서 군사 십팔만 오천 명을 친지라 아침에 일찍이 일어나 보니 다 송장이 되었더라"(왕하 19:35)

성경은 여호와의 사자가 앗수르 진영에서 군사 18만 5천 명을 쳤다고 기록하고 있습니다. 폴 존슨은 헤로도토스 《역사》를 인용하면서 이 사건은 쥐들이 전염시킨 '페스트' 때문이라고 기록하고 있습니다. 유대의 역사가 요세푸스도 "하룻밤에 수많은 쥐 떼가 나타나 앗수르 군의 활과 그 밖의 무기를 갈기갈기 쪼아 놓았다"라고 기록하고 있습니다.

둘째, 앞서 살펴보았듯이 앗수르 왕 산헤립은 자국으로 돌아가 자기 아들에게 살해됨으로 하나님의 심판 예언이 성취됩니다. 앗수르 군인 18만 5천 명이 한꺼번에 다 죽고, 앗수르 왕 산헤립은 니느웨로 돌아가서 아들에게 살해되면서 앗수르의 국력은 무서운 속도로 쇠퇴의 길을 걷게 됩니다.

디저트 DESSERT

앗수르의 공격에 대응할 아무런 힘이 없었던 히스기야 왕은 살아 계신 하나님께 무릎을 꿇었습니다. 이는 국가 행정의 최고 수장으로서 문제를 해결하기 위한 최선의 방법이었습니다.

세계를 경영하시는 하나님을 의지하지 않고 강대국에 아부하는 방식으로는 국가의 위기를 극복할 수 없습니다. 하나님께 나아가는 것, 이것이 우리 그리스도인들이 문제를 해결하는 방식입니다.

히스기야, 통곡 기도로 병이 낫다(왕하 20장, 사 38~39장)

애피타이저 APPETIZER

남유다의 히스기야 왕이 죽을병에 걸립니다. 이사야 선지자가 히스기야에게 그가 곧 죽을 것이라고 통보하자 히스기야는 하나님께 기도하며 통곡합니다. 하나님께서는 히스기야 왕의 기도를 들어 응답하사 히스기야 왕의 생명을 15년을 연장해주셨습니다.

한편, 바벨론 왕은 히스기야 왕의 병문안을 핑계로 히스기야 왕에게 예물을 보내고 칭송하는 편지도 쓰면서 남유다를 정탐합니다. 그런데 바벨론 왕의 이 편지와 예물을 받은 히스기야 왕은 바벨론의 속내를 모르고 바벨론 왕이 보낸 특사에게 예루살렘 성안의 모든 것을 보여줍니다. 이는 이후 바벨론에게 남유다를 공격할 수 있는 기회를 준 것이 되고 맙니다.

열왕기하 20장과 이사야 38장에서 39장도 한 사건에 대한 두 개의 기록입니다. 그러므로 역사순으로 함께 묶어서 읽고 공부하겠습니다.

성경통독 BIBLETONGDOK

《일년일독 통독성경》 열왕기하 20장, 이사야 38~39장

통通으로 숲이야기 ; 통숲 TONG OBSERVATION

● 첫 번째 포인트

히스기야 왕은 하나님께 한 번은 나라를 구하는 기도를, 또 한 번은 자신의 병 낫기를 구하는 기도를 드립니다.

히스기야 왕이 하나님께 간절한 기도를 드립니다. 자신의 죽을병에서 낫기를 간구하는 통곡의 기도였습니다.

"히스기야가 낯을 벽으로 향하고 여호와께 기도하여 이르되 여호와여

구하오니 내가 진실과 전심으로 주 앞에 행하며 주께서 보시기에 선하게 행한 것을 기억하옵소서 하고 히스기야가 심히 통곡하더라"(왕하 20:2~3)

하나님께 자신이 선하게 행했던 것을 기억하셔서 자신을 살려주시기를 간절히 기도합니다. 히스기야 왕에 대한 평가입니다.

"히스기야가 이스라엘 하나님 여호와를 의지하였는데 그의 전후 유다 여러 왕 중에 그러한 자가 없었으니 곧 그가 여호와께 연합하여 그에게서 떠나지 아니하고 여호와께서 모세에게 명령하신 계명을 지켰더라" (왕하 18:5~6)

히스기야 왕이 하나님께 통곡까지 하며 기도했던 이유에 대한 요세푸스의 기록을 보면 자기가 병에 걸렸다는 사실보다 후사가 없었던 점을 더욱 안타까워했다고 합니다. 하나님께서는 히스기야의 기도를 들어주십니다.

"너는 돌아가서 내 백성의 주권자 히스기야에게 이르기를 왕의 조상 다윗의 하나님 여호와의 말씀이 내가 네 기도를 들었고 네 눈물을 보았노라 내가 너를 낫게 하리니 네가 삼 일 만에 여호와의 성전에 올라가겠고 내가 네 날에 십오 년을 더할 것이며 내가 너와 이 성을 앗수르 왕의 손에서 구원하고 내가 나를 위하고 또 내 종 다윗을 위하므로 이 성

을 보호하리라 하셨다 하라 하셨더라"(왕하 20:5~6)

히스기야 왕은 병도 고치고 15년의 생명을 연장받을 뿐 아니라 아들 므낫세까지 보게 됩니다.

"므낫세가 왕이 될 때에 나이가 십이 세라 예루살렘에서 오십오 년간 다스리니라 그의 어머니의 이름은 헵시바더라"(왕하 21:1)

● **두 번째 포인트**

아하스 왕은 징조를 구하지 않았지만, 히스기야 왕은 징조를 구합니다.

남유다의 아하스 왕이 이사야 선지자를 통한 하나님의 말씀을 듣고도 끝내 징조를 구하지 않았던 것은 믿음이 월등해서가 아니라 하나님을 믿으려는 시도조차 하지 않았기 때문입니다.

"여호와께서 또 아하스에게 말씀하여 이르시되 너는 네 하나님 여호와께 한 징조를 구하되 깊은 데에서든지 높은 데에서든지 구하라 하시니 아하스가 이르되 나는 구하지 아니하겠나이다 나는 여호와를 시험하지 아니하겠나이다 한지라 이사야가 이르되 다윗의 집이여 원하건대 들을지어다 너희가 사람을 괴롭히고서 그것을 작은 일로 여겨 또 나의 하나님을 괴롭히려 하느냐 그러므로 주께서 친히 징조를 너희에게 주

실 것이라 보라 처녀가 잉태하여 아들을 낳을 것이요 그의 이름을 임마누엘이라 하리라"(사 7:10~14)

그런데 히스기야 왕은 이사야 선지자의 처방으로 병이 낫게 됨에도 그의 아버지와 달리 하나님께 믿음으로 징조를 구합니다.

"이사야가 이르되 무화과 반죽을 가져오라 하매 무리가 가져다가 그 상처에 놓으니 나으니라"(왕하 20:7)

"히스기야가 이사야에게 이르되 여호와께서 나를 낫게 하시고 삼 일 만에 여호와의 성전에 올라가게 하실 무슨 징표가 있나이까 하니"(왕하 20:8)

그러자 하나님께서 히스기야 왕에게 기적으로 징표를 보여주십니다.

"선지자 이사야가 여호와께 간구하매 아하스의 해시계 위에 나아갔던 해 그림자를 십도 뒤로 물러가게 하셨더라"(왕하 20:11)

이 기적은 과거 여호수아 때 태양과 달이 멈춘 기적을 연상하게 합니다.

"여호와께서 아모리 사람을 이스라엘 자손에게 넘겨 주시던 날에 여호수아가 여호와께 아뢰어 이스라엘의 목전에서 이르되 태양아 너는 기브온 위에 머무르라 달아 너도 아얄론 골짜기에서 그리할지어다 하매 태양이 머물고 달이 멈추기를 백성이 그 대적에게 원수를 갚기까지 하였느니라 야살의 책에 태양이 중천에 머물러서 거의 종일토록 속히 내려가지 아니하였다고 기록되지 아니하였느냐"(수 10:12~13)

하나님께서 히스기야 왕의 기도를 들으시고 응답해주심으로 히스기야 왕이 15년의 생명을 연장받게 되자 하나님께 찬양을 올려드립니다.

"유다 왕 히스기야가 병들었다가 그의 병이 나은 때에 기록한 글이 이러하니라 내가 말하기를 나의 중년에 스올의 문에 들어가고 나의 여생을 빼앗기게 되리라 하였도다 내가 또 말하기를 내가 다시는 여호와를 뵈옵지 못하리니 산 자의 땅에서 다시는 여호와를 뵈옵지 못하겠고 내가 세상의 거민 중에서 한 사람도 다시는 보지 못하리라 하였도다 … 스올이 주께 감사하지 못하며 사망이 주를 찬양하지 못하며 구덩이에 들어간 자가 주의 신실을 바라지 못하되 오직 산 자 곧 산 자는 오늘 내가 하는 것과 같이 주께 감사하며 주의 신실을 아버지가 그의 자녀에게 알게 하리이다 여호와께서 나를 구원하시리니 우리가 종신토록 여호와의 전에서 수금으로 나의 노래를 노래하리로다"(사 38:9~20)

● 세 번째 포인트

히스기야 왕은 앗수르 왕의 편지를 받았을 때는 하나님 앞에서 겸손했으나 바벨론 왕에게서 편지와 예물을 받고서는 사람들 앞에서 교만합니다.

히스기야 왕이 앗수르 왕으로부터 항복하라는 최후통첩의 글을 받았을 때는 하나님 앞에 겸손하기 이를 데 없었습니다.

"히스기야가 그 사자들의 손에서 글을 받아 보고 여호와의 전에 올라가서 그 글을 여호와 앞에 펴 놓고 여호와께 기도하여 이르되 그룹 사이에 계신 이스라엘 하나님 만군의 여호와여 주는 천하 만국에 유일하신 하나님이시라 주께서 천지를 만드셨나이다 여호와여 귀를 기울여 들으시옵소서 여호와여 눈을 뜨고 보시옵소서 산헤립이 사람을 보내어 살아 계시는 하나님을 훼방한 모든 말을 들으시옵소서"(사 37:14~17)

그런데 바벨론 왕의 친필 서한과 선물을 받고서는 이전과는 달리 교만이 그의 마음을 사로잡았습니다.

"그 때에 발라단의 아들 바벨론의 왕 브로닥발라단이 히스기야가 병들었다 함을 듣고 편지와 예물을 그에게 보낸지라 히스기야가 사자들의 말을 듣고 자기 보물고의 금은과 향품과 보배로운 기름과 그의 군기고와 창고의 모든 것을 다 사자들에게 보였는데 왕궁과 그의 나라 안에 있는 모든 것 중에서 히스기야가 그에게 보이지 아니한 것이 없더라"
(왕하 20:12~13)

바벨론 왕의 특사가 바벨론 왕의 친필 서한과 선물을 가지고 히스기야 왕을 직접 방문했습니다. 그러자 히스기야가 매우 기뻐합니다. 당시 바벨론이 일명 '뜨는 나라'였기 때문입니다. 바벨론은 원래 잘 나가던 나라였습니다.

B.C.2000년 직후부터 역사에 등장했던 대단한 나라로 우리에게 제1왕조의 6대 왕 함무라비 왕의 '함무라비 법전'으로 친숙한 나라이기도 합니다. 그런데 바벨론은 이후 힛타이트족에게 침략을 당해 약 4세기 동안 힛타이트의 다스림을 받습니다. 그러나 이후 바벨론은 애굽과 교류를 하고 앗수르와 패권을 다투는 정도의 규모 있는 나라로 성장합니다.

히스기야 왕 당시 바벨론은 비록 앗수르의 '보호' 아래에 있었지만 앗수르를 물리치고 근동의 패권을 쥐어보려는 야심을 갖고 호시탐탐 엿보며 강대국으로서의 면모를 갖춰 나가고 있었습니다. 따라서 바벨론은 남유다의 우방이 되어 남유다와 친밀하게 지내려는 그런 나라가 아니었던 것입니다.

그런데 히스기야는 바벨론 왕이 보낸 특사에게 아무런 의심 없이 남유다의 모든 것을 공개해주었습니다. 이는 이후 바벨론이 남유다를 침략할 때 좋은 정보가 되었을 것입니다.

● 네 번째 포인트

다윗 왕은 두로 왕 히람의 사절단을 보고 하나님을 높였고, 히스기야 왕은 바벨론 왕의 사절단을 보고 자신을 자랑합니다.

다윗 왕은 두로 왕 히람이 보낸 사절단을 보고 하나님을 높였습니다.

"두로 왕 히람이 다윗에게 사절들과 백향목과 목수와 석수를 보내매 그들이 다윗을 위하여 집을 지으니 다윗이 여호와께서 자기를 세우사 이스라엘 왕으로 삼으신 것과 그의 백성 이스라엘을 위하여 그 나라를 높이신 것을 알았더라"(삼하 5:11~12)

그런데 다윗 왕과 달리 히스기야 왕은 바벨론 사절단을 보고 안타깝게도 그만 교만합니다.

"히스기야가 사자들로 말미암아 기뻐하여 그들에게 보물 창고 곧 은금과 향료와 보배로운 기름과 모든 무기고에 있는 것을 다 보여 주었으니 히스기야가 궁중의 소유와 전 국내의 소유를 보이지 아니한 것이 없는지라"(사 39:2)

히스기야 왕이 병에서 나은 것과 히스기야 왕의 부(富)는 모두 하나님께서 주신 복이었습니다. 그런데 히스기야 왕은 그것이 마치 자신의 업적인 듯 바벨론 특사에게 자랑했습니다.

"히스기야가 부와 영광이 지극한지라 이에 은금과 보석과 향품과 방패와 온갖 보배로운 그릇들을 위하여 창고를 세우며 곡식과 새 포도주와 기름의 산물을 위하여 창고를 세우며 온갖 짐승의 외양간을 세우며 양 떼의 우리를 갖추며 양 떼와 많은 소 떼를 위하여 성읍들을 세웠으니 이는 하나님이 그에게 재산을 심히 많이 주셨음이며"(대하 32:27~29)

히스기야 왕이 바벨론 특사에게 모든 것을 보여준 것에 대해 그가 '교만했다'고 성경에 기록되어 있습니다.

"히스기야가 마음이 교만하여 그 받은 은혜를 보답하지 아니하므로 진노가 그와 유다와 예루살렘에 내리게 되었더니"(대하 32:25)

바벨론 특사가 히스기야 왕을 찾아간 것은 하나님께서 히스기야 왕의 마음을 시험하신 것입니다. 그런데 안타깝게도 히스기야 왕이 그 시험에서 낙마했습니다.

"그러나 바벨론 방백들이 히스기야에게 사신을 보내어 그 땅에서 나타난 이적을 물을 때에 하나님이 히스기야를 떠나시고 그의 심중에 있는 것을 다 알고자 하사 시험하셨더라"(대하 32:31)

결국 바벨론의 특사는 남유다를 잘 정탐하고 돌아갔습니다. 그리고 얼마 지나지 않아 바벨론은 메디아와 스키타이를 끌어들여 앗수르 제국을 물리치고 마침내 고대 근동의 주인이 되었습니다. 그러자 바벨론은 당연한 순서로 이제 남유다와 애굽을 치기 위해 내려올 준비를 하기 시작합니다.

● **다섯 번째 포인트**
히스기야 왕은 이사야 선지자와의 대화를 통해 자신의 잘못을 깨닫게 됩니다.

과거 북이스라엘의 아합 왕은 엘리야 선지자와의 대화를 통해서도 자신의 잘못을 깨닫지 못했습니다.

"오바댜가 가서 아합을 만나 그에게 말하매 아합이 엘리야를 만나러 가다가 엘리야를 볼 때에 아합이 그에게 이르되 이스라엘을 괴롭게 하는 자여 너냐 그가 대답하되 내가 이스라엘을 괴롭게 한 것이 아니라 당신과 당신의 아버지의 집이 괴롭게 하였으니 이는 여호와의 명령을 버렸고 당신이 바알들을 따랐음이라"(왕상 18:16~18)

그러나 아합 왕과 달리 히스기야 왕은 다행히 이사야 선지자와의 대화를 통해 자신의 잘못을 깨닫습니다.

"이에 선지자 이사야가 히스기야 왕에게 나아와 묻되 그 사람들이 무슨 말을 하였으며 어디서 왕에게 왔나이까 하니 히스기야가 이르되 그들이 원방 곧 바벨론에서 내게 왔나이다 하니라 이사야가 이르되 그들이 왕의 궁전에서 무엇을 보았나이까 하니 히스기야가 대답하되 그들이 내 궁전에 있는 것을 다 보았나이다 내 창고에 있는 것으로 보이지 아니한 보물이 하나도 없나이다 하니라"(사 39:3~4)

그러자 하나님께서는 이사야 선지자를 통해 히스기야 왕의 잘못에 대한 책임으로 다음과 같이 말씀하십니다.

"여호와의 말씀이 날이 이르리니 왕궁의 모든 것과 왕의 조상들이 오늘까지 쌓아 두었던 것이 바벨론으로 옮긴 바 되고 하나도 남지 아니할 것이요 또 왕의 몸에서 날 아들 중에서 사로잡혀 바벨론 왕궁의 환관이 되리라 하셨나이다 하니"(왕하 20:17~18)

히스기야 왕이 바벨론 특사에게 보여준 모든 것이 다 바벨론으로 옮겨가게 될 것이고 히스기야 왕의 후손들 가운데 몇몇은 바벨론 왕실의 환관이 될 것이라는 청천벽력 같은 말씀이었습니다. 그러자 히스기야 왕이 이사야 선지자를 통한 하나님의 말씀을 순순히 받아들입니다. 그 이유는 일단 자기 당대는 괜찮을 것이라는 안도에서였습니다. 이는 참으로 무책임한 모습이 담겨 있는 아쉬운 대목이기도 합니다.

"히스기야가 이사야에게 이르되 당신이 이른 바 여호와의 말씀이 좋소이다 하고 또 이르되 내 생전에는 평안과 견고함이 있으리로다 하니라"(사 39:8)

히스기야 왕의 업적과 죽음에 관한 기록은 다음과 같은 맺음으로 끝이 납니다.

"히스기야의 남은 사적과 그의 모든 업적과 저수지와 수도를 만들어 물을 성 안으로 끌어들인 일은 유다 왕 역대지략에 기록되지 아니하였느냐 히스기야가 그의 조상들과 함께 자고 그의 아들 므낫세가 대신하여 왕이 되니라"(왕하 20:20~21)

B.C.8세기, 앗수르 제국이 세력을 팽창해가고 있던 시기에 활동한 선지자는 아모스와 호세아, 이사야와 미가입니다. 당시는 북쪽에서 세력을 키우고 있는 앗수르에 의해 남쪽의 애굽까지 침략당할 위기 상황이었습니다. 이때 남북 이스라엘이 살아남을 수 있는 비결은 앗수르나 바벨론, 애굽의 도움을 받는 것이 아니라 오직 세계를 경영하시는 하나님의 도움을 구하는 것뿐이었습니다.

"하나님께 돌아오라"라고 간절히 설득하는 아모스와 호세아의 외침에도 북이스라엘 백성들이 끝끝내 돌아오지 않자 하나님께서는 북이스라엘의 문을 닫게 하셨습니다. 그때가 B.C.722년이었습니다. 이 무렵, 예루살렘에서는 이사야와 미가가 활동했는데 이 두 선지자는 남유다를 회복시키고자 하시는 하나님의 간절한 소망을 선포했습니다.

이사야는 바벨론에 의해 남유다가 포로로 끌려갈 날이 올 것을 경고하면서도 동시에 하나님께서 은혜를 베푸셔서 남유다 백성 가운데 신실한 사람들을 남겨놓으실 것을 예언했습니다.

또한 다윗 왕의 후손 중에서 진정한 통치자 메시아가 오셔서 온 세상에 평화를 주시며 그분의 나라를 회복하실 것을 선포했습니다. 지금 이 땅에서 하나님 나라를 사는 우리 그리스도인들이 오늘도 오직 하나님을 믿는 믿음으로 하나님을 자랑하며 살아가기를 소망합니다.

....

....

....

....

188일

나의 벗 아브라함(사 40~42장)

애피타이저 APPETIZER

이사야 선지자를 통한 하나님의 심판 예언이 이사야 40장을 분기점으로 하나님의 구원 약속 메시지로 전환됩니다.

하나님께서는 이사야 선지자를 통해 남유다 백성들에게 "나의 종 너 이스라엘아!", "내가 택한 야곱아!", "나의 벗 아브라함의 자손아!"(사 41:8)라고 부르시며 이미 오래전부터 아브라함의 후손인 남유다를 택하셔서 제사장 나라 언약을 맺은 그들을 구원하기로 결심하셨으니 아무것도 두려워하지 말라고 말씀하십니다.

이렇게 하나님의 심판 메시지의 끝은 언제나 "그럼에도 불구하고 죄에서 다시 돌이켜 회개하면 결국 하나님께서 구원의 은혜를 베풀어주시겠다"라는 사랑과 긍휼의 메시지입니다.

성경통독 BIBLETONGDOK

《일년일독 통독성경》 이사야 40~42장

통通으로 숲이야기 ; 통숲 TONG OBSERVATION

● 첫 번째 포인트

이사야는 먼 미래에 등장할 선지자 세례 요한을 예고합니다.

하나님께서 이사야 선지자를 통해 아직 바벨론 포로로 끌려가지도 않은 남유다가 바벨론에서 해방될 것이라고 미리 말씀하십니다.

> "너희는 예루살렘의 마음에 닿도록 말하며 그것에게 외치라 그 노역의 때가 끝났고 그 죄악이 사함을 받았느니라 그의 모든 죄로 말미암아 여호와의 손에서 벌을 배나 받았느니라 할지니라 하시니라"(사 40:2)

하나님의 이 말씀은 남유다 백성들을 위로하시며 구원할 계획을 드러내신 것입니다.

"너희의 하나님이 이르시되 너희는 위로하라 내 백성을 위로하라"(사 40:1)

남유다는 그들의 죄로 인해 심판을 받아야만 하지만 하나님께서는 여전히 남유다를 '내 백성'이라고 불러주십니다. 그리고 구원 계획을 위해 "여호와의 길을 예비하라"라고 말씀하시며 선지자 세례 요한을 보낼 것을 미리 말씀해주십니다.

"외치는 자의 소리여 이르되 너희는 광야에서 여호와의 길을 예비하라 사막에서 우리 하나님의 대로를 평탄하게 하라"(사 40:3)

이후 사복음서 기자들 모두 이사야의 기록을 인용하여 세례 요한을 소개합니다. 〈마태복음〉에서 마태가 소개하는 세례 요한입니다.

"그는 선지자 이사야를 통하여 말씀하신 자라 일렀으되 광야에 외치는 자의 소리가 있어 이르되 너희는 주의 길을 준비하라 그가 오실 길을 곧게 하라 하였느니라"(마 3:3)

이어 〈마가복음〉에서 마가가 소개하는 세례 요한입니다.

"광야에 외치는 자의 소리가 있어 이르되 너희는 주의 길을 준비하라 그의 오실 길을 곧게 하라 기록된 것과 같이"(막 1:3)

계속해서 〈누가복음〉에서 누가가 소개하는 세례 요한입니다.

"선지자 이사야의 책에 쓴 바 광야에서 외치는 자의 소리가 있어 이르

되 너희는 주의 길을 준비하라 그의 오실 길을 곧게 하라"(눅 3:4)

마지막으로 〈요한복음〉에서 사도 요한이 소개하는 세례 요한입니다.

"이르되 나는 선지자 이사야의 말과 같이 주의 길을 곧게 하라고 광야에서 외치는 자의 소리로라 하니라"(요 1:23)

이렇게 이사야 선지자를 통해 선지자 세례 요한을 보낼 계획을 미리 말씀해주신 하나님께서는 "인생은 유한하나 하나님의 말씀은 영원하다"라는 진리를 가르쳐주십니다.

"풀은 마르고 꽃이 시듦은 여호와의 기운이 그 위에 불이라 이 백성은 실로 풀이로다 풀은 마르고 꽃은 시드나 우리 하나님의 말씀은 영원히 서리라 하라"(사 40:7~8)

이 말씀은 이후 사도 베드로가 그의 서신에서 인용합니다.

"그러므로 모든 육체는 풀과 같고 그 모든 영광은 풀의 꽃과 같으니 풀은 마르고 꽃은 떨어지되 오직 주의 말씀은 세세토록 있도다 하였으니 너희에게 전한 복음이 곧 이 말씀이니라"(벧전 1:24~25)

● 두 번째 포인트

이사야 선지자는 남유다 백성들에게 오직 하나님만을 앙망하라고 외칩니다.

하나님께서는 이사야 선지자를 통해 창조주 하나님의 권능을 가르쳐주십니다.

"누가 손바닥으로 바닷물을 헤아렸으며 뼘으로 하늘을 쟀으며 땅의 티끌을 되에 담아 보았으며 접시 저울로 산들을, 막대 저울로 언덕들을 달아 보았으랴 누가 여호와의 영을 지도하였으며 그의 모사가 되어 그를 가르쳤으랴 그가 누구와 더불어 의논하셨으며 누가 그를 교훈하였으며 그에게 정의의 길로 가르쳤으며 지식을 가르쳤으며 통달의 도를 보여 주었느냐"(사 40:12~14)

그리고 이사야 선지자는 하나님의 위대하심을 다음과 같이 서술합니다.

"보라 그에게는 열방이 통의 한 방울 물과 같고 저울의 작은 티끌 같으며 섬들은 떠오르는 먼지 같으리니 레바논은 땔감에도 부족하겠고 그 짐승들은 번제에도 부족할 것이라 그의 앞에는 모든 열방이 아무것도 아니라 그는 그들을 없는 것 같이, 빈 것 같이 여기시느니라"(사 40:15~17)

이사야 선지자가 남유다 백성들에게 창조주 하나님의 전능하심과 위대하심을 가르쳐준 것은 이러한 하나님을 섬기지 않고 우상을 숭배한 것에 대해 책망하기 위함이었습니다.

"그런즉 너희가 하나님을 누구와 같다 하겠으며 무슨 형상을 그에게 비기겠느냐 우상은 장인이 부어 만들었고 장색이 금으로 입혔고 또 은 사슬을 만든 것이니라"(사 40:18~19)

이사야 선지자는 결론적으로 오직 "하나님만을 앙망하라"라고 외칩니다. 하나님을 앙망하는 자가 놀라운 새 힘을 얻게 되기 때문입니다.

"피곤한 자에게는 능력을 주시며 무능한 자에게는 힘을 더하시나니 소년이라도 피곤하며 곤비하며 장정이라도 넘어지며 쓰러지되 오직 여호와를 앙망하는 자는 새 힘을 얻으리니 독수리가 날개치며 올라감 같을 것이요 달음박질하여도 곤비하지 아니하겠고 걸어가도 피곤하지 아니하리로다"(사 40:29~31)

● **세 번째 포인트**

하나님께서는 이사야 선지자를 통해 아브라함을 "나의 벗 아브라함"이라고 칭하십니다.

하나님께서는 이사야 선지자를 통해 먼 미래를 말씀해주십니다. 남유다가 아직 바벨론 제국에 멸망하지도 않은 상황에서 바벨론 제국을 무너뜨릴 페르시아 제국의 고레스 왕에 대해 말씀해주신 것입니다.

"누가 동방에서 사람을 일깨워서 공의로 그를 불러 자기 발 앞에 이르게 하였느냐 열국을 그의 앞에 넘겨 주며 그가 왕들을 다스리게 하되 그들이 그의 칼에 티끌 같게, 그의 활에 불리는 초개 같게 하매"(사 41:2)

이러한 일을 이룰 분은 역사를 주관하시며 세계를 경영하시는 하나님뿐입니다.

"이 일을 누가 행하였느냐 누가 이루었느냐 누가 처음부터 만대를 불러내었느냐 나 여호와라 처음에도 나요 나중 있을 자에게도 내가 곧 그니라"(사 41:4)

하나님께서는 페르시아 제국이 바벨론을 무너뜨리고 세계를 정복할 때 온 열방이 페르시아 제국을 두려워할 것이라고 말씀하십니다.

"섬들이 보고 두려워하며 땅 끝이 무서워 떨며 함께 모여 와서"(사 41:5)

그러나 하나님의 백성들은 하나님의 보호 속에 있을 것이므로 두려워하지 말라고 말씀하십니다.

"그러나 나의 종 너 이스라엘아 내가 택한 야곱아 나의 벗 아브라함의 자손아 내가 땅 끝에서부터 너를 붙들며 땅 모퉁이에서부터 너를 부르고 네게 이르기를 너는 나의 종이라 내가 너를 택하고 싫어하여 버리지 아니하였다 하였노라 두려워하지 말라 내가 너와 함께 함이라 놀라지 말라 나는 네 하나님이 됨이라 내가 너를 굳세게 하리라 참으로 너를 도와 주리라 참으로 나의 의로운 오른손으로 너를 붙들리라"(사 41:8~10)

"버러지 같은 너 야곱아, 너희 이스라엘 사람들아 두려워하지 말라 나 여호와가 말하노니 내가 너를 도울 것이라 네 구속자는 이스라엘의 거룩한 이이니라"(사 41:14)

하나님께서는 제사장 나라 거룩한 시민으로 언약을 맺은 하나님의 백성들을 "나의 종 이스라엘아, 내가 택한 야곱아, 나의 벗 아브라함의 자손아"라고 부르십니다. 이는 남유다가 포로의 상태에 처한다 해도 두려워하지 말고 하나님의 구원을 믿으라는 것입니다. 이어서 하나님께서는 이스라엘을 열방을 심판하는 새 타작기로 삼겠다고 말씀하십니다.

"보라 내가 너를 이가 날카로운 새 타작기로 삼으리니 네가 산들을 쳐서 부스러기를 만들 것이며 작은 산들을 겨 같이 만들 것이라 네가 그들을 까부른즉 바람이 그들을 날리겠고 회오리바람이 그들을 흩어 버릴 것이로되 너는 여호와로 말미암아 즐거워하겠고 이스라엘의 거룩한 이로 말미암아 자랑하리라"(사 41:15~16)

하나님께서는 남유다 백성들에게 바벨론을 무너뜨릴 페르시아 제국을 미리 말씀하시며 남유다가 그들의 죄로 인한 심판으로 바벨론 포로로 끌려가겠지만, 그들이 반드시 예루살렘으로 다시 귀환하게 될 것이라고 약속해주십니다.

"내가 비로소 시온에게 너희는 이제 그들을 보라 하였노라 내가 기쁜 소식을 전할 자를 예루살렘에 주리라"(사 41:27)

● 네 번째 포인트

이사야의 기록을 통해 성경 전체가 예수 그리스도에 관한 이야기, '원 스토리(One Story)'라는 것을 알게 됩니다.

성경은 예수 그리스도의 십자가 이야기입니다. (The Bible is one story of Jesus.)

"이에 모세와 모든 선지자의 글로 시작하여 모든 성경에 쓴 바 자기에 관한 것을 자세히 설명하시니라"(눅 24:27)

이사야를 비롯한 모든 선지자가 쓰는 글쓰기의 독특성(Uniqueness of prophets' writings)은 그들의 글이 첫째, 과거 이야기를 담은 현재 이야기이면서 둘째, 현재 이야기를 담은 미래 이야기라는 데에 있습니다.

성경에 기록된 예수님의 모든 공적 사역 이야기는 모세와 선지자의 글에 기초를 두고 있으며 그 이야기 전체는 다시 하나로 묶입니다. 즉, 선지자들의 구약 기록은 과거 이야기를 현실로 담아낸 것이고 이는 예수님의 사복음서 이야기의 밑그림으로 사용되었습니다.

예를 들면 첫째, 세례 요한 이야기가 이미 〈이사야〉에 예언되었습니다.

"외치는 자의 소리여 이르되 너희는 광야에서 여호와의 길을 예비하라 사막에서 우리 하나님의 대로를 평탄하게 하라"(사 40:3)

둘째, 예수님께서 말씀하신 '만민이 기도하는 집'이라는 표현도 이미 〈이사야〉에 예언되었습니다.

"내 집은 만민이 기도하는 집이라 일컬음이 될 것임이라"(사 56:7)

셋째, 예수님의 수난 이야기도 이미 〈이사야〉에 예언되었습니다.

"그가 찔림은 우리의 허물 때문이요 그가 상함은 우리의 죄악 때문이라 그가 징계를 받으므로 우리는 평화를 누리고 그가 채찍에 맞으므로 우리는 나음을 받았도다"(사 53:5)

넷째, 예수님의 사역 이야기도 이미 〈이사야〉에 예언되었습니다.

"주 여호와의 영이 내게 내리셨으니 이는 여호와께서 내게 기름을 부으사 가난한 자에게 아름다운 소식을 전하게 하려 하심이라 나를 보내

사 마음이 상한 자를 고치며 포로된 자에게 자유를, 갇힌 자에게 놓임을 선포하며"(사 61:1)

다섯째, 예수님께서 언급하신 '우리 아버지 하나님'이라는 표현도 이미 〈이사야〉에 예언되었습니다.

"여호와여, 주는 우리의 아버지시라 옛날부터 주의 이름을 우리의 구속자라 하셨거늘"(사 63:16)

이렇게 B.C.8세기에 하나님께서는 이사야 선지자를 통해 예수님의 공생애 시작과 끝에 대한 밑그림을 이미 다 그려놓으신 것입니다.

이사야 40장 3절을 통해 예수님의 공생애 시작과 세례 요한에 대한 예언이 기록되었고, 이사야 64장 8절의 "여호와여, 이제 주는 우리 아버지시니이다"라는 기록을 통해 예수님의 공생애 끝인 십자가의 사역이 예언되었습니다.

〈이사야〉는 참으로 아름답고 지적인 문장으로 쓰여 있고 특히 메시아 이야기가 풍성하게 기록되어 있습니다. 그 가운데 하나님께서 이 땅에 보내신 '하나님의 종'과 관련된 네 편의 노래가 있습니다. 이를 보통 '종의 노래(Song of Lord's servant)'라고 부릅니다.

첫 번째 종의 노래는 이사야 42장 1절에서 9절까지이며, 두 번째 종의 노래는 이사야 49장 1절에서 6절까지입니다. 세 번째 종의 노래는 이사야 50장 4절에서 9절까지입니다. 네 번째 종의 노래는 이사야 52장 13절에서 53장까지입니다. 마지막 네 번째 종의 노래는 '고난받는 종의 노래'로 불립니다. 이렇게 네 편의 '종의 노래' 중 첫 번째 노래를 통해 '종으로 이 땅에 오시는 메시아'의 사역을 미리 엿볼 수 있습니다.

"내가 붙드는 나의 종, 내 마음에 기뻐하는 자 곧 내가 택한 사람을 보라 내가 나의 영을 그에게 주었은즉 그가 이방에 정의를 베풀리라 그는 외치지 아니하며 목소리를 높이지 아니하며 그 소리를 거리에 들리게 하지 아니하며 상한 갈대를 꺾지 아니하며 꺼져가는 등불을 끄지 아니하고 진실로 정의를 시행할 것이며 그는 쇠하지 아니하며 낙담하지 아니하고 세상에 정의를 세우기에 이르리니 섬들이 그 교훈을 앙망하리라 하늘을 창조하여 펴시고 땅과 그 소산을 내시며 땅 위의 백성에게 호흡을 주시며 땅에 행하는 자에게 영을 주시는 하나님 여호와께서 이같이 말씀하시되 나 여호와가 의로 너를 불렀은즉 내가 네 손을 잡아 너를 보호하며 너를 세워 백성의 언약과 이방의 빛이 되게 하리니 네가 눈먼 자들의 눈을 밝히며 갇힌 자를 감옥에서 이끌어 내며 흑암에 앉은 자를 감방에서 나오게 하리라 나는 여호와이니 이는 내 이름이라 나는 내 영광을 다른 자에게, 내 찬송을 우상에게 주지 아니하리라 보라 전에 예언한 일이 이미 이루어졌느니라 이제 내가 새 일을 알리노라 그 일이 시작되기 전에라도 너희에게 이르노라"(사 42:1~9)

● **다섯 번째 포인트**
이사야 선지자는 세상 모든 사람에게 모든 영광과 찬송을 하나님께 돌리라고 선포합니다.

"항해하는 자들과 바다 가운데의 만물과 섬들과 거기에 사는 사람들아 여호와께 새 노래로 노래하며 땅 끝에서부터 찬송하라"(사 42:10)

하나님께서는 새 노래로 찬양받기에 마땅하신 분입니다. 우리는 하나님을 찬양하기 위해 창조된 피조물이기 때문에 아름다운 노래로 기쁘게 하나님을 찬양해야 합니다.

이사야 선지자가 모든 만물에게 소리 높여 하나님을 찬양하라고 외치는 이유는 온 인류를 죄에서 구원해주실 예수 그리스도를 약속하신 하나님께 감사하기 때문입니다. 이보다 더 감사한 일은 없습니다. 이보다 더 기쁜 일은 없습니다. 그렇기 때문에 하나님을 찬양하며 하나님께 영광 돌리는 것은 당연한 일입니다.

이 사실을 깊이 깨달은 바울은 서신서에서 이렇게 고백하고 있습니다.

"그가 모든 사람을 대신하여 죽으심은 살아 있는 자들로 하여금 다시는 그들 자신을 위하여 살지 않고 오직 그들을 대신하여 죽었다가 다시 살아나신 이를 위하여 살게 하려 함이라"(고후 5:15)

디저트 DESSERT

하나님께서는 이사야 선지자를 통해 하나님을 앙망하는 자는 새 힘을 얻고 그렇지 않은 이들은 소년이라도 피곤하고 장정이라도 넘어지게 될 것이라고 말씀하셨습니다. 이는 하나님께서 남유다에게 새 힘을 주셔서 결국 바벨론으로부터 놓임을 받게 하실 것이라는 구원의 메시지였습니다.

그 사랑의 하나님께서는 지금도 하나님을 앙망하는 모든 그리스도인에게 독수리가 날개를 치며 솟아오르는 새 힘을 주십니다. 날마다 새 힘과 용기를 주시는 하나님께 영광을 돌립니다.

189일

하나님의 증인 (사 43~45장)

애피타이저 APPETIZER

남유다를 향한 하나님의 구원 예언이 이어집니다. 이사야 선지자는 어려운 형편에 놓여 있는 남유다 백성들에게 하나님의 구원을 기대하며 현재의 고난을 인내할 것을 강조합니다. 모든 위협과 환난에서 건지시고 그들을 용서하기 원하시는 하나님을 신뢰하라는 것입니다.

그러나 그들은 오히려 하나님을 멀리하고 우상을 숭배하며 죄악을 일삼았습니다. 그럼에도 불구하고 그들을 지명하여 부르셔서 제사장 나라 백성으로 삼으시기 위한 하나님의 사랑은 변함이 없습니다.

성경통독 BIBLETONGDOK

《일년일독 통독성경》 이사야 43~45장

통通으로 숲이야기 ; 통숲 TONG OBSERVATION

● 첫 번째 포인트

이사야 선지자는 하나님만이 유일한 구원자이시며 남유다는 하나님의 증인이라고 말합니다.

하나님께서는 남유다에게 "너는 내 것이라"라며 구원의 약속을 주십니다.

"야곱아 너를 창조하신 여호와께서 지금 말씀하시느니라 이스라엘아 너를 지으신 이가 말씀하시느니라 너는 두려워하지 말라 내가 너를 구속하였고 내가 너를 지명하여 불렀나니 너는 내 것이라"(사 43:1)

하나님께서 이사야 선지자를 통해 아브라함의 후손인 남유다를 '내 것'이라고 말씀하신 이유는 첫째, 하나님께서 그들을 창조하셨기 때문입니다. 둘째, 하나님께서 그들을 구속하셨기 때문입니다. 셋째, 하나님께서 그들을 지명하여 부르셨기 때문입니다.

그래서 하나님께서는 남유다를 보배롭고 존귀하게 여기시며 함께해주시고 그들을 바벨론 포로에서 돌아오게 하겠다는 약속을 주신 것입니다. 사실 이 약속의 말씀은 〈신명기〉로 더 거슬러 올라갑니다.

> "여호와께서도 네게 말씀하신 대로 오늘 너를 그의 보배로운 백성이 되게 하시고 그의 모든 명령을 지키라 확언하셨느니라 그런즉 여호와께서 너를 그 지으신 모든 민족 위에 뛰어나게 하사 찬송과 명예와 영광을 삼으시고 그가 말씀하신 대로 너를 네 하나님 여호와의 성민이 되게 하시리라"(신 26:18~19)

하나님의 관심은 언제나 제사장 나라 언약을 맺은 아브라함의 후손, 남유다에게 있습니다. 남유다는 창조주 하나님께서 매우 아끼시는 '하나님의 소유'입니다. 그래서 하나님께서는 남유다를 향하여 "나는 여호와 네 하나님이요 이스라엘의 거룩한 이요 네 구원자임이라"라고 말씀하신 것입니다. 하나님 스스로, 남유다의 하나님이 되어주기로 작정하신 것입니다.

남유다와 하나님은 서로 떼려야 뗄 수 없는 관계입니다. 이 관계를 위해 남유다가 한 일은 아무것도 없었습니다. 이는 전적으로 하나님의 의도이며 하나님의 행하심입니다. 이것이 바로 하나님의 은혜입니다. 이 은혜의 관계에 기초하여 하나님께서는 바벨론으로부터 해방을 약속하신 것입니다. 그러므로 남유다에게는 하나님만이 유일한 구원자이시며 남유다는 '하나님의 증인'인 것입니다.

"나 여호와가 말하노라 너희는 나의 증인, 나의 종으로 택함을 입었나니 이는 너희가 나를 알고 믿으며 내가 그인 줄 깨닫게 하려 함이라 나의 전에 지음을 받은 신이 없었느니라 나의 후에도 없으리라 나 곧 나는 여호와라 나 외에 구원자가 없느니라"(사 43:10~11)

● **두 번째 포인트**

하나님의 새 일은 하나님의 백성들이 하나님을 찬양하는 것입니다.

하나님께서는 이사야 선지자를 통해 궁극적으로 이룰 하나님 나라를 말씀하십니다.

"보라 내가 새 일을 행하리니 이제 나타낼 것이라 너희가 그것을 알지 못하겠느냐 반드시 내가 광야에 길을 사막에 강을 내리니"(사 43:19)

모든 만물은 하나님의 영광을 위해 창조된 것으로, 하나님의 새 일을 행하시는 데 쓰임 받게 될 것입니다.

"장차 들짐승 곧 승냥이와 타조도 나를 존경할 것은 내가 광야에 물을, 사막에 강들을 내어 내 백성, 내가 택한 자에게 마시게 할 것임이라 이 백성은 내가 나를 위하여 지었나니 나를 찬송하게 하려 함이니라"(사 43:20~21)

"보좌에 앉으신 이가 이르시되 보라 내가 만물을 새롭게 하노라 하시고 또 이르시되 이 말은 신실하고 참되니 기록하라 하시고 또 내게 말씀하시되 이루었도다 나는 알파와 오메가요 처음과 마지막이라 내가 생명수 샘물을 목마른 자에게 값없이 주리니 이기는 자는 이것들을 상속으로 받으리라 나는 그의 하나님이 되고 그는 내 아들이 되리라"(계 21:5~7)

하나님께서는 이사야 선지자를 통해 남유다가 하나님의 택한 백성이기에 그들의 죄악에도 불구하고 용서한다고 말씀하십니다.

"그러나 야곱아 너는 나를 부르지 아니하였고 이스라엘아 너는 나를 괴롭게 여겼으며 네 번제의 양을 내게로 가져오지 아니하였고 네 제물로 나를 공경하지 아니하였느니라"(사 43:22~23)

"나 곧 나는 나를 위하여 네 허물을 도말하는 자니 네 죄를 기억하지 아니하리라"(사 43:25)

하나님의 끝없는 사랑과 긍휼이 아니면 어찌 허물과 죄를 용서받을 수 있겠습니까. 하나님께서는 남유다의 죄를 기억하시지 않고 끝내 그들을 구원하실 것입니다. 그러나 공의의 하나님께서는 그들이 지은 죄에 대한 징계는 받아야 한다고 말씀하십니다.

그 징계가 바로 바벨론 포로입니다. 이는 제사장 나라 언약을 맺을 때 이스라엘 백성들에게 말씀하셨던 3단계 처벌 중 하나이며 그들이 제사장 나라 거룩한 백성으로서 택함 받은 특권이자 사명이며 책임이었습니다.

"네 시조가 범죄하였고 너의 교사들이 나를 배반하였나니 그러므로 내가 성소의 어른들을 욕되게 하며 야곱이 진멸 당하도록 내어 주며 이스라엘이 비방거리가 되게 하리라"(사 43:27~28)

● **세 번째 포인트**

하나님께서는 제사장 나라 남유다에게 우상에게서 돌이켜 하나님께로 돌아올 것을 촉구하십니다.

하나님께서는 이사야 선지자를 통해 제사장 나라 언약을 맺은 남유다를 끝내 보호해줄 것이라고 약속하십니다.

"너희는 두려워하지 말며 겁내지 말라 내가 예로부터 너희에게 듣게 하지 아니하였느냐 알리지 아니하였느냐 너희는 나의 증인이라 나 외

에 신이 있겠느냐 과연 반석은 없나니 다른 신이 있음을 내가 알지 못하노라"(사 44:8)

하나님께서 이렇게까지 아끼며 사랑하신 아브라함의 후손들에 대한 여러 이름을 잠깐 살펴보면 다음과 같습니다.

첫째는 '나의 종 야곱'입니다. '야곱'의 뜻은 '발꿈치를 잡다'입니다.

둘째는 '내가 택한 이스라엘'입니다. '이스라엘'의 뜻은 '하나님과 겨루어 이긴 자'입니다.

셋째는 '내가 택한 여수룬'입니다. '여수룬'의 뜻은 '의로운 자, 올바른 자'입니다. 이는 하나님의 의리를 드러낼 것을 바라시며 부르신 이름입니다.

한편, 이사야 44장에는 하나님에 관한 여러 호칭도 나옵니다. 하나님께서는 이스라엘의 왕, 이스라엘의 구원자, 만군의 여호와, 처음이요 마지막이신 분, 구속자 하나님, 그리고 창조주 하나님이십니다. 〈이사야〉에는 그 외에 이스라엘의 전능자(사 1:24), 토기장이(사 29:16), 온 땅의 하나님(사 54:5), 우리의 아버지(사 63:16) 등 다양한 표현으로 하나님을 묘사하고 있습니다.

하나님께서는 이사야 선지자를 통해 우상을 만드는 자에 대해 말씀하십니다.

"신상을 만들며 무익한 우상을 부어 만든 자가 누구냐 보라 그와 같은 무리들이 다 수치를 당할 것이라 그 대장장이들은 사람일 뿐이라 그들이 다 모여 서서 두려워하며 함께 수치를 당할 것이니라"(사 44:10~11)

하나님께서는 이처럼 우상을 만드는 사람들의 어리석음을 책망하십니다. 세상의 모든 피조물은 오직 유일하신 하나님만을 섬겨야 합니다.

"그 나머지로 신상 곧 자기의 우상을 만들고 그 앞에 엎드려 경배하며 그것에게 기도하여 이르기를 너는 나의 신이니 나를 구원하라 하는도다 그들이 알지도 못하고 깨닫지도 못함은 그들의 눈이 가려서 보지 못하며 그들의 마음이 어두워져서 깨닫지 못함이니라"(사 44:17~18)

그러므로 하나님께서는 우상에게서 돌이켜 하나님께로 돌아올 것을 촉구하십니다. 회개하며 하나님께 돌아오면 죄를 안개같이 없어지게 할 것이라고 말씀해주십니다.

"야곱아 이스라엘아 이 일을 기억하라 너는 내 종이니라 내가 너를 지었으니 너는 내 종이니라 이스라엘아 너는 나에게 잊혀지지 아니하리라 내가 네 허물을 빽빽한 구름 같이, 네 죄를 안개 같이 없이하였으니 너는 내게로 돌아오라 내가 너를 구속하였음이니라"(사 44:21~22)

● **네 번째 포인트**

하나님께서는 앗수르, 바벨론, 페르시아 제국을 '제사장 나라 경영 도구'로 순차적으로 사용하십니다.

하나님께서는 이사야 선지자를 통해 페르시아 제국의 고레스 왕을 사용해 바벨론 제국으로부터 포로 귀환과 성전 재건을 이루며 결국 남유다를 회복하게 할 것이라고 말씀하십니다.

"고레스에 대하여는 이르기를 내 목자라 그가 나의 모든 기쁨을 성취하리라 하며 예루살렘에 대하여는 이르기를 중건되리라 하며 성전에 대하여는 네 기초가 놓여지리라 하는 자니라"(사 44:28)

하나님의 이 말씀은 이후 페르시아 제국 고레스 왕의 조서를 통해 성취됩니다.

"고레스 왕 원년에 조서를 내려 이르기를 예루살렘에 있는 하나님의 성전에 대하여 이르노니 이 성전 곧 제사 드리는 처소를 건축하되 지대를 견고히 쌓고 그 성전의 높이는 육십 규빗으로, 너비도 육십 규빗으로 하고"(스 6:3)

하나님께서는 남유다의 황폐한 곳을 복구시키고 성전의 기초를 다시 세우기 위해 페르시아 제국의 고레스 왕을 준비시키십니다. 하나님께서 역사를 주관하십니다. 결국 하나님의 계획은 남유다의 역사 속에 현실로 드러납니다(스 1장). 아무리 큰 제국이라도, 이방 민족이라도 하나님의 경영을 거부할 수 없습니다.

페르시아 제국의 고레스 왕이 하나님의 기쁨을 성취하는 도구가 되었듯, 우리 또한 역사의 주관자이신 창조주 하나님을 온전히 신뢰하며 그 역사를 이루어가는 도구로 쓰임 받길 원합니다.

● 다섯 번째 포인트

하나님께서는 온 세계가 하나님의 주권 속에 있음을 알게 하기 위해 페르시아 제국의 고레스 왕을 들어 사용하십니다.

하나님께서는 이사야 선지자를 통해 바벨론 포로 귀환이라는 희망의 청사진을 제시하십니다.

"여호와께서 그의 기름 부음을 받은 고레스에게 이같이 말씀하시되 내가 그의 오른손을 붙들고 그 앞에 열국을 항복하게 하며 내가 왕들의 허리를 풀어 그 앞에 문들을 열고 성문들이 닫히지 못하게 하리라"(사 45:1)

"네게 흑암 중의 보화와 은밀한 곳에 숨은 재물을 주어 네 이름을 부르는 자가 나 여호와 이스라엘의 하나님인 줄을 네가 알게 하리라"(사 45:3)

이 말씀의 성취는 이후 고레스 왕의 고백에서 볼 수 있습니다.

"이스라엘의 하나님은 참 신이시라 너희 중에 그의 백성 된 자는 다 유다 예루살렘으로 올라가서 이스라엘의 하나님 여호와의 성전을 건축하라 그는 예루살렘에 계신 하나님이시라"(스 1:3)

하나님께서 페르시아 제국의 고레스 왕을 세우신 이유가 있었습니다.

"나는 여호와라 나 외에 다른 이가 없나니 나 밖에 신이 없느니라 너는 나를 알지 못하였을지라도 나는 네 띠를 동일 것이요 해 뜨는 곳에서든지 지는 곳에서든지 나 밖에 다른 이가 없는 줄을 알게 하리라 나는 여호와라 다른 이가 없느니라"(사 45:5~6)

하나님께서는 온 세계가 창조주 하나님의 절대적 주권을 깨닫게 하기 위해 고레스 왕을 들어 사용할 것이라고 말씀하셨습니다. 그리고 하나님께서는 이사야 선지자를 통해 땅의 모든 백성에게 '구원의 하나님'을 알리겠다고 말씀하십니다.

"열방 중에서 피난한 자들아 너희는 모여 오라 함께 가까이 나아오라 나무 우상을 가지고 다니며 구원하지 못하는 신에게 기도하는 자들은 무지한 자들이니라 너희는 알리며 진술하고 또 함께 의논하여 보라 이 일을 옛부터 듣게 한 자가 누구냐 이전부터 그것을 알게 한 자가 누구냐 나 여호와가 아니냐 나 외에 다른 신이 없나니 나는 공의를 행하며 구원을 베푸는 하나님이라 나 외에 다른 이가 없느니라 땅의 모든 끝이여 내게로 돌이켜 구원을 받으라 나는 하나님이라 다른 이가 없느니라"(사 45:20~22)

믿음으로 말미암아 얻는 구원에는 남유다 사람이든 이방인이든, 남자든 여자든, 권세가 큰 사람이든 그렇지 않은 사람이든 차이가 없습니다. 다만 하나님께서 온 천하에 한 분밖에 없는 분이라는 사실을 인정하고 그분만이 구원을 베푸신다는 것을 인정할 때 하나님의 구원은 현실이 됩니다. 하나님께서 남유다 백성들을 택하셔서 이루고자 하신 일은 '열방의 구원'입니다.

이후 사도 바울이 하나님의 이 말씀을 다음과 같이 고백합니다.

"하늘에 있는 자들과 땅에 있는 자들과 땅 아래에 있는 자들로 모든 무릎을 예수의 이름에 꿇게 하시고 모든 입으로 예수 그리스도를 주라 시인하여 하나님 아버지께 영광을 돌리게 하셨느니라"(빌 2:10~11)

디저트 DESSERT

하나님께서는 "내가 너를 지명하여 불렀나니 너는 내 것이라"(사 43:1)라고 말씀하십니다. 남유다가 하나님의 소유임을 분명히 확인시키십니다. 그리고 택함 받은 남유다를 통해 온 인류를 구원할 계획을 구체적으로 밝히십니다.

하나님께서는 구원의 날과 더 나아가 구원자 메시아를 통한 모든 열방의 구원, 곧 하나님께서 세우신 모든 계획의 성취를 약속하십니다.

190일

메시아의 오심과 구원 (사 46~50장)

애피타이저 APPETIZER

B.C.8세기 당시 고대 근동의 국제 상황이 급변하고 그 가운데 남유다의 형편이 한 치 앞을 내다볼 수 없을 정도로 위태로워졌지만, 하나님께서는 이사야를 통해 "너를 이방의 빛으로 삼아 나의 구원을 베풀어서 땅 끝까지 이르게 하리라"(사 49:6)라는 말씀을 주심으로 남유다를 위로해주시고 구원의 확신을 주십니다.

각 시대마다 이렇게 이사야 선지자와 같이 헌신하는 한 사람을 통해 하나님께서는 더 오래 참으시고 기다리시는 은혜와 자비와 긍휼을 베풀어주십니다.

성경통독 BIBLETONGDOK

《일년일독 통독성경》 이사야 46~50장

통通으로 숲이야기 ; 통숲 TONG OBSERVATION

● 첫 번째 포인트

하나님께서는 역사를 되짚으시며 우상을 섬기는 남유다 백성들에게 '나 외에 다른 이'가 있느냐고 거듭 질문하십니다.

하나님께서는 이사야 선지자를 통해 바벨론 제국의 우상인 벨과 느보가 파괴될 것이라고 말씀하십니다.

"벨은 엎드러졌고 느보는 구부러졌도다 그들의 우상들은 짐승과 가축에게 실렸으니 너희가 떠메고 다니던 그것들이 피곤한 짐승의 무거운 짐이 되었도다 그들은 구부러졌고 그들은 일제히 엎드러졌으므로 그 짐을 구하여 내지 못하고 자기들도 잡혀 갔느니라"(사 46:1~2)

이는 바벨론 제국이 페르시아 제국의 공격으로 멸망하게 될 것을 예언한 것입니다.

여기에서 이사야 선지자가 엎드러지게 될 것이라고 예언한 '벨(Bel)'은 바벨론 제국의 신(神) 마르둑의 히브리어식 이름입니다. 또한 이사야 선지자가 구부러질 것이라고 예언한 '느보(Nebo, Nabu)'는 마르둑의 아들로 바벨론의 지혜와 지식의 신입니다.

바벨론 왕의 이름을 보면 '벨'이라는 우상의 이름에서 '벨사살' 왕이 나왔고, '느보'라는 우상의 이름에서 '느부갓네살' 왕과 '느부사라단' 왕이 나왔습니다.

바벨론 제국의 멸망은 예레미야 선지자도 예언했습니다.

"내가 벨을 바벨론에서 벌하고 그가 삼킨 것을 그의 입에서 끌어내리니 민족들이 다시는 그에게로 몰려가지 아니하겠고 바벨론 성벽은 무너졌도다"(렘 51:44)

바벨론 제국의 멸망을 선포하신 하나님께서는 이어서 남유다의 '남은 자'들을 끝까지 보호하겠다고 말씀하십니다.

"너희가 노년에 이르기까지 내가 그리하겠고 백발이 되기까지 내가 너희를 품을 것이라 내가 지었은즉 내가 업을 것이요 내가 품고 구하여 내리라"(사 46:4)

그리고 하나님께서는 남유다에게 또다시 회개를 촉구하십니다. 먼저 우상숭배한 일을 회개하라고 말씀하십니다.

"너희가 나를 누구에게 비기며 누구와 짝하며 누구와 비교하여 서로 같다 하겠느냐 사람들이 주머니에서 금을 쏟아 내며 은을 저울에 달아 도금장이에게 주고 그것으로 신을 만들게 하고 그것에게 엎드려 경배하며"(사 46:5~6)

그리고 하나님의 역사를 기억하며 회개하라고 말씀하십니다.

" 너희 패역한 자들아 이 일을 기억하고 장부가 되라 이 일을 마음에 두라 너희는 옛적 일을 기억하라 나는 하나님이라 나 외에 다른 이가 없느니라 나는 하나님이라 나 같은 이가 없느니라"(사 46:8~9)

하나님의 역사를 기억하라는 이 말씀은 모세가 만나세대에게 당부했던 말이기도 합니다.

"옛날을 기억하라 역대의 연대를 생각하라 네 아버지에게 물으라 그가 네게 설명할 것이요 네 어른들에게 물으라 그들이 네게 말하리로다"(신 32:7)

이렇게 하나님께서 남유다에게 회개를 촉구하신 것은 사랑하는 이들을 용서하시기 위함입니다.

"마음이 완악하여 공의에서 멀리 떠난 너희여 내게 들으라 내가 나의 공의를 가깝게 할 것인즉 그것이 멀지 아니하나니 나의 구원이 지체하지 아니할 것이라 내가 나의 영광인 이스라엘을 위하여 구원을 시온에 베풀리라"(사 46:12~13)

남유다를 향한 구원의 메시지는 앞서 살펴보았던 것처럼 1차적으로는 페르시아 제국의 고레스 왕이 바벨론 제국을 무너뜨린다는 것이고 궁극적으로는 메시아의 오심을 말하는 것입니다.

● 두 번째 포인트

바벨론은 하나님의 '심판의 도구'에서 하나님의 '심판의 대상'이 됩니다.

하나님께서는 이사야 선지자를 통해 아직 남유다가 바벨론 제국에 의해 망하지 않은 상황임에도 바벨론 제국이 페르시아 제국에게 멸망하게 된다는 것을 미리 말씀해주십니다. 이는 세계를 경영하시는 하나님이 아니면 어느 누구도 말할 수 없는 참으로 놀라운 메시지가 아닐 수 없습니다.

"처녀 딸 바벨론이여 내려와서 티끌에 앉으라 딸 갈대아여 보좌가 없어졌으니 땅에 앉으라 네가 다시는 곱고 아리땁다 일컬음을 받지 못할 것임이라"(사 47:1)

이사야 선지자가 예언한 바벨론 제국이 '티끌에 앉게 될 것'이라는 표현은 당시 고대 근동에서 비참하고 억울하고 괴로운 상태에 처한 사람이 자신의 슬픔과 괴로움을 표현하기 위해 티끌을 뒤집어쓰고 앉는 일을 말한 것으로 바벨론 제국이 멸망해 결국 티끌에 앉게 될 것이라는 예언이었습니다.

과거 욥이 자신의 괴로움을 이렇게 표현했습니다.

"그러므로 내가 스스로 거두어들이고 티끌과 재 가운데에서 회개하나이다"(욥 42:6)

이사야의 예언은 B.C.539년 바벨론 제국이 페르시아 제국에 의해 멸망하면서 성취됩니다. 계속해서 하나님께서는 이사야 선지자를 통해 바벨론 제국의 멸망은 그들의 교만에서 비롯된 것이라고 지적하십니다.

"전에 내가 내 백성에게 노하여 내 기업을 욕되게 하여 그들을 네 손에 넘겨 주었거늘 네가 그들을 긍휼히 여기지 아니하고 늙은이에게 네 멍에를 심히 무겁게 메우며"(사 47:6)

"그러므로 사치하고 평안히 지내며 마음에 이르기를 나뿐이라 나 외에 다른 이가 없도다 나는 과부로 지내지도 아니하며 자녀를 잃어버리는 일도 모르리라 하는 자여 너는 이제 들을지어다"(사 47:8)

"네가 네 악을 의지하고 스스로 이르기를 나를 보는 자가 없다 하나니 네 지혜와 네 지식이 너를 유혹하였음이라 네 마음에 이르기를 나뿐이라 나 외에 다른 이가 없다 하였으므로"(사 47:10)

바벨론 제국은 다른 민족에게 잔인했습니다. 그들은 자신들의 지혜와 지식이 높은 줄 알고 오만하여 세상에 오직 바벨론뿐이라는 교만함을 드러냈으며 수많은 주술과 점성술로 악을 키웠습니다. 그 결과는 바로 하나님의 심판이었습니다. 따라서 하나님께서 바벨론 제국의 멸망은 그 어떤 우상으로도 막을 수 없다고 말씀하십니다.

> "네가 많은 계략으로 말미암아 피곤하게 되었도다 하늘을 살피는 자와 별을 보는 자와 초하룻날에 예고하는 자들에게 일어나 네게 임할 그 일에서 너를 구원하게 하여 보라"(사 47:13)

다시 말해 무수한 주술, 많은 주문과 계략, 하늘을 살피는 자, 별을 보는 자, 초하룻날에 예고하는 자 등 그 어떤 것으로도 바벨론 제국은 구원받지 못한다는 것입니다. 이어서 하나님께서는 이사야 선지자를 통해 바벨론 제국의 멸망뿐 아니라 바벨론 제국과 친밀한 다른 나라들까지도 멸망할 것이라고 말씀하십니다.

> "네가 같이 힘쓰던 자들이 네게 이같이 되리니 어려서부터 너와 함께 장사하던 자들이 각기 제 길로 흩어지고 너를 구원할 자가 없으리라" (사 47:15)

이는 바벨론 제국과 함께 무역했던 애굽, 페니키아, 아라비아 등도 멸망하여 흩어지게 된다는 예언의 말씀입니다.

● 세 번째 포인트

하나님께서는 하나님의 영광을 위해 남유다를 연단하신 후 그들을 구원하실 것입니다.

하나님께서는 이사야 선지자를 통해 남유다가 그동안 진실도 공의도 없었음을 책망하십니다.

"야곱의 집이여 이를 들을지어다 너희는 이스라엘의 이름으로 일컬음을 받으며 유다의 허리에서 나왔으며 여호와의 이름으로 맹세하며 이스라엘의 하나님을 기념하면서도 진실이 없고 공의가 없도다 그들은 거룩한 성 출신이라고 스스로 부르며 이스라엘의 하나님을 의지한다 하며 그의 이름이 만군의 여호와라고 하나"(사 48:1~2)

출애굽 때부터 목이 곧은 백성이라 불렸던 이스라엘이 이제 또다시 "네 목은 쇠의 힘줄이요 네 이마는 놋이라"(사 48:4)라고 할 만큼 하나님의 말씀을 듣지 않아 책망을 받고 있습니다.

그럼에도 불구하고 하나님께서는 남유다를 제사장 나라로 다시 세우기 위해 이들의 죄를 밝히 드러내어 고치고 단련하고 연단시키십니다. 이제 하나님께서는 이사야 선지자를 통해 남유다에서 이루실 새 일을 선포하십니다.

"네가 들었으니 이 모든 것을 보라 너희가 선전하지 아니하겠느냐 이

제부터 내가 새 일 곧 네가 알지 못하던 은비한 일을 네게 듣게 하노니" (사 48:6)

'새 일'을 행하실 하나님께서는 "나는 처음이요 마지막이라" 라고 말씀하십니다.

"야곱아 내가 부른 이스라엘아 내게 들으라 나는 그니 나는 처음이요 또 나는 마지막이라 과연 내 손이 땅의 기초를 정하였고 내 오른손이 하늘을 폈나니 내가 그들을 부르면 그것들이 일제히 서느니라"(사 48:12~13)

이는 다시 말해 하나님께서 '역사의 주관자'시라는 말씀입니다.

"주 하나님이 이르시되 나는 알파와 오메가라 이제도 있고 전에도 있었고 장차 올 자요 전능한 자라 하시더라"(계 1:8)

믿음의 선배들이 체험했던 하나님의 손길을 이사야 선지자가 살던 시대의 남유다 사람들은 잘 몰랐습니다. 그들은 당시 자기가 누리는 삶을 당연한 것으로 받아들일 뿐이었습니다.

땅의 기초를 놓으시고 하늘을 펴신 하나님의 돌보심의 결과였음을 기억하며 감사하지 못했습니다. 그래서 창조주이시며 전능하신 하나님께서 그들에게 다시 하나님 스스로를 나타내신 것입니다.

● 네 번째 포인트

이사야 선지자는 메시아의 오심과 구원을 찬양합니다.

이제 이사야 선지자는 네 편의 종의 노래 가운데 '두 번째 종의 노래'를 부르기 시작합니다.

> "이제 여호와께서 말씀하시나니 그는 태에서부터 나를 그의 종으로 지으신 이시요 야곱을 그에게로 돌아오게 하시는 이시니 이스라엘이 그에게로 모이는도다 그러므로 내가 여호와 보시기에 영화롭게 되었으며 나의 하나님은 나의 힘이 되셨도다 그가 이르시되 네가 나의 종이 되어 야곱의 지파들을 일으키며 이스라엘 중에 보전된 자를 돌아오게 할 것은 매우 쉬운 일이라 내가 또 너를 이방의 빛으로 삼아 나의 구원을 베풀어서 땅 끝까지 이르게 하리라"(사 49:5~6)

이는 이사야 선지자가 메시아의 오심과 구원을 노래한 것입니다. 이 노래에 표현된 '종의 모습'은 다음과 같습니다.

첫째, 하나님께서 태에서부터 그를 부르셨고 어머니의 복중에서부터 그의 이름을 기억하셨습니다.

둘째, 그의 입을 날카로운 칼같이 만드시고 갈고 닦은 화살로 만드셨습니다.

셋째, 하나님의 영광을 나타낼 이스라엘이라 하셨습니다.

넷째, 그는 하나님 보시기에 영화롭게 될 것입니다.

다섯째, 그를 이방의 빛으로 삼아 하나님의 구원을 베풀어서 땅끝까지 이르게 하실 것입니다.

여섯째, 그는 사람에게 멸시를 당하는 자, 백성에게 미움을 받는 자, 관원들에게 종이 된 자이나 마침내 왕들이 보고 일어서며 고관들이 경배할 것입니다. 그 메시아는 예수 그리스도이십니다. 〈이사야〉의 말씀은 사복음서에서 다시 표현되며 성취됩니다.

"아들을 낳으리니 이름을 예수라 하라 이는 그가 자기 백성을 그들의 죄에서 구원할 자이심이라 하니라"(마 1:21)

"예수께서 이 말씀을 하시고 눈을 들어 하늘을 우러러 이르시되 아버지여 때가 이르렀사오니 아들을 영화롭게 하사 아들로 아버지를 영화롭게 하게 하옵소서"(요 17:1)

"내가 세상에 있는 동안에는 세상의 빛이로라"(요 9:5)

"내가 너희에게 분부한 모든 것을 가르쳐 지키게 하라 볼지어다 내가 세상 끝날까지 너희와 항상 함께 있으리라 하시니라"(마 28:20)

● **다섯 번째 포인트**

이사야 선지자는 "주께서 학자들의 혀를 내게 주사 나로 곤고한 자를 어떻게 도와줄 줄을 알게 하실 것"이라고 찬양합니다.

하나님께서는 이사야 선지자를 통해 남유다 백성들이 이후에 그들의 죄로 인해 바벨론 포로로 잡혀갈 것인데 그때 그들은 그것이 자신들의 죄 때문임을 깨닫지 못하고 오히려 하나님을 원망할 것이라고 미리 말씀하십니다. 이는 그들이 하나님을 외면했기 때문이라고 말씀하십니다.

"내가 왔어도 사람이 없었으며 내가 불러도 대답하는 자가 없었음은 어찌 됨이냐 내 손이 어찌 짧아 구속하지 못하겠느냐 내게 어찌 건질 능력이 없겠느냐 보라 내가 꾸짖어 바다를 마르게 하며 강들을 사막이 되게 하며 물이 없어졌으므로 그 물고기들이 악취를 내며 갈하여 죽으리라"(사 50:2)

이 말씀 이후 이사야 선지자는 네 편의 종의 노래 가운데 '세 번째 종의 노래'를 부릅니다.

"주 여호와께서 학자들의 혀를 내게 주사 나로 곤고한 자를 말로 어떻게 도와 줄 줄을 알게 하시고 아침마다 깨우치시되 나의 귀를 깨우치사 학자들 같이 알아듣게 하시도다"(사 50:4)

"나를 때리는 자들에게 내 등을 맡기며 나의 수염을 뽑는 자들에게 나의 뺨을 맡기며 모욕과 침 뱉음을 당하여도 내 얼굴을 가리지 아니하였느니라"(사 50:6)

"나를 의롭다 하시는 이가 가까이 계시니 나와 다툴 자가 누구냐 나와

함께 설지어다 나의 대적이 누구냐 내게 가까이 나아올지어다"(사 50:8)

이 노래는 메시아의 고난과 극복, 그리고 승리를 노래한 것입니다. 또한 메시아의 가르치심을 노래한 것입니다. 사복음서에서 이와 같은 말씀이 그대로 행해집니다.

"예수께서 모든 도시와 마을에 두루 다니사 그들의 회당에서 가르치시며 천국 복음을 전파하시며 모든 병과 모든 약한 것을 고치시니라"(마 9:35)

"예수께서 나오사 큰 무리를 보시고 그 목자 없는 양 같음으로 인하여 불쌍히 여기사 이에 여러 가지로 가르치시더라"(막 6:34)

"이에 예수의 얼굴에 침 뱉으며 주먹으로 치고 어떤 사람은 손바닥으로 때리며 이르되 그리스도야 우리에게 선지자 노릇을 하라 너를 친 자가 누구냐 하더라"(마 26:67~68)

"누가 능히 하나님께서 택하신 자들을 고발하리요 의롭다 하신 이는 하나님이시니 누가 정죄하리요 죽으실 뿐 아니라 다시 살아나신 이는 그리스도 예수시니 그는 하나님 우편에 계신 자요 우리를 위하여 간구하시는 자시니라"(롬 8:33~34)

이제 하나님께서는 남유다 백성들의 고통에 함께 동참하며 '고난받는 종'을 통해 남유다를 구원하겠다고 말씀하십니다. 고난받는 종의 모습은 고난 가운데 불평을 쏟아놓았던 남유다 백성들의 모습과는 대조적이면서 동시에 남유다 백성들의 고통을 외면하지 않으시고 그 고통을 끌어안은 채 구원해 가시는 하나님의 놀라운 사랑을 보여주고 있습니다.

디저트 DESSERT

당시 고대 근동 열강의 틈바구니에서 고통의 시기를 견디어 내야 했던 남유다 백성들은 하나님께서 자신들을 잊으신 것이 아닌가 하며 하나님을 오해하기 시작했습니다. 그러나 하나님께서는 결코 그들을 잊지 않았다고 말씀하십니다.

> "여인이 어찌 그 젖 먹는 자식을 잊겠으며 자기 태에서 난 아들을 긍휼히 여기지 않겠느냐 그들은 혹시 잊을지라도 나는 너를 잊지 아니할 것이라"(사 49:15)

비록 여인이 젖 먹는 자식을 잊거나 우리 인생들이 하나님을 떠날 수는 있겠지만, 하나님께서는 결코 우리를 잊지도 떠나지도 않으십니다. 우리가 이미 하나님의 손바닥에 새겨져 있기 때문입니다.

191일

고난받는 메시아의 청사진 (사 51~55장)

애피타이저 APPETIZER

이사야 51장에서 하나님께서는 하나님의 뜻을 믿고 순종한 아브라함의 이야기를 통해 하나님의 능력과 뜻을 남유다 백성들에게 알리시며 그들을 크게 위로하십니다. 그리고 뒤이어 이사야 선지자는 메시아로 오실 예수님의 모습을 예언합니다. 앞서 이사야 9장에서는 강한 메시아, 전능하신 예수님을 묘사했습니다.

"이는 한 아기가 우리에게 났고 한 아들을 우리에게 주신 바 되었는데 그의 어깨에는 정사를 메었고 그의 이름은 기묘자라, 모사라, 전능하신 하나님이라, 영존하시는 아버지라, 평강의 왕이라 할 것임이라"(사 9:6)

그리고 이사야 53장에서는 인간들의 잘못을 용서해주시기 위해 고통당하시는 메시아의 모습을 그립니다.

"그는 주 앞에서 자라나기를 연한 순 같고 마른 땅에서 나온 뿌리 같아서 고운 모양도 없고 풍채도 없은즉 우리가 보기에 흠모할 만한 아름다운 것이 없도다 그는 멸시를 받아 사람들에게 버림 받았으며 간고를 많이 겪었으며 질고를 아는 자라 마치 사람들이 그에게서 얼굴을 가리는 것 같이 멸시를 당하였고 우리도 그를 귀히 여기지 아니하였도다"(사 53:2~3)

고난받는 종의 모습은 영원한 구원을 성취하실 예수 그리스도에 대한 묘사로 인류 전체를 구원하실 하나님의 청사진입니다.

성경통독 BIBLETONGDOK

《일년일독 통독성경》 이사야 51~55장

통通으로 숲이야기 ; 통숲 TONG OBSERVATION

● 첫 번째 포인트

하나님께서는 아브라함을 보호하셨던 것처럼 남유다를 보호할 것이라고 말씀하십니다.

하나님께서는 이사야 선지자를 통해 의를 따르며 하나님을 찾는 자들에게 위로와 구원의 메시지를 전하십니다.

"의를 따르며 여호와를 찾아 구하는 너희는 내게 들을지어다 너희를 떠낸 반석과 너희를 파낸 우묵한 구덩이를 생각하여 보라 너희의 조상 아브라함과 너희를 낳은 사라를 생각하여 보라 아브라함이 혼자 있을 때에 내가 그를 부르고 그에게 복을 주어 창성하게 하였느니라"(사 51:1~2)

"의를 아는 자들아, 마음에 내 율법이 있는 백성들아, 너희는 내게 듣고 그들의 비방을 두려워하지 말라 그들의 비방에 놀라지 말라 옷 같이 좀이 그들을 먹을 것이며 양털 같이 좀벌레가 그들을 먹을 것이나 나의 공의는 영원히 있겠고 나의 구원은 세세에 미치리라"(사 51:7~8)

이는 하나님께서 아브라함을 보호하셨던 것처럼 남유다를 보호하시고 구원하시겠다는 약속의 말씀입니다.

이사야 선지자는 하나님께 남유다 백성들이 그들의 죄로 인한 처벌로 바벨론에 포로로 끌려가겠지만 하나님의 약속대로 반드시 그들을 다시 귀환시켜주실 것을 간구합니다.

"여호와께 구속 받은 자들이 돌아와 노래하며 시온으로 돌아오니 영원한 기쁨이 그들의 머리 위에 있고 즐거움과 기쁨을 얻으리니 슬픔과 탄식이 달아나리이다"(사 51:11)

이에 하나님께서 이사야 선지자에게 창조주 하나님의 위로하심을 기억하라고 용기를 주십니다.

"이르시되 너희를 위로하는 자는 나 곧 나이니라 너는 어떠한 자이기에 죽을 사람을 두려워하며 풀 같이 될 사람의 아들을 두려워하느냐 하늘을 펴고 땅의 기초를 정하고 너를 지은 자 여호와를 어찌하여 잊어버렸느냐 너를 멸하려고 준비하는 저 학대자의 분노를 어찌하여 항상 종일 두려워하느냐 학대자의 분노가 어디 있느냐"(사 51:12~13)

"내가 내 말을 네 입에 두고 내 손 그늘로 너를 덮었나니 이는 내가 하늘을 펴며 땅의 기초를 정하며 시온에게 이르기를 너는 내 백성이라 말하기 위함이니라"(사 51:16)

● **두 번째 포인트**

시온성은 궁극적으로 하나님께서 통치하시는 '거룩한 성 새 예루살렘'이 될 것입니다.

하나님께서는 이사야 선지자를 통해 예루살렘이 깨어 일어나게 될 것이라고 말씀하십니다.

"시온이여 깰지어다 깰지어다 네 힘을 낼지어다 거룩한 성 예루살렘이여 네 아름다운 옷을 입을지어다 이제부터 할례 받지 아니한 자와 부정한 자가 다시는 네게로 들어옴이 없을 것임이라 너는 티끌을 털어 버릴지어다 예루살렘이여 일어나 앉을지어다 사로잡힌 딸 시온이여 네 목의 줄을 스스로 풀지어다"(사 52:1~2)

남유다의 수도인 예루살렘의 회복과 구원에 대한 이야기가 이어지고 있습니다. 하나님께서는 예루살렘에 더 이상 할례 받지 않은 자와 부정한 자가 들어오지 않도록 지킨다고 말씀하십니다. 더러워진 예루살렘성의 '새로운 재건'을 선언하신 것입니다. 그동안 예루살렘은 부끄러운 모습이었습니다.

그러나 이제 하나님께서 예루살렘을 향하여 "깰지어다 깰지어다 네 힘을 낼지어다"라고 명령하십니다. 하나님의 이 명령은 흙으로 인간을 빚으시고 그 코에 불어넣어 주셨던 생기와도 같은 것이었습니다. 이어서 하나님께서는 값없이 주시는 은혜, 구속의 은혜를 약속하십니다.

"여호와께서 이와 같이 말씀하시되 너희가 값 없이 팔렸으니 돈 없이 속량되리라"(사 52:3)

이렇게 하나님께서 회복될 예루살렘의 모습과 구원을 약속해 주시자 이사야 선지자는 하늘의 하나님께 찬양을 올려드립니다.

"좋은 소식을 전하며 평화를 공포하며 복된 좋은 소식을 가져오며 구원을 공포하며 시온을 향하여 이르기를 네 하나님이 통치하신다 하는 자의 산을 넘는 발이 어찌 그리 아름다운가 네 파수꾼들의 소리로다 그들이 소리를 높여 일제히 노래하니 이는 여호와께서 시온으로 돌아오실 때에 그들의 눈이 마주 보리로다 너 예루살렘의 황폐한 곳들아 기쁜 소리를 내어 함께 노래할지어다 이는 여호와께서 그의 백성을 위로하셨고 예루살렘을 구속하셨음이라"(사 52:7~9)

이사야 선지자의 이 찬양은 남유다의 해방을 알리는 복된 소식이면서 궁극적으로는 하나님 나라의 복음이 널리 전파됨을 의미하는 것이었습니다.

남유다 백성들이 바벨론 포로에서 예루살렘으로 귀환할 때 하나님께서 뒤에서 호위해주실 것인데 이때 바벨론 우상에 물들지 않고 정결하게 나오라고 말합니다. 특히 레위 지파 사람들은 더욱 성결해야 함을 강조합니다.

"너희는 떠날지어다 떠날지어다 거기서 나오고 부정한 것을 만지지 말지어다 그 가운데에서 나올지어다 여호와의 기구를 메는 자들이여 스스로 정결하게 할지어다 여호와께서 너희 앞에서 행하시며 이스라엘의 하나님이 너희 뒤에서 호위하시리니 너희가 황급히 나오지 아니하며 도망하듯 다니지 아니하리라"(사 52:11~12)

이제 이사야 선지자는 네 편의 종의 노래 가운데 '마지막 종의 노래'를 부릅니다. 이 노래는 '고난받는 종의 노래'라고도 불립니다.

"보라 내 종이 형통하리니 받들어 높이 들려서 지극히 존귀하게 되리라 전에는 그의 모양이 타인보다 상하였고 그의 모습이 사람들보다 상하였으므로 많은 사람이 그에 대하여 놀랐거니와 그가 나라들을 놀라게 할 것이며 왕들은 그로 말미암아 그들의 입을 봉하리니 이는 그들이 아직 그들에게 전파되지 아니한 것을 볼 것이요 아직 듣지 못한 것을 깨달을 것임이라"(사 52:13~15)

이는 네 번째 종의 노래의 앞 부분으로 메시아의 구속 사역을 열방들이 듣고 깨달을 것을 노래한 것입니다.

● **세 번째 포인트**

메시아 이야기는 하나님의 영광과 평화의 청사진입니다.

하나님께서는 이사야 선지자를 통해 장차 오실 예수님의 모습으로 '평강의 왕이자 전능하신 하나님'을 보여주셨습니다(사 9:6). 그런데 이사야 53장에서는 예수님의 모습을 '고난받는 종'으로 보여주십니다. 이사야 53장에 나타난 '고난받는 종의 모습'은 다음과 같습니다.

첫째, 고난받는 메시아의 모습은 흠모할 만한 아름다운 것이 없습니다.

"그는 주 앞에서 자라나기를 연한 순 같고 마른 땅에서 나온 뿌리 같아서 고운 모양도 없고 풍채도 없은즉 우리가 보기에 흠모할 만한 아름다운 것이 없도다"(사 53:2)

둘째, 고난받는 메시아의 모습은 멸시를 받아 버림받는 모습입니다.

"그는 멸시를 받아 사람들에게 버림 받았으며 간고를 많이 겪었으며 질고를 아는 자라 마치 사람들이 그에게서 얼굴을 가리는 것 같이 멸시를 당하였고 우리도 그를 귀히 여기지 아니하였도다"(사 53:3)

셋째, 고난받는 메시아의 모습은 찔리고 징계를 받고 채찍에 맞으시는 모습입니다.

"그가 찔림은 우리의 허물 때문이요 그가 상함은 우리의 죄악 때문이라 그가 징계를 받으므로 우리는 평화를 누리고 그가 채찍에 맞으므로 우리는 나음을 받았도다"(사 53:5)

넷째, 고난받는 메시아의 모습은 고난을 묵묵히 당하시는 모습입니다.

"그가 곤욕을 당하여 괴로울 때에도 그의 입을 열지 아니하였음이여 마치 도수장으로 끌려 가는 어린 양과 털 깎는 자 앞에서 잠잠한 양 같이 그의 입을 열지 아니하였도다"(사 53:7)

다섯째, 고난받는 메시아의 모습은 곤욕과 심문을 당하고 끌려가 십자가 죽음에 이르시는 모습입니다.

"그는 곤욕과 심문을 당하고 끌려 갔으나 그 세대 중에 누가 생각하기를 그가 살아 있는 자들의 땅에서 끊어짐은 마땅히 형벌 받을 내 백성의 허물 때문이라 하였으리요"(사 53:8)

이사야 선지자가 노래한 '고난받는 종의 모습'은 우리 예수님께서 당하실 수난을 예고한 것입니다. 긍휼의 하나님께서 메시아이신 예수님의 고난을 통해 이루실 영광과 평화의 나라에 모든 믿는 자를 초대하실 것입니다.

● 네 번째 포인트

하나님의 구원 계획은 남유다 백성들이 바벨론 포로에서 다시 귀환하는 것이며 궁극적으로는 이 땅에 메시아를 보내주시는 것입니다.

남유다 백성들이 바벨론 포로로 잡혀 있는 동안은 마치 잉태하지 못하여 출산하지 못한 여인 같을 것입니다.

"잉태하지 못하며 출산하지 못한 너는 노래할지어다 산고를 겪지 못한 너는 외쳐 노래할지어다 이는 홀로 된 여인의 자식이 남편 있는 자의 자식보다 많음이라 여호와께서 말씀하셨느니라"(사 54:1)

그러나 남유다 백성들이 예루살렘으로 돌아오게 되면 다시 크게 번성하여 열방을 얻게 되고, 그들이 거하는 성읍들은 모두 살아나게 될 것이라는 놀라운 약속을 주십니다.

"네 장막터를 넓히며 네 처소의 휘장을 아끼지 말고 널리 펴되 너의 줄을 길게 하며 너의 말뚝을 견고히 할지어다 이는 네가 좌우로 퍼지며 네 자손은 열방을 얻으며 황폐한 성읍들을 사람 살 곳이 되게 할 것임이라"(사 54:2~3)

또한 하나님께서는 바벨론 포로에서 돌아오는 남유다 백성들이 겪은 과거의 수치와 치욕이 모두 없어질 것이라고 약속해 주십니다.

"두려워하지 말라 네가 수치를 당하지 아니하리라 놀라지 말라 네가 부끄러움을 보지 아니하리라 네가 네 젊었을 때의 수치를 잊겠고 과부 때의 치욕을 다시 기억함이 없으리니"(사 54:4)

이제 하나님께서는 바벨론 포로에서 돌아오는 남유다 백성들을 하나님의 자비와 긍휼로 용서하며 구속해줄 것을 약속하십니다.

"내가 잠시 너를 버렸으나 큰 긍휼로 너를 모을 것이요 내가 넘치는 진노로 내 얼굴을 네게서 잠시 가렸으나 영원한 자비로 너를 긍휼히 여기리라 네 구속자 여호와께서 말씀하셨느니라"(사 54:7~8)

남유다가 앞으로 70년간 나라를 잃고 징계를 받을 것이나 하나님의 크신 긍휼로 회복될 것임을 말씀해주신 것입니다.

"여호와께서 이와 같이 말씀하시니라 바벨론에서 칠십 년이 차면 내가 너희를 돌보고 나의 선한 말을 너희에게 성취하여 너희를 이 곳으로 돌아오게 하리라"(렘 29:10)

하나님께서 남유다 백성들에게 주시는 이 구원과 회복의 메시지는 놀랍게도 홍수 후에 노아와 그 가족들에게 주셨던 약속과 같을 것이라고 말씀하십니다.

"이는 내게 노아의 홍수와 같도다 내가 다시는 노아의 홍수로 땅 위에 범람하지 못하게 하리라 맹세한 것 같이 내가 네게 노하지 아니하며 너를 책망하지 아니하기로 맹세하였노니 산들이 떠나며 언덕들은 옮겨 질지라도 나의 자비는 네게서 떠나지 아니하며 나의 화평의 언약은 흔들리지 아니하리라 너를 긍휼히 여기시는 여호와께서 말씀하셨느니라"(사 54:9~10)

남유다에게 주신 이 회복의 메시지는 이후 '새 예루살렘'과 그곳에서의 평안을 말씀하신 것입니다. 즉 바벨론에서 극상품 무화과 열매가 되어 다시 예루살렘으로 돌아오게 될 남유다 백성들이 다시 새 예루살렘 성전을 세울 것이라는 말씀입니다.

"홍보석으로 네 성벽을 지으며 석류석으로 네 성문을 만들고 네 지경을 다 보석으로 꾸밀 것이며 네 모든 자녀는 여호와의 교훈을 받을 것이니 네 자녀에게는 큰 평안이 있을 것이며 너는 공의로 설 것이며 학대가 네게서 멀어질 것인즉 네가 두려워하지 아니할 것이며 공포도 네게 가까이하지 못할 것이라"(사 54:12~14)

그리고 이 메시지는 궁극적으로 메시아의 오심으로 새 예루살렘이 완성될 것이라는 말씀이었습니다. 하나님께서는 귀환 공동체가 새 예루살렘에서 마침내 승리할 것이라고 말씀해주십니다.

"너를 치려고 제조된 모든 연장이 쓸모가 없을 것이라 일어나 너를 대적하여 송사하는 모든 혀는 네게 정죄를 당하리니 이는 여호와의 종들의 기업이요 이는 그들이 내게서 얻은 공의니라 여호와의 말씀이니라" (사 54:17)

● 다섯 번째 포인트

하나님께서는 메시아이신 예수 그리스도를 통해 세계 만민을 초대하실 것입니다.

이제 하나님께서는 이사야 선지자를 통해 값없이 베푸시는 하나님의 잔치에 모든 하나님의 자녀들을 초대하십니다.

"오호라 너희 모든 목마른 자들아 물로 나아오라 돈 없는 자도 오라 너희는 와서 사 먹되 돈 없이, 값 없이 와서 포도주와 젖을 사라"(사 55:1)

"너희는 귀를 기울이고 내게로 나아와 들으라 그리하면 너희의 영혼이 살리라 내가 너희를 위하여 영원한 언약을 맺으리니 곧 다윗에게 허락한 확실한 은혜이니라"(사 55:3)

하나님께서 이미 오래전부터 세우신 영원한 구원 계획을 말씀하고 계신 것입니다. 그런데 무엇보다 중요한 것은 하나님께로 마음을 확정하는 것입니다. 마음을 돌이켜 높고 영화로우신 하나님께로 간다면 누구든지 하나님 나라에 동참할 수 있습니다.

이러한 하나님의 계획에서 모든 민족 모든 백성이 하나님의 자녀가 되기까지 쉬지 않으시는 하나님의 사랑과 열정을 느낄 수 있습니다. 하나님의 놀라운 구원 계획은 모든 민족을 위한 예수 그리스도의 초대입니다.

"보라 내가 그를 만민에게 증인으로 세웠고 만민의 인도자와 명령자로 삼았나니 보라 네가 알지 못하는 나라를 네가 부를 것이며 너를 알지 못하는 나라가 네게로 달려올 것은 여호와 네 하나님 곧 이스라엘의 거룩하신 이로 말미암음이니라 이는 그가 너를 영화롭게 하였느니라"(사 55:4~5)

하나님께서는 초대받은 사람들을 향해 회개를 촉구하십니

다. 그러면 하나님께서 긍휼로 너그럽게 용서해주겠다고 약속하십니다. 이처럼 하나님께서 우리 인생들에게 진정으로 원하시는 것은 죄에서 돌이키고 하나님께 나아가 회개하는 것입니다.

"너희는 여호와를 만날 만한 때에 찾으라 가까이 계실 때에 그를 부르라 악인은 그의 길을, 불의한 자는 그의 생각을 버리고 여호와께로 돌아오라 그리하면 그가 긍휼히 여기시리라 우리 하나님께로 돌아오라 그가 너그럽게 용서하시리라"(사 55:6~7)

이러한 하나님의 긍휼과 사랑, 하나님의 깊고 높으신 생각을 어찌 인간이 다 헤아릴 수 있겠습니까?

"이는 내 생각이 너희의 생각과 다르며 내 길은 너희의 길과 다름이니라 여호와의 말씀이니라 이는 하늘이 땅보다 높음 같이 내 길은 너희의 길보다 높으며 내 생각은 너희의 생각보다 높음이니라"(사 55:8~9)

하나님께서 준비하신 영광과 평화의 초대에 응함으로 죄를 용서받고 구원받는 큰 기쁨이 우리 모두에게 임하기를 소망합니다.

디저트 DESSERT

"여호와께로 돌아오라 그리하면 그가 긍휼히 여기시리라 우리 하나님께로 돌아오라 그가 너그럽게 용서하시리라"(사 55:7)

사람들이 쉽게 범하는 잘못은 하나님을 자기의 작은 생각의 틀 안에 넣는다는 것입니다. 그러나 하나님의 능력, 하나님의 생각의 깊이는 사람이 뛰어넘을 수 있는 것이 아님을 깨달아야 합니다. 한없이 크신 하나님께서 우리를 값없이 자녀 삼아주시고 영광의 자리에 초대해주신 것은 전적인 하나님의 은혜입니다.

192일

하나님의 성전 (사 56~59장)

애피타이저 APPETIZER

이사야 56장과 57장에서 하나님께서는 남유다의 우상숭배를 음행에 빗대어 책망하십니다. 남유다는 하나님과 제사장 나라 언약을 맺고 놀라운 '특권'을 받음과 동시에 모든 민족을 위한 한 민족으로서의 '사명'을 받았음에도 그 사명을 저버린 채 하나님을 떠나 우상 앞에 절하는 참담한 모습을 보여주었습니다. 그러므로 남유다가 하나님께 책망받는 것은 너무나 마땅한 결과였습니다.

이어지는 이사야 58장에서 하나님께서는 금식과 안식일이라는 두 종교적 의례를 들어 하나님의 진정한 관심이 어디에 있는지를 알려주십니다. 당시 외식적인 행위에 불과했던 남유다 백성들의 종교 생활은 더 이상 하나님과 이웃들에게 기쁨이 되지 못했습니다. 중심을 보시는 하나님께서는 겉으로 보여지는 예식이 아닌 진정한 예배를 원한다고 말씀하십니다.

그리고 이사야 59장에서는 자신들을 구원해주지 않는다며 하나님을 원망하는 남유다 백성들에게 하나님께서 그 책임 소재를 명확히 하시는 내용이 나옵니다. 남유다는 열방들의 침략 앞에 그들을 내버려두신 것에 대해 하나님을 원망했지만 하나님께서는 그들의 고난은 바로 그들의 죄 때문이라고 말씀하십니다.

하나님께서 이사야 선지자를 통해 구원을 선포하시는 지금, 남유다 백성들은 더욱 겸손히 하나님만 바라보아야 했습니다. 하나님께서는 죄에서 떠나 하나님께로 돌아오는 자에게 영원한 구원을 약속해주시는 은혜와 긍휼의 하나님이시기 때문입니다.

성경통독 BIBLETONGDOK

《일년일독 통독성경》 이사야 56~59장

● 첫 번째 포인트

하나님께서는 온 세상 만민에게 구원의 문이 열려 있음과 성전은 만민이 기도하는 집임을 알려주십니다.

하나님께서는 이사야 선지자를 통해 구원의 날이 다가오니 정의를 지키며 의를 행하라고 말씀하십니다. 그리고 안식일을 지켜 하나님께서 주시는 복을 받으라고 말씀하십니다.

"여호와께서 이와 같이 말씀하시기를 너희는 정의를 지키며 의를 행하라 이는 나의 구원이 가까이 왔고 나의 공의가 나타날 것임이라 하셨도다 안식일을 지켜 더럽히지 아니하며 그의 손을 금하여 모든 악을 행하지 아니하여야 하나니 이와 같이 하는 사람, 이와 같이 굳게 잡는 사람은 복이 있느니라"(사 56:1~2)

하나님께서 남유다 백성들에게 율법의 기본인 "안식일을 지키라"라고 말씀하신 것은 과거에 하나님께서 이스라엘 백성들에게 출애굽 직후 가장 먼저 '안식일'을 지키게 함으로써 제사장 나라 훈련을 시키셨듯이(출 16장), 남유다 백성들을 다시 제사장 나라 거룩한 시민으로 훈련시키시고자 함입니다.

"볼지어다 여호와가 너희에게 안식일을 줌으로 여섯째 날에는 이틀 양식을 너희에게 주는 것이니 너희는 각기 처소에 있고 일곱째 날에는 아무도 그의 처소에서 나오지 말지니라 그러므로 백성이 일곱째 날에 안식하니라"(출 16:29~30)

이어서 하나님께서는 하나님의 구원은 온 세상 만민에게 열려 있다고 하시면서 "성전은 만민이 기도하는 집"이라는 사실을 분명하게 가르쳐주십니다.

"또 여호와와 연합하여 그를 섬기며 여호와의 이름을 사랑하며 그의 종이 되며 안식일을 지켜 더럽히지 아니하며 나의 언약을 굳게 지키는 이방인마다 내가 곧 그들을 나의 성산으로 인도하여 기도하는 내 집에서 그들을 기쁘게 할 것이며 그들의 번제와 희생을 나의 제단에서 기꺼이 받게 되리니 이는 내 집은 만민이 기도하는 집이라 일컬음이 될 것임이라"(사 56:6~7)

하나님의 이 말씀은 이제 직접적으로 이방인들까지도 하나님의 영광에 초대하신다는 말씀입니다. 이전까지만 해도 〈신명기〉에서 지목된 하나님의 총회에 들어오지 못하는 사람들이 있었습니다(신 23:1~8). 그런데 이제 하나님께서 누구나 하나님께 예물을 드리며 예배드릴 수 있는 놀라운 길을 열어주겠다고 말씀하신 것입니다.

제사장 나라 남유다 백성들이 아니더라도 하나님의 언약을 지키는 모든 자가 하나님의 백성이라는 놀라운 선언이 선포된 것입니다.

"이스라엘의 쫓겨난 자를 모으시는 주 여호와가 말하노니 내가 이미 모은 백성 외에 또 모아 그에게 속하게 하리라 하셨느니라"(사 56:8)

그리고 하나님께서는 그동안 이스라엘 백성들의 전유물이었던 성전이 이제는 진정으로 '만민이 기도하는 집'이라 일컬음을 받게 될 것이라고 선언하십니다.

이 놀라운 신비에 대해서 사도 바울은 다음과 같이 말합니다.

"형제들아 너희가 스스로 지혜 있다 하면서 이 신비를 너희가 모르기를 내가 원하지 아니하노니 이 신비는 이방인의 충만한 수가 들어오기까지 이스라엘의 더러는 우둔하게 된 것이라 그리하여 온 이스라엘이 구원을 받으리라 기록된 바 구원자가 시온에서 오사 야곱에게서 경건하지 않은 것을 돌이키시겠고 내가 그들의 죄를 없이 할 때에 그들에게 이루어질 내 언약이 이것이라 함과 같으니라"(롬 11:25~27)

● **두 번째 포인트**

하나님께서는 남유다의 부패와 우상숭배에 대해 책망하십니다.

하나님께서는 이사야 선지자를 통해 남유다 지도자들의 잘못을 책망하십니다.

"이스라엘의 파수꾼들은 맹인이요 다 무지하며 벙어리 개들이라 짖지 못하며 다 꿈꾸는 자들이요 누워 있는 자들이요 잠자기를 좋아하는 자들이니 이 개들은 탐욕이 심하여 족한 줄을 알지 못하는 자들이요 그들은 몰지각한 목자들이라 다 제 길로 돌아가며 사람마다 자기 이익만 추구하며 오라 내가 포도주를 가져오리라 우리가 독주를 잔뜩 마시자 내일도 오늘 같이 크게 넘치리라 하느니라"(사 56:10~12)

하나님께서는 남유다 지도자들의 게으름과 탐욕, 그리고 그들의 타락을 책망하십니다. 특히 나라가 위태로운 그 상황에 파수꾼이 되어야 할 지도자들이 책임을 감당하고 있지 않음을 적나라하게 지적하십니다. 또한 남유다 백성들의 부패를 책망하십니다.

"의인이 죽을지라도 마음에 두는 자가 없고 진실한 이들이 거두어 감을 당할지라도 깨닫는 자가 없도다 의인들은 악한 자들 앞에서 불리어 가도다"(사 57:1)

그리고 하나님께서는 남유다의 가장 큰 죄인 우상숭배를 책망하십니다.

"무당의 자식, 간음자와 음녀의 자식들아 너희는 가까이 오라 너희가 누구를 희롱하느냐 누구를 향하여 입을 크게 벌리며 혀를 내미느냐 너희는 패역의 자식, 거짓의 후손이 아니냐 너희가 상수리나무 사이, 모든 푸른 나무 아래에서 음욕을 피우며 골짜기 가운데 바위 틈에서 자녀를 도살하는도다"(사 57:3~5)

하나님께서는 특히 '몰렉을 숭배한 죄'에 대해 크게 책망하십니다. 아하스 왕이 나서서 이러한 우상을 숭배했던 것입니다.

"이스라엘의 여러 왕의 길로 행하며 또 여호와께서 이스라엘 자손 앞에서 쫓아내신 이방 사람의 가증한 일을 따라 자기 아들을 불 가운데로 지나가게 하며 또 산당들과 작은 산 위와 모든 푸른 나무 아래에서 제사를 드리며 분향하였더라"(왕하 16:3~4)

그래서 하나님께서는 이사야 선지자를 통해 하나님을 경외하지 않는 남유다를 책망하십니다.

"네가 누구를 두려워하며 누구로 말미암아 놀랐기에 거짓을 말하며 나를 생각하지 아니하며 이를 마음에 두지 아니하였느냐 네가 나를 경외하지 아니함은 내가 오랫동안 잠잠했기 때문이 아니냐"(사 57:11)

이렇게 남유다 지도자들의 잘못과 남유다 사회의 죄악들을 지적하신 하나님께서는 그럼에도 불구하고 하나님 앞에 죄를 통회 자복하고 겸손하게 다시 하나님 앞에 서는 자는 하나님께서 다시 회복시키며 고쳐주겠다고 약속하십니다.

"그가 말하기를 돋우고 돋우어 길을 수축하여 내 백성의 길에서 거치는 것을 제하여 버리라 하리라 지극히 존귀하며 영원히 거하시며 거룩하다 이름하는 이가 이와 같이 말씀하시되 내가 높고 거룩한 곳에 있으며 또한 통회하고 마음이 겸손한 자와 함께 있나니 이는 겸손한 자의 영을 소생시키며 통회하는 자의 마음을 소생시키려 함이라"(사 57:14~15)

하나님의 자비와 긍휼, 인내는 끝이 없습니다. 남유다를 향한 하나님의 계획은 그들을 열방을 위한 제사장 나라로 삼아 남유다뿐만 아니라 '모든 나라'까지도 구원하시는 것입니다. 그래서 하나님께서 남유다 백성들을 설득하시고, 위로하시고, 가르치시는 것입니다.

하나님께서는 남유다가 가야 할 길을 '돋우며 돋우며 평탄하게' 만들고 '거치는 것을 제하여' 주겠다고 하십니다. 이는 그들에게 평강을 주시기 위함입니다. 그러나 그럼에도 불구하고 끝까지 악에서 돌이키지 않는 자는 결국 망할 수밖에 없습니다.

"그러나 악인은 평온함을 얻지 못하고 그 물이 진흙과 더러운 것을 늘 솟구쳐 내는 요동하는 바다와 같으니라 내 하나님의 말씀에 악인에게는 평강이 없다 하셨느니라"(사 57:20~21)

● 세 번째 포인트

하나님께서 기뻐하시는 '금식'에 대해 말씀하십니다.

하나님께서는 이사야 선지자에게 남유다의 참된 신앙 회복을 위해서 책망의 소리를 크게 내라고 말씀하십니다.

"크게 외치라 목소리를 아끼지 말라 네 목소리를 나팔 같이 높여 내 백성에게 그들의 허물을, 야곱의 집에 그들의 죄를 알리라"(사 58:1)

이는 전쟁과 같은 위기 상황을 알릴 때 나팔을 부는 것처럼 하나님의 심판이 가까이 왔으니 남유다 백성들이 급히 서둘러 회개할 수 있도록 큰 소리로 알리라는 것입니다. 이어서 하나님께서는 남유다 백성들의 형식적인 신앙과 외식적인 금식에 대해 책망하십니다.

"우리가 금식하되 어찌하여 주께서 보지 아니하시오며 우리가 마음을 괴롭게 하되 어찌하여 주께서 알아 주지 아니하시나이까 보라 너희가 금식하는 날에 오락을 구하며 온갖 일을 시키는도다 보라 너희가 금식하면서 논쟁하며 다투며 악한 주먹으로 치는도다 너희가 오늘 금식하는 것은 너희의 목소리를 상달하게 하려는 것이 아니니라 이것이 어찌 내가 기뻐하는 금식이 되겠으며 이것이 어찌 사람이 자기의 마음을 괴롭게 하는 날이 되겠느냐 그의 머리를 갈대 같이 숙이고 굵은 베와 재를 펴는 것을 어찌 금식이라 하겠으며 여호와께 열납될 날이라 하겠느냐 내가 기뻐하는 금식은 흉악의 결박을 풀어 주며 멍에의 줄을 끌러 주며 압제 당하는 자를 자유하게 하며 모든 멍에를 꺾는 것이 아니겠느냐"(사 58:3~6)

이는 당시 남유다 백성들이 겉으로는 하나님과 가까이하며 온전한 신앙을 지키는 것 같지만 실상은 금식을 한다고 하면서 오락을 구하고 종들에게는 일을 시키고 이웃과 다투는 등 하나님께서 기뻐하실 금식의 행동을 전혀 하지 않는 것을 두고 책망하신 것입니다. 예수님 당시 바리새인의 기도가 그러했습니다.

"바리새인은 서서 따로 기도하여 이르되 하나님이여 나는 다른 사람들 곧 토색, 불의, 간음을 하는 자들과 같지 아니하고 이 세리와도 같지 아니함을 감사하나이다 나는 이레에 두 번씩 금식하고 또 소득의 십일조를 드리나이다 하고"(눅 18:11~12)

하나님께서는 이사야 선지자를 통해 하나님께서 기뻐하시는 금식을 다음과 같이 말씀해주십니다.

"내가 기뻐하는 금식은 흉악의 결박을 풀어 주며 멍에의 줄을 끌러 주며 압제 당하는 자를 자유하게 하며 모든 멍에를 꺾는 것이 아니겠느냐 또 주린 자에게 네 양식을 나누어 주며 유리하는 빈민을 집에 들이며 헐벗은 자를 보면 입히며 또 네 골육을 피하여 스스로 숨지 아니하는

것이 아니겠느냐"(사 58:6~7)

금식이란 인간의 가장 본능적인 욕구를 스스로 절제하는 것입니다. 그러므로 금식은 순도 높은 경건의 표현인 것입니다. 즉 금식은 하나님께 대한 철저한 헌신과 주의 뜻에 대한 온전한 순종을 의미합니다.

하나님께서 기뻐하시는 금식은 외식적이고 형식적인 것이 아니라 실제로 참된 경건의 삶을 살아가는 것이며 동시에 하나님께서 원하시는 뜻을 위해 헌신하고 순종하는 것입니다.

● 네 번째 포인트

하나님께서는 안식일을 소중히 여기는 자에게 물 댄 동산 같게 해 주겠다고 말씀하십니다.

하나님께서는 이사야 선지자를 통해 '하나님의 율법을 지키는 자'에게 주는 복에 대해 말씀하십니다.

"여호와가 너를 항상 인도하여 메마른 곳에서도 네 영혼을 만족하게 하며 네 뼈를 견고하게 하리니 너는 물 댄 동산 같겠고 물이 끊어지지 아니하는 샘 같을 것이라 네게서 날 자들이 오래 황폐된 곳들을 다시 세울 것이며 너는 역대의 파괴된 기초를 쌓으리니 너를 일컬어 무너진

데를 보수하는 자라 할 것이며 길을 수축하여 거할 곳이 되게 하는 자라 하리라"(사 58:11~12)

하나님께서는 안식일에 하지 말아야 할 행동에 대해 구체적으로 알려주시며 안식일을 잘 지키는 자가 어떤 복을 누리는지 말씀해주십니다.

"만일 안식일에 네 발을 금하여 내 성일에 오락을 행하지 아니하고 안식일을 일컬어 즐거운 날이라, 여호와의 성일을 존귀한 날이라 하여 이를 존귀하게 여기고 네 길로 행하지 아니하며 네 오락을 구하지 아니하며 사사로운 말을 하지 아니하면 네가 여호와 안에서 즐거움을 얻을 것이라 내가 너를 땅의 높은 곳에 올리고 네 조상 야곱의 기업으로 기르리라 여호와의 입의 말씀이니라"(사 58:13~14)

● 다섯 번째 포인트

하나님의 공의와 하나님의 사랑은 함께 갑니다.

남유다가 받는 처벌은 하나님의 능력이 부족해서가 아니라 그들의 죄 때문임을 이사야 선지자가 지적합니다.

"여호와의 손이 짧아 구원하지 못하심도 아니요 귀가 둔하여 듣지 못하심도 아니라 오직 너희 죄악이 너희와 너희 하나님 사이를 갈라 놓았

고 너희 죄가 그의 얼굴을 가리어서 너희에게서 듣지 않으시게 함이니라"(사 59:1~2)

이사야 선지자를 통해 지적하신 남유다의 죄는 다음과 같습니다.

첫째, '피 흘림과 거짓을 말한 것'입니다.

"이는 너희 손이 피에, 너희 손가락이 죄악에 더러워졌으며 너희 입술은 거짓을 말하며 너희 혀는 악독을 냄이라"(사 59:3)

둘째, '불의한 재판'을 일삼은 것입니다.

"공의대로 소송하는 자도 없고 진실하게 판결하는 자도 없으며 허망한 것을 의뢰하며 거짓을 말하며 악행을 잉태하여 죄악을 낳으며"(사 59:4)

셋째, '악을 도모하고 모의'한 것입니다.

"그 발은 행악하기에 빠르고 무죄한 피를 흘리기에 신속하며 그 생각은 악한 생각이라 황폐와 파멸이 그 길에 있으며 그들은 평강의 길을 알지 못하며 그들이 행하는 곳에는 정의가 없으며 굽은 길을 스스로 만드나니 무릇 이 길을 밟는 자는 평강을 알지 못하느니라"(사 59:7~8)

그러므로 이제 하나님께서는 남유다에 하나님의 공의를 세우겠다고 말씀하십니다.

"사람이 없음을 보시며 중재자가 없음을 이상히 여기셨으므로 자기 팔로 스스로 구원을 베푸시며 자기의 공의를 스스로 의지하사 공의를 갑옷으로 삼으시며 구원을 자기의 머리에 써서 투구로 삼으시며 보복을 속옷으로 삼으시며 열심을 입어 겉옷으로 삼으시고 그들의 행위대로 갚으시되 그 원수에게 분노하시며 그 원수에게 보응하시며 섬들에게 보복하실 것이라"(사 59:16~18)

이처럼 이사야 선지자는 공의를 세우시는 하나님의 심판이 엄중함을 강하게 선포합니다. 그런데 하나님의 속성인 '공의'는 하나님의 또 다른 속성인 '사랑'과 별개일 수 없었습니다. 하나님께서는 공의로 죄를 심판하시지만 하나님의 사랑은 긍휼을 담고 있기 때문에 하나님께서는 회개하는 자에게 구원을 베풀어주십니다.

"여호와의 말씀이니라 구속자가 시온에 임하며 야곱의 자손 가운데에서 죄과를 떠나는 자에게 임하리라 여호와께서 이르시되 내가 그들과 세운 나의 언약이 이러하니 곧 네 위에 있는 나의 영과 네 입에 둔 나의 말이 이제부터 영원하도록 네 입에서와 네 후손의 입에서와 네 후손의 후손의 입에서 떠나지 아니하리라 하시니라 여호와의 말씀이니라"(사 59:20~21)

하나님께서 맺어주신 제사장 나라 거룩한 백성의 언약은 참으로 놀라운 은혜입니다.

하나님의 본심은 남유다 백성들에게 죄의 짐을 무겁게 하여 처벌하시고자 하는 것이 아니라 그들의 죄를 드러내어 고치시려는 것입니다. 하나님의 본심은 '인생들을 내버려두심'에 있는 것이 아니라 '인생들을 회복시키심'에 있습니다.

하나님께서는 남유다 백성들이 하나님의 백성으로서 지켜야 할 율법을 주시면서 동시에 그들이 살면서 율법을 범했을 때 죄를 용서받을 수 있도록 '제사 제도'도 주셨습니다. 따라서 인생들이 자기 죄를 스스로 고백하며 통회하고 죄의 길에서 돌아온다면 하나님께서는 언제든지 용서와 구원의 길로 인도하십니다.

이사야 선지자는 남유다 백성들에게 계속해서 타는 마음으로 그들의 죄를 낱낱이 고발하면서도 그들이 죄악의 길에서 떠나기를 호소하고 있습니다. 왜냐하면 하나님께 돌아오는 회개의 역사가 있어야 하나님께서 남유다를 회복시키실 수 있기 때문입니다.

하나님께서는 이렇게 우리가 죄의 길에서 돌이켜 하나님께로 나아가기를 기다리십니다.

193일

하나님의 열심 (사 60~63장)

애피타이저 APPETIZER

하나님께서는 남유다 백성들에게 "일어나라 빛을 발하라 이는 네 빛이 이르렀고 여호와의 영광이 네 위에 임하였음이니라"(사 60:1)라고 말씀하시며 하나님의 평화와 구원을 약속하십니다. 이사야 61장은 시온의 영광이 회복될 구체적인 모습과 함께 예수 그리스도의 삶과 가르침의 사역을 통해 이 땅에 실현될 것을 예언하고 있습니다.

이사야 선지자는 시온의 공의가 빛 같이, 예루살렘의 공의가 횃불 같이 나타날 것을 확신하고 있습니다. 이사야 선지자는 그

확신으로 예루살렘을 '나의 기쁨이 그에게 있다'라는 뜻의 '헵시바'와 '결혼한 여자'라는 뜻의 '쁄라'로 부릅니다. 예루살렘은 결국 거룩한 백성들의 성읍이 될 것입니다.

성경통독 BIBLETONGDOK

《일년일독 통독성경》 이사야 60~63장

통通으로 숲이야기 ; 통숲 TONG OBSERVATION

● 첫 번째 포인트

하나님께서는 영광스럽게 회복될 예루살렘에 대해 말씀하십니다.

"일어나라 빛을 발하라 이는 네 빛이 이르렀고 여호와의 영광이 네 위에 임하였음이니라"(사 60:1)

"나라들은 네 빛으로, 왕들은 비치는 네 광명으로 나아오리라"(사 60:3)

이사야 60장은 이사야 47장의 바벨론 제국 멸망에 대한 예언과는 반대의 구조를 가지고 예루살렘의 회복과 영광을 노래합니다.

"딸 갈대아여 잠잠히 앉으라 흑암으로 들어가라 네가 다시는 여러 왕

국의 여주인이라 일컬음을 받지 못하리라"(사 47:5)

그러나 예루살렘에 대해서는 다음과 같이 말합니다.

"저 구름 같이, 비둘기들이 그 보금자리로 날아가는 것 같이 날아오는 자들이 누구냐 곧 섬들이 나를 앙망하고 다시스의 배들이 먼저 이르되 먼 곳에서 네 자손과 그들의 은금을 아울러 싣고 와서 네 하나님 여호와의 이름에 드리려 하며 이스라엘의 거룩한 이에게 드리려 하는 자들이라 이는 내가 너를 영화롭게 하였음이라"(사 60:8~9)

남유다의 회복은 하나님께서 약속하신 땅에서 평화를 누리는 회복이며 국제 정세 속에서 실추되었던 남유다의 권위가 회복되는 주권의 회복이며 결국 하나님의 거룩한 백성이 되는 궁극적인 회복이었습니다.

"내가 노하여 너를 쳤으나 이제는 나의 은혜로 너를 불쌍히 여겼은즉 이방인들이 네 성벽을 쌓을 것이요 그들의 왕들이 너를 섬길 것이며" (사 60:10)

이는 하나님께서 황폐해진 예루살렘 성전과 성벽을 페르시아 제국이 재건해줄 것을 미리 말씀하신 것입니다. 이 말씀의 성취는 〈에스라〉와 〈느헤미야〉를 통해 확인하게 됩니다.

"이스라엘의 하나님은 참 신이시라 너희 중에 그의 백성 된 자는 다 유다 예루살렘으로 올라가서 이스라엘의 하나님 여호와의 성전을 건축

하라 그는 예루살렘에 계신 하나님이시라"(스 1:3)

"또 왕의 삼림 감독 아삽에게 조서를 내리사 그가 성전에 속한 영문의 문과 성곽과 내가 들어갈 집을 위하여 들보로 쓸 재목을 내게 주게 하옵소서 하매 내 하나님의 선한 손이 나를 도우시므로 왕이 허락하고"(느 2:8)

하나님께서는 남유다 백성들이 바벨론 포로에서 귀환하면 그때 다시 예루살렘에 복을 더해줄 것이라고 약속하십니다.

"내가 금을 가지고 놋을 대신하며 은을 가지고 철을 대신하며 놋으로 나무를 대신하며 철로 돌을 대신하며 화평을 세워 관원으로 삼으며 공의를 세워 감독으로 삼으리니 다시는 강포한 일이 네 땅에 들리지 않을 것이요 황폐와 파멸이 네 국경 안에 다시 없을 것이며 네가 네 성벽을 구원이라, 네 성문을 찬송이라 부를 것이라"(사 60:17~18)

하나님의 이 말씀은 과거 솔로몬 시대 예루살렘의 풍요를 상기시킵니다.

"솔로몬 왕이 마시는 그릇은 다 금이요 레바논 나무 궁의 그릇들도 다 정금이라 은 기물이 없으니 솔로몬의 시대에 은을 귀히 여기지 아니함은 왕이 바다에 다시스 배들을 두어 히람의 배와 함께 있게 하고 그 다시스 배로 삼 년에 한 번씩 금과 은과 상아와 원숭이와 공작을 실어 왔음이더라"(왕상 10:21~22)

이렇게 하나님께서는 남유다 백성들이 바벨론 포로 이후 회복되어 영원한 하나님 나라의 의로운 백성이 될 것이라고 말씀하십니다.

> "다시는 네 해가 지지 아니하며 네 달이 물러가지 아니할 것은 여호와가 네 영원한 빛이 되고 네 슬픔의 날이 끝날 것임이라 네 백성이 다 의롭게 되어 영원히 땅을 차지하리니 그들은 내가 심은 가지요 내가 손으로 만든 것으로서 나의 영광을 나타낼 것인즉 그 작은 자가 천 명을 이루겠고 그 약한 자가 강국을 이룰 것이라 때가 되면 나 여호와가 속히 이루리라"(사 60:20~22)

남유다 백성들이 바벨론 포로로 끌려가면 그들이 스스로 취할 수 있는 땅은 없습니다. 그런데 하나님께서 그들이 의롭게 되어 영원히 땅을 차지하리라고 말씀하신 것입니다.

사실 남유다가 처한 현실에서 소망의 빛이 보이지 않을 때라도 남유다 백성들이 취해야 할 신앙의 자세는 하나님의 빛이 그들 가운데 비추고 있고 하나님께서 하신 약속의 말씀들이 변함없음을 기억하는 것입니다. 하나님의 절대주권에 순종할 때 그들은 불순종함으로 빼앗겼던 땅들을 다시 기업으로 받게 될 것입니다.

하나님께서는 남유다의 수적인 증가도, 힘의 증가도, 땅의 회복도 모두 하나님의 열심으로 이루어질 것임을 말씀하십니다.

그들의 지식이나 힘이나 의지가 이 모든 것을 가능하게 하는 것이 아니기에 오직 하나님만이 남유다의 하나님이시며 그들의 찬송이 되실 수 있는 것입니다.

● **두 번째 포인트**

이사야는 메시아 예수님이 이 땅에 오실 것을 예언합니다.

'그리스도'는 '기름 부음을 받은 자'라는 뜻으로 '메시아'의 헬라어 '크리스토스'입니다. 여기에서 '기름 부음'은 구약성경이 예수님 이야기로 연결되는 매우 중요한 포인트가 됩니다. 성경에서 '기름 부음'을 받는 자는 크게 세 부류로 제사장, 왕 그리고 메시아입니다.

첫째, 제사장의 기름 부음은 아론에서 시작되었습니다.

"아론의 성의는 후에 아론의 아들들에게 돌릴지니 그들이 그것을 입고 기름 부음으로 위임을 받을 것이며"(출 29:29)

둘째, 왕의 기름 부음은 다윗의 세 번의 기름 부음을 통해 명확히 볼 수 있습니다.

"사무엘이 기름 뿔병을 가져다가 그의 형제 중에서 그에게 부었더니 이 날 이후로 다윗이 여호와의 영에게 크게 감동되니라 사무엘이 떠나

서 라마로 가니라"(삼상 16:13)

셋째, 메시아 예고로 기름 부음이 이어집니다.

"주 여호와의 영이 내게 내리셨으니 이는 여호와께서 내게 기름을 부으사"(사 61:1)

미리 예고된 메시아의 사역은 다음과 같습니다.

"주 여호와의 영이 내게 내리셨으니 이는 여호와께서 내게 기름을 부으사 가난한 자에게 아름다운 소식을 전하게 하려 하심이라 나를 보내사 마음이 상한 자를 고치며 포로된 자에게 자유를, 갇힌 자에게 놓임을 선포하며 여호와의 은혜의 해와 우리 하나님의 보복의 날을 선포하여 모든 슬픈 자를 위로하되 무릇 시온에서 슬퍼하는 자에게 화관을 주어 그 재를 대신하며 기쁨의 기름으로 그 슬픔을 대신하며 찬송의 옷으로 그 근심을 대신하시고 그들이 의의 나무 곧 여호와께서 심으신 그 영광을 나타낼 자라 일컬음을 받게 하려 하심이라"(사 61:1~3)

이사야 선지자를 통한 하나님의 메시아 예언은 이후 예수님의 사명 선언으로 성취됩니다.

"예수께서 그 자라나신 곳 나사렛에 이르사 안식일에 늘 하시던 대로 회당에 들어가사 성경을 읽으려고 서시매 선지자 이사야의 글을 드리거늘 책을 펴서 이렇게 기록된 데를 찾으시니 곧 주의 성령이 내게 임하셨으니 이는 가난한 자에게 복음을 전하게 하시려고 내게 기름을 부으시고 나를 보내사 포로 된 자에게 자유를, 눈 먼 자에게 다시 보게 함을 전파하며 눌린 자를 자유롭게 하고 주의 은혜의 해를 전파하게 하려 하심이라 하였더라 책을 덮어 그 맡은 자에게 주시고 앉으시니 회당에 있는 자들이 다 주목하여 보더라"(눅 4:16~20)

● **세 번째 포인트**
메시아의 사역으로 '모든 민족'을 위한 제사장 나라는 하나님 나라로 수렴되어 완성될 것입니다.

하나님께서 이사야 선지자를 통해 말씀하신 메시아의 사역은 다음과 같습니다.

첫째, 황폐한 성읍을 회복시켜주실 것입니다.

"그들은 오래 황폐하였던 곳을 다시 쌓을 것이며 옛부터 무너진 곳을 다시 일으킬 것이며 황폐한 성읍 곧 대대로 무너져 있던 것들을 중수할 것이며"(사 61:4)

둘째, '모든 민족'을 위하여 하나님과 언약을 맺은 이스라엘을 제사장 나라 거룩한 시민으로 회복시켜주실 것입니다.

"오직 너희는 여호와의 제사장이라 일컬음을 받을 것이라 사람들이 너희를 우리 하나님의 봉사자라 할 것이며 너희가 이방 나라들의 재물을

먹으며 그들의 영광을 얻어 자랑할 것이니라"(사 61:6)

셋째, 풍요를 회복시켜주실 것입니다.

"너희가 수치 대신에 보상을 배나 얻으며 능욕 대신에 몫으로 말미암아 즐거워할 것이라 그리하여 그들의 땅에서 갑절이나 얻고 영원한 기쁨이 있으리라"(사 61:7)

넷째, 하나님께 복 받은 민족으로 회복시켜주실 것입니다.

"무릇 나 여호와는 정의를 사랑하며 불의의 강탈을 미워하여 성실히 그들에게 갚아 주고 그들과 영원한 언약을 맺을 것이라 그들의 자손을 뭇 나라 가운데에, 그들의 후손을 만민 가운데에 알리리니 무릇 이를 보는 자가 그들은 여호와께 복 받은 자손이라 인정하리라"(사 61:8~9)

이렇게 메시아를 통해 회복된 나라에서는 다음과 같은 찬양이 널리 울려 퍼질 것입니다.

"땅이 싹을 내며 동산이 거기 뿌린 것을 움돋게 함 같이 주 여호와께서 공의와 찬송을 모든 나라 앞에 솟아나게 하시리라"(사 61:11)

● **네 번째 포인트**

하나님께서는 예루살렘을 '헵시바와 쁄라'로 부르십니다.

메시아의 사역에 관한 말씀이 계속 이어집니다.

첫째, 쉬지 않으시는 중재자 메시아입니다.

"나는 시온의 의가 빛 같이, 예루살렘의 구원이 횃불 같이 나타나도록 시온을 위하여 잠잠하지 아니하며 예루살렘을 위하여 쉬지 아니할 것인즉"(사 62:1)

둘째, 제사장 나라 백성으로 회복되도록 도우시는 메시아입니다.

"너는 또 여호와의 손의 아름다운 관, 네 하나님의 손의 왕관이 될 것이라 다시는 너를 버림 받은 자라 부르지 아니하며 다시는 네 땅을 황무지라 부르지 아니하고 오직 너를 헵시바라 하며 네 땅을 쁄라라 하리니 이는 여호와께서 너를 기뻐하실 것이며 네 땅이 결혼한 것처럼 될 것임이라 마치 청년이 처녀와 결혼함 같이 네 아들들이 너를 취하겠고 신랑이 신부를 기뻐함 같이 네 하나님이 너를 기뻐하시리라"(사 62:3~5)

하나님께서는 이스라엘이 하나님께서 주실 새 이름을 갖고, 하나님의 손의 아름다운 관과 왕관으로 '헵시바와 쁄라'로 불리게 될 것이라고 말씀하십니다.

여기에서 '헵시바'는 '나의 기쁨이 그에게 있다'라는 뜻으로 신부의 이름으로 가장 적합한 이름이었습니다. 그리고 '쁄라'는 결혼한 여자를 의미했습니다. 이스라엘을 향한 하나님의 사랑을 표현할 때 자주 사용된 상징적 표현으로 〈호세아〉의 말씀과도

통합니다.

"내가 네게 장가 들어 영원히 살되 공의와 정의와 은총과 긍휼히 여김으로 네게 장가 들며"(호 2:19)

하나님께서는 메시아가 이 땅에 오면 이스라엘 백성들이 하나님 앞으로 나아올 길을 예비할 것이라고 말씀하십니다.

"예루살렘이여 내가 너의 성벽 위에 파수꾼을 세우고 그들로 하여금 주야로 계속 잠잠하지 않게 하였느니라 너희 여호와로 기억하시게 하는 자들아 너희는 쉬지 말며 또 여호와께서 예루살렘을 세워 세상에서 찬송을 받게 하시기까지 그로 쉬지 못하시게 하라"(사 62:6~7)

또한 하나님께서는 백성들의 구원을 위해 성벽 위에 파수꾼을 세워 주야로 잠잠하지 않고 지키며 쉬지 않을 것이라고 말씀하십니다. 하나님께서는 이러한 열심으로 공의를 드러내시고 영광을 나타내셨습니다.

하나님께서는 단지 남유다뿐만 아니라 그들로 인해 온 열방이 하나님의 공의와 영광을 보고 하나님께로 돌아오기를 원하십니다.

● 다섯 번째 포인트

이사야 선지자는 남유다 백성들을 위한 중보기도를 쉬지 않습니다.

하나님께서는 이사야 선지자를 통해 대적들을 향한 심판을 말씀하십니다.

"에돔에서 오는 이 누구며 붉은 옷을 입고 보스라에서 오는 이 누구냐 그의 화려한 의복 큰 능력으로 걷는 이가 누구냐 그는 나이니 공의를 말하는 이요 구원하는 능력을 가진 이니라"(사 63:1)

"내가 노함으로 말미암아 만민을 밟았으며 내가 분함으로 말미암아 그들을 취하게 하고 그들의 선혈이 땅에 쏟아지게 하였느니라"(사 63:6)

이는 하나님께서 에돔으로 통칭한 모든 대적을 물리치시고 하나님의 공의와 구원을 나타내시겠다는 선언이었습니다. 그리고 공의의 하나님께서는 제사장 나라로 회복될 남유다에게 은혜를 베풀겠다고 말씀하십니다.

"내가 여호와께서 우리에게 베푸신 모든 자비와 그의 찬송을 말하며 그의 사랑을 따라, 그의 많은 자비를 따라 이스라엘 집에 베푸신 큰 은총을 말하리라"(사 63:7)

"그의 영광의 팔이 모세의 오른손을 이끄시며 그의 이름을 영원하게 하려 하사 그들 앞에서 물을 갈라지게 하시고 그들을 깊음으로 인도하시되 광야에 있는 말 같이 넘어지지 않게 하신 이가 이제 어디 계시냐 여호와의 영이 그들을 골짜기로 내려가는 가축 같이 편히 쉬게 하셨도다 주께서 이와 같이 주의 백성을 인도하사 이름을 영화롭게 하셨나이

다 하였느니라"(사 63:12~14)

하나님께서는 불순종하여 하나님의 근심거리가 되고 있는 남유다를 징계하시고 때로는 심판하시지만 그들을 영영 버리지 않으십니다. 인간은 인간에 대해서 포기하고 때때로 자기 자신에 대해서도 포기하지만, 하나님께서는 한번 결정한 것에 대해 포기하지 않으십니다. 특히 하나님께서는 우리 인생들을 사랑하시는 일에 결코 포기가 없으십니다.

남유다의 모든 환난에 동참하며 그들을 구원하기를 기뻐하셨던 하나님, 그 사랑과 자비로 남유다의 모든 죄악을 참아 인내하셨던 하나님께서 오늘 이 순간에도 동일한 사랑의 눈빛으로 우리를 바라보고 계십니다. 하나님의 크고 크신 모든 사랑을 체험한 이사야 선지자가 남유다 백성들을 위하여 다음과 같이 하나님께 중보기도를 드립니다.

"주여 하늘에서 굽어 살피시며 주의 거룩하고 영화로운 처소에서 보옵소서 주의 열성과 주의 능하신 행동이 이제 어디 있나이까 주께서 베푸시던 간곡한 자비와 사랑이 내게 그쳤나이다 주는 우리 아버지시라 아브라함은 우리를 모르고 이스라엘은 우리를 인정하지 아니할지라도 여호와여, 주는 우리의 아버지시라 옛날부터 주의 이름을 우리의 구속자라 하셨거늘 여호와여 어찌하여 우리로 주의 길에서 떠나게 하시며 우리의 마음을 완고하게 하사 주를 경외하지 않게 하시나이까 원하건대 주의 종들 곧 주의 기업인 지파들을 위하사 돌아오시옵소서"(사 63:15~17)

디저트 DESSERT

이사야는 개인의 아픔이 아닌 시대의 아픔을 끌어안았던 선지자였습니다. 남유다의 실상은 하나님의 자비와 사랑이 그친 것이 아니라, 그들의 죄악이 정도를 넘어 하나님의 징계를 피할 수 없게 된 상황이었습니다.

이사야 선지자는 그들의 죄악을 지적하며 하나님께 회개하고 돌아오기를 기다렸지만 그 모든 것이 허사가 된 듯했습니다. 그래서 하나님께 "어찌하여 남유다 백성들의 마음을 완고하게 하셨습니까?"라고 질문한 것입니다.

가슴 타는 이사야의 기도는 범죄한 백성들이 하나님께 돌아오기만을 기다리는 하나님의 깊은 사랑을 대변하고 있습니다. 이사야의 기도처럼 하나님께서는 태초부터 우리의 아버지이시며 우리의 구속자이십니다.

194일

영광과 평화의 청사진 (사 64~66장)

애피타이저 APPETIZER

하나님의 마음을 누구보다도 잘 헤아렸던 하나님의 사람이자 신실한 하나님의 종, 이사야 선지자의 기도가 계속되고 있습니다. 하나님의 본심, 즉 하나님과 제사장 나라 언약을 맺은 남유다를 구원하고자 하시는 그 마음을 잘 알고 있는 이사야가 남유다 백성들의 죄에 대한 용서를 중보하고 있는 것입니다.

이사야 선지자가 외치는 메시지 가운데 하나는 남유다가 하나님의 심판으로 멸망할 것이지만 그 가운데 그루터기 같은 '남은 자'들은 구원을 받을 것이며 이들을 통해 하나님께서는 남유다뿐만 아니라 온 열방을 회복시키고 구원하실 것이라는 메시지입니다. 이사야 선지자는 하나님의 이 끝없는 사랑과 긍휼로 인해 기쁨으로 하나님을 찬양합니다.

《일년일독 통독성경》 이사야 64~66장

통通으로 숲이야기 ; 통숲 TONG OBSERVATION

● **첫 번째 포인트**

이사야 선지자는 "주는 우리 아버지시며 토기장이시라"라고 하나님을 찬양합니다.

이사야 선지자가 남유다 백성들을 위해 하나님께 중보기도를 드립니다. 이사야 선지자는 먼저 하나님의 능력을 찬양합니다.

"주께서 강림하사 우리가 생각하지 못한 두려운 일을 행하시던 그 때에 산들이 주 앞에서 진동하였사오니 주 외에는 자기를 앙망하는 자를 위하여 이런 일을 행한 신을 옛부터 들은 자도 없고 귀로 들은 자도 없고 눈으로 본 자도 없었나이다"(사 64:3~4)

이어서 이사야 선지자는 하나님 앞에 죄를 고백합니다.

"주께서 기쁘게 공의를 행하는 자와 주의 길에서 주를 기억하는 자를 선대하시거늘 우리가 범죄하므로 주께서 진노하셨사오며 이 현상이 이미 오래 되었사오니 우리가 어찌 구원을 얻을 수 있으리이까"(사 64:5)

그리고 이사야 선지자는 하나님께서 창조주이심을 찬양하며 남유다 백성들을 구원해주시기를 기도합니다.

"그러나 여호와여, 이제 주는 우리 아버지시니이다 우리는 진흙이요 주는 토기장이시니 우리는 다 주의 손으로 지으신 것이니이다 여호와여, 너무 분노하지 마시오며 죄악을 영원히 기억하지 마시옵소서 구하오니 보시옵소서 보시옵소서 우리는 다 주의 백성이니이다"(사 64:8~9)

앞서 이사야 29장에서 살펴보았듯이 이사야 선지자는 남유다 백성들에게 '토기장이'를 비유로 들어 화를 내기도 했고 설득도 했습니다.

"너희의 패역함이 심하도다 토기장이를 어찌 진흙 같이 여기겠느냐 지음을 받은 물건이 어찌 자기를 지은 이에게 대하여 이르기를 그가 나를 짓지 아니하였다 하겠으며 빚음을 받은 물건이 자기를 빚은 이에게 대하여 이르기를 그가 총명이 없다 하겠느냐"(사 29:16)

이사야 64장에서 이사야 선지자는 '토기장이와 진흙'을 비유로 하나님께 남유다 백성들에게 긍휼을 베풀어주시기를 간절히 중보기도합니다.

● 두 번째 포인트

이사야 선지자의 중보기도에 대한 하나님의 응답은 '남은 자를 보호하시겠다'는 것입니다.

남유다 백성들을 위한 이사야 선지자의 중보기도에 대해 하나님께서 다음과 같이 응답해주십니다.

첫째, 하나님께서 패역한 남유다를 향해서는 징계를 내리고 이방 민족들에게는 구원의 은총을 내리겠다고 말씀하십니다.

"나는 나를 구하지 아니하던 자에게 물음을 받았으며 나를 찾지 아니하던 자에게 찾아냄이 되었으며 내 이름을 부르지 아니하던 나라에 내가 여기 있노라 내가 여기 있노라 하였노라"(사 65:1)

"너희의 죄악과 너희 조상들의 죄악은 한 가지니 그들이 산 위에서 분향하며 작은 산 위에서 나를 능욕하였음이라 그러므로 내가 먼저 그들의 행위를 헤아리고 그들의 품에 보응하리라 여호와가 말하였느니라"(사 65:7)

이후에 사도 바울이 이 본문을 들어, 유대인들이 복음을 떠났음으로 이방인들에게 복음이 이르렀다고 말합니다.

"이사야는 매우 담대하여 내가 나를 찾지 아니한 자들에게 찾은 바 되고 내게 묻지 아니한 자들에게 나타났노라 말하였고 이스라엘에 대하여 이르되 순종하지 아니하고 거슬러 말하는 백성에게 내가 종일 내 손을 벌렸노라 하였느니라"(롬 10:20~21)

둘째, 하나님께서 그럼에도 불구하고 남유다 백성들 가운데 '남은 자'들은 보호할 것이라고 말씀하십니다.

"여호와께서 이와 같이 말씀하시되 포도송이에는 즙이 있으므로 사람들이 말하기를 그것을 상하지 말라 거기 복이 있느니라 하나니 나도 내 종들을 위하여 그와 같이 행하여 다 멸하지 아니하고 내가 야곱에게서 씨를 내며 유다에게서 나의 산들을 기업으로 얻을 자를 내리니 내가 택한 자가 이를 기업으로 얻을 것이요 나의 종들이 거기에 살 것이라"(사 65:8~9)

셋째, 하나님께서 이렇게 '남은 자'들은 보호하되 끝내 회개하지 않는 자들에게는 하나님의 준엄한 심판이 있을 것이라고 말씀하십니다.

"내가 너희를 칼에 붙일 것인즉 다 구푸리고 죽임을 당하리니 이는 내가 불러도 너희가 대답하지 아니하며 내가 말하여도 듣지 아니하고 나의 눈에 악을 행하였으며 내가 즐겨하지 아니하는 일을 택하였음이니라 이러므로 주 여호와께서 이와 같이 말씀하시니라 보라 나의 종들은 먹을 것이로되 너희는 주릴 것이니라 보라 나의 종들은 마실 것이로되 너희는 갈할 것이니라 보라 나의 종들은 기뻐할 것이로되 너희는 수치를 당할 것이니라"(사 65:12~13)

● **세 번째 포인트**
〈이사야〉와 〈요한계시록〉은 새 하늘과 새 땅을 말합니다.

하나님께서 말씀하신 '새 하늘과 새 땅'은 〈이사야〉와 〈요한계시록〉에 기록되어 있습니다. 〈이사야〉의 기록입니다.

"보라 내가 새 하늘과 새 땅을 창조하나니 이전 것은 기억되거나 마음에 생각나지 아니할 것이라"(사 65:17)

다음은 〈요한계시록〉의 기록입니다.

"또 내가 새 하늘과 새 땅을 보니 처음 하늘과 처음 땅이 없어졌고 바다도 다시 있지 않더라 또 내가 보매 거룩한 성 새 예루살렘이 하나님께로부터 하늘에서 내려오니 그 준비한 것이 신부가 남편을 위하여 단장한 것 같더라"(계 21:1~2)

"보좌에 앉으신 이가 이르시되 보라 내가 만물을 새롭게 하노라 하시

고 또 이르시되 이 말은 신실하고 참되니 기록하라 하시고"(계 21:5)

하나님께서 말씀하신 새 하늘과 새 땅은 다음과 같은 곳입니다.

첫째, 새 하늘과 새 땅은 이전 것은 기억되지 않고 마음에 생각나지도 않는 곳입니다.

둘째, 새 하늘과 새 땅은 우는 소리와 부르짖는 소리가 다시는 들리지 않는 곳입니다.

셋째, 새 하늘과 새 땅은 날수가 많지 못하여 죽는 어린아이와 수한이 차지 못한 노인이 다시는 없는 곳입니다.

넷째, 새 하늘과 새 땅은 수고하여 얻은 것이 헛되지 않고 재난을 당하지 않는 곳입니다.

다섯째, 새 하늘과 새 땅은 사람들이 부르기 전에 하나님께서 응답하시고 사람들이 말을 마치기 전에 하나님께서 들으시는 곳입니다.

여섯째, 새 하늘과 새 땅은 해함도 없고 상함도 없는 곳입니다.

● 네 번째 포인트

하나님께서는 외식하며 예배드리는 자들을 책망하십니다.

하나님께서 기뻐하시지 않는 예배를 그동안 백성들이 얼마나 악하게 외식하며 드렸는지 구체적으로 책망하십니다.

"소를 잡아 드리는 것은 살인함과 다름이 없이 하고 어린 양으로 제사드리는 것은 개의 목을 꺾음과 다름이 없이 하며 드리는 예물은 돼지의 피와 다름이 없이 하고 분향하는 것은 우상을 찬송함과 다름이 없이 행하는 그들은 자기의 길을 택하며 그들의 마음은 가증한 것을 기뻐한즉 나 또한 유혹을 그들에게 택하여 주며 그들이 무서워하는 것을 그들에게 임하게 하리니 이는 내가 불러도 대답하는 자가 없으며 내가 말하여도 그들이 듣지 않고 오직 나의 목전에서 악을 행하며 내가 기뻐하지 아니하는 것을 택하였음이라 하시니라"(사 66:3~4)

하나님께서는 외식하는 예배가 아닌 참된 예배를 기뻐하십니다. 또한 마음이 가난하고 심령에 통회하며 하나님의 말씀을 듣고 두려워하는 자들을 돌보십니다. 하나님께서 기뻐하시는 예배와 기도를 드린 대표적인 사람이 다윗과 솔로몬입니다.

먼저 다윗의 기도입니다.

"오직 나는 가난하고 슬프오니 하나님이여 주의 구원으로 나를 높이소서 내가 노래로 하나님의 이름을 찬송하며 감사함으로 하나님을 위대하시다 하리니 이것이 소 곧 뿔과 굽이 있는 황소를 드림보다 여호와를 더욱 기쁘시게 함이 될 것이라"(시 69:29~31)

"주께서는 제사를 기뻐하지 아니하시나니 그렇지 아니하면 내가 드렸을 것이라 주는 번제를 기뻐하지 아니하시나이다 하나님께서 구하시는 제사는 상한 심령이라 하나님이여 상하고 통회하는 마음을 주께서 멸시하지 아니하시리이다"(시 51:16~17)

계속해서 솔로몬의 기도입니다.

"하나님이 참으로 땅에 거하시리이까 하늘과 하늘들의 하늘이라도 주를 용납하지 못하겠거든 하물며 내가 건축한 이 성전이오리이까"(왕상 8:27)

하나님께서는 남유다 백성들을 위한 이사야 선지자의 중보기도를 들으시고, 하나님을 두려워하며 섬기는 자들은 하나님의 위로를 받게 될 것이라고 응답해주십니다.

"여호와께서 이와 같이 말씀하시되 보라 내가 그에게 평강을 강 같이, 그에게 뭇 나라의 영광을 넘치는 시내 같이 주리니 너희가 그 성읍의 젖을 빨 것이며 너희가 옆에 안기며 그 무릎에서 놀 것이라 어머니가 자식을 위로함 같이 내가 너희를 위로할 것인즉 너희가 예루살렘에서 위로를 받으리니"(사 66:12~13)

"여호와께서 이르시되 내가 아이를 갖도록 하였은즉 해산하게 하지 아니하겠느냐 네 하나님이 이르시되 나는 해산하게 하는 이인즉 어찌 태를 닫겠느냐 하시니라"(사 66:9)

이어서 하나님께서 예루살렘의 회복을 아이의 출생으로 비유하여 예루살렘이 반드시 회복될 것을 말씀해주십니다.

● 다섯 번째 포인트
하나님의 최후 심판 후 '남은 자'들이 돌아와 제사장과 레위인이 될 것입니다.

하나님께서는 이사야 선지자를 통해 끝내 회개하지 않는 자들에 대한 최후 심판을 말씀하십니다.

"보라 여호와께서 불에 둘러싸여 강림하시리니 그의 수레들은 회오리 바람 같으리로다 그가 혁혁한 위세로 노여움을 나타내시며 맹렬한 화염으로 책망하실 것이라"(사 66:15)

그리고 하나님께서는 '남은 자'들은 하나님께 돌아와 하나님의 제사장과 레위인이 될 것이라고 말씀하시며 모든 구원받은 이들이 회복된 새 예루살렘에서 하나님께 예배를 드리게 될 것이라고 말씀하십니다.

"나는 그 가운데에서 택하여 제사장과 레위인을 삼으리라 여호와의 말이니라 내가 지을 새 하늘과 새 땅이 내 앞에 항상 있는 것 같이 너희 자손과 너희 이름이 항상 있으리라 여호와의 말이니라 여호와가 말하노

라 매월 초하루와 매 안식일에 모든 혈육이 내 앞에 나아와 예배하리라"(사 66:21~23)

디저트 DESSERT

하늘과 땅을 향한 탄식으로 시작했던 이사야 선지자의 예언이 드디어 대단원의 막을 내립니다.

하나님의 공의는 하나님을 믿는 자들에게는 구원의 희망을, 죄악을 일삼는 자들에게는 그에 상응하는 징계를 내리는 것입니다. 형식뿐인 제사가 난무하는 현실을 바라보시며 하나님께서는 죄의 대가인 심판을 말씀하셨지만 더 중요한 시온의 영광과 함께 펼쳐질 새 하늘과 새 땅을 약속해주셨습니다.

이사야 선지자는 '제국'이 무엇인지 분명하게 말했습니다. 애굽, 앗수르, 바벨론, 페르시아까지 다루면서 제국은 '하나님의 심판의 막대기'라는 것입니다.

그리고 이사야 선지자는 '우상'이 무엇인지 분명하게 말했습니다. 우상은 '장인(匠人)이 부어 만든 것'뿐이라는 사실입니다. 이사야 선지자가 이를 현실적으로, 비유적으로 묘사하며 하나님의 뜻을 백성에게 전했습니다.

결국 제국이나 우상의 헛것을 버리고 '제사장 나라' 사명을 찾고 궁극적으로 '하나님 나라' 소망을 가지라는 것이 이사야가 온몸으로 전한 메시지의 핵심이었습니다.

195일

영광이 빠져버린 두 도시 (미 1~3장)

애피타이저 APPETIZER

미가는 이사야와 거의 동시대에 남유다에서 활동한 선지자입니다. 미가 선지자는 하나님의 말씀을 떠나 패역하고 불의한 길에 서 있는 남유다의 수도 예루살렘과 북이스라엘의 수도 사마리아, 두 도시를 향해 하나님의 심판의 말씀을 선포합니다. 예루살렘은 다윗 시대 이후부터 정치와 행정의 중심지일 뿐만 아니라 하나님을 섬기는 신앙의 중심지였습니다. 그런데 바로 그곳에서부터 하나님을 거역하는 죄악이 성행했던 것입니다.

미가 선지자는 먼저 남유다의 우상숭배를 비롯한 종교적인 죄악을 고발하면서 가난한 백성들을 향한 권력자들의 악행과 사회의 죄악상을 고발합니다. 또한 뇌물을 위하여 재판하는 우두머리, 삯을 위하여 교훈하는 제사장, 돈을 위하여 점치는 선지자들의 죄상을 구체적으로 지적합니다. 미가 선지자는 사마리아와 예루살렘은 하나님의 은혜로 발전해가는 도시가 아니라 백성의 고혈로 세운 도시가 되어간다고 통렬히 비판합니다. “유다의 산당이 무엇이냐 예루살렘이 아니냐”라는 미가의 외침은 예루살렘의 죄악을 바라보시는 하나님의 안타까운 외침이었습니다.

성경통독 BIBLETONGDOK

《일년일독 통독성경》 미가 1~3장

통通으로 숲이야기 ; 통숲 TONG OBSERVATION

● 첫 번째 포인트

미가와 이사야는 남유다에서 동시대에 활동한 선지자들입니다.

〈미가〉는 일곱 장에 걸친 기록으로 크게 세 편의 메시지가 들어 있습니다.

첫 번째 메시지는 미가 1장과 2장으로 "백성들아 너희는 다 들을지어다"(미 1:2)라는 말로 시작합니다.

두 번째 메시지는 미가 3장부터 5장까지로 "야곱의 우두머리들과 이스라엘 족속의 통치자들아 들으라"(미 3:1)라는 말로 시작합니다.

세 번째 메시지는 미가 6장과 7장으로 "너희는 여호와의 말씀을 들을지어다"(미 6:1)라는 말로 시작합니다.

미가 선지자는 남유다 모레셋이라는 작은 농촌 마을 출신으로 남유다의 세 명의 왕, 요담, 아하스, 히스기야가 통치하던 B.C.8세기에 이사야 선지자와 동시대 배경으로 등장했습니다.

> "유다의 왕들 요담과 아하스와 히스기야 시대에 모레셋 사람 미가에게 임한 여호와의 말씀 곧 사마리아와 예루살렘에 관한 묵시라"(미1:1)

이사야 선지자가 주로 남유다가 선택해야 하는 국제 외교 문제에 초점을 맞추어 하나님의 묵시를 전했다면, 미가 선지자는 주로 남유다에서 가난한 사람들을 억압하고 재판관에게 뇌물을 주는 지도자들을 향해 날카롭게 비판하고 사마리아와 예루살렘 사람들의 회개를 촉구했습니다. 그러면서 미가 선지자는 궁극적으로 임할 하나님의 구원과 용서를 전했으며 예수님께서 베들레헴에서 태어나실 것을 예언했습니다.

● 두 번째 포인트

미가 선지자는 두 도시, 즉 북이스라엘의 수도 사마리아와 남유다의 수도 예루살렘의 죄악을 통렬히 비판합니다.

하나님께서는 미가 선지자를 통해 북이스라엘과 남유다의 두 도시를 향해 비판하시며 심판을 예고하십니다.

"이는 다 야곱의 허물로 말미암음이요 이스라엘 족속의 죄로 말미암음이라 야곱의 허물이 무엇이냐 사마리아가 아니냐 유다의 산당이 무엇이냐 예루살렘이 아니냐"(미 1:5)

특히 미가 선지자의 비판은 사마리아와 예루살렘 두 도시의 지도자들과 거짓 선지자들을 향한 비판이었습니다. 그리고 이는 결국 하나님의 눈길이 남유다의 작은 마을 베들레헴으로 향하고 있음을 의미했습니다.

미가 선지자에게 비판을 받았던 두 도시 가운데 먼저 북이스라엘의 수도였던 사마리아를 살펴보면, 사마리아성은 해발 430m에 위치한 천연 요새로 난공불락의 성(城)이었습니다. 사마리아성은 북이스라엘의 오므리 왕 때 건설되었고 B.C.722년 앗수르 제국에 의해 포위된 지 3년 만에 함락되어 멸망했습니다. 멸망되기 전 하나님께서 미가 선지자를 통해 사마리아의 멸망을 다음과 같이 말씀하셨습니다.

"이러므로 내가 사마리아를 들의 무더기 같게 하고 포도 심을 동산 같게 하며 또 그 돌들을 골짜기에 쏟아내리고 그 기초를 드러내며 그 새긴 우상들은 다 부서지고 그 음행의 값은 다 불살라지며 내가 그 목상들을 다 깨뜨리리니 그가 기생의 값으로 모았은즉 그것이 기생의 값으로 돌아가리라"(미 1:6~7)

이처럼 사마리아에 대한 비판은 주로 우상숭배에 관한 것이었습니다.

이어서 미가 선지자에게 비판을 받았던 예루살렘성은 통일 이스라엘 시대에 다윗 왕에 의해 수도로 세워진 해발 640~770m의 천연 요새로 사마리아성처럼 난공불락의 성(城)이었습니다. 예루살렘성은 B.C.586년, 바벨론 제국에 의해 포위된 지 18개월 만에 함락되어 멸망했습니다. 예루살렘이 멸망하기 전, 하나님께서 미가 선지자에게 주신 예루살렘 멸망에 대한 말씀입니다.

"이러므로 내가 애통하며 애곡하고 벌거벗은 몸으로 행하며 들개 같이 애곡하고 타조 같이 애통하리니 이는 그 상처는 고칠 수 없고 그것이 유다까지도 이르고 내 백성의 성문 곧 예루살렘에도 미쳤음이니라"(미 1:8~9)

"너는 네 기뻐하는 자식으로 인하여 네 머리털을 깎아 대머리 같게 할지어다 네 머리가 크게 벗어지게 하기를 독수리 같게 할지어다 이는 그들이 사로잡혀 너를 떠났음이라"(미 1:16)

하나님께서는 남유다 여러 도시와 예루살렘의 멸망을 통해 결국 남유다 전체가 멸망하고 포로로 끌려갈 것을 말씀하십니다.

● 세 번째 포인트

미가 선지자는 도시 권력자들의 대표적인 악행을 지적합니다.

하나님께서 미가 선지자를 통해 사회 지도자들의 죄악을 지적하십니다.

"그들이 침상에서 죄를 꾀하며 악을 꾸미고 날이 밝으면 그 손에 힘이 있으므로 그것을 행하는 자는 화 있을진저 밭들을 탐하여 빼앗고 집들을 탐하여 차지하니 그들이 남자와 그의 집과 사람과 그의 산업을 강탈하도다"(미 2:1~2)

"근래에 내 백성이 원수 같이 일어나서 전쟁을 피하여 평안히 지나가는 자들의 의복에서 겉옷을 벗기며 내 백성의 부녀들을 그들의 즐거운 집에서 쫓아내고 그들의 어린 자녀에게서 나의 영광을 영원히 빼앗는도다"(미 2:8~9)

당시 두 도시의 권력자들의 대표적인 악행은 가난한 자들을 향한 핍박과 그들의 것을 강탈하는 죄였습니다. 두 도시의 사회 지도자들뿐만 아니라 종교 지도자들 또한 죄에 빠져 있기는 마찬가지였습니다.

"그들이 말하기를 너희는 예언하지 말라 이것은 예언할 것이 아니거늘 욕하는 말을 그치지 아니한다 하는도다"(미 2:6)

"사람이 만일 허망하게 행하며 거짓말로 이르기를 내가 포도주와 독주에 대하여 네게 예언하리라 할 것 같으면 그 사람이 이 백성의 선지자가 되리로다"(미 2:11)

당시 거짓 선지자들은 B.C.8세기 하나님의 '제사장 나라 세계경영'에 초점을 두기보다는 포도주나 독주 등 잡다한 삶의 이야기들로 인기를 얻어 대중의 시선을 호도했습니다. 그래서 하나님께서 거짓 선지자들의 예언을 그렇게 책망하신 것입니다.

당시 남유다 사회는 약자에 대한 힘 있는 자들의 횡포를 너무나도 당연시하던 시대였습니다. 때문에 미가 선지자의 선포는 그들에게 울리는 꽹과리일 수밖에 없었습니다. 남유다 백성들 어느 누구도 하나님의 말씀을 들으려 하지 않았고 자기 욕심에 눈이 멀고 귀가 멀어 있었습니다.

이렇게 된 이유는 간단했습니다. 갖가지 불의와 탈법으로 많은 것을 풍요롭게 소유하게 되자 그들은 하나님께 기대할 것이 아무것도 없다고 생각했으며 그 필요성도 느끼지 못했던 것입니다. 그러자 하나님께서는 남유다의 죄악을 도려내기 위해 하나님의 뜻을 미가 선지자로 하여금 외치게 하셨습니다.

그러나 들을 귀가 닫혀 버린 그들은 참 선지자의 말에 귀를 기울이기보다는 포도주와 독주에 대해 예언하는 허망한 자들의 말에만 귀를 기울이며 갈수록 죄에 대해서 무감각해졌습니다. 그런데 그 시대를 바라보시며 하나님께서는 또한 미가 선지자를 통해 '남은 자'들에 대한 구원을 약속해주십니다.

"야곱아 내가 반드시 너희 무리를 다 모으며 내가 반드시 이스라엘의 남은 자를 모으고 그들을 한 처소에 두기를 보스라의 양 떼 같이 하며 초장의 양 떼 같이 하리니 사람들이 크게 떠들 것이며 길을 여는 자가 그들 앞에 올라가고 그들은 길을 열어 성문에 이르러서는 그리로 나갈 것이며 그들의 왕이 앞서 가며 여호와께서는 선두로 가시리라"(미 2:12~13)

당시 미가 선지자가 예언한 '남은 자'들은 남유다뿐만 아니라 북이스라엘의 '남은 자'들까지도 포함되었습니다.

● 네 번째 포인트

미가 선지자는 거짓 선지자, 제사장, 우두머리들의 죄악을 지적합니다.

미가 선지자의 두 번째 메시지는 특히 지도자들을 향한 것이었습니다.

"내가 또 이르노니 야곱의 우두머리들과 이스라엘 족속의 통치자들아 들으라 정의를 아는 것이 너희의 본분이 아니냐"(미 3:1)

두 도시의 지도자들은 정의를 행하지 않았습니다. 그들은 악을 행하며 백성들을 핍박하고 강탈했습니다.

"너희가 선을 미워하고 악을 기뻐하여 내 백성의 가죽을 벗기고 그 뼈에서 살을 뜯어 그들의 살을 먹으며 그 가죽을 벗기며 그 뼈를 꺾어 다지기를 냄비와 솥 가운데에 담을 고기처럼 하는도다"(미 3:2~3)

읽고 듣기에도 섬뜩한 표현들입니다. 사마리아와 예루살렘 두 도시의 악한 지도자들은 결국 하나님의 심판을 피할 수 없습니다.

"그 때에 그들이 여호와께 부르짖을지라도 응답하지 아니하시고 그들의 행위가 악했던 만큼 그들 앞에 얼굴을 가리시리라"(미 3:4)

하나님께서는 계속해서 거짓 선지자들의 죄악을 지적하십

니다.

"내 백성을 유혹하는 선지자들은 이에 물 것이 있으면 평강을 외치나 그 입에 무엇을 채워 주지 아니하는 자에게는 전쟁을 준비하는도다" (미 3:5)

거짓 선지자들은 하나님의 뜻을 전하기보다 자신들의 이익을 위해 하나님의 뜻을 빙자한 말들을 했습니다. 따라서 이들 또한 하나님의 심판을 받게 될 것이라고 말씀하십니다.

"그러므로 너희가 밤을 만나리니 이상을 보지 못할 것이요 어둠을 만나리니 점 치지 못하리라 하셨나니 이 선지자 위에는 해가 져서 낮이 캄캄할 것이라 선견자가 부끄러워하며 술객이 수치를 당하여 다 입술을 가릴 것은 하나님이 응답하지 아니하심이거니와"(미 3:6~7)

이어서 하나님께서는 남유다 지도자들, 즉 제사장, 선지자, 우두머리들의 죄악을 지적하십니다.

"시온을 피로, 예루살렘을 죄악으로 건축하는도다 그들의 우두머리들은 뇌물을 위하여 재판하며 그들의 제사장은 삯을 위하여 교훈하며 그들의 선지자는 돈을 위하여 점을 치면서도 여호와를 의뢰하여 이르기를 여호와께서 우리 중에 계시지 아니하냐 재앙이 우리에게 임하지 아니하리라 하는도다"(미 3:10~11)

당시 남유다에서 우두머리들은 하나님의 공의가 아닌 뇌물을 위해 재판했고, 제사장들은 하나님의 뜻이 아닌 삯을 위해 교훈했습니다. 그리고 선지자들은 돈을 위해 점을 치는 죄를 저질렀습니다. 다윗 시대와는 너무 다른 모습이었습니다.

"다윗이 온 이스라엘을 다스려 다윗이 모든 백성에게 정의와 공의를 행할새"(삼하 8:15)

정의와 공의로 예루살렘을 세우시려는 하나님의 뜻을 저버린 안타깝고 추악한 모습이었습니다.

● 다섯 번째 포인트

미가 선지자는 "시온을 피로, 예루살렘을 죄악으로 건축한다"라고 비판합니다.

하나님께서는 미가 선지자를 통해 사마리아에서 단 한 순간도 '제사장 나라의 공공성'이 실현된 적이 없었다고 지적하십니다. 왜냐하면 200년 동안 북이스라엘의 19명의 왕이 모두 '여로보암의 길'을 따랐기 때문입니다. 예루살렘은 때로 정의와 공의가 있었으나 결국 죄악으로 건축한 예루살렘이 되고 말았다고 말씀하십니다. 이러한 죄에 대해 하나님께서는 미가 선지자를 통해 선포하십니다.

"오직 나는 여호와의 영으로 말미암아 능력과 정의와 용기로 충만해져서 야곱의 허물과 이스라엘의 죄를 그들에게 보이리라"(미 3:8)

"이러므로 너희로 말미암아 시온은 갈아엎은 밭이 되고 예루살렘은 무더기가 되고 성전의 산은 수풀의 높은 곳이 되리라"(미 3:12)

시온을 피로, 예루살렘을 죄악으로 건축한 것에 대해 반드시 심판하시겠다는 말씀입니다.

그동안 남유다에는 많은 기회가 있었습니다. 그리고 하나님께서는 지금 이 순간에도 미가 선지자를 그들에게 보내셔서 남유다 백성들이 알아들을 수 있도록 말씀하고 계십니다.

그러나 앗수르 제국의 침략이라는 국가적인 위기 앞에서도 남유다 백성들은 하나님께 돌아오기는커녕 오히려 음란하게 우상을 숭배하였으며 도덕적으로 타락의 길에 빠졌습니다. 더구나 백성들을 올바로 다스려야 할 지도자들은 자신의 권력을 이용하여 백성들을 착취하였고 백성들의 죄악을 깨우쳐 주어야 할 제사장들도 현실과 타협하여 자기 배를 채우기에 여념이 없었습니다.

뿐만 아니라 어느덧 남유다 백성들은 죄악이 이미 몸에 익어 그 심각성마저 깨닫지 못하는 상태가 되었습니다.

그래서 미가 선지자가 하나님의 심정으로 “백성들아 너희는 다 들을지어다”라며 죄에서 돌이켜 회개하고 하나님께로 돌아오라고 간절히 호소합니다.

196일

영광이 회복될 시온 산성 (미 4~7장)

애피타이저 APPETIZER

미가 선지자가 계속해서 율법이 선포되며 강대한 나라가 되는 예루살렘의 미래를 예언합니다. 하나님께서 꿈꾸며 계획하시는 그 모습이 미가 선지자를 통해 남유다 백성들에게 선포되고 있는 것입니다. 하나님께서는 어렵고 힘겨운 시간을 보낸 그들에게 소망의 날을 말씀하십니다. 그날에는 저는 자, 쫓겨난 자, 환난받는 자들이 하나님의 백성이 될 것입니다.

미가 선지자는 하나님의 공의와 율법이 넘쳐나는 거룩한 도시에서 그에 합당한 백성으로 살아야 할 사명을 선포하며 지금 죄악 된 모습에서 돌이킬 것을 외칩니다.

성경통독 BIBLETONGDOK

《일년일독 통독성경》 미가 4~7장

통通으로 숲이야기 ; 통숲 TONG OBSERVATION

● 첫 번째 포인트

미가 선지자는 메시아의 나라에서 펼쳐질 놀라운 계획을 선포합니다.

"끝날에 이르러는 여호와의 전의 산이 산들의 꼭대기에 굳게 서며 작은 산들 위에 뛰어나고 민족들이 그리로 몰려갈 것이라 곧 많은 이방 사람들이 가며 이르기를 오라 우리가 여호와의 산에 올라가서 야곱의 하나님의 전에 이르자 그가 그의 도를 가지고 우리에게 가르치실 것이니라 우리가 그의 길로 행하리라 하리니 이는 율법이 시온에서부터 나올 것이요 여호와의 말씀이 예루살렘에서부터 나올 것임이라"(미 4:1~2)

하나님께서 말씀하신 메시아의 나라는 다음과 같습니다.

첫째, 메시아의 나라는 '정해진 그날, 마지막 날에 이루어지는 나라'입니다. 둘째, 메시아의 나라는 '모든 민족이 나아오는 나라'입니다. 셋째, 메시아의 나라는 '심판이 있는 나라'입니다. 넷째, 메시아의 나라는 '전쟁이 끝나는 나라'입니다. 다섯째, 메시아의 나라는 '평화가 있는 나라'입니다.

계속해서 하나님께서는 미가 선지자를 통해 메시아의 나라를 소망하는 '남은 자'들에게 인내를 권면하십니다.

"딸 시온이여 해산하는 여인처럼 힘들여 낳을지어다 이제 네가 성읍에서 나가서 들에 거주하며 또 바벨론까지 이르러 거기서 구원을 얻으리니 여호와께서 거기서 너를 네 원수들의 손에서 속량하여 내시리라"(미 4:10)

하나님께서는 이렇게 인내한 '남은 자'들은 바벨론 포로에서 귀환하게 될 것이라고 말씀하십니다.

"너 양 떼의 망대요 딸 시온의 산이여 이전 권능 곧 딸 예루살렘의 나라가 네게로 돌아오리라"(미 4:8)

또한 하나님께서 '남은 자'들에게 위로를 주십니다.

"딸 시온이여 일어나서 칠지어다 내가 네 뿔을 무쇠 같게 하며 네 굽을 놋 같게 하리니 네가 여러 백성을 쳐서 깨뜨릴 것이라 네가 그들의 탈취물을 구별하여 여호와께 드리며 그들의 재물을 온 땅의 주께 돌리리라"(미 4:13)

● **두 번째 포인트**

미가 선지자의 기록을 통해 이후 동방박사들이 예수님의 탄생 장소를 알게 됩니다.

미가 선지자는 앗수르 제국의 침략에 맞서 버티고 있는 남유다의 현실 가운데 하나님의 미래 계획인 메시아 탄생과 탄생 장소를 예언하고 있습니다.

"베들레헴 에브라다야 너는 유다 족속 중에 작을지라도 이스라엘을 다스릴 자가 네게서 내게로 나올 것이라 그의 근본은 상고에, 영원에 있느니라"(미 5:2)

미가 선지자의 이 기록을 통해 이후에 예수님의 탄생 장소를 알게 됩니다. 동방박사들이 별을 보고 예루살렘에 와서 유대인의 왕이 어디서 태어나는지 묻자, 놀란 헤롯이 모든 대제사장과 백성의 서기관들을 궁으로 불러들인 후 그들에게 물었습니다.

"왕이 모든 대제사장과 백성의 서기관들을 모아 그리스도가 어디서 나겠느냐 물으니 이르되 유대 베들레헴이오니 이는 선지자로 이렇게 기록된 바 또 유대 땅 베들레헴아 너는 유대 고을 중에서 가장 작지 아니하도다 네게서 한 다스리는 자가 나와서 내 백성 이스라엘의 목자가 되리라 하였음이니이다"(마 2:4~6)

이렇게 구약성경에서 미가 선지자와 이사야 선지자 모두 메시아 탄생을 예언하고 있습니다. 이사야 선지자의 메시아 예언에 대해서는 [188일] 이사야 42장에서 살펴보았습니다.

구약성경은 예수님의 이야기, 즉 사복음서의 밑그림입니다. 따라서 성경 66권은 모두 예수님 이야기의 원 스토리(one story)! 바로 십자가 이야기입니다.

메시아에 대한 예언에 이어 남유다 회복에 대한 말씀이 미가 5장에서 절정을 이루게 됩니다. 말씀을 통해 남유다의 작은 마을 베들레헴에서 태어날 메시아의 구원 사역이 남유다에만 국한되는 것이 아니라, 땅끝까지 미칠 것임을 알 수 있습니다.

당시 남유다 백성들은 그들의 죄악이 커서 심판을 받아야 하는 상황입니다. 그런데도 이러한 구원의 소식을 들려주시는 이유는 지금이라도 그들이 죄에서 돌아오기만을 간절히 기다리고 계시는 하나님의 마음을 남유다 백성들에게 보여주시기 위함입니다.

이사야 선지자를 통해 확인되었던 하나님의 세계 경영이 미가 선지자를 통해 이렇게 다시 한번 선포되고 있는 것입니다.

● 세 번째 포인트

메시아는 전쟁과 우상숭배에 관한 것들을 제거하심으로 온 세상을 정결하게 하실 것입니다.

하나님께서는 미가 선지자를 통해 메시아는 대적들을 멸하고 '모든 민족'을 다스릴 것이라고 말씀하십니다.

"그가 여호와의 능력과 그의 하나님 여호와의 이름의 위엄을 의지하고 서서 목축하니 그들이 거주할 것이라 이제 그가 창대하여 땅 끝까지 미치리라"(미 5:4)

그리고 하나님께서는 또다시 '남은 자'들을 대적으로부터 반드시 구원할 것이라고 약속해주십니다.

"야곱의 남은 자는 많은 백성 가운데 있으리니 그들은 여호와께로부터 내리는 이슬 같고 풀 위에 내리는 단비 같아서 사람을 기다리지 아니하며 인생을 기다리지 아니할 것이며 야곱의 남은 자는 여러 나라 가운데와 많은 백성 가운데에 있으리니 그들은 수풀의 짐승들 중의 사자 같고 양 떼 중의 젊은 사자 같아서 만일 그가 지나간즉 밟고 찢으리니 능히 구원할 자가 없을 것이라"(미 5:7~8)

이처럼 하나님의 '남은 자'들에 대한 사랑과 관심은 끝이 없습니다. 하나님께서는 계속해서 메시아가 온 세상을 성결하게 할 것이라고 말씀하십니다.

"내가 네가 새긴 우상과 주상을 너희 가운데에서 멸절하리니 네가 네 손으로 만든 것을 다시는 섬기지 아니하리라"(미 5:13)

메시아가 세상을 성결하게 한다는 것은 전쟁에 관한 것들과 우상숭배에 관한 것들을 제거하신다는 뜻입니다. 그 구체적인 심판의 내용은 다음과 같습니다.

"여호와께서 이르시되 그 날에 이르러는 내가 네 군마를 네 가운데에서 멸절하며 네 병거를 부수며 네 땅의 성읍들을 멸하며 네 모든 견고한 성을 무너뜨릴 것이며 내가 또 복술을 네 손에서 끊으리니 네게 다시는 점쟁이가 없게 될 것이며 내가 네가 새긴 우상과 주상을 너희 가운데에서 멸절하리니 네가 네 손으로 만든 것을 다시는 섬기지 아니하리라 내가 또 네 아세라 목상을 너희 가운데에서 빼버리고 네 성읍들을 멸할 것이며"(미 5:10~14)

이처럼 하나님께서는 메시아가 도래하는 '그날'에 모든 것이 훼파될 것이라고 선언하십니다. 심판의 날에는 자신들을 보호하기 위해 만들어놓았던 그 무엇도 그들을 보호할 수 없습니다. 심판에서 벗어나기 위해서는 오직 하나님께로 돌아가야 하며 하나님의 보호를 간구해야 합니다. 세상에서 사람이 만든, 우상을 비롯한 모든 것은 헛되며 영원한 것은 없습니다. 오직 모든 것의 경영은 하나님께 있습니다.

● **네 번째 포인트**
미가 선지자는 남유다 백성들의 불의를 구체적으로 지적합니다.

〈미가〉에서 전하는 세 개의 메시지 가운데 마지막 메시지가 전해집니다. 메시지의 시작은 마치 재판정에서 백성들을 고발하는 형식과 같습니다.

"너희는 여호와의 말씀을 들을지어다 너는 일어나서 산을 향하여 변론하여 작은 산들이 네 목소리를 듣게 하라 하셨나니 너희 산들과 땅의 견고한 지대들아 너희는 여호와의 변론을 들으라 여호와께서 자기 백성과 변론하시며 이스라엘과 변론하실 것이라"(미 6:1~2)

이 재판에서 하나님께서는 직접 변론하는 원고이시고 남유다 백성들은 피고입니다. 그리고 증인은 산과 땅입니다.

먼저 하나님께서 다음과 같이 변론하십니다.

"이르시기를 내 백성아 내가 무엇을 네게 행하였으며 무슨 일로 너를 괴롭게 하였느냐 너는 내게 증언하라 … 그리하면 나 여호와가 공의롭게 행한 일을 알리라 하실 것이니라"(미 6:3~5)

하나님께서는 하나님의 공의로우심을 출애굽 역사와 발락과 발람의 일을 증거로 말씀하셨습니다. 그러면서 하나님께서는 남유다 백성들이 회개하지 않고 형식적인 예배를 드렸음을 질책하십니다.

"여호와께서 천천의 숫양이나 만만의 강물 같은 기름을 기뻐하실까 내 허물을 위하여 내 맏아들을, 내 영혼의 죄로 말미암아 내 몸의 열매를 드릴까"(미 6:7)

하나님께서는 이사야 선지자를 통해서도 악하고 헛된 제사를 드리는 자들에 대해 통탄하며 말씀하셨습니다.

"여호와께서 말씀하시되 너희의 무수한 제물이 내게 무엇이 유익하뇨 나는 숫양의 번제와 살진 짐승의 기름에 배불렀고 나는 수송아지나 어린 양이나 숫염소의 피를 기뻐하지 아니하노라 너희가 내 앞에 보이러 오니 이것을 누가 너희에게 요구하였느냐 내 마당만 밟을 뿐이니라 헛된 제물을 다시 가져오지 말라 분향은 내가 가증히 여기는 바요 월삭과 안식일과 대회로 모이는 것도 그러하니 성회와 아울러 악을 행하는 것을 내가 견디지 못하겠노라"(사 1:11~13)

하나님을 오해하고 있는 남유다 백성들을 향해 하나님께서는 출애굽 때부터 지금까지 그들을 구원하기 위해 행한 모든 일을 말씀하십니다.

하나님께서 진정 바라시는 것은 남유다 백성들이 하나님과 이웃과의 관계에서 겸손하고 바르게 살아가는 것이었습니다. 형식적인 제사가 중요한 것이 아니라 삶 속에서 하나님의 공의와 이웃 사랑을 드러내는 것이 중요했던 것입니다.

"사람아 주께서 선한 것이 무엇임을 네게 보이셨나니 여호와께서 네게 구하시는 것은 오직 정의를 행하며 인자를 사랑하며 겸손하게 네 하나님과 함께 행하는 것이 아니냐"(미 6:8)

남유다 백성들의 불의는 갈수록 심했습니다.

"악인의 집에 아직도 불의한 재물이 있느냐 축소시킨 가증한 에바가 있느냐 내가 만일 부정한 저울을 썼거나 주머니에 거짓 저울추를 두었으면 깨끗하겠느냐 그 부자들은 강포가 가득하였고 그 주민들은 거짓을 말하니 그 혀가 입에서 거짓되도다"(미 6:10~12)

"너희가 오므리의 율례와 아합 집의 모든 예법을 지키고 그들의 전통을 따르니"(미 6:16)

하나님께서는 남유다 백성들의 죄에 대해 다음과 같이 심판을 선언하십니다.

"네가 먹어도 배부르지 못하고 항상 속이 빌 것이며 네가 감추어도 보존되지 못하겠고 보존된 것은 내가 칼에 붙일 것이며 네가 씨를 뿌려도 추수하지 못할 것이며 감람 열매를 밟아도 기름을 네 몸에 바르지 못할 것이며 포도를 밟아도 술을 마시지 못하리라"(미 6:14~15)

● 다섯 번째 포인트

미가 선지자는 "주와 같은 신이 어디 있으리이까"라며 하나님을 찬양합니다.

하나님께서는 미가 선지자를 통해 남유다 백성들의 부패를 한탄하십니다.

"재앙이로다 나여 나는 여름 과일을 딴 후와 포도를 거둔 후 같아서 먹을 포도송이가 없으며 내 마음에 사모하는 처음 익은 무화과가 없도다"(미 7:1)

하나님께서 한탄하시는 내용은 첫째, 남유다 백성들의 부패였습니다.

"경건한 자가 세상에서 끊어졌고 정직한 자가 사람들 가운데 없도다"(미 7:2)

둘째, 남유다 지도자들의 부패였습니다.

"그 지도자와 재판관은 뇌물을 구하며 권세자는 자기 마음의 욕심을 말하며 그들이 서로 결합하니"(미 7:3)

셋째, 남유다 백성들이 맺고 있는 인간관계의 파괴였습니다.

"너희는 이웃을 믿지 말며 친구를 의지하지 말며 네 품에 누운 여인에게라도 네 입의 문을 지킬지어다 아들이 아버지를 멸시하며 딸이 어머

니를 대적하며 며느리가 시어머니를 대적하리니 사람의 원수가 곧 자기의 집안 사람이리로다"(미 7:5~6)

하나님의 한탄이 이렇게 계속 이어지자 미가 선지자가 남유다 백성들을 대신하여 하나님 앞에 회개합니다.

"내가 여호와께 범죄하였으니 그의 진노를 당하려니와 마침내 주께서 나를 위하여 논쟁하시고 심판하시며 주께서 나를 인도하사 광명에 이르게 하시리니 내가 그의 공의를 보리로다"(미 7:9)

하나님께서는 미가 선지자의 회개를 들으시고 남유다가 징계를 받은 후에는 회복할 것이라고 말씀하십니다.

"네 성벽을 건축하는 날 곧 그 날에는 지경이 넓혀질 것이라 그 날에는 앗수르에서 애굽 성읍들에까지, 애굽에서 강까지, 이 바다에서 저 바다까지, 이 산에서 저 산까지의 사람들이 네게로 돌아올 것이나"(미 7:11~12)

미가 선지자의 중보기도가 계속됩니다.

"원하건대 주는 주의 지팡이로 주의 백성 곧 갈멜 속 삼림에 홀로 거주하는 주의 기업의 양 떼를 먹이시되 그들을 옛날 같이 바산과 길르앗에서 먹이시옵소서"(미 7:14)

이는 미가 선지자가 목자 되신 하나님께 주의 백성들을 지켜주시기를 간구하는 중보기도였습니다. 그리고 마지막으로 하나님께 찬양을 올려드립니다.

"주와 같은 신이 어디 있으리이까 주께서는 죄악과 그 기업에 남은 자의 허물을 사유하시며 인애를 기뻐하시므로 진노를 오래 품지 아니하시나이다 다시 우리를 불쌍히 여기셔서 우리의 죄악을 발로 밟으시고 우리의 모든 죄를 깊은 바다에 던지시리이다 주께서 옛적에 우리 조상들에게 맹세하신 대로 야곱에게 성실을 베푸시며 아브라함에게 인애를 더하시리이다"(미 7:18~20)

이렇게 미가 선지자는 "주와 같은 신이 어디 있으리이까"라며 하나님을 찬양합니다. 하나님께서는 죄악 가운데 허우적대는 남유다 백성들을 불쌍히 여기시며 아브라함에게 베푸셨던 인애와 야곱에게 베푸셨던 성실을 동일하게 베풀어주십니다.

남유다의 회복에 대한 말씀은 미가 5장에서 그 절정을 이룹니다.

"베들레헴 에브라다야 너는 유다 족속 중에 작을지라도 이스라엘을 다스릴 자가 네게서 내게로 나올 것이라 그의 근본은 상고에, 영원에 있느니라"(미 5:2)

베들레헴이라는 작은 고을에서 이스라엘을 다스릴 큰 자가 나올 것이라는 이 약속의 말씀은 남유다 백성들을 위로하기에 충분했을 것입니다.

성경, 통通으로 숲 이야기

통숲 5 : 왕정 500년 3

초판 1쇄 발행 2020년 1월 20일
2쇄 발행 2023년 12월 27일

지은이·조병호
펴낸곳·도서출판 통독원
디자인·전민영

주소·서울시 강남구 선릉로 806
전화·02)525-7794 팩 스·02)587-7794 홈페이지·www.tongbooks.com
등록·제21-503호(1993.10.28)

ISBN 979-11-90540-03-2 04230
978-89-85738-00-2 04230 (세트)